CATEGORIAE · DE INTERPRETATIONE
ISAGOGE

범주들·명제에 관하여·입문

초판1쇄 펴냄 2023년 6월 20일
초판2쇄 펴냄 2024년 6월 10일

지은이 아리스토텔레스, 포르퓌리오스
옮긴이 김진성
펴낸이 유재건
펴낸곳 (주)그린비출판사
주소 서울시 마포구 와우산로 180, 4층
대표전화 02-702-2717 | **팩스** 02-703-0272
홈페이지 www.greenbee.co.kr
원고투고 및 문의 editor@greenbee.co.kr

편집 이진희, 구세주, 정미리, 민승환 | **디자인** 이은솔, 박예은
마케팅 육소연 | **물류유통** 류경희 | **경영관리** 이선희

ISBN 978-89-7682-829-3 93160

독자의 학문사변행學問思辨行을 돕는 든든한 가이드 _(주)그린비출판사

범주들·명제에 관하여

아리스토텔레스

CATEGORIAE · DE INTERPRETATIONE

입문

포르퓌리오스

ISAGOGE

그린비

범주들·명제에 관하여

Categoriae·De interpretatione

아리스토텔레스

일러두기 | 범주들·명제에 관하여   10

범주들

1장 | 한 이름 다른 뜻인 것들, 한 이름 한 뜻인 것, 파생된 것들   13
2장 | 언어적 표현과 존재의 분류   16
3장 | 서술 관계   19
4장 | 범주들의 열거와 명제   21
5장 | 실체   23
6장 | 양   34
7장 | 관계   41
8장 | 질   52
9장 | 능동과 수동, 나머지 범주들   61
10장 | 대립의 네 가지 종류   63
11장 | 반대되는 것들   72
12장 | 먼저   73
13장 | 같이   75
14장 | 변화   77
15장 | 가짐   79

해설   81
　　1. 오르가논과 『범주들』   81
　　2. 『범주들』의 구성과 내용   84

찾아보기   91
　　그리스어―우리말   91
　　우리말―그리스어   111
　　저술에 관한 언급   121

명제에 관하여

1장 | 말과 글, 참과 거짓   127

2장 | 명사   130

3장 | 동사   133

4장 | 문장과 명제   136

5장 | 단순 명제와 복합 명제   138

6장 | 긍정과 부정, 그리고 모순   140

7장 | 보편자와 개별자, 반대 명제와 모순 명제   142

8장 | 명제의 단일성과 복합성   147

9장 | 앞일에 관한 모순되는 서술   148

10장 | 이음말 '…이다'를 갖지 않는 문장과 갖는 문장   157

11장 | 복합 명제   167

12장 | 양상 명제의 종류와 모순 대립   174

13장 | 양상 명제의 논리적 도출 관계   178

14장 | 문장의 반대성 문제   190

부록 1 사물, 생각, 말, 글의 관계   198

부록 2 대립의 사각형   199

해설   201

    1. 『명제에 관하여』의 뜻   201

    2. 『명제에 관하여』의 진위와 저술 시기   203

    3. 『명제에 관하여』의 내용   205

찾아보기   209

    그리스어—우리말   209

    우리말—그리스어   221

    저술에 관한 언급   229

참고 문헌   234

입문(이사고게)
Isagoge
포르퓌리오스

일러두기 | 입문   244

1장 | 머리말   245
2장 | 유(類)   247
3장 | 종(種)   251
4장 | 차이성   260
5장 | 고유성   267
6장 | 우연성   268
7장 | 다섯 가지 목소리의 공통점   269
8장 | 유와 차이성의 공통점과 차이점   270
9장 | 유와 종의 공통점과 차이점   273
10장 | 유와 고유성의 공통점과 차이점   274
11장 | 유와 우연성의 공통점과 차이점   276
12장 | 차이점들의 개수   277
13장 | 차이성과 종의 공통점과 차이점   278
14장 | 차이성과 고유성의 공통점과 차이점   280
15장 | 차이성과 우연성의 공통점과 차이점   281
16장 | 종과 고유성의 공통점과 차이점   282
17장 | 종과 우연성의 공통점과 차이점   283
18장 | 고유성과 우연성의 공통점과 차이점   285

부록 1 보편자들의 나무   287
부록 2 술어일 수 있는 다섯 가지 것들의 열 가지 관계   289

해설   291
찾아보기   296
    그리스어—우리말   296
    우리말—그리스어   310
참고 문헌   313

범주들·명제에 관하여

아리스토텔레스

CATEGORIAE · DE INTERPRETATIONE

일러두기

1. 이 책은 아리스토텔레스의 저술 *KATHΓOPIAI*와 *ΠEPI EPMHNEIAΣ*를 우리말로 옮기고 풀이한 것이다. 미니오-팔루엘로가 편집한 *Categoriae et liber de interpretatione. Rec. brevique adnot. critica instr.* L. Minio-Paluello. Oxford: Clarendon Press, 1949(10쇄 1992)를 원문으로 삼았다. 현대 서구어 번역과 주석은 아크릴(J. L. Ackrill, 1963), 욀러(K. Oehler, 1986), 바이데만(H. Weidemann, 1994)과 트리코(J. Tricot, 1959)의 것을 참고하였다.

2. 원문의 쪽수 표시는 벡커(I. Bekker)가 편집한 아리스토텔레스 전집(*Aristotelis Opera*, I, II)을 따랐다. 예를 들어 3ª 15에서 3은 쪽을, a는 한쪽을 좌우 두 단(段)으로 나눈 것 중 왼쪽을, 15는 행을 뜻한다. 따라서 3ª 15는 3쪽 왼쪽 15째 행을 뜻한다. 같은 쪽의 오른쪽 단은 b로 표기된다. 번역문 안의 '|'는 단과 쪽의 바뀜을 나타낸다. 원문과 우리말의 문장 구조가 달라 줄의 수에서 조금 차이가 있지만, 두 줄 이상의 차이가 나지 않도록 했다.

3. 원문에는 나와 있지 않지만 번역을 매끄럽게 하기 위해 옮긴이가 보탠 말들은 ( ) 안에 넣고 크기를 줄였다. 예) 동물의 (종들이 갖는) 차이성(1ᵇ 18).

4. 일상어에서는 쓰이지 않는 기존의 번역어들은 한글로 바꿨다. 애매함을 피하기 위한 한자 표기와 기존의 번역어와 원어는 ( ) 안에 넣어 앞말에 붙였다. 예) 한 이름 다른 뜻인(同語異義인) 것들(homōnyma)(1ª 1). 옮긴 말에 해당하는 원어는 각주와 '우리말—그리스어 찾아보기'를 참조하기 바란다. 또 앞말을 지시하는 것을 구체적으로 확인할 때와 앞말이나 뒷말에 보태어 쓰이는 경우에도 ( ) 안에 넣고 크기를 줄였다. 예) 결합되지 않고 말해지는 것(낱말)들(2ª 9), 홀과 짝이 (자연)수에 대해(12ª 6).

5. 번역어 가운데 강조할 필요가 있는 말들이나 옮긴이가 특별한 의미로 만들어 쓴 말들은 고딕체로 표기하였다. 예) **무엇**에 얽혀(8ª 37), **먼눈**과 **보는눈**(11ᵇ 22).

6. 직간접적으로 원문이라고 전해 오는 것 중에서, 아리스토텔레스가 직접 쓰지 않은 것으로 짐작되거나 해석상 불필요한 부분은 [ ]와 [[ ]]에 넣어 줄일 수 있음을 나타냈고, 미니오-팔루엘로가 편집한 원문과는 다르게 읽은 부분과 해석상 원문으로 덧붙여야 하는 부분은 ⟨ ⟩에 넣었다. ( )는 원문 내에서 부연 설명되는 부분이다.

7. 주요 필사본의 약칭

    n = cod. Ambrosianus L 93: 9세기에 완성(밀라노의 암브로지오 도서관 소장)

    B = cod. Marcianus 201: 10세기에 완성(베네치아의 산 마르코 국립도서관 소장)

    T = 5~8세기의 아르메니아어, 라틴어, 시리아어 번역본들

        Δ = Armenia: 5세기, 아르메니아어 번역

        Λ = Latina Boethii: 510년, 보에티우스(480~524년)의 라틴어 번역

        P = Syra Sergii Resainensis: 세르기우스(536년 사망)의 시리아어 번역

        I = Syra Iacobi Edesseni: 야코부스(633~708년쯤)의 시리아어 번역

        Γ = Syra Georgii Arabum episcopi: 게오르기우스(724년 사망)의 시리아어 번역

범주들

Categoriae

* '범주'(範疇)는 그리스어 κατηγορία(katēgoria, 라틴어: praedicamentum)를 옮긴 말이다. 법, 본보기, 한계를 뜻하는 '範'과 밭의 경계, 즉 두둑이나 (추상적으로는) 분류된 항목을 뜻하는 '疇'로 이루어진 한자어로, 『서경(書經)』의 「홍범 편」에 나오는 '홍범구주'(洪範九疇)를 줄여 만든 번역어다. 홍범구주는 나라를 다스리는 대법을 묻는 주나라 무왕에게 기자(箕子)가 가르친 아홉 가지의 항목을 가리키는 말이다. 기자는 오행, 오사, 팔정 등 널리 법이 되는 아홉 가지 범주를 열거한 뒤, 이를 차례로 풀이한다. 우리말로는 '있다'고 말해지는 다양한 사물을 정리, 분류한 기본 '틀'이나 '축', '테두리'로 보면 이해하기 쉽겠다. 흔히 부문, 항목이라는 뜻으로 원어 '카테고리'를 그대로 쓰기도 한다. 문법적으로는 '술어'라는 뜻을 갖는데, 범주들을 소개하는 4장 첫 부분에서 아리스토텔레스는 katēgoria 대신 '결합되지 않은 낱말들'이라는 표현을 쓴다. 이 표현 때문에 『범주들』은 결합된 낱말들, 즉 명제를 다루는 『명제에 관하여』와 짝을 이루는 저술로 여겨지기도 했다. katēgoria라는 표현은 5장(3ᵃ 35와 37)과 8장(10ᵇ 19와 21)에 비로소 나온다.

1장 한 이름 다른 뜻인 것들, 한 이름 한 뜻인 것들, 파생된 것들

'한 이름 다른 뜻'(同語異義)이라 불리는 것들은 이름만 공통이고 그 이름 **1a**
에 상응하는 있음에[1] 대한 규정이[2] 다른 것들이다.[3] 예컨대, 인간과 그림
이 모두 '동물'이라[4] 불리는 경우가 그렇다. 왜냐하면 이것들은 이름만

---

1   '있음'의 원어는 ousia이다. 1장에서는 einai와 같은 뜻으로 쓰였다. 이 '있음'은 『범주
들』에서는 열 가지 범주로 설명된다.

2   '규정'으로 번역한 그리스어 logos는 말, 단어, 개념, 문장, 대화, 연설, 이성, 비례 등 여
러 가지 뜻을 가진다. 어떤 것이 있음(존재함)은 무엇을 뜻하는가라는 물음에 대해 우
리가 할 수 있는 답은 그 사물의 본질에 관한 것인데, logos는 바로 이 본질을 규정하
는 표현이다. 예를 들어, 인간이 있다(존재한다)는 것은 무엇을 뜻하는가라는 물음에
대해 할 수 있는 한 가지 답은 '이성적인 동물'이다. 따라서 logos는 여기서 어떤 사물
에 대한 본질적인 규정이라 할 수 있다.

3   호메로스부터 homōnymon은 다른 대상들이나 사람들을 같은 이름으로 부를 때 쓰인
말이다. 플라톤에서 homōnymon은 크게 두 가지 뜻을 가진다. 첫째, 이데아와 개체들
처럼 존재적 차원이 다른 두 대상을 가리킬 때, '이름이 같다'고 말한다. 여기에서 더
나아가, 둘 가운데 열등한 것이 우월한 것의 '이름을 좇는다'는 뜻을 가진다. 『티마이
오스』 52A에서 감각 대상들은 사유 대상과 '이름이 같은' 것으로 언급되고 있다. 여
기서 homōnymon은 『범주들』에서와 달리 감각 대상들이 사유 대상(실재, 형상)의 '이
름을 따른다'는 뜻을 담고 있다(『티마이오스』 41C, 『소피스테스』 234B, 『필레보스』 57B,
『법률』 757B 참조). 둘째로, '같은 이름을 가진다'는 뜻을 가진다. 남과 같은 이름을 가
진 사람을 가리켜서 homōnymon이라 한다(『국가』 1권 330B, 『프로타고라스』 311B, 『테
아이테토스』 147C, 『파르메니데스』 126C, 『소피스테스』 218B 참조). 그 밖에 같은 양(『파
이드로스』 266A)이나 비슷한 상황(『파르메니데스』 133D)을 말할 때도 쓰인다.

4   그리스어 zōon은 첫째로 동물을 뜻하며, 둘째로 동물이나 그 밖의 대상들에 대한 그
림, 초상, 장식물, 묘사물, 요컨대 모방물을 뜻한다. 본문의 예처럼 살아 있는 실제 인
간도 '동물'이며, 그려지거나 조각된 인간, 아니면 딴 대상에 대한 모방물도 같은 말
인 '동물'로 불린다. 우리말의 '동물'은 그리스어 zōon의 두 가지 뜻을 설명할 수 없다.
우리말의 예로 설명하자면, '다리'를 들 수 있다. 강을 가로질러 놓인 건축물과 사람
몸의 일부에 대해 우리는 '다리'라는 같은 말을 쓴다. 그러나 '다리'의 뜻은 두 사물에
대해 다르다. 이 둘은 전혀 다른 유(類, genos)에 속한 것들이기 때문이다.

공통일 뿐, 그 이름에 상응하는 있음에 대한 규정은 다르기 때문이다. 실
5 제로, 누군가 그것들 각각이 동물임은 무엇인지를[5] 제시할 경우, 그는 각
각의 것에 고유한 규정을 제시하게 될 것이다.[6]

다른 한편으로, '한 이름 한 뜻'(同語同義)이라 불리는 것들은 이름
이 공통일 뿐만 아니라, 그 이름에 상응하는 있음에 대한 규정도 같은 것
들이다.[7] 예컨대, 인간과 소가 모두 동물이라 불리는 경우가 그렇다. 왜
10 냐하면 이것들 각각은 공통된 이름인 '동물'로 불리고, 그 있음에 대한
규정도 같기 때문이다. 실제로, 이것들 각각에 대한 규정, 즉 이것들 각
각이 동물임이 무엇인지를 제시할 때, 같은 규정을 제시할 것이기 때

---

5 '그것들 각각이 동물임은 무엇인지'의 원어는 ti estin autōn hekaterō to zōō einai이다.
   그것들 각각을 동물이라고 할 때 '그것들이 동물이다'라는 것은 무엇을 뜻하는지를
   묻는, 즉 그것들의 본질을 묻는 물음에서 나온 전문 용어이다. 그것들이 동물로서 갖
   는 본질을 뜻한다.

6 두 대상 모두 같은 이름으로 불리지만, 살아 있는 사람에 대해, 그려지거나 조각된 사
   람 또는 임의의 모방물에 대해 '동물'의 뜻은 저마다 다르다. 앞의 것에 대해서는 '살
   아 있다'는 점을 붙일 수 있지만, 뒤의 것에 대해선 그럴 수 없다. 다른 예로 또 그리스
   어 kleis가 있다. 이 낱말은 '열쇠'를 뜻하지만, '빗장뼈'를 뜻하기도 한다(『니코마코스
   윤리학』 5권 1장 1179a 30, 『혼에 관하여』 2권 1장 412b 19 이하 참조). 우리는 서로 다른
   두 사물을, 즉 열쇠나 빗장뼈를 보고서 같은 이름 kleis를 붙이지만, 이 두 대상들이 무
   엇인지를 물을 때, 즉 그것의 실체(본질)를 물을 때, 우리는 이 둘에 대해 각각 다른 규
   정을 내놓는다. 이런 두 사물들은 이름은 같고 규정이 다른 것들, 즉 '한 이름 다른 뜻
   인 것들'(homōnyma)이다. homōnyma를 흔히 '동음이의(同音異義)적인 것들'이라고 번
   역하지만, 소리(音)가 아닌 말(語)이 같으므로 '동어이의(同語異義)적인 것들'이라고
   옮겨야 맞다.

7 현대적인 의미에서 synonym은 보통 옷과 의복, 해와 태양처럼, 다른 말이지만 같은
   뜻을 가진 낱말들, 즉 동의어들을 말한다. 이와 달리 그리스어 synōnyma는 여기에서
   같은 낱말이 같은 뜻으로 여러 대상들에 적용되는 경우에 쓰인다. '인간'과 '소'는 모
   두 공통된 상위개념인 '동물'이라 불린다. 일반적으로, 같은 상위개념에 속한 대상들
   은 서로 '한 이름 한 뜻인 것들'이라 할 수 있다.

문이다.[8]

   그 밖에, '파생된 것'이라 불리는 것들은 다른 어떤 것의 이름으로부터 어미만 좀 다르게 이름이 붙여진 것들이다. 예컨대, '문법학자'가 '문법'으로부터, '용감한 사람'이 '용감'으로부터 그 이름을 얻는 경우가 그 15 렇다.[9]

---

8   어떤 것이 동물이라 불릴 때 그것은 동물에 붙는 본질을 가진다. 예를 들어, 인간은 동물인바, 그것이 동물인 한에서 그것에 붙는 본질, 즉 '살아 있는 몸체'라는 성질을 가지며, 소도 마찬가지로 그것이 동물인 한 그와 같은 본질을 가진다. 인간과 소가 동물로서 같은 본질을 가진다는 점에서, 둘을 '동물'이라 부를 때 '동물'은 한 이름 한 뜻으로 쓰였으며, 인간과 소는 '한 이름 한 뜻인' 관계를 가진다. 이 둘은 동물이라는 같은 유(類)에 속하기 때문이다.

9   grammatikos(문법학자)는 grammatikē(문법)의 어미 ē가 os로 바뀌어 파생된 말이며, andreios(용감한 사람)는 andreia(용감)에서 어미 a가 os로 바뀌어 파생된 말이다. 이는 '문법학자'라는 말의 어원이 곧장 '문법'이라는 뜻이 아니라, 문법을 잘 안다는 소질(8장 첫 부분 참조)을 어떤 사람이 가지기 때문에 이에 바탕을 두고 그 사람을 '문법학자'라 부른다는 뜻이다. '용감'과 '용감한 사람'의 경우도 마찬가지다. 어떤 사람이 용감하다고 할 때, 그가 '용감'이라는 성질을 가짐을 바탕으로, 즉 '용감'에서 파생된 방식으로 우리는 그가 '용감한 사람'이라고 말한다. '파생된 것'의 경우도 '한 이름 한 뜻인 것', '한 이름 다른 뜻인 것'과 마찬가지로 사물의 관계를 나타낸다. 위의 두 예들은 사람이라는 실체와 그 실체가 갖는 성질인 '문법적 지식'과 '용감함'의 관계를 보여준다. 그리고 꼭 그 이름의 출처가 있는 것은 아니다(8장 10a 32-b 11 참조).
위의 세 관계, 즉 '한 이름 다른 뜻인 것들', '한 이름 한 뜻인 것들', '파생된 것들'에 대한 규정을 통해, 아리스토텔레스는 낱말들의 쓰임새를 구분할 뿐만 아니라, 더 나아가 사물들이 서로 어떤 관계에 있는가를 설명한다. 두 사물에 같은 이름이 다른 뜻으로 적용될 때 이 둘은 '한 이름 다른 뜻인 것들'이다. 이 둘은 서로 존재적인 관계가 없는 대상들이다. 반면, 두 사물에 같은 이름이 같은 뜻으로 적용될 때에는 이 둘은 '한 이름 한 뜻인 것들'이며, 이 둘은 서로 존재적인 관계를 맺는다. 여기서, 공통된 이름이 특수한 것일수록 두 사물의 존재적인 관계는 더욱 밀접한 것이다. 다시 말해 '한 이름 한 뜻인' 정도가 높다. 예를 들어, '동물'이라 불리는 인간과 소의 관계보다 '인간'이라 불리는 백인과 흑인의 관계가 더 밀접하며, '한 이름 한 뜻인' 정도가 높다. '파생된' 관계의 경우에는 존재적인 의존성이 언어적인 파생 관계에 드러난다.

2장 언어적 표현과 존재의 분류

말들[10] 가운데 어떤 것들은 결합되어[11] 말해지며, 어떤 것들은 결합되지 않고 말해진다. 결합되어 말해진 것들은 예컨대, '인간이 달린다', '인간이 이긴다'이고,[12] 결합되지 않고 말해진 것들은 '인간', '소', '이긴다', '달린다'이다.

20   (1) 있는 것들[13] 가운데 어떤 것들은 바탕이 되는 것에[14] 대해 말해

---

10 '말들'의 원어는 ta legomena이다. '말해진 것들', '표현된 대상들', '피-서술자들'이 아니라, '사물을 나타내는 언어적 표현들'을 뜻한다. 이 표현들을 매개로 하여 있는 것(사물)들(ta onta)이 서술된다.

11 '결합'(symplokē)은 전문 용어로서 존재적인, 사유적인, 언어적인 요소들의 결합을 뜻한다. 『명제에 관하여』 1장 16a 9-18, 5장 17a 17-20, 『혼에 관하여』 3권 8장 432a 11 참조. 플라톤도 일찍이 대화편 『소피스테스』 261-264에서 문장 요소들인 명사와 동사의 결합을 나타내기 위해 이 용어를 썼다.

12 주격 조사 '…이(가)' 또는 '…은(는)'은 우리말에 있는 특성이다. 그리스어는 주격조사가 없다. 결합과 비결합의 차이 기준은 두 범주들의 연결에 있다. 예를 들어, 질과 실체의 범주로 구성된 '(얼굴이나 입고 있는 옷이) 흰 사람'은 결합된 것이다. 다른 한편, '아고라에서'는 '아고라'와 '…에서'로 구성되었지만 한 범주, 즉 장소를 나타내기 때문에 결합되지 않은 것이다.

13 '있는 것들'(ta onta)은 문법적으로 'x는 …(이)다'는 형태의 문장에서 술어 자리인 '…(이)다'에 올 수 있는 것들 모두를 말한다. 이에 따르면 '소크라테스다', '희다', '아고라에 있다' 등 모든 범주들과 그 예들이 있는 것들이다. 네 가지 종류의 있는 것들에 대한 구분 기준은 '바탕이 되는 것에 대해 서술됨'과 '바탕이 되는 것 안에 있음'이다. 앞의 기준은 보편자인 유(種)와 종(類)을 개별자인 개체 또는 개인으로부터 구분해 주며, 뒤의 기준은 실체를 실체 아닌 범주들로부터 구분해 준다. 『앞 분석론』 1권 27장에서는 주술 관계의 기준을 써서 '있는 것들'을 ① 주어만 되는 것, ② 술어만 되는 것, ③ 주어와 술어 모두 될 수 있는 것의 세 가지로 나눈다(43a 25-43 참조).

14 '바탕이 되는 것'은 그리스어 hypokeimenon(라틴어: substratum)을 옮겨 놓은 것이다. '밑', '아래'를 뜻하는 hypo와 '놓이다'를 뜻하는 동사 keisthai로 이루어진 말이다. 기존의 번역어 '기체'(基體)는 일상생활에서 쓰이지 않는 낯선 용어일 뿐만 아니라, 그

지지만, 바탕이 되는 것 안에 있지 않다.[15] 예컨대, '인간'은 바탕이 되는 것, 즉 이 특정한 인간에 대해 말해지지만, 이 바탕이 되는 것 안에 있지 않다.[16]

(2) 또, 어떤 것들은 바탕이 되는 것 안에 있지만, 바탕이 되는 것에 대해서 말해지지 않는다. 여기서 '바탕이 되는 것 안에 있다'는 어떤 것 안에 있지만, 그것의 부분으로서 들어 있지 않고, 그것이 있는 곳과 따로 있을 수 없는 것을 뜻한다.[17] 예컨대, 이 특정한 문법 지식은 바탕이 되는 것, 즉 이 머리[18] 속에 있지만 이 바탕이 되는 것에 대해서 말해지지 않는다. 또한, 이 특정한 흼은 바탕이 되는 것, 즉 이 물체 속에 있지만(색은 모두 물체 속에 있기 때문이다), 이 바탕이 되는 것에 대해서는 말해지지 않는다.[19]

리스어에 쓰임새가 있는 동사의 형태로 바꾸기 어려운 말이다. 바탕이 되는 것은 문법적으로는 술어의 바탕이 된다. 즉 주어가 된다. 예를 들어, '소크라테스'는 바탕이 되는 것으로서, 이 주어에 대해 '인간'이라는 술어가 붙어 '소크라테스는 인간이다'는 문장이 이루어진다. 바꾸어 말하면, 소크라테스는 '인간'이라는 술어의 바탕이 되는 주어다. 내용적으로, 재료(hylē), 형상(eidos), 이 둘로 이루어진 전체(synholon)가 모두 바탕이 되는 것일 수 있다. 이 말의 다른 쓰임새에 대해선 『명제에 관하여』 12장 21b 28 참조.

15 '바탕이 되는 것에 대해 서술된다'의 원어는 kath' hypokeimenou legetai이고, '바탕이 되는 것 안에 있다'의 원어는 en hypokeimenō esti이다.

16 예를 들어, 소크라테스는 인간이지만, 인간이 소크라테스 안에 있지는 않다. 마찬가지로 유(類)가 종(種)에 대해 서술될 수는 있지만, 종 안에 있지는 않다.

17 어떤 A가 자신의 바탕이 되는 것 B 안에(또는 속에) 있으려면 ① A는 B의 일부가 아니어야 하고, ② A의 존재 여부는 B에 달려 있어야 한다. 즉 A는 B와 따로 떨어져 있을 수 없어야 한다. 역으로, B가 있지 않으면 A는 있을 수 없다.

18 '머리'의 원어는 psychē이다. 흔히 '영혼' 또는 '혼'으로 옮기지만, 이 말은 우리말 어감에선 죽은 자의 혼을 떠올린다. 그래서 '생각하는 힘이나 그 힘이 들어 있는 곳'이라는 뜻에서 '머리'라 옮겼다.

19 특정 문법 지식이 머리 안에 있지만, 머리가 특정 문법 지식인 것은 아니다. 다시 말

1b　　(3) 또, 어떤 것들은 바탕이 되는 것에 대해 말해지고, | 바탕이 되는 것 안에 있기도 하다. 예컨대, 지식은 바탕이 되는 것, 즉 이 머리 안에 있으며, 바탕이 되는 것, 즉 문법에 대해서 서술된다.[20]

　　(4) 그리고 또 어떤 것들은 바탕이 되는 것 안에 있지 않으며, 바탕이 되는 것에 대해 서술되지도 않는다.[21] 예컨대, 이 특정의 인간과 이 특정의 말(馬)이 그렇다. 왜냐하면 이와 같은 종류의 것들은 어느 것도 바탕이 되는 것 안에 있지 않으며, 바탕이 되는 것에 대해 말해지지도 않기 때문이다.[22]

해, '머리는 어떤 특정 문법 지식이다'라고 말할 수 없다. 마찬가지로 특정한 흼이 물체 안에 있지만, 그것은 일반적인 것이 아니기 때문에 물체에 대해 말해질 수는 없다. 예를 들어, 소크라테스의 수염 안에 특정한 흰색이 있을 수 있지만, 이 특정한 흼이 소크라테스에 대해 말해질 수는 없다. 즉, '소크라테스는 어떤 특정한 흼이다'라고 말할 수 없다. 이 둘째 종류의 핵심은 항상 특정한 종류의 속성이 특정한 실체 안에 있다는 점에 있다. 부분으로서 어떤 것 안에 있는 것에 대해서는 5장에 더 자세히 설명되어 있다.

20 지식은 머리 안에 들어 있으며, 문법에 대해 말해진다. 다시 말해, '문법은 지식이다.' 색에 대해서도 마찬가지로 얘기할 수 있다. 색은 물체 속에 있으며, '흼은 색이다.'

21 '이 인간은 소크라테스다'라는 문장이 반례가 될 수는 없다. 이 문장은 서술문이 아니라 동일성을 나타내는 문장, 즉 동일성 문장이기 때문이다. 『앞 분석론』 1권 27장 43a 32-36 참조.

22 지금까지의 논의는 다음 두 가지를 기준으로 삼고 있다. ① 바탕이 되는 것에 대해 개별적인 것은 서술될 수 없으며, 일반적인 것만이 서술 가능하다. ② 실체가 아닌 것만이 바탕이 되는 것 안에 있을 수 있다. 다시 말해, 속성은 바탕이 되는 실체에서만 존립한다. 이 두 기준에 따라 본문의 네 가지 구분을 정리하면 다음과 같다. (A: 바탕이 되는 것에 대해 서술됨, B: 바탕이 되는 것 안에 있음)

	예	A	B
(1) 일반적이고 실체적인 것	인간(종), 동물(유)	O	X
(2) 개별적이고 비-실체적인 것	이 특정한 색이나 지식	X	O
(3) 일반적이고 비-실체적인 것	색이나 지식(종)	O	O
(4) 개별적이고 실체적인 것	이 특정한 인간이나 말	X	O

일반적으로, 쪼갤 수 없고 수적으로 하나인 것들은[23] 바탕이 되는 것에 대해서 말해지지 않는다. 그러나 그중 어떤 것들이 바탕이 되는 것 안에 있는 경우는 얼마든지 가능하다. 예를 들어, 특정의 문법 지식은 바탕이 되는 것 안에 있는 것들 중 하나다.[24]

3장 서술 관계

어떤 것이 그것의 바탕인 다른 어떤 것에 대해 서술될 때, 이 서술된 것 10 에 대해 말해지는 것들은 모두 그 바탕이 되는 것에 대해서도 말해지게 될 테다.[25] 예를 들어, 사람은 이 특정한 사람에 대해, 동물은 사람에 대해 서술된다. 따라서 이 특정한 사람에 대해서도 동물이 서술될 것이다.[26] 이 특정한 사람은 사람이면서 또한 동물이기 때문이다. 15

23　'쪼갤 수 없고 수적으로 하나인 것들'의 원어는 ta atoma kai hen arithmō이다. 일반적이고 보편적인 유(類)나 종(種)과는 다른 개별자(개체 또는 개인)들을 뜻한다. 이것들이 부분들로 쪼개지면 그 부분들은 더 이상 개별자가 아니다. 아리스토텔레스는 초기 저술에서 흔히 개별자를 '쪼갤 수 없는 것'(atomon)으로 표현한다. 후기 저술에선 이 표현 대신에 '각각에 따른 것'(to kath' hekaston)을 쓴다.

24　"이처럼, 다른 모든 것들은 바탕이 되는 것인 으뜸 실체에 대해 말해지거나, 아니면 바탕이 되는 그것 안에 있다(5장 2ᵇ 3-5)."

25　y가 x에 대해 서술될 때, 이 y대해 서술되는 z는 x에 대해서도 서술된다. 5장 3ᵇ 5 참조.

26　이 서술 관계를 문장으로 표현하면 다음과 같다. ① 이 특정한 사람은 사람이다. ② 사람은 동물이다. ③ 이 특정한 사람은 동물이다. 여기에서 '이 특정한 사람'은 소크라테스와 같은 개인을, '사람'은 종(種)을, '동물'은 유(類)를 나타낸다.

서로 다르고 서로 위아래(상하 관계)가 없는 유(類)들의[27] 차이성 자체는, 예를 들어, 사람과 학문의 차이성은 그 종(種)이 다르다.[28] 예컨대, '발 달림', '날개 달림', '물속에 삶', '두 발 달림'은 동물의 (종들이 갖는) 차이성이며,[29] 이것들은 어느 것도 학문의 (종들이 갖는) 차이성이 아니다. 한 학문이 두 발 달림 때문에 다른 학문과 차이가 나는 것은 아니기 때문이다.

20

그러나 서로 위아래(상하 관계)가 있는 유(類)들은 같은 차이성을 가질 수 있다. 다시 말해 상위의 유는 하위의 유에 대해 서술되며, 그래서 그 서술된 상위의 유에 붙는 차이성은 모두 바탕이 되는 하위의 유의 차이성이기도 할 테다.[30]

27 '유'(類)로 옮긴 genos는 기본적으로 '태어난 곳'이나 '태어난 것'을 뜻한다. 유와 종은 상대적인 개념이다. 유는 종 위의 개념, 즉 상위개념이며, 종은 유 아래의 개념, 즉 하위개념이다. 유와 종 개념에 대해서는 『형이상학』 5권 28장 참조.

28 '그 종이 다르다'는 것은 사람과 학문이 서로 다른 성질을 가진다는 뜻보다는 사람이 자신과 종이 다른 동물에 붙지 않는, 예를 들어 소에 붙지 않는 다른 성질을 가진다는 뜻이며, 학문이 그것과 종이 다른 것에 붙지 않는, 예를 들어 감각에 붙지 않는 다른 성질을 가진다는 뜻이다.

29 흔히 말하는 '종차'(種差, 라: differentia)', 즉 종들이 갖는 차이성(diaphora)이다. '발 달림', '날개 달림', '물속에 삶'은 짐승 유에 드는 여러 종들, 즉 뭍짐승, 날짐승, 물짐승 등이 갖는 서로 다른 성질, 즉 차이성이다. 차이성에 관해서는 5장 3ᵃ 21-b 9와 『토포스론』 6권 6장, 범주 이론에 관한 포르퓌리오스의 안내서인 『입문(이사고게)』 3장 참조.

30 상위의 유인 동물은 하위의 유인 뭍짐승에 대해 서술된다. 즉 뭍짐승은 동물이다. 그리고 상위의 유인 동물이 갖는 차이성은 모두 하위의 유인 동물의 차이성이기도 하다. 예를 들어, 척추동물이 갖는 '척추를 가짐'의 차이성은 척추동물의 아래에 놓인 유인 포유동물에게도 들어맞는다. 그러나 상위의 유의 차이성이 상위의 유 모두에 붙는 것은 아니다. 예를 들어, 사람이나 새에 붙는 '두 발 달림'은 이 둘의 상위의 유인 동물 모두에 붙는 차이성은 아니다. 3장에서 다룬 유, 종, 차이성(종차)의 상호 관계 문제는 고대부터 중세를 거쳐 근세에 이르기까지 줄곧 철학적 논의의 대상이 되

4장 범주들의 열거와 명제

결합되지 않은 낱말들은 저마다 있는 것(실체)을[31] 나타내거나, 얼마만큼 25
(양),[32] 어떠함(질), 어떤 것에 얽힘(관계), 어디에(장소), 언제(시간), 어떻
게 놓여 있음(놓임새),[33] 가짐(소유), 능동 또는 수동을 나타낸다.[34]

었다. 그 대표적인 예로 토마스 아퀴나스의 저술 『있는 것과 본질에 관하여』*De ente et essentia*를 들 수 있다.

[31] '실체'의 원어 ousia는 '있다/…이다'를 뜻하는 그리스어 동사 einai에서 나온 명사형이다. 기본적으로 '있는 것'을 뜻한다. 그 밖에 '가진 것', '돈', '재산', '소유물', '부동산' 등을 뜻하기도 한다. 플라톤은 불변하는 실재, (참)존재, 본질을 표현하기 위해 이 개념을 사용하였다(『국가』 2권 359A 참조). 이 경우 '있는 것'은 '변하지 않고 정말 있는 것'을 뜻한다. ousia는 다른 그리스어 개념인 hypostasis로 대체되어 쓰이기도 했다. 이 말이 라틴어 substantia로 그대로 옮겨지고, 마침내 현대 유럽어 substance에 이르게 되었다. ousia는 또 '있다/…이다'를 뜻하는 라틴어 동사 esse의 명사형 essentia로 그대로 옮겨지기도 하였다. 그리스어 ousia는 있는 것을 무엇으로 보느냐에 따라 일상적인 뜻의 '가진 것'에서 철학적인 뜻의 '존재', '실체', '본질'에 이르기까지 다양하게 해석될 수 있다. 다른 저술들에서 아리스토텔레스는 ousia 대신 ti esti(무엇인가?) 또는 ti(무엇)라는 표현을 써서 실체를 나타내기도 한다(『토포스론』 1권 9장 103^b 22, 『형이상학』 5권 7장 1017^a 25, 『뒤 분석론』 1권 22장 83^a 21, 『니코마코스 윤리학』 1권 4장 1096^a 24 참조). 아리스토텔레스의 철학에서 재료, 형상, 이 둘로 이루어진 전체, 그리고 본질, 존재 등이 폭넓게 실체라고 일컬어진다.

[32] poson(얼마만큼)의 추상명사형인 posotēs는 아리스토텔레스 저술에서 『형이상학』 7권 1장 1028^a 19에 딱 한 번 나온다.

[33] keisthai를 라틴어 번역어 positio와 영어 번역어 position에 맞춰 '위치'로 흔히 옮기지만, 맞지 않다. 아래의 예에 나오듯, '사물이 놓여 있는 방식'을 뜻하기 때문이다. 이 말의 명사형으로 쓰이는 thesis는 '놓임새'로 옮겼다.

[34] 범주들의 각 항목은 사물들에 대한 기본 분류를 나타내는데, 언어적 형식에서는 많은 경우, '무엇이 …?', '어떤 성질의 …?', '얼마만큼 …?', '무엇에 관계되어 …?' 등 의문문과 이에 대한 대답의 일부로 표현된다. 이 열 개의 범주들은 『범주들』보다 앞서 쓴 것으로 추정되는 『토포스론』 1권 9장에 처음으로 모두 열거되는데, 거기서 아리스토텔레스는 범주의 수가 열 개라고 언급한다. 그러나 그의 저술 어디에서도 그가 범주들을 체계적으로 정리하려고 한 흔적은 보이지 않는다. 범주들이 열거되는 그의 저술

대강을 말하자면, '있는 것'은 사람, 말(馬)과 같은 것이며, '얼마만큼'은 두 자(尺),[35] 세 자, '어떠함'은 힘, 읽고 쓰는 법을 앎,[36] '어떤 것에 **2a** 얽힘'은 ㅣ두 배, 절반, 더 크다, '어디에'는 뤼케이온에, 아고라에,[37] '언제'는 어제, 작년에, '어떻게 놓여 있음'은 세워져 있다, 앉아 있다, '가짐'은 신을 신고 있다, 무장해 있다,[38] '능동'은 자름, 태움, 그리고 '수동'은 잘림, 태워짐과 같은 것이다.

5   위에 말한 것들 가운데 어느 것도 홀로는 명제 형태로 말해지지 않으며, 그것들이 서로 결합되어 명제(命題)가[39] 생긴다. 모든 명제는 참이거나 거짓인 것으로 보이지만, 결합되지 않고 말해진 것들은 어느 것 10 도, 예를 들어, '사람', '희다', '달린다', '이긴다'는 참도 거짓도 아니기 때문이다.[40]

들에서 대부분 처음 네 범주들, 즉 실체, 양, 질, 관계의 범주들만이 주로 열거되며, 놓임새와 소유의 범주는 거의 언급되지 않는다.

35   pēchys는 원래 팔꿈치에서 가운뎃손가락까지의 길이를 말하며, 자(尺)보다 긴 46.32cm의 길이에 달하지만, 이에 딱 맞는 우리의 측정 단위가 없어 비슷한 개념인 '자'(尺)로 옮겼다.

36   '읽고 쓸 줄 알다'는 그리스어로 한 낱말 grammatikos인데, 1장 1ª 14처럼 경우에 따라서는 '문법학자'로 옮기기도 했다.

37   '뤼케이온'이나 '아고라'는 실체를 나타내고, '…에'는 따로 장소를 나타내는 낱말이라고 할 수 있지만 아리스토텔레스는 이 둘을 가르지 않고 하나로 뭉쳐서 장소를 나타내는 범주로 본다.

38   '신을 신고 있다'(hypodedetai), '무장해 있다'(hōplistai)도 '읽고 쓸 줄 앎'과 같이 그리스어로는 한 낱말이다.

39   그리스어 kataphasis는 apophasis(부정(否定), …이 아니라고 말함)에 대립된 말로서, '긍정'(肯定, …이라고 말함) 또는 '긍정명제'를 뜻하지만, 여기처럼, '명제'(apophansis)와 같은 뜻으로 넓게 쓰이기도 한다. 참, 거짓이 판별되는 명제는 그렇지 않은 문장들, 예를 들어 기도문과 구분된다. 『명제에 관하여』 4장 16ᵇ 33-17ª 7 참조.

40   10장 13ª 37-b 35 참조. 명제가 참거짓의 값을 가진다는 주장에 대해서는 『명제에 관

5장 실체

가장 본래적인 의미로, 으뜸으로, 그리고 가장 많이[41] 실체라고 말해지는
것은 바탕이 되는 것(基體)에 대해서 말해지지 않고, 바탕이 되는 것 안
에 있지도 않은 것이다.[42] 예컨대, 이 특정의 인간이나 이 특정의 말이 그
렇다.

　　반면, 버금 실체(제이 실체)라 불리는 것들은 그런 으뜸으로 실체라
불리는 것(제일 실체)들이 속한 종(種)들과 이 종들을 포괄하는 유(類)들 　15
이다.[43] 예를 들어, 이 특정의 인간은 인간이라는 종에 속하며, 동물은 이

하여』 1, 4, 5, 6장, 『형이상학』 6권 4장, 9권 10장, 그리고 플라톤의 대화편 『소피스테
스』 261C-264B 참조.

41　'가장 많이'는 실체인 정도가 가장 높다는 뜻이다. protē ousia는 흔히 '제일 실체'라고
　　옮겨진다. 한자 '제일 …', '제이 …'는 순서나 차례의 의미가 강하기 때문에 우위나 우
　　월의 뜻이 담긴 한글 '으뜸'과 '버금'으로 옮겼다. 『범주들』에 나오는 방식의 으뜸 실
　　체와 버금 실체 구분은 아리스토텔레스의 다른 저술에는 나오지 않는다(『형이상학』
　　12권 8장 1073b 2 참조). 5장의 첫 문장에서 아리스토텔레스는 으뜸 실체가 버금 실체
　　에 대해서, 그리고 다른 나머지 아홉 개의 범주들에 대해서 차지하는 우위성을 주장
　　한다. 그 기준은 독립성이다. 으뜸 실체가 있지 않으면 나머지 것들은 있을 수가 없는
　　것들이다. 있는 것들은 그 자체가 으뜸 실체이든지 아니면 으뜸 실체에 딸려 있는 것
　　들이다. 그러나 이 문제는 간단하지 않아 고대부터 철학적인 쟁점이 되어왔다. 버금
　　실체나 나머지 범주들이 먼저 있음으로써 으뜸 실체가 있을 수 있다는 반대 주장도
　　성립할 수 있기 때문이다. 어떤 것이 먼저냐는 '우위성'에 관해서는 12장 14a 29-35,
　　13장 15a 4-7 참조.

42　으뜸 실체(prōtē ousia)만이 다른 것에 대해 서술되지 않고, 즉 다른 것에 대한 술어가
　　될 수 없고, 다른 것 안에 있지 않다. 2장 1b 3-6 참조.

43　여기서 으뜸 실체(제일 실체)가 버금 실체(제이 실체)에 속한(hyparchein) 관계는 바탕
　　이 되는 것(주어)에 부수적인 성질(술어)이 붙는 관계(2장 참조)라기보다는 개별자로
　　서의 으뜸 실체가 보편자인 버금 실체에 대해 갖는 포함 관계를 뜻한다. 그리고 인류
　　와 인종, 어류와 어종의 쓰임새에서 보듯이, 유(類, genos)는 종(種, eidos)보다 포괄적인
　　상위개념이다.

종에 대한 유이다. 이렇듯 바로 이런 것들이, 즉 '인간'과 '동물' 따위가 버금 실체라 불린다.

앞서 말한 것으로[44] 보건대 분명히, 어떤 것이 바탕이 되는 것에 대해 말해질 때, 그 이름뿐만 아니라 그것에 대한 규정도 바탕이 되는 것에 대해 서술되어야 한다. 예컨대, 인간은 바탕이 되는 것, 즉 이 특정한 인간에 대해 말해질 때, 그 이름이 서술되고(너는 인간을 이 특정의 인간에 대해 서술할 것이기 때문이다), 인간에 대한 규정도 이 특정한 인간에 대해 서술될 것이다(이 특정의 인간은 인간이기도 하기 때문이다). 이렇듯, 이름과 규정이 그 바탕이 되는 것에 대해 서술될 것이다.[45]

바탕이 되는 것 안에 있는 것들은 대부분 그 이름과 규정이 그 바탕이 되는 것에 대해 서술되지 않는다. 그러나 몇몇 경우에, 이름은 얼마든지 바탕이 되는 것에 대해 서술되지만, 규정은 그것에 대해 서술될 수 없다. 예컨대, 흼은 바탕이 되는 것 안에, 즉 이 물체 안에 있으며, 이 바탕이 되는 것에 대해 서술된다(물체는 희다고 말해지기 때문이다).[46] 그러나 흼에 대한 규정은 결코 그 물체에 대해 서술되지 않을 것이다.[47]

그러나 다른 모든 것들은[48] 바탕이 되는 으뜸 실체에 대해 말해지거나, 바탕이 되는 그것 안에 있다. 이는 개별적인 사례를 검토해 보면 분

---

44 3장 1b 10-15 참조.

45 '소크라테스는 인간이다.', '소크라테스는 이성적인 동물이다.'

46 2장 1a 29-1b 3 참조.

47 '흼'의 뜻을 '분산시키는 색(『토포스론』 3권 5장 119a 30 참조)'이라고 할 때, 이 뜻은 어떤 물체에 대해서 서술되지 않는다. 다시 말해, '어떤 물체는 분산시키는 색이다'고 말할 수는 없다.

48 으뜸 실체 외의 모든 있는 것들은.

명하다. 예컨대, 동물은 인간에 대해 서술되며, 따라서 이 특정한 인간에 대해서도 서술된다. 왜냐하면 그것이 개개의 인간들 중 | 어느 누구에 대 **2b** 해서도 서술되지 않는다면, 그것은 일반적으로 인간에 대해서도 서술되지 않을 것이기 때문이다. 또한, 색은 (일반적으로) 물체 안에 있고, 따라서 특정 물체 안에도 있다. 왜냐하면 개별적인 물체들 중 어떤 것 안에 있지 않다면, 일반적으로 물체 안에도 있지 않을 것이기 때문이다. 그러므로 다른 모든 것들은 바탕이 되는 것인 으뜸 실체에 대해 말해지거나, 5 아니면 바탕이 되는 그것 안에 있다. 그러므로 으뜸 실체가 있지 않다면, 다른 것들은 아무 것도 있을 수 없다.[49]

버금 실체들 가운데 종(種)이 유(類)보다 더 많이 실체다. 으뜸 실체에 더 가까워서다. 왜냐하면 으뜸 실체가 무엇인지를 제시하고자 할 때, 유보다 종을 제시함으로써 더 명확하게, 그리고 더 고유하게 제시할 것 10 이기 때문이다. 예컨대, 이 특정의 인간을 동물보다는 인간으로 제시함으로써 더 명확하게 규정할 수 있을 것이다. 인간은 이 특정의 인간에 더 고유하지만, 동물은 더 공통적(일반적)이기 때문이다. 그리고 이 특정의 나무를 규정하려는 사람은 식물보다는 나무로 제시함으로써 더 명확하게 제시할 것이다.

또, 으뜸 실체는 다른 모든 것들의 바탕이 된다. 그리고 다른 모든 15 것들이 그것에 대해 서술되거나 또는 그것 안에 있기 때문에, 바로 그렇기 때문에 으뜸 실체가 가장 많이 실체라 불린다.

---

49   버금 실체(제이 실체)의 존재는 으뜸 실체(제일 실체)의 존재를 전제한다. 이렇듯 으뜸 실체의 우위성을 주장함으로써 아리스토텔레스는 플라톤에 맞선다. 아리스토텔레스의 용어를 빌리자면, 플라톤은 이데아에 해당하는 버금 실체(제이 실체)의 우위를 주장하는 셈이 되기 때문이다.

그런데, 으뜸 실체가 다른 것들에 대해 관계하는 방식으로 또한 종
20 이 유에 관계한다. 종은 유의 바탕이 되기 때문이다. 다시 말해, 유는 종
에 대해 서술되지만, 역으로 종이 유에 대해 서술되지는 않는다. 이처럼,
바로 이런 이유 때문에 종이 유보다 더 많이 실체이다.

그리고 유가 아닌 종들 자체는 어떤 종도 다른 종보다 더 많이 실체
가 아니다. 이 특정의 인간에 대해 인간을 규정으로서 제시하는 사람이
25 이 특정의 말에 대해 말을 규정으로서 제시하는 사람보다 더 고유하게
제시하지 않을 것이기 때문이다. 마찬가지로, 으뜸 실체들은 어떤 것도
다른 것보다 더 많이 실체이지 않다. 이 특정의 인간은 결코 이 특정의
소보다 더 많이 실체이지 않기 때문이다.

30 으뜸 실체 다음으로, 나머지 것들 중 종(種)과 유(類)만이 마땅히 버
금 실체로(서 실체라) 불린다. 왜냐하면 서술된 것(범주)들 중 그것들만
이 으뜸 실체를 드러내기 때문이다. 누군가 이 특정의 인간이 무엇인지
를 제시할 때, 유보다는 종을 제시함으로써 고유하게 댈 것이다. 그리고
동물보다 인간을 제시함으로써 보다 명확하게 이를 행할 것이다. 그러
35 나 다른 어떤 것들 중 어느 것을 누군가 규정으로서 제시한다면, 예를 들
어 '희다'나 '달린다' 등을 제시한다면, 이질적으로 제시할 것이다. 따라
서 다른 것들 가운데 종과 유만이 마땅히 실체라 불린다.

또, 으뜸 실체는 다른 모든 것들의 바탕이 되기 때문에 가장 본래적
3a 인 뜻에서 실체라 | 불린다. 그러나 으뜸 실체가 다른 모든 것들에 관계
하는 방식대로 으뜸 실체의 종과 유도 또한 나머지 것들 모두에 관계한
다. 왜냐하면 이 종과 유에 대해 나머지 것들이 모두 서술되기 때문이다.
5 네가 이 특정의 인간이 읽고 쓸 줄 안다고 말할 때, 인간이자 동물로서
그가 읽고 쓸 줄 안다고 말하는 것이 따를 것이기 때문이다. 다른 경우들
도 이와 마찬가지다.

모든 실체의 공통점은 그것이 바탕이 되는 것 안에 있지 않다는 것이다. 으뜸 실체는 바탕이 되는 것에 대해 말해지지도 않고, 또 그 안에 있지도 않다. 그리고 버금 실체의 경우도 또한 그렇게, 바탕이 되는 것 10 안에 있지 않다는 것이 분명하다. (1) 인간은 그것의 바탕이 되는 것에 대해, 즉 이 특정의 인간에 대해 말해지지만, 이 바탕이 되는 것 안에 있지 않다. 다시 말해 이 특정한 인간 안에 인간은 있지 않다. 마찬가지로 동물도 바탕이 되는 이 특정의 인간에 대해 말해지지만, 동물이 이 특정의 인간 안에 있지는 않다. 15

(2) 더 나아가, 바탕이 되는 것 안에 있는 것들의 이름은 때때로 그 바탕이 되는 것에 대해 서술되지만, 그것의 규정은 서술되지 않는 경우가 얼마든지 있을 수 있다.[50] 그러나 버금 실체의 경우, 그것의 규정이 이름과 더불어 그 바탕이 되는 것에 대해 서술된다. 왜냐하면 너는 인간의 규정뿐만 아니라 동물의 규정을 이 특정의 인간에 대해 서술할 것이기 20 때문이다.[51] 그러므로, 실체는 바탕이 되는 것 안에 있는 것들에 속하지 않을 것이.

그러나 이 점은 실체에만 고유한 것이 아니다. 차이성(種差)도 바탕이 되는 것 안에 있지 않다.[52] 다시 말해, '발 달림'과 '두 발 달림'은 바탕

---

50   2a 29-34 참조.

51   2a 19-27 참조.

52   이는 차이성을 비롯하여 실체가 아닌 것들은 모두 실체 안에 있다는 앞의 논의에서 벗어나는 주장이다. 여기서 아리스토텔레스는 차이성을 버금 실체인 종(種)과 유(類)와 같은 수준에 있는 것으로 놓고 있는 듯하다. 왜냐하면 차이성도 종 안에 있지는 않지만 종에 대해서 서술되는 유의 성격을 띠기 때문이다. 인간에 대한 정의인 '이성적인 동물'을 예로 들면, '인간'이라는 종에 대해 '동물'이라는 유가 서술된다. 즉 '인간은 동물이다.' 또, 유처럼 차이성도 종에 대해 서술된다. 즉 '인간은 이성적이다.' 이처럼 버금 실체

이 되는 인간에 대해 말해지지만, 이 바탕이 되는 것 안에 있지 않다. 다
25 시 말해 인간 안에는 발 달림과 두 발 달림이 있지 않다. 차이성이 말해
지는 것에 대해서는 차이성의 규정도 서술된다. 예를 들어, '발 달림'이
인간에 대해 말해진다면, '발 달림'의 규정도 인간에 대해 서술될 것이
다. 왜냐하면 인간은 발이 달렸기 때문이다.

바탕이 되는 것 전체 안에 있는 실체의 부분들 때문에 혼란스러워
30 할 필요는 없다. 우리는 그 부분들이 실체가 아니라고 말하도록 결코 강
요받지 않을 것이다.[53] 우리는 바탕이 되는 것 안에 있는 것들을 그런 식
으로, 즉 그것들이 어떤 것 안에 부분들로서 들어 있는 것이라고 말하지
않았기 때문이다.[54]

실체와 차이성으로부터 나온 것들은 모두 한 이름 한 뜻(同語同義)인
것들로 말해진다는 점이 실체와 차이성에 대해 타당하다. 그것들로부터
35 나온 술어들은 모두 개체들이나 종(種)들에 대해서 서술되기 때문이다.
으뜸 실체에서는 어떤 술어도 나오지 않는다. 으뜸 실체는 바탕이 되는
어떤 것에 대해서도 말해지지 않기 때문이다.[55] 그러나 버금 실체들 가운
데 종은 개체에 대해 서술되며, 유는 종뿐만 아니라 개체에 대해서도 서

인 유와 종 사이에 낀 차이성을 실체처럼 취급하고 있다는 해석이 가능하다.『토포스론』
6권 6장 144b 10-11 참조.『형이상학』 8권 2장에서 아리스토텔레스는 차이성이 실체
가 아니라 실체에 상응하는 것(analogon)이라고 주장한다(1043a 4-5 참조).

53 손발과 같은 신체의 일부도 실체다. 7장 8b 15-16 참조.

54 2장 1a 24-25에서 물체나 신체의 일부는 '…안에 있음'(en hypokeinenō einai)에서 제
외되었다.

55 '저 흰 것은 소크라테스다'라는 문장에서 보듯, 술어 자리에 소크라테스 등과 같은
개체(atomon)가 들어서는 예외적 경우(동일성 문장)에 대한 설명은『앞 분석론』 1권
27장 43a 32-36,『뒤 분석론』 1권 22장 83a 1-23 참조.

술된다. | 마찬가지로 차이성들도 종들뿐만 아니라 개체들에 대해서도 **3b** 서술된다.[56]

그리고 으뜸 실체는 종과 유의 정의를, 종은 유의 정의를 받아들인다. 서술되는 것에 대해 말해지는 것들은 또한 바탕이 되는 것에 대해서도 말해질 것이기 때문이다.[57] 마찬가지로 종과 개체는 차이성(種差)의 5 뜻을 받아들인다. 그런데 앞에서 그 이름이 같고 뜻도 같은 것들은 한 이름 한 뜻인 것들이었다. 그래서 실체와 차이성으로부터 나온 것들은 모두 한 이름 한 뜻인 것들로 말해진다.[58]

모든 실체는 **이것**을[59] 나타내는 것처럼 보인다. 먼저, 으뜸 실체가 **이** 10 **것**을 나타낸다는 것은 논쟁의 여지없이 참이다. 거기서 드러난 것이 쪼갤 수 없는 것이며 수적으로 하나이기 때문이다. 반면, 버금 실체의 경우, 누군가가 '인간'이나 '동물'을 말할 때, 호칭의 형태를 보면 그것은 이것을 나타내는 것처럼 보이지만, 사실은 그렇지 않다. 그것은 오히려 15 질 같은 것을 나타낸다. 왜냐하면 바탕이 되는 것이 으뜸 실체처럼 하나이지 않고, 인간과 동물은 많은 것들에 대해 말해지기 때문이다. 그러나 '흼'처럼 단순히 질(質)을 나타내지는 않는다. 흼은 질 말고 다른 어떤 것도 나타내지 않지만, 종과 유는 실체와 관련하여 질을 규정하기 때문이 20

---

56 소크라테스라는 개체에 대해서 유, 종, 차이성이 서술된다. 즉 '소크라테스는 인간이며, 동물이며, 이성적이다.' 인간이라는 종에 대해서는 유와 차이성이 서술된다. '인간은 동물이며, 이성적이다.'

57 2a 19-26 참조.

58 '동물'이라는 유(類)와 '이성적임'이라는 차이성(種差)은 소크라테스라는 개체, 그리고 인간이라는 종(種) 모두에 대해서 같은 뜻으로(synōnymōs) 서술된다.

59 '이것'(tode ti, 라: hoc aliquid)은 특정한 사물이나 독립적인 개인을 나타낸다.

다.[60] 다시 말해, 종(種)과 유(類)는 실체를 두고 어떤 질을 가진 것으로 나타낸다. 그러나 종보다는 유에 의해 더 넓게 경계가 이루어진다. '동물'을 말하는 사람이 '인간'을 말하는 사람보다 더 넓게 포괄하기 때문이다.

실체에는 반대되는 것이 없다는 점이 또한 실체에 대해 타당하다.[61] 도대체 어떤 것이 으뜸 실체에 반대되는 것일 수 있겠는가? 예컨대, 이 특정의 인간에 반대되는 것은 전혀 없으며, 인간이나 동물에 반대되는 것도 전혀 없다. 이 점은 실체에만 고유한 것이 아니라, 다른 여러 경우에도, 예를 들어 양의 경우에도 성립한다. 두 자(尺)에 반대되는 것도, 열(十) 등에 반대되는 것도 없다. 많음이 적음에, 또는 큼이 작음에 반대된다고 말하는 경우를 뺀다면 말이다.[62] 그러나 한정된 양에 반대되는 것은 없다.

실체는 더와 덜(정도의 차)을 허용하지 않는 듯하다. 내가 말하려는 바는, 한 실체가 다른 실체보다 더 많이 실체라고 앞에서[63] 말했기 때문에, 다른 실체보다 더 실체도 덜 실체도 아니라는 점이 아니라, 각각의 실체는 더 또는 덜 바로 자신인 것으로 말해지지 않는다는 점이다. 예를 들어, 이 실체가 인간이라면 그는 자신보다 또는 남보다 더 인간이지도

---

60 그렇다고 유와 종이 질(poion)의 범주에 속한다고 말하려는 것은 아니다. 여기서 '질'은 '종류', '성질'의 뜻을 가진다. 예를 들어, 인간은 소크라테스가 속한 동물의 질, 즉 종류를 나타낸다. 이런 뜻의 질에 관해서는 『형이상학』 5권 14장 1020a 33−b 1, 28장 1024b 5−9 참조.

61 이 반대성(enantion) 문제는 다른 중요한 범주들에 대해서도 계속 논의된다. 반대성이 여러 범주들을 설명하는 데 쓰인 기본 개념이기 때문에, 이에 관한 논의가 11장에 별도로 추가된 것처럼 보인다.

62 그러나 큼과 작음은 반대 쌍이 아니라 관계 쌍이다. 6장 5b 11−6a 11 참조.

63 으뜸 실체는 종보다, 종은 유보다 더 많이 실체다. 2a 11−b 22 참조.

덜 인간이지도 않을 것이다. 마치 어떤 흰 것이 다른 흰 것보다 더 희듯이, 그리고 어떤 아름다운 것이 | 다른 아름다운 것보다 더 아름답듯이, **4a** 어떤 한 인간이 남보다 더 인간인 것은 아니기 때문이다. 더 나아가, 흰 것이나 아름다운 것은 자신보다 더 또는 덜 어떻다고 말해진다. 예컨대, 어떤 물체가 흰 경우, 그것은 이전보다 지금 더 희다고 말해지며, 어떤 물체가 따뜻한 경우, 그것은 더 또는 덜 따뜻하다고 말해진다. 그러나 실 5 체는 결코 그런 식으로 말해지지 않는다. 인간은 이전보다 지금 더 인간이라고 말해지지 않으며, 실체인 것은 어느 것도 그렇게 말해지지 않기 때문이다.[64] 따라서 실체는 더와 덜을 허용하지 않을 것이다.

수적으로 하나이고 같은 것이 반대되는 것(성질)들을 수용할 수 있 10 다는 점은 (으뜸) 실체만이 갖는 두드러진 특성인 듯하다. 다른 어떤 경우에도 수적으로 하나이면서, 반대되는 것들을 수용할 수 있는 것을 내놓을 수 없을 것이다. 예를 들어, 수적으로 하나이고 같은 색은 희면서 검지 않으며, 하나의 같은 행위가 나쁘면서 좋지는 않을 것이다.[65] 실체 15 가 아닌 것들의 경우는 모두 이와 마찬가지다. 그러나 수적으로 하나이고 같은 실체는 반대되는 것들을 수용할 수 있다. 예를 들어, 이 특정의 인간은 동일한 것으로서 때로는 희게 때로는 검게 되며, 따뜻하게 차갑 20 게, 그리고 나쁘게 좋게 된다. 그러나 다른 (범주의) 경우들에는 어떤 것도 그런 것으로 보이지 않는다.

---

64   인간은 개인적으로 차이가 있지만, 인간인 한에서 똑같다(평등하다). 『토포스론』 2권 11장 115b 8-10 참조.

65   색의 담지자, 즉 실체가 변함으로써 색은 생기거나 사라진다. 또 행위는 행위자에 관련해서만 좋다거나 나쁘다고 평가된다. 그래서 좋고 나쁨의 성질은 행위 자체에 들어 있지 않고 실체인 인간에 들어 있다. 그러므로 실체만이 반대되는 것(성질)들의 담지자가 된다.

누군가가 말과 생각이 그런 것들이라고 말하면서 따질 수도 있을 법하다. 같은 말이 참이고 거짓인 것처럼 보이기 때문이다. 예를 들어, 25 누군가 앉아 있다는 말이 참이라면, 그가 서 있을 때 같은 이 말이 거짓일 것이다. 생각의 경우도 마찬가지다. 누군가 앉아 있다는[66] 생각이 맞는다면, 그가 서 있을 때도 그에 대해 같은 생각을 가지고 있는 사람은 틀린 생각을 하게 될 것이다. 그러나 이 점을 인정하더라도, 그 방식에 30 서 둘은 차이가 있다. (으뜸) 실체들은 자신이 스스로 변하면서, 반대되는 것(성질)들을 수용할 수 있다. 이를테면, 질이 달라져 따뜻한 것에서 차가운 것으로, 또는 흰 것에서 검은 것으로, 또는 나쁜 것에서 좋은 것으로 된 것은 스스로 변화를 겪었다. 그리고 다른 경우도 마찬가지로, 저마다 스스로 변화를 겪음으로써 반대되는 것들을 수용한다. 이와 달리, 35 말과 생각은 모든 점에서 전혀 변하지 않는 채로 지속하며, 사태가[67] 변하여 그것들에 관해 반대되는 것이 생긴다. '누군가가 앉아 있다'는 말은 **4b** 같은 것으로 지속하며, 사태의 | 변화 때문에 때로는 참이며 때로는 거짓이 되기 때문이다. 생각의 경우도 이와 마찬가지다.[68] 그러므로 자신의 변화를 통해 반대되는 것들을 수용한다는 점은 적어도 그 방식을 볼 때

66 '앉아 있음'의 예를 들며 플라톤도 대화편 『소피스테스』 263A 이하에서 같은 주제를 다룬 바 있다. 그가 서술의 근거를 이데아들의 결합에서 찾는 반면, 아리스토텔레스는 그것을 실체가 갖는 특성에서, 즉 반대되는 성질들의 수용이라는 점에서 찾는다.

67 '말', '생각', '사태'의 그리스 원어는 차례대로 logos, doxa, pragma이다.

68 흔히 말하는 진리 대응설이다. 말이나 생각은 주어진 사태(pragma)나 존재에 일치하느냐, 그렇지 않느냐에 따라 참이 되기도 하고 거짓이 되기도 한다. 사태나 존재는 우리의 말, 인식에 선행하며 그 기초가 된다. "네가 (얼굴이나 옷이) 희다고 생각하는 우리의 생각이 맞기 때문에 네가 흰 것이 아니다. 반대로, 네가 희기 때문에 이를 주장하는 우리의 말이 맞다."(『형이상학』 9권 10장 1051b 6-9)." 아래 4b 8-10과 12장 14b 14-22 참조.

실체의 특성이다.

누군가가 바로 생각과 말이 반대되는 것(성질)들을 수용한다고 인 5
정하더라도, 이는 참이 아니다. 말과 생각은 스스로가 반대되는 것들 중
어떤 것을 수용해서가 아니라, 다른 어떤 것에 겪이(변화)가[69] 일어나서,
그것을 수용할 수 있다고 말해지기 때문이다. 다시 말해, 사물이 있기/
…이기에, 또는 있지/…이지 않아서[70] 말도 참이나 거짓인 것으로 말해
지지, 그것이 반대되는 것들을 스스로 수용할 수 있어서 그런 것은 아 10
니다. 일반적으로, 말이나 생각은 어떤 것에 의해서도 전혀 변하지 않는
다. 그래서 그것들 안에서는 아무 것도 생기지 않기 때문에 그것들은 반
대되는 것들을 수용할 수 없다. 이와 달리, 실체는 그것이 반대되는 것들
을 스스로 수용하기 때문에, 반대되는 것들을 수용할 수 있다고 말해진
다. 다시 말해, 실체는 병과 건강을, 흼과 검음을 수용하며, 스스로 그와 15
같은 것을 모두 수용하기에 반대되는 것들을 수용할 수 있다고 말해진다.
그러므로 수적으로 하나인 같은 것이 반대되는 것들을 수용할 수 있다는
점은 실체의 특성이라 할 수 있을 것이다. 실체에 관해서는 이쯤 해 두자.

69 '겪이'라는 말은 '살다'에서 '살이'(하루살이, 시집살이 등)가, '앓다'에서 '앓이'(배앓
이, 속앓이 등)가 만들어져 쓰이는 것에 비추어, 동사 '겪다'에서 만든 것이다. '겪이'와
'겪다'는 어원이 같은 두 그리스어 pathos와 paschein의 관계를 나타내기에 적합하며,
'…살이를 살다', '…앓이를 앓다'처럼 '겪이를 겪다'(pathos paschein)라는 표현으로 활
용할 수 있는 이점이 있다. '살이'(어떻게 살고 있는 상태나 그 결과), '앓이'(무엇을 어떻
게 앓고 있는 상태나 그 결과)처럼, 여기서 '겪이'를 '무엇을 어떻게 겪고 있는 상태나
그 결과'를 뜻하는 말로 쓰기로 한다.

70 '있기/…이기에', '있지/…이지 않기에'는 실체, 양, 질 등 모든 범주들의 모순 쌍을 나
타낸다. 질의 범주로 예를 들면, '흼기에', '희지 않기에'를 나타낸다. 10장 13b 15 아
래 참조.

6장 양

20 양들 중 어떤 것들은 끊어져 있는(불연속적인) 것이며, 다른 것들은 이어져 있는(연속된) 것이다.[71] 그리고 어떤 것들은 서로에 대해 위치를 갖는 부분들로 이루어져 있지만, 다른 것들은 위치를 갖는 부분들로 이루어져 있지 않다. 예를 들어, 수와 말(言)은 끊어져 있는 것이며, 선, 면, 물체

25 그리고 그 밖에 시간과 장소는 이어져 있는 것이다.[72]

수의 부분들은 어느 것도 그 부분들이 서로 닿는 공통된 경계가 아니다. 예를 들어, 5가 10의 부분이라면, 하나의 5와 또 다른 5는 어떤 공통된 경계에서 서로 닿지 않고 끊어져 있다. 그리고 3과 7도 어떤 공통된

30 경계에서 서로 닿지 않는다. 너는[73] 수의 경우에서 그 부분들이 갖는 공통된 경계를 전혀 얻지 못할 것이다. 그것들은 항상 끊어져 있다. 그러므로 수는 끊어져 있는 양이다.[74]

---

71 여기서 아리스토텔레스는 양(poson, 라: quantum)에 대해 규정을 내리지 않고, 곧바로 양을 불연속적인 수량과 연속적인 크기로 분류하고 있다. 『형이상학』 5권 13장에서는 양에 대해서 정의를 내린 다음에 이런 구분을 한다. "양은 각각이 본래 하나이자 이것(개체)인 여러 개의 구성 요소들로 분할되는 것을 뜻한다. 그런데, 양은 셀 수 있을 때에는 수량(plēthos)이며, 잴 수 있을 때에는 크기(megethos)이다. 여기서 '여럿'은 이어져 있지 않은 부분들로 잠재적으로 분할될 수 있는 것을 뜻하며, '크기'는 이어져 있는 부분들로 분할될 수 있는 것을 뜻한다."(1020ᵃ 7-11). 연속과 불연속 개념에 대해서는 『자연학』 5권 3장과 6권 1~2장 참조.

72 '끊어져 있는 것'(또는 '불연속적인 것')의 원어는 dihōrismenon, '이어져 있는 것'(또는 연속된 것)의 원어는 syneches이다. 여기서 아리스토텔레스는 양을 크기, 수, 무게 등의 기본 개념들로 분류하여 논의하지 않고, 양을 가진 것들, 즉 양의 담지자들을 끊어짐과 이어짐, 위치를 가짐과 안 가짐이라는 두 가지 기준에 따라 정리하여 설명하고 있다.

73 여기서 '너'는 아리스토텔레스의 강연을 듣는 사람을 말한다.

74 여기서 아리스토텔레스가 말하는 수는 자연수를 가리킨다. 『자연학』 5권 3장 227ᵃ

말도 마찬가지로 끊어져 있는 것이다. 말이 양이라는 점은 분명하다. 그것은 길고 짧은 음절로써 잴 수 있기 때문이다. 이는 목소리와 더불어 발생하는 말을 두고 하는 말이다. 이 말의 부분들은 어떤 공통된 경계에서 [35] 서로 닿지 않는다. 음절들이 서로 닿는 공통된 경계가 있지 않고, 각 음절이 그 자체로 분리되어 있기 때문이다. | 그러나 선은 이어져 있는 것이다. **5a** 그것들의 부분들이 서로 닿는 공통된 경계, 즉 점을,[75] 그리고 면의 경우에는 선을 얻을 수 있다. 평면의 부분들은 어떤 공통된 경계에서 서로 닿기 때문이다. 마찬가지로 너는 물체의 경우에서도, 물체의 부분들이 서로 닿는 [5] 공통된 경계를 얻을 수 있을 것이다. 이것이 선이든 면이든 간에 말이다.

그리고 시간과 장소도 이러한 것들에 든다. 현재의 시간은 지나간 시간과 다가올 시간에 닿아 있기 때문이다.[76] 또한 장소도 이어져 있는 것에 든다. 어떤 공통된 경계에서 서로 닿는 물체의 부분들은 일정한 장 [10] 소를 차지하기 때문이다. 따라서 물체의 부분들이 저마다 차지하는 장소의 부분들도 물체의 부분들이 서로 닿는 경계와 같은 경계에서 서로

20-21 참조.

[75] 아리스토텔레스에서 점은 부분을 갖지 않는다. 부분을 갖지 않는 것은 나뉠 수 없다. 연장된 것, 나뉠 수 있는 것만이 연속성을 띠기 때문에 선은 점들로 이루어진 것이 아니라, 연속적인 선의 일부로 이루어져야 한다.

[76] 지금은 현재의 시점으로서 과거와 미래를 구분하는 점이 된다. 그리고 현재의 시간만이 실제적이다. 과거는 더는 있는 것이 아니고, 미래는 아직 있지 않는 것이기 때문이다. 아리스토텔레스의 시간 개념에 대해서는 『자연학』 4권 10~14장 참조. 이 저술에서 그는 시간을 먼저와 나중에 따른 움직임(운동)의 수로 규정한다. 다시 말해 시간은 연속된 부분 운동들의 배열이다. 운동 자체는 있지 않다. 항상 운동은 움직이는 것의 운동이다. 그리고 움직이는 사물 외에 시간의 존재를 구성하는 것은 우리의 의식이다. 우리의 의식이 운동을 일정한 단위를 통해 나누고 이를 수로써 세기 때문이다. 그러나 이 단위가 우리의 의식을 통해 주어지지 않고, 천체의 원운동을 통해 주어지기 때문에 아리스토텔레스의 시간관은 주관주의적인 것이 아니다.

닿는다. 그러므로 장소도 이어져 있는 것이다. 그것의 부분들이 하나의 공통된 경계에서 서로 닿기 때문이다.[77]

15 더 나아가, 어떤 양들은 서로에 대해 위치를 갖는 부분들로 이루어져 있지만, 다른 양들은 위치를 갖는 부분들로 이루어져 있지 않다. 예를 들어, 선의 부분들은 서로에 대해 위치를 가진다. 그것들 각각은 어느 곳에 놓여 있다. 그래서 너는 평면 위 어디에 각각이 놓여 있고, 나머지 어떤 부
20 분에 서로 닿는지 구분하여 설명할 수 있을 것이다. 마찬가지로 평면의 부분들도 일정한 위치를 가진다. 그것이 어디에 놓여 있고, 또 어떤 부분들이 서로 닿는지가 설명될 수 있을 것이다. 입체의 부분들과 장소의 부분들도 마찬가지다.

이와 달리 수의 경우, 그 부분들이 서로에 대해 어떤 위치를 갖는지,
25 어디에 놓여 있는지, 또는 어떤 부분들이 서로 닿는지를 아무도 볼 수 없을 것이다. 시간의 부분들도 마찬가지다.[78] 다시 말해 시간의 부분들은 어느 것도 머물러 있지 않다. 머물러 있지 않는 것이 어떻게 일정한 위치를 가질 수 있겠는가? 그보다 오히려 너는 시간이 그 일부가 먼저 있고
30 다른 일부가 나중에 있기 때문에, 순서를 가진다고 말할 수 있을 것이다. 그리고 수의 경우도 하나가 둘보다 먼저 세어지기에 그와 마찬가지다.

---

[77] 따라서 장소는 양을 직접적으로 갖지 않고, 물체를 통해서 간접적으로 가진다. 아리스토텔레스의 장소(topos) 개념에 대해서는 『자연학』 4권 1~5장(특히 4장) 참조. 이처럼 시간과 장소는 엄격히 따져 보면 독립적인, 일차적인 양이 아니라 파생적인 것이다. 장소는 물체의 기능이고, 시간은 운동의 수(數)로서 운동의 기능일 뿐이기 때문이다. 『형이상학』 5권 13장 1020ᵃ 26-32 참조.

[78] 이어져 있는 양들 가운데 시간만이 유일하게 위치가 없는 것으로 논의되고 있다. 위치(thesis)는 선, 면, 입체, 장소 등 확정된, 공간적인 것과 관계되기 때문인 듯하다. 대신 시간은 순서(taxis)를 가진다. 수와 말도 위치를 갖지 않고 순서만을 가진다.

이렇듯 수는 일정한 순서를 가질 수 있겠지만, 너는 여기에서 결코 위치를 얻어 내지는 못할 것이다.

말도 이와 마찬가지다. 말의 어떤 부분도 머물러 있지 않다. 한 번 말하면, 그것은 붙잡을 수 없다. 그래서 그 부분들은 어떤 것도 머물러 35 있지 않기 때문에, 위치를 전혀 갖지 않는다. 이렇듯 양들 가운데 어떤 것들은 위치를 갖는 부분들로 이루어졌으며, 어떤 것들은 그렇지 않다.

앞서 말한 것들만이 주로(직접적으로) 양이라 불리며, 나머지 것들은 간접적으로 양이라 불린다. 이 주된 의미에서 양인 것들에 비추어 보며 | 우리는 다른 것들을 또한 양이라 부르기 때문이다. 예를 들어, 흼은 **5b** 그것이 많은 면을 차지함으로써 많다고 말해지며, 행위도 변화도 많은 시간에 걸쳐 이루어지기 때문에 길다고 말해진다. 그러나 이것들은 그 자체로 양이라 불리지는 않는다. 예를 들어, 누군가 어떤 행위가 얼마만 5 큼인지를 대려면, 1년에 걸친 것이라고 말하거나 이와 비슷한 방식으로 대면서 시간으로써 규정할 것이다. 그리고 흼이 얼마만큼인지를 대려는 사람은 이를 면으로써 규정할 것이다. 다시 말해 면의 양만큼 흼이 있다고 말할 것이다. 그러므로 앞서 말한 것들만이 특히 그 자체로(직접) 양이라고 말해지며, 나머지 것들은 어느 것도 그 자체로 양이라 말해지지 않고, 딸린 방식으로(간접적으로) 양일 뿐이다. 10

더 나아가, 양에 반대되는 것은 없다. 특정한 양의 경우 분명히, 반대되는 것이 없다. 예를 들어 두 자(尺)에, 세 자에 또는 면 등에 반대되는 것이 없다는 점은 분명하다. 반대되는 것이 전혀 없기 때문이다. 많음이 적음에 또는 큼이 작음에 반대된다고 말하는 경우를 빼면 말이다. 그 15 러나 이것들은 어느 것도 양이 아니며, 오히려 그것들은 관계(의 범주)에 든다. 어떤 것도 그 자체로 크다거나 작다고 말해지지 않고, 다른 어떤 것에 얽혀 있기 때문이다. 예를 들어, 어느 산은 같은 종류의 다른 산들보

다 더 작기 때문에 작다고 말해진다. 그러나 좁쌀은 그것이 같은 종류의
20 다른 좁쌀들보다 더 크기 때문에 크다고 말해진다. 그러므로 다른 것과
관련을 가진다. 어떤 것이 그 자체로(절대적으로) 작다거나 크다고 말해진
다면, 결코 산이 작다거나 좁쌀이 크다고 말해지지 않을 것이다. 또, 아테
네에 시골보다 몇 배 더 많은 사람들이 있지만, 우리는 시골에 많은 사람
이 있다고, 그리고 아테네에는 적은 사람이 있다고 말한다. 그리고 집 안
25 에 있는 사람들보다 몇 배 더 많은 사람들이 극장 안에 있지만, 우리는 집
안에 많은 사람들이 있다고, 극장 안에는 적은 사람들이 있다고 말한다.

　　또, 두 자, 세 자 등은 양을 나타내지만, 큼과 작음은 양이 아니라 오히
려 관계를 나타낸다. 큼과 작음은 다른 것과 얽혀 살펴지기 때문이다. 이렇
30 듯, 그것들이 관계(의 범주)에 든다는 것은 분명하다. 더 나아가, 큼과 작음,
많음과 적음을 양으로 놓든 놓지 않든, 그것들에 반대되는 것들은 없다. 도
대체 어떻게 그 자체로 파악되지 않고 다른 것에 얽혀 파악되는 것에 반대
되는 그 무엇이 있을 수 있겠는가? 더 나아가, 큼과 작음이 반대된다면, 같은
35 것이 반대되는 것을 동시에 받아들이며, 같은 것이 자신에 반대되는 결과가
따를 것이다. 예를 들어, 같은 것이 동시에 크기도 하고 작기도 하는 결과가
따른다. 왜냐하면 이것에 얽혀서 그것은 작으며, 다른 것에 얽혀서는 같은
그것이 크기 때문이다. 그래서 같은 것이 같은 시간에 따라 크기도 하고 작
기도 하고, 결국 반대되는 것들을 동시에 받아들이게 되는 결과가 따른다.
6a 그러나 어떤 것도 | 동시에 반대되는 것들을 허용하지 않는 듯하다.[79]

79　한 사물은 동시에 같은 관점에서 같은 것과 관련하여 반대되는 성질들을 가질 수 없
　　다(플라톤, 『국가』 4권 436 참조). 이보다 더 일반화된 것이 모순율이다. '같은 것이 같
　　은 관점에서 x이고 동시에 x이지 않을 수 없다(x=모든 범주).' 모순율에 대한 상세한
　　논의는 『형이상학』 4권 3~6장 참조.

예를 들어, 실체의 경우, 그것은 반대되는 것들을 수용하는 것처럼 보이지만, 그렇다고 해서 그것이 아프면서 동시에 건강한 것은 아니며, 희면서 동시에 검지는 않다. 다른 어떤 것도 반대되는 것들을 동시에 허용하지 않는다. 더 나아가, 그것들이 자신들에 반대되는 것들이 되는 결 5 과가 따를 것이다. 큼이 작음에 반대되는 것이고, 같은 것이 동시에 크기도 하고 작기도 하다면, 그것은 자신에 반대될 것이기 때문이다. 그러나 어떤 것 자체가 자신에 반대될 수는 없다. 따라서 큼은 작음에 반대되지 않으며, 많음도 적음에 반대되지 않는다. 그래서 누군가 이것들이 관계 10 (의 범주)에 들지 않고 양(의 범주)에 든다고 주장할지라도, 그는 결코 여기에서 반대되는 것을 얻게 되지 않을 것이다.

그러나 양의 반대성은 장소에 관하여 가장 많이 들어맞는 것 같다. 사람들은 중심으로 향한 공간을 '아래'라 부르면서, 위를 아래에 반대되는 것으로 놓는다.[80] 중심이 우주의 한계들과 갖는 간격이 가장 크기 때 15 문이다.[81] 그리고 그들은 이로부터 다른 반대되는 것들에 대한 규정을 또 가져오는 듯하다. 그들은 같은 유(類)내에서 가장 많이 서로 떨어져 있는 것들을 반대되는 것들이라 규정하기 때문이다.[82]

양은 예를 들어, 두 자(尺)는 더와 덜(정도의 차)을 허용하지 않는 듯 20 하다. 다시 말해, 하나의 두 자가 다른 두 자보다 더 두 자이지 않다. 수의 경우도 마찬가지다. 예를 들어, 셋이 결코 다섯보다 더 셋이라고 말해지지 않으며, 또 셋이 다른 셋보다 더 셋이라고 말해지지도 않는다. 그리고

---

80 5ᵃ 14의 각주 참조.

81 『천체에 관하여』 2권 3장 268ᵃ 21 참조.

82 반대 개념은 네 가지 대립 가운데 하나이다. 나머지 세 가지 대립은 모순(긍정과 부정), 관계, 소유와 결여다. 11장 14ᵃ 19-25와 『형이상학』 5권 10장 참조.

어떤 시간도 다른 시간보다 더 시간이라고 말해지지 않는다. 방금 말한
25 것들의 경우에는 어느 것도 결코 더와 덜이 말해지지 않는다. 이처럼, 양
은 더와 덜을 허용하지 않는다.

　　같은 만큼이다, 같은 만큼이 아니다라고[83] 말해짐은 양(의 범주)에
드는 것만이 가지는 두드러진 특성이다. 앞서 양으로 말한 것들은 저마
다 같은 만큼이다, 같은 만큼이 아니다라고 말해지기 때문이다. 예를 들
어, 물체는 (크기가) 같은 만큼이다, 같은 만큼이 아니다라고 말해지며,
수(數)도 〖같은 만큼이다, 같은 만큼이 아니다라고 말해지며,〗[84] 시간도
같은 만큼이다, 같은 만큼이 아니다라고 말해진다. 마찬가지로 앞서 말
30 한 나머지 것들의 경우에도 저마다 같은 만큼이다, 같은 만큼이 아니다
라고 말해진다. 그러나 양이 아닌, 다른 (범주에 드는) 것들은 모두 같은
만큼이다, 같은 만큼이 아니다라고 결코 말해지지 않는 듯하다. 예를 들
어, (질에 드는) 상태는 같은 만큼이다, 같은 만큼이 아니다라고 결코 말
해지지 않고, 오히려 비슷하다고 말해지며, 흼도 같은 만큼이다, 같은 만
큼이 아니다라고 결코 말해지지 않고, 비슷하다고 말해진다.[85] 이처럼,
35 같은 만큼이다, 같은 만큼이 아니다라고 말해짐은 양만이 갖는 두드러

83　'같은 만큼이다', '같은 만큼이 아니다'의 원어 ison, anison은 우리말 '같다'의 쓰임새
　　처럼 '같은 모양이다', '서로 다름이 없다', '동일하다', '하나다', '비슷하다', '적합하
　　다' 등의 여러 가지 뜻을 가진다. 양의 대소를 비교할 때는 '그만큼 많거나 크다'는 뜻
　　을 가진다(플라톤, 『메논』 82A 이하, 『파이돈』 74A 이하, 아리스토텔레스, 『형이상학』 10권
　　5장 참조). 양뿐만 아니라 실체나 질, 관계 등 다른 범주들의 경우에도 쓰이므로, 이런
　　쓰임새와 구분하기 위해 ison과 anison을 '같은 만큼이다', '같은 만큼이 아니다'로 옮
　　겼다.

84　〖 〗는 몇몇 필사본이나 고대의 번역본에서 추가된 부분이다.

85　"실체가 하나인 것들은 서로 같으며(tauta), 질이 하나인 것들은 서로 비슷하며(homoia),
　　양이 하나인 것들은 서로 같은 만큼이다(isa)"(『형이상학』 5권 15장 1021ª 11-12).

진 특성이라 할 수 있다.

7장 관계

다른 것들의 무엇으로서, 또는 다른 어떤 방식으로든 다른 것에 얽혀,[86] 바로
자기 자신인 것으로 말해지는 것들은 관계(의 범주)에 드는 것들이다.[87] 예
를 들어, 더 큰 것은 다른 것의[88] 무엇으로서 바로 자신인 것으로 말해진
다. 그것은 어떤 (작은) 것**보다** 더 크다고 말해지기 때문이다. 그리고 두
배인 것은 다른 것에 얽혀(비교되어) 바로 자기 자신인 것으로 말해진다.
다시 말해 | 그것은 어떤 (절반인) 것의 두 배로 말해진다. 이와 같은 종류 **6b**

---

86 '다른 것들의(heterōn) 무엇으로서'에서 '의'는 문법적으로 2격(소유격)의 낱말로 표
시되며, '다른 임의의 방식으로(hopōsoun allōs)'는 나머지 3격(여격), 4격(목적격) 등의
낱말들을 써서 표현된다. 이런 표현들은 명사 자체가 격변화를 하는 그리스어나 라틴
어에서 가능하다.

87 '어떤 것에 얽혀'의 원어는 '···로부터, ···로, ···에서, ···을 위하여, ···에 따라, ···에 비
해, ···에 대하여, ···에 관련하여, ···을 위하여' 등의 많은 뜻을 가진 전치사 pros와 '어
떤 것'을 뜻하는 대명사 ti로 구성된 pros ti이다. 이것을 아리스토텔레스는 ta pros ti로
명사형으로 만들어 쓰고 있다. 우리말로 '어떤 것에 얽힌 것들'로 옮겼다. 이는 서로
일정한 관계를 갖는 존재들을 가리킨다. 관계의 범주에 드는 것들이 맺는 관계 자체
는 '관계(얽힘, relatio)'로 표현된다. 이 8장 앞부분의 관계 개념 규정이 충분한 것인지
에 대해선 8a 28-35 참조. 아리스토텔레스는 『형이상학』 5권 15장에서도 관계 개념
을 다루면서, 그 여러 가지 뜻을 뚜렷한 관점에 따라 구분하고 있다.

88 관계의 범주에 드는 개념들의 관계성은 우리말에서 '···보다'(6ᵃ 38, b 31-32, 8ᵇ 9), '···
의'(6ᵇ 29-30, 34, 35, 7ᵃ 4, 12, 16), '···에'(8ᵇ 5), '···로 말미암아'(···때문에, 7ᵃ 5, 15), '···
으로써'(6ᵇ 35-36), '···과'(6ᵇ 24) 등으로 다양하게 나타난다. 이 말들을 고딕체로 표기
하여 그 관계성을 강조하였다.

의 다른 모든 것들도 마찬가지다. 습성, 상태, 감각, 앎, 놓임새도[89] 관계
(의 범주)에 든다. 다시 말해 이것들은 모두 다른 것들의 무엇으로서, 다
른 것이 아닌 바로 자기 자신인 것으로 말해진다.[90] 다시 말해, 습성은 어
5 떤 것의 습성으로, 앎은 어떤 것의 앎으로, 놓임새는 어떤 것의 놓임새로,
그리고 나머지 것들도 마찬가지로 이런 식으로 말해진다.

그러므로 다른 것들의 무엇으로 또는 다른 어떤 방식으로든 다른
것에 얽혀 바로 자기 자신인 것으로 불리는 것들은 모두 관계(의 범주)
에 든다. 예를 들어, 어떤 산은 다른 산에 얽혀 크다고 말해진다. 왜냐하
면 그 산은 어떤 것에 얽혀(비교되어) 크다고 말해지기 때문이다.[91] 그리
10 고 비슷한 것은 어떤 것과 비슷하다고 말해지며, 이와 같은 종류의 나머
지 것들도 같은 방식으로, 어떤 것에 얽혀 (바로 자기 자신인 것으로) 말해
진다. 그리고 누워 있기, 서 있기와 앉아 있기도 일종의 놓임새이며, 놓
임새는 관계(의 범주)에 든다. 또 누워 있음이나 서 있음 또는 앉아 있음
자체는 놓임새가 아니지만, 방금 말한 놓임새들로부터 파생된 방식으로
말해진다.[92]

---

89 그리스 원어로 차례대로 hexis, diathesis, aisthēsis, epistēmē, thesis이다. 오래가지 못
하고 쉽게 변하는 것은 상태(diathesis)이며, 지속적이고 쉽게 바뀌지 않는 것은 습성
(hexis)이다(8장 8ᵇ 27-9a 14 참조). thesis는 어떤 것이 놓여 있는 방식, 즉 '놓임새'를 뜻
한다. 어떤 것이 놓여 있는 곳, 즉 '위치'를 뜻하기도 한다(6장 5ª 15-23 참조).

90 감각과 앎의 관계성에 대해서는 6ᵇ 34-36에 나오는 설명을 참조할 것. 습성, 상태, 놓
임새의 관계성에 대한 아리스토텔레스의 설명(6ᵇ 11-12)은 분명하지 않다.

91 여기서 산 자체가 관계의 범주에 드는 것은 아니다. 산은 실체로서 관계 개념의 담지
자일 뿐이다. 산을 통해 구체화되는 큼이 관계의 범주에 든다. 8장 8ᵇ 15-21 참조.

92 한 예를 들면, '누워 있음'(anakeklisthai, 동사의 기본형)은 '누워 있기'(anaklisis, 명사형)
라는 말에서 파생되었다. 9장 11ᵇ 10-11, 10장 12ª 35-39 참조.

관계(의 범주)에도 반대성이 있다. 예를 들어 뛰어남은 못남에[93] 반 15
대되는데, 이 둘은 모두 관계(의 범주)에 든다.[94] 그리고 앎(知)은 모름(無
知)에 반대된다. 그러나 관계(의 범주)에 드는 것들 모두에 반대되는 것
들이 있지는 않다. 두 배, 세 배 등에 반대되는 것은 없기 때문이다.

그리고 관계(의 범주)에 드는 것들은 더와 덜(정도의 차)을 허용하는 20
듯하다. 어떤 것은 더 또는 덜 비슷하다고, 더 또는 덜 같은 만큼이 아니
라고 말해지는데, 이 둘은 모두 관계(의 범주)에 든다. 다시 말해 비슷한
것은 어떤 것과 비슷하다고, 그리고 같은 만큼이 아닌 것은 어떤 것과 같
은 만큼이 아니라고 말해진다. 그러나 모든 것들이 더와 덜을 허용하지 25
는 않는다. 두 배는 더 또는 덜 두 배라고 말해지지 않으며 이와 같은 종
류의 것들도 마찬가지이기 때문이다.

관계(의 범주)에 드는 것들은 모두 맞바뀌는 것(相關概念)들에 얽혀
말해진다. 예를 들어 노예는 주인의 노예이며, 주인은 노예의 주인이라 30
말해진다.[95] 그리고 두 배는 절반의 두 배라고, 절반은 두 배의 절반이라

---

93 aretē는 지와 덕에서, 그리고 여러 분야에서 뛰어남, 우수함, 완전함, 탁월함, 훌륭함을
   뜻한다. 이에 반대되는 개념 kakia는 (지덕 등에서) 못남, 뒤짐, 처짐, 모자람을 뜻한다.
   이런 여러 가지 뜻을 대표하는 개념으로 '뛰어남'과 '못남'을 택했다.

94 뛰어남 또는 못남이 어떻게 관계의 범주에 드는지 분명하지 않다. 뛰어남이 '…에 얽
   혀 뛰어남'을 뜻하기 때문에, 아니면 '…보다 뛰어남'을 뜻하기 때문에 관계 개념에
   드는 것처럼 보인다.

95 맞바뀌는 것들(antistrephonta), 즉 상관 개념들은 상대 존재의 조건이 된다. 주인의 존
   재는 노예의 존재 조건이 되며, 노예의 존재는 주인의 존재 조건이 된다. 현대 논리학
   에서와 달리 아리스토텔레스는 'x는 노예다'와 'x는 y의 노예다'라는 문장을 똑같이
   관계를 나타내는 문장으로 본다. 현대의 관계 논리에서는 두 변항 x, y의 관계가 명시
   된 뒤의 것만을 관계 문장으로 친다. 'x는 크다'와 'x는 y보다 크다'의 예도 이와 마찬
   가지다. 상관 개념의 다른 예로, 부모와 자식을 들 수 있다.

고, 그리고 더 큰 것은 더 작은 것**보다** 더 큰 것이라고, 더 작은 것은 더 큰 것**보다** 더 작은 것이라고 말해진다. 다른 것들의 경우도 이와 마찬가지다.

하지만 때때로 표현상의 어미 때문에 차이가 나기도 한다. 예를 들어, 앎은 알 수 있는 것(앎의 대상)**에 대한** 앎이고, 알 수 있는 것은 앎**에 의해** 알 수 있는 것이라고 말해지며, 감각은 감각할 수 있는 것(감각 대상)에 대한 감각이고, 감각할 수 있는 것은 감각**에 의해** 감각할 수 있는 것이라고 말해진다.[96]

그런데 관계(의 범주)에 드는 것들은 때때로 맞바뀌지 않은 듯하다. 어떤 것이 얽혀 말해지는 것이 알맞게 제시되지 않고, 제시하는 사람이 그것을 놓칠 경우, 예를 들어 날개가 새의 그것으로 제시되는 경우, 거꾸로 날개의 새라는 관계는 성립하지 않는다. 날개는 | 우선 새의 날개로서 알맞게 제시되지 않았기 때문이다. 즉, 어떤 것이 새인 한에서가 아니라, 그것이 날개 달린 것인 한에서 새의 날개가 말해진다. 새가 아닌 다른 많은 것들의[97] 날개가 있기 때문이다. 물론 그것이 알맞게 제시될 경우, 맞바뀌기도 한다. 예를 들어, 날개는 날개 달린 것의 날개이고, 날개 달린 것은 날개**로 말미암아** 날개 달린 것이다.[98]

---

96 여기서 '…에 대한'은 2격(소유격)으로 '…에 의해'는 3격(여격)으로 표현된다. 두 상관 개념 쌍, 즉 epistēmē(앎)와 epistēton(알 수 있는 것), 그리고 aisthēsis(감각)와 aisthēton(감각할 수 있는 것)은 서로 어미만 다르다. 앎(학문)과 개별적인 앎(개별 학문)의 관계성 문제에 대해서는 8장 11ᵃ 20-38 참조.

97 예를 들어, 잠자리와 같은 곤충이나 박쥐와 같은 동물들.

98 원문은 다음과 같다: to pteron pterōtou pteron kai to pterōton pterō pterōton. '날개'와 '날개 달린 것'은 앞의 '앎'과 '알 수 있는 것', 그리고 '감각'과 '감각할 수 있는 것'의 경우와 마찬가지로 상관 개념이다.

그리고 어떤 것이 다른 어떤 것에 얽혀 알맞게 제시될 수 있는데, 그에 대한 이름이 아직 주어져 있지 않을 때에는, 때때로 이름 짓기가 아마도 필요할 것이다. 예를 들어, 키가 배[船]의 그것으로 주어질 때, 이런 제시는 알맞은 것이 아니다. 어떤 것이 배라는 바로 그 이유에서 키를 가진다고 말해지지는 않기 때문이다. 다시 말해 키를 갖지 않는 배들이 있다. 10 그렇기 때문에 그것은 맞바뀌지 않는다. 배는 키의 배라고 말해지지 않는다. 그러나 그것이 이런 식으로, 즉 키는 키가 달린 것의 키라거나,[99] 아니면 다른 어떤 방식으로든 주어진다면, 그런 제시는 아마도 더 알맞은 제시가 될 것이다. (주인과 노예의 경우와 달리) 그에 대한 이름은 아직 없다. 그리고 알맞게 주어지는 경우, 맞바뀌기도 한다. 키가 달린 것은 키 15 로 말미암아 키가 달린 것이기[100] 때문이다. 다른 것들의 경우도 마찬가지다. 예를 들어, 머리도 동물의 그것보다는 머리를 가진 것의 머리로서 더 알맞게 주어질 수 있을 것이다. 어떤 것이 동물이라는 바로 그 이유에서 머리를 갖지는 않기 때문이다. 다시 말해 많은 동물들은 머리가 없다. 이름이 아직 주어져 있지 않은 것들은 위와 같은 방식으로 아주 쉽게 이해할 수 있겠다. 으뜸가는 것들로부터[101] 파생된 이름들이, 앞서 말한 경 20 우들에서 '날개'로부터 '날개 달린 것'이, '키'로부터 '키가 달린 것'이 갈려 나와 주어지듯이, 또한 맞바뀌는 것들에 주어진다면 말이다.

그러므로 관계(의 범주)에 드는 것들은 자신들에 알맞게 주어지는 한, 모두 맞바뀌는 것들에 얽혀 말해진다. 그것들이 아무것에나 얽혀 주

---

99 이를 라틴어로 표현하면 다음과 같다. clavus clavati clavus.
100 이를 라틴어로 표현하면 다음과 같다. clavatum est clavo clavatum.
101 본래 관계의 범주에 드는 것들.

25 어지고, 그것들이 말해지는 바에 얽혀 주어지지 않는다면, 맞바뀌지 않기 때문이다. 이로써 내가 말하려 하는 바는, 맞바뀌는 것들에 얽혀 말해진다고, 그리고 그것들에 대한 이름들이 이미 있다고 동의된 것들의 경우조차도, 관계(의 범주)에 드는 것이 다른 것에 딸린 것(성질)들에 얽혀 주어지고, 그것들이 말해지는 바에 얽혀 주어지지 않는 것들은 맞바뀌지 않는다는 점이다. 예를 들어, 노예가 주인의 노예가 아니라, 사람이나

30 두 발 달린 것, 또는 이와 같은 종류의 어떤 것의 노예로 주어진다면, 맞바뀌지 않는다. 그런 제시는 알맞은 것이 아니기 때문이다.

더 나아가, 어떤 것이 얽힌 것이 알맞게 주어지는 경우, 다른 것에 딸린 나머지 것들이 모두 제거된 후, 얽힌 것으로서 알맞게 주어졌던 것만이 남는다면, 어떤 것은 항상 남은 그것에 얽혀 말해질 것이다. 예를

35 들어, 노예가 주인에 얽혀 말해지고, 그 주인에게 딸린 모든 것(성질)들이, 예를 들어 두 발 달린 것임, 앎을 받아들일 수 있는 것임, 사람임이 제거되고, 주인임만 남는다면, 노예는 항상 이 주인에 얽혀 말해질 것이다. 다시 말해, 노예는 주인의 노예라 말해진다.

7b 이와 달리, | 어떤 것이 얽힌 것이 알맞게 주어지지 않는 경우, 다른 것들이 제거된 후, 얽힌 것으로서 주어지는 것만이 남는다고 하더라도, 이것에 얽혀 말해지지 않을 것이다. 예를 들어, 노예가 사람의 노예로,

5 날개가 새의 날개로 주어진다고 해 보자. 그리고 사람에서 그가 주인임을 제거해 보자. 그러면 노예는 더는 사람에 얽혀 말해지지 않을 것이다. 주인이 없다면, 노예도 없기 때문이다. 마찬가지로 새에서 날개 달린 것임을 제거해 보자. 그러면 새는 더는 관계(의 범주)에 드는 것이지 않을 것이다. 날개 달린 것이 없으면 이와 더불어 어떤 것의 날개도 없을 것이

10 기 때문이다. 그러므로, 어떤 것이 무엇에 얽혀 알맞게 말해지는지를 제시해야 한다. 그에 대한 이름이 이미 주어져 있는 경우, 제시가 쉽게 될

것이지만, 그런 이름이 없다면, 아마도 이름 짓기가 필요할 것이다. 그리고 이런 방식으로 제시가 이루어질 때, 분명히 관계(의 범주)에 드는 것들은 모두 맞바뀌는 것들에 얽혀 말해질 것이다.[102]

관계(의 범주)에 드는 것들은 본래 동시에 있는 듯하다. 그리고 이는 15 대부분의 경우 맞는 말이다. 예를 들어, 두 배와 절반은 동시에 있다. 절반이 있으면 두 배가 있다. 그리고 노예가 있으면, 주인이 있다. 다른 것들도 이와 마찬가지다. 이것들은 또한 서로를 더불어 없앤다. 다시 말해, 두 배가 있지 않으면 절반도 있지 않으며, 절반이 있지 않으면 두 배도 20 있지 않다. 이와 같은 종류의 나머지 것들도 다 마찬가지다. 그러나 본래 동시에 있음이 관계(의 범주)에 드는 것들 모두에 들어맞는 것 같지는 않다. 앎의 대상은[103] 앎보다 먼저 있는 것 같다. 대개 우리는 이미 주어져 있는 대상들에 대해 앎을 갖기 때문이다. 몇 가지 경우에서 앎이 앎의 대 25 상과 동시에 성립함을 볼 수 있거나,[104] 아니면 전혀 그런 것을 볼 수 없다. 그리고 앎의 대상은 그것이 없어지면 앎도 더불어 없애지만, 앎은 앎의 대상을 더불어 없애지 않는다. 다시 말해, 앎의 대상이 없으면 앎은 없다. 그렇지 않을 경우, 아무것도 아닌 것에 대한 앎이 있게 될 것이다. 30

---

102 어떤 대상이나 동물의 일부(키, 날개 등)는 결국 관계의 범주에 드는 것들이 아니다. 8a 28-b 21 참조.

103 '앎의 대상'(또는 인식 대상)은 그리스어 epistēton을 옮긴 것이다. 생각(사유)을 통해서 우리가 알 수 있는 것을 뜻한다. 감각을 통해서 느낄 수 있는 대상은 감각할 수 있는 것, 즉 '감각 대상'(aisthēton)이다. 앎의 대상이나 감각의 대상이 앎이나 감각에 대해 갖는 우위성에 대해서는 12장 14^b 18-23과 『형이상학』 4권 5장 1010^b 30-37 참조.

104 칸트의 관념론과 달리 아리스토텔레스는 앎의 대상이 앎에 앞서 있는 것으로 본다. 그러나 앎의 대상이 실제로 인식되고 있는 한에서는, 그것은 앎과 더불어 동시에 있다. 감각 대상도 이와 마찬가지다. 이 점에 대해서는 『혼에 관하여』 3권 2장 425^b 25-426^a 25 참조.

그러나 앎이 없더라도, 앎의 대상은 얼마든지 있을 수 있다. 예를 들어, (주어진) 원을 (같은 넓이의) 정사각형으로 바꾸기(圓積)처럼[105] 이것이 앎의 대상이라면 말이다. 이것에 관한 앎은 아직 있지 않지만, 이 앎의 대상 자체는 있다. 또, 동물이 사라지면 앎은 없지만, 앎의 대상은 많이 있을 수 있다.

35 　　감각의 경우도 이와 비슷하다. 다시 말해, 감각 대상은 감각보다 먼저 있는 것 같다. 감각 대상이 없어지면, 그것은 감각을 더불어 없애지만, 감각은 감각 대상을 더불어 없애지 않기 때문이다. 감각은 신체와 관

8a 계하고 신체 안에 있는데, | 감각 대상이 없어지면 신체도 바로 감각 대상에 들기 때문에 신체도 없어지며, 신체가 없으면 감각도 없어져서 결국 감각 대상은 감각을 더불어 없애기 때문이다. 그러나 감각은 감각 대상을 더불어 없애지 않는다. 동물이 사라지면 감각은 없어지지만, 감각

5 대상은 예를 들어, 물체, 따뜻함, 닮, 씀 그리고 그 밖에 우리가 감각할 수 있는 것들은 모두 여전히 남아 있을 것이기 때문이다. 그리고 감각은 감각 능력을 가진 것과 동시에 생겨난다. 다시 말해, 동물과 감각은 동시에

---

105 그리스어로는 ho tou kyklou tetragōnismos이다. 전하는 바에 따르면, 아낙사고라스도 이 원적 문제와 씨름했다고 한다. 브뤼손(Bryson, 기원전 410년쯤 활동)은 이 문제를 원에 외접한 다각형과 내접한 다각형의 넓이의 중간값으로 풀려고 시도했다. 아리스토텔레스는 그의 시도가 (과)학적이지 못하고, 소피스트식의 시도라고 깎아내렸다(『뒤분석론』 1권 9장 75^b 40-41, 『소피스트식 논박』 11장 171^b 12-18, 172^a 2-7 참조). 중간값의 존재에 대한 언급은 플라톤에도 나와 있다. "어떤 것에 대해 그것보다 더 큰 것과 더 작은 것이 있다면, 그것과 같은 것이 있어서 이 둘 사이에 놓인다"(플라톤, 『파르메니데스』 161D). 그러나 '주어진 원의 넓이와 같은 넓이의 정사각형이 있다'는 존재 증명은 원과 같은 넓이의 정사각형을 실제로 그릴 수 있느냐는 작도 문제와 별개다. 아리스토텔레스는 여기서 이 원적 문제가 아직 해결되지 않았지만, 앞으로 풀어야 할 앎의 대상임을 내비치고 있다.

생겨난다. 그러나 감각 대상은 감각이 있기 전에 이미 있다. 불과 물과 그리고 동물을 이루는 이러한 종류의 것들은 동물이 또는 감각이 있기 10 전에도 있기 때문이다. 그러므로 감각 대상이 감각보다 먼저 있다고 생각해도 괜찮을 것이다.

실체는 어느 것도 관계(의 범주)에 드는 것들로 말해지지 않는 것 같은데, 아니면 관계(의 범주)에 드는 것이 몇몇 버금 실체들의 경우에 있을 수 있는지 모르겠다. 으뜸 실체들의 경우, 이는 맞는 말이다. 그것들 15 의 전체도 부분도 어느 것에 얽혀 말해지지 않기 때문이다. 다시 말해, 이 특정한 사람은 어떤 것의 특정한 사람이라 말해지지 않으며, 이 특정한 소도 어떤 것의 특정한 소라 말해지지 않는다. 부분들도 이와 마찬가지다. 이 특정한 손은 어떤 것의 특정한 손이라 말해지지 않고, 아무개의 손이라 말해진다. 이 특정한 머리도 어떤 것의 특정한 머리라 말해지지 20 않고, 아무개의 머리라 말해진다. 버금 실체들의 경우도 대부분 이와 마찬가지다. 예를 들어, 사람은 어떤 것의 사람으로, 소는 어떤 것의 소로, 통나무는 어떤 것의 통나무라 말해지지 않고, 모두 아무개의 소유물이라 말해진다. 그러므로 이와 같은 경우, 분명히 그것들은 관계(의 범주)에 25 들지 않는다. 그러나 버금 실체들 중 몇 가지 경우는 논쟁의 여지가 있다. 예를 들어, 머리는 어떤 것의 머리로, 손은 어떤 것의 손으로, 그리고 그와 같은 종류의 것들이 저마다 또한 이런 방식으로 말해져서, 결국 이 것들이 관계(의 범주)에 드는 것처럼 보일 수도 있을 것이다.

그래서, 관계 개념들에 대해 앞서 내린 규정이 충분한 것이었다면, 어떤 실체도 관계(의 범주)에 드는 것이 아니라는 결론에 이르는 것은 아 30

주 어려운 일이거나, 아니면 불가능한 일이다.[106] 그러나 그 규정이 충분한 것이 아니었다면, 또 그 있음이 **무엇**에 어떤 방식으로 얽힘인 그런, 관계(의 범주)에 드는 것들이 있다면,[107] 아마도 해결점을 찾을 수 있겠다. 그러나 이전에 내린 규정은 관계(의 범주)에 드는 것들 모두에 적용되는

35 것이지만, '그것들이 **무엇**에 얽혀 있음'이 곧바로 '그것들이 다른 것들에 얽혀 바로 자기 자신인 것들로 말해짐'을 뜻하지는 않는다.[108]

　　이로부터 분명한 점은, 누군가 관계(의 범주)에 드는 것들 가운데 어떤 것을 확실하게 알 경우, 그는 또한 그것이 **무엇**에 얽혀 말해지는지를 확실하게 알 것이라는 점이다. 이 점은 자명하다. 누군가가 이것이 관계

8b (의 범주)에 들고, ǀ 관계(의 범주)에 드는 것들에서 '그것들의 있음'이 '어떤 방식으로 어떤 것에 얽힘'이라면, 그는 **이것**이 **무엇**에 어떤 방식으로 얽혀 있는지를 또한 안다. 그것이 **무엇**에 어떤 방식으로 얽혀 있는지를 전혀 알지 못한다면, 그것이 어떤 것에 어떤 방식으로 얽혀 있다는 것조차 알지 못할 것이기 때문이다. 이 점은 개별적인 것들의 경우에도 분명

5 하다. 예를 들어, **이것**에 관해 그것이 두 배라고 확실히 안다면, 또한 그것이 **무엇**에 두 배 되는지를 곧바로 확실히 안다. 그것이 어떤 특정한 것

106　7장 맨 앞에서 내린 규정을 말한다. 이 규정에 따르면 머리와 손과 같은 실체의 일부도 관계의 범주에 든다.

107　이 새로운 규정에 따르면, 어떤 것 x가 관계의 범주에 든다면, '그것이 있음'은 곧바로 '그것이 어떤 것에 얽혀 있음'을 뜻한다. 예를 들어, '노예가 있다'는 것은 오로지 '그것이 주인에 얽혀 있음'을 뜻한다.

108　7장 맨 앞에서 내린 규정(relata secundum dici)은 따라서 두 번째 규정(relata secundum esse)보다 더 포괄적이다. 바로 뒤에 설명이 나오듯, 첫 번째 규정에서와 달리 두 번째 규정의 경우에서 우리는 어떤 관계의 범주에 드는 것이 다른 **무엇**에 얽히는지를 확실히 알아야 한다. 이 새로운 규정은 『토포스론』 6권 4장 142ᵃ 29, 8장 146ᵇ 3에도 나와 있다.

에 두 배 되는 것인지를 알지 못한다면, 그것이 두 배인지조차 전혀 알지 못할 것이기 때문이다. 마찬가지로 **이것**에 대해 그것이 더 아름답다고 알 경우, 이로 말미암아 그것이 **무엇**보다 더 아름다운지를 또한 확실히 알아야 한다. {**이것**이 더 열등한 것보다 더 아름답다고 불확실하게 알 10 지는 않을 것이다. 그런 것은 (확실한) 앎이 아니라 (막연한) 생각일 것이다.[109] **이것**이 더 열등한 것보다 더 아름답다는 것을 더는 엄밀하게 알지는 못할 것이기 때문이다. 그렇게 된다면, 그것보다 더 열등한 것이 없을 수도 있기 때문이다.} 그러므로 분명히, 누군가가 관계(의 범주)에 드는 것들 가운데 어떤 것을 확실하게 안다면, 그것이 **무엇**에 얽혀 말해지는지를 더불어 확실하게 알아야 한다.   15

그러나 머리, 손 등과 같은 실체들의 경우, 이것들이 저마다 무엇에 얽혀 말해지는지를 반드시 알지 못하고서도, 각각이 무엇인지를 확실하게 알 수 있다. 이 머리가 무엇의 머리인지 또는 그 손이 무엇의 손인지를 반드시 확실하게 알 필요가 없기 때문이다.[110] 그래서 이런 것들은 관계 (의 범주)에 들지 않을 것이다. 이런 것들이 관계(의 범주)에 들지 않는다 20 면, 어떤 실체도 관계(의 범주)에 들지 않는다고 말하는 것이 맞을 것이다.

이런 점들에 관해 여러 차례 검토함이 없이 확고한 주장을 하는 것은 아마도 어려운 일일 테지만, 각각의 경우에서 그 문제점들을 샅샅이 훑어보는 일이 쓸모없지는 않다.

---

109 '앎'과 '(막연한) 생각'의 원어는 epistēmē와 hypolēpsis이다.
110 손과 머리의 경우, 우리는 그것들이 든 신체를 알지 못하고서도 확실하게 그것들을 알 수 있다.

8장 질

25 질(어떠함, 質)에[111] 따라 우리는 (사람이나 사물이) **어떠하다고** 말한다. 그런데 질은 여러 가지 방식으로 말해지는 것들 가운데 하나다.

질의 한 가지 종류로 습성과 상태가[112] 언급될 수 있을 것이다. 습성은 더 지속적이고 더 오래간다는 점에서 (일시적) 상태와 차이가 난다.
30 앎과 덕은 그런 습성에 든다. 앎은 누군가 그것을 보통의 정도로 가질지라도 병 등으로 말미암아 큰 변화가 생기지 않는다면, 지속적이고 변하기 힘든 것처럼 보이기 때문이다. 덕도 마찬가지다. 예를 들어, 정의, 절제, 그리고 이와 같은 것들은 저마다 쉽게 변하지도, 쉽게 바뀌지도 않
35 는 듯하다. 이와 달리, 상태는 예를 들어, 따뜻함과 차가움, 병과 건강 등은 모두 쉽게 변하고 쉽게 바뀐다. 이런 것들에 따라 사람은 일정한 상태에 놓여 있으며, 몸이 따뜻했다가 차가와지고, 건강(의 상태)에서 벗어나
9a 아픔(의 상태)로 빠르게 변한다. | 나머지 상태들도 오랜 시간에 걸쳐 마침내 바로 본성으로 되고 치료가 불가능하거나 변하기 아주 힘든 경우

---

111 '질'은 그리스어의 추상명사 poiotēs(라: qualitas)를 옮긴 것이다. '어떠한…', '어떠냐?'를 뜻하는 부정(不定) 형용사와 의문사 poion에서 만들어졌다. 8장에서 아리스토텔레스는 먼저 추상적인 질 개념을 구체적인 질의 예를 통해, 즉 질의 담지자를 통해 설명한다. 질 개념에 관해서는 『형이상학』 5권 14장 참조.

112 그리스어로 hexis(라: habitus), diathesis(라: dispositio)이다. 『형이상학』 5권 19장과 20장 참조. 앞 장에서 관계 개념에 들었던 이 개념들이 다시 여기서 질의 범주에 드는 이유는 이 장 마지막 부분 11ᵃ 20 이하에 설명되어 있다. hexis는 10장에서는 결여와 대비되어 '소유'로 옮겼다. 8장에서 아리스토텔레스는 질의 종류를 크게 네 가지로 나누어 설명하고 있는데, 10ᵃ 25-26에서 스스로 고백하고 있듯이 완벽성을 주장하지는 않는다. 범주들을 열 개로 열거한 것도 마찬가지일 것이다. 그럼에도 칸트는 아리스토텔레스가 원칙 없이 범주들을 닥치는 대로 긁어모아 제시했다고 비난한다. 『순수이성비판』 B107 참조.

가 아니라면, 그와 마찬가지다. 그런 경우는 누구든 아마도 습성이라 부를 것이다. 그러나 분명히, 사람들은 더 오래가고 변하기 더 힘든 것들을 '습성'이라 부르고자 할 것이다. 앎을 그다지 확고히 갖지 못하고, 쉽게 5 변하는 사람들을 두고, 그들이 습성을 가진다고 말하지는 않는다. 그들이 비록 그 앎과 관련하여 더 못한 또는 더 나은 어떤 상태에 놓여 있다 하더라도 말이다. 이렇듯, 상태는 쉽게 변하지만, 습성은 더 오래 가고 변하기가 더 힘들다는 점에서 둘은 다르다.

습성은 또한 상태이기도 하지만, 상태가 반드시 습성인 것은 아니 10 다. 습성을 가진 사람은 이로 말미암아 어떤 상태에 놓여 있지만, 어떤 상태에 놓여 있는 사람이 또한 습성을 가진 것은 결코 아니기 때문이다.

질의 또 다른 종류는, 이에 따라 우리가 권투 선수다, 달리기 선수다, 튼튼하다, 허약하다고 말하는 것들이다.[113] 일반적으로, 타고난 능력 15 또는 무능력에 따라 말해지는 것들이 모두 이에 든다. 어떤 상태에 놓여 있기 때문이 아니라, 그가 무엇인가를 쉽게 할 수 있거나 또는 전혀 겪지 않는 능력을 타고 났기 때문에 저마다 그러한 능력을 가진 것으로 말해진다. 예를 들어, (타고난) 권투 선수로 또는 달리기 선수로 불리는 사람들은, 그들이 일정한 상태에 놓여 있기 때문이 아니라, 그들이 무엇인가 20 를 쉽게 할 수 있는 능력을 타고났기 때문에 그렇게 불린다. 그리고 튼튼한 사람들은, 그들에게 닥치는 것들로부터 아무것도 쉽게 겪지 않는 능력을 타고 났기 때문에, 허약한 사람들은 아무것도 겪어 내지 못하는 무능력 때문에 그렇게 불린다. 단단함과 무름의 경우도 마찬가지다. 단단 25 한 것은 쉽게 쪼개지지 않는 힘을 가져서, 무른 것은 바로 이런 힘을 가

---

113 질의 둘째 종류는 타고난 재능, 소질을 뜻한다.

지지 못해서 그렇게 불린다.

질의 셋째 종류는 (사람이나 물체가) 겪는 (지속적인) 성질과 (일시적
30 인) 겪이이다.[114] 예를 들어, 닮, 씀, 심, 등이 모두 그런 것들이며, 또 따뜻
함과 차가움,[115] 흼과 검음이 그런 것들이다. 분명히, 이것들은 질이다. 이
것들을 받아들인 것들은 이 질들에 따라 **어떠한** 것으로 말해진다. 예를
들어, 꿀은 닮을 받아들인 상태에 있기에 달다고 말해지며, 물체는 흼을 받
35 아들인 상태에 있기에 희다고 말해진다. 다른 경우들도 이와 마찬가지다.
이것들은 그런 질들을 받아들인 것들인 자신이 스스로 무엇을 겪기 때문에
9b 겪는 성질로 | 불리는 것은 아니다. 꿀은 그것이 무엇을 겪어서 달다고 말해
지지 않으며, 또 이와 같은 종류의 나머지 것들도 그렇지 않기 때문이다. 이
것들과 마찬가지로, 따뜻함과 차가움은 자신들을 받아들인 것이 스스로 무
5 엇을 겪어서 겪는 성질이라 불리지 않고, 언급된 성질들이 저마다 감각과
관련하여 겪이를 불러일으키기 때문에 (우리의 감각이) 겪는 성질이라
불린다. 예를 들어, 닮은 미각과 관련하여, 따뜻함은 촉각과 관련하여 그
안에 어떤 겪이를 불러일으킨다. 다른 질들도 이와 비슷하다.
10 그러나 흼과 검음, 그리고 그 밖의 색들은 앞서 말한 것과 같은 방식
이 아니라, 그것들이 바로 겪이에서 생겨났기 때문에 겪는 성질이라 불
린다. 색들의 수많은 변화들이 겪이를 통해 생긴다는 것은 분명하다. 부

---

114 '겪는 (지속적인) 성질'과 '(일시적인) 겪이'는 그리스어 pathētikē poiotēs와 pathos를
옮긴 것이다. pathētikē와 pathos 모두 동사 paschein에서 나왔다. 이 동사는 '겪다', '당
하다', '입다' 등 수동적인 수용을 나타내며, 이와 반대되는 동사 poiein은 '하다', '가
하다', '입히다' 등 능동적인 활동을 나타낸다. 이 동사들은 두 개의 독자적인 범주를
이룬다.

115 따뜻함과 차가움은 첫째 종류의 질에서 상태(diathesis)로 구분되었다(8b 36-39). 이
두 용어가 앞에서는 변함의 관점에서, 여기서는 수용의 관점에서 얘기되고 있다.

끄러울 때 얼굴이 빨개지며, 두려울 때 얼굴이 하얘지기 때문이다. 그리고 이와 같은 종류의 것들도 모두 마찬가지다. 따라서 누군가 본래 그러한 겪이들 가운데 어떤 것을 겪는다면, 그는 그와 같은 색을 가질 법하 15 다. 부끄러워할 때 바로 생기는 것과 같은 신체의 상태가 또한 타고난 체질 때문에 일어날 수 있으며, 이에 따라 같은 (얼굴)색이 또한 본래 생겨날 수 있기 때문이다. 20

그러한 증후들 가운데, 변하기 힘들고 지속적인 겪이로부터 비롯한 것들은 성질이라 부른다. 흼이나 검음이 타고난 체질에서 비롯할 때에는, 성질이라 불리기 때문이다. 이것들에 따라 우리는 **어떠하다**(어떤 질의 상태에 있다)고 말해진다. 그리고 흼이나 검음이 지병 때문에 또는 햇볕 25 에 그을림 때문에 생겨나고, 쉽게 이전의 상태로 되돌아가지 않거나 평생 동안 그 상태에 남아 있을 때, 그것들도 성질이라 불린다. 마찬가지로 그것들에 따라 우리는 **어떠하다**고 말해진다.

그러나 쉽게 해체되고 곧바로 이전의 상태로 되돌아가는 것들에서 생겨나는 것들은 (일시적인) 겪이라 불린다. 이것들에 따라 사람들은 **어떠하다**고 말해지지 않는다.[116] 그래서 부끄러움 때문에 얼굴이 빨개진 사 30 람은 얼굴이 불그스름하다고 말해지지 않으며, 또 두려움 때문에 얼굴이 하얘진 사람도 얼굴이 헬쑥하다고 말해지지 않는다. 오히려 무엇을 (일시적으로) 겪었다고 말해진다. 그러므로 그러한 것들은 (지속적인) 성질들이 아니라, (일시적인) 겪이들이라 불린다.

이와 비슷하게,[117] 마음에 대해서도 (지속적으로) 겪는 성질과 (일시

---

116 8ᵇ 25, 9ᵇ 27, 29 참조.

117 = 물체나 신체의 경우와 마찬가지로.

35　적인) 겪이가 말해진다. 다시 말해 태어날 때 곧바로, 일정한 겪이들에서

10a　생겨나 있는 것들은 성질이라 불린다. | 예를 들어 광적인 일탈, 성마름[118]

등이 성질이다. 이것들에 따라 사람들이 **어떠한** 상태에 있다고, 예를 들

어 광기가 있다고, 성마르다고 말해진다. 그리고 본래 그렇진 않지만, 다

른 어떤 증후에서 생겨나 헤어나기 힘들거나 전혀 바뀌지 않는 심리적

5　일탈들도 마찬가지로 성질이라 불린다. 이 성질에 따라 사람들이 **어떠한**

상태에 있다고 말해진다. 그러나 **빠르게** 가라앉는 것들에서 생겨난 것

들은 겪이라 불린다. 예를 들어, 괴로운 사람이 쉬이 화내는 것처럼 말이

다. 그러한 겪이에서 더 쉬이 화내는 사람은 성마르다기보다는 오히려

10　무엇인가를 (잠깐) 겪었다고 말해지기 때문이다. 그러므로 그러한 것들

은 (지속적인) 성질이 아니라, (일시적인) 겪이라 불린다.

　　　질의 넷째 종류는 형태와, 각 대상의 둘레에 있는 모습,[119] 이에 덧붙

여 곧음이나 굽음 등이다. 이것들 각각에 따라 어떤 것이 **어떠하다**고 말

15　해진다. 다시 말해 그것들은 삼각형이나 사각형임으로써, 그리고 곧거

나 굽은 것임으로써, 그것은 **어떠하다**고 말해진다.[120] 그리고 선(윤곽)에

따라 또 각 대상이 어떻다고 말해진다.

　　　'성김'과 '촘촘함', '거칢'과 '매끄러움'이 질을 나타내는 것처럼 보

일 수도 있겠다. 하지만 이것들은 질에 관한 분류와 관계가 없는 것 같

20　다. 오히려 이것들은 저마다 부분들의 일정한 놓임새를 보여 주는 듯하

118　'광적인 일탈', '성마름'의 원어는 각각 manikē ekstasis, orgē이다.

119　그리스어로 '형태'는 schēma, '모습'은 morphē이다. schēma는 종종 eidos(종, 形相)와
　　　같은 뜻으로 쓰인다. morphē도 거의 같은 뜻으로 쓰이기도 하지만, 주로 물체의 모습을
　　　뜻한다. 바로 뒤에 나오는 두 개념 '곧음'과 '굽음'은 이것의 하위개념으로 볼 수 있다.

120　= 질의 종류에 드는 것이라고 말해진다.

기 때문이다. 다시 말해, 어떤 것은 그 부분들이 서로 가까이 있음으로써 촘촘하다고 말해지고, 또 서로 떨어져 있음으로써 성기다고 말해진다. 그리고 그 부분들이 어떻게든 곧게 놓임으로써 '매끄럽다'고 말해지며, 들쭉날쭉함으로써 거칠다고 말해진다.

다른 종류의[121] 질이 나타날 수도 있겠지만, 위와 같은 것들이 아마 25 도 가장 많이 얘기되는 것들일 것이다.

그런데 우리가 이제껏 말한 것들이 질들이며, 이것들에 따라 파생된 방식으로 말해지는 것들은 또는 이와 다른 어떤 방식으로든 그것들로부터 나온 것들은 **어떠한** (질의 상태에 있는) 것들이다. 그런데, 대부분의 경우, 그리고 거의 모든 경우에서 **어떠한** (질의 상태에 있는) 것들은 파 30 생된 방식으로 말해진다. 예를 들어, 흼으로부터 흰 사람이, 문법으로부터 문법학자가, 그리고 정의로부터 정의로운 사람이 갈려 나와 말해지는데,[122] 다른 경우들도 이와 마찬가지다.

그러나 몇몇 경우, 질에 대한 이름이 있지 않기 때문에 그 질에서 파생된 방식으로 말해지는 것이 가능하지 않다. 예를 들어, 타고난 재능 때문에 달리기 선수라고 또는 권투 선수라고 불리는 사람은 어떤 질에 따 35 라 파생된 방식으로 | 그렇게 불리지 않는다. 이들이 가진 (타고난) 질적 **10b** 인 능력에 대한 이름은 있지 않기 때문이다.[123] 반면, 자신들의 (연습) 상

---

121 '종류'를 나타내는 말로 여기에서 쓰인 tropos 말고도 eidos(8^b 27, 15^a 13)와 genos(9^a 14, 28, 10^a 11)가 있다.

122 leukotēs(흼)에서 leukos(흰 사람)가, grammatikē(문법)에서 grammatikos(문법학자)가, dikaiosynē(정의)에서 dikaios(정의로운 사람)가 파생되어 말해진다. 1장 1^a 12–15 참조.

123 dromikos(달리기 선수)나 pyktikos(권투 선수)가 파생될 질의 이름은 없다.

태에 따라 권투 선수 또는 레슬링 선수로 말해지는 사람들이 갖는 기술들에 대한 이름은 있다. 권투와 레슬링은 (격투)기술로 말해지며, 그런 5 기술 상태에 놓여 있는 사람들은 이 (격투)기술들에서 갈려 나와 **어떠하다**고 말해지기 때문이다.[124]

그러나 때때로, (지덕이) 뛰어난 사람과 덕의 경우처럼, 이름은 있지만, 이 이름에 따라 **어떠하다**고 불리는 것이 그 이름에서 파생되어 나와 제 이름을 얻는 것은 아니다. 다시 말해 뛰어난 사람은 그가 덕을 갖고 있기 때문에 뛰어나다고 말해지며, 덕으로부터 파생된 것으로서 뛰어나 10 다고 말해지진 않는다.[125] 그러나 이런 경우는 드물다. 그러므로 앞서 말한 질(質)들에서 갈려 나와 또는 이와 다른 어떤 방식으로든 그것들로부터 나와 말해지는 것들은 **어떠하다**고 말해진다.

질의 경우도 반대성이 있다. 예를 들어, 정의는 부정에, 흼은 검음에 반대된다. 나머지 것들도 마찬가지다. 그리고 그것들에 따라[126] 어떠한 15 것으로 말해지는 것들도 그렇다. 즉 부정한 것은 정의로운 것에, 흰 것은 검은 것에 반대된다.[127] 그러나 모든 경우가 다 그런 것은 아니다. 어느 색도 질인 빨강과 노랑 또는 그 밖의 색들에 반대되지 않기 때문이다.

더 나아가, 반대되는 것들 중 하나가 질이면, 나머지 것도 질이다.

---

124 pyktikē(권투술)에서 pyktikos(권투 선수)가, palaistrikē(레슬링술)에서 palaistrikos(레슬링 선수)가 파생되어 서술된다.

125 '덕'의 원어는 aretē이다. 이 명사에서 직접 파생된 형용사는 없고, 어원이 다른 spoudaios, epieikēs, agathos, kalos가 aretē의 형용사 역할을 한다.

126 = 정의와 부정, 흼과 검음에 따라.

127 정의와 부정, 흼과 검음은 추상적인 '질'의 한 종류로서 질이며, 정의로운 것과 부정한 것, 흰 것과 검은 것은 이런 질의 종류를 갖는 구체적인 담지자로서 **어떠한** (질의 상태에 있는) 것이다.

이 점은 다른 범주들을 검토해 보면 분명해진다. 예를 들어, 정의(正義) 20
는 부정(不正)에 반대되고, 정의가 질이라면, 부정도 따라서 질이다. 다른
범주들은 그 어느 것도, 다시 말해 양도 관계도 장소도, 일반적으로 질
말고는 어떤 것도, 부정과 어울리지 않는다.[128] 질에서 반대되는 나머지
경우들도 마찬가지다.   25

   어떠한 (질의 상태에 있는) 것들은 더와 덜(정도의 차)을 허용한다. 예
를 들어, 어떤 것은 다른 어떤 것보다 더 또는 덜 희다고, 더 (또는 덜) 정
의롭다고 말해진다. 어떠한 질을 가진 것들 자체는 또한 늘어남(增加)을
허용한다. 흰 것은 더 희게 될 수 있기 때문이다. 물론 전부 그런 것은 아 30
니고, 대부분 그렇다. 한 정의(正義)가 다른 정의보다 더 정의로 불리는
지 의심스러우며, 다른 (지속적인) 상태들의 경우도 또한 이와 마찬가지
이기 때문이다. 다시 말해, 몇몇 사람들은 이 점에 대해 논쟁을 벌인다.
이들은 한 정의가 다른 정의보다 더 또는 덜 정의로 불리는 것을, 그리고
한 건강이 다른 건강보다 더 또는 덜 건강으로 불리는 것을 딱 잘라 거부
한다. 한 사람이 다른 사람보다 덜 건강하다고, 한 사람이 다른 사람보 35
다 | 덜 정의롭다고 말하며, 문법과 그 밖의 상태들에 대해서도 이와 마 **11a**
찬가지라고 말하긴 하지만 말이다. 어쨌든, 질들에 따라 (**어떠한** 질의 상태
에 있는 것으로) 불리는 것들은 의심할 여지 없이 더와 덜을 허용한다. 한
사람이 다른 사람보다 더 잘 읽고 쓸 줄 안다고, 더 정의롭다고, 더 건강
하다고 말해지기 때문이다. 나머지 경우들도 마찬가지다.   5

   이와 반대로, 삼각형, 사각형 그리고 그 밖의 다른 형태들은 어떤 것

---

128 쉽게 말해, 부정은 질 외의 다른 범주에 들지 않는다는 뜻이다. 이 점은 다른 범주들의
    경우에도 마찬가지다. 반대 쌍은 항상 같은 범주에 든다.

도 더를 허용하지 않는 듯하다. 삼각형의 뜻(定義)이나 원의 뜻을 받아들이는 것들은 모두 똑같이 삼각형이거나 원이며, 그 뜻을 받아들이지 않

10 는 것들은 어떤 것도 다른 것보다 더 삼각형이나 원으로 불리지 않을 것이기 때문이다. 다시 말해, 정사각형이 직사각형보다 더 원인 것은 아니다. 둘 다 모두 원의 뜻을 받아들이지 않기 때문이다. 일반적으로, 논의되고 있는 것의 뜻을 둘 다 받아들이지 않는다면, 어떤 것도 다른 것보다 더 그것이라고 말해지지 않을 것이다. 그러므로 **어떠한** (질의 상태에 있

15 는) 것들이 모두 더와 덜을 허용하지는 않는다.

앞서 말한 것들은 어느 것도 질의 특성이 아니지만, 비슷함과 비슷하지 않음은 오직 질에 따라서만 말해진다. 다른 것이 아닌, 바로 질에 따라 어떤 것이 다른 어떤 것과 비슷하기 때문이다.[129] 그러므로, 비슷함과 비슷하지 않음이 질에 따라 말해진다는 점은 질의 특성이라 할 것이다.

20 누군가가 우리가 질에 관해 계속 논의하면서 습성과 상태 등 관계(의 범주)에 드는 것들을 여럿 포함시켰다고 주장한다 해서 혼란스러워할 필요는 없다. 이와 같은 것들의 경우는 거의 모두 그 유(類)가 관계(의 범주)에 드는 것으로 말해지지만, 개별적인 것들은 어느 것도 관계(의 범

25 주)에 들지 않는다. 즉, 앎은 유(상위개념)로서, 다른 것에 얽혀 바로 자신인 것으로 말해진다. 다시 말해 그것은 어떤 것**에 관한** 학문으로 말해진다. 그러나 개별적인 것들은 어느 것도 다른 것에 얽혀 바로 자신인 것으로 말해지지 않는다. 예를 들어, 문법은 어떤 것**에 관한** 문법이라고 말해

---

129 많은 질을 함께 갖는 것들은 서로 비슷하다. "모든 점에서 같은 것을 겪은 것들이, 그리고 다른(異) 것들보다 같은(同) 것들을 더 많이 겪은 것들이, 그리고 질이 하나인 것들이 비슷하다고 말해진다(『형이상학』 5권 9장 1018ª 15-17)." 참고로, '**어떠한** (질의 상태에 있는) 것'과 '비슷함'을 나타내는 그리스어 poion과 homoion은 어원상 가깝다.

지지 않으며, 음악도 어떤 것에 **관한** 음악이라고 말해지지 않는다. 따라서 이것들은 유(상위개념)에 따라 관계(의 범주)에 드는 것이라 말해진다. 예를 들어, 문법은 어떤 것에 **관한** 문법이 아니라 어떤 것에 관한 앎이라 30 말해지며, 음악도 어떤 것에 관한 음악이 아니라 어떤 것에 관한 앎이라 말해진다. 그러므로 개별적인 앎들은 관계(의 범주)에 들지 않는다.

그러나 우리는 개별적인 앎들에 따라 **어떠하다**고 말한다. 우리가 바로 이 앎들을 갖기 때문이다. 다시 말해, 우리는 개별적인 앎들 가운데 어느 것을 가짐으로써 알고 있다고 말해진다. 그러므로 이 개별적인 앎 35 들도 — 이에 따라 우리는 **어떠하다**고 말해지는데 — 또한 질들일 것이다. 그러나 그것들은 관계(의 범주)에 들지 않는다.

더 나아가, 같은 것이 질(의 범주)에 들고, 관계(의 범주)에 든다면, 그것이 두 가지 유(類, 범주)에 드는 것으로 치더라도 전혀 이치에 어긋나지 않는다.

⟨……⟩[130]

9장 능동과 수동, 나머지 범주들

능동(작용을 가함)과 | 수동(작용을 겪음)도[131] 반대성과 더와 덜(정도의 차) **11b**

---

130 이곳과 b 9의 ⟨……⟩ 표시는 필사본들에는 표시되어 있지 않은 것이지만, 대부분의 원문 편집자들이 내용상의 단절을 부각시키기 위해 끼워 놓고 있다.

131 '능동'(poiein, 라: agere)'과 '수동'(paschein, 라: pati)은 서로 밀접하게 연결된 범주 쌍이다. 보통 능동과 수동은 문법적으로 자동사나 타동사 또는 능동태와 수동태로 표현된

을 허용한다. 따뜻하게 함은 차게 함에, 따뜻하게 됨은 차게 됨에, 그리고 즐거움은 괴로움에 반대된다. 이렇듯 그것들은 반대성을 허용한다.

5 그리고 더와 덜도 허용한다. 더 또는 덜 따뜻하게 함이, 더 또는 덜 따뜻하게 됨이, 그리고 더 또는 덜 괴로움이 가능하기 때문이다. 이렇듯 능동과 수동은 더와 덜을 허용한다.

〈……〉

10 『이것들에 관해서는 이만큼 얘기되었다. 어떻게 놓여 있음에 관해서는 관계(의 범주)에 드는 것들을 논할 때, 놓임새에서 갈려 나와 말해진다고 얘기되었다.[132] 나머지 것들, 즉 시간(언제), 장소(어디에), 소유(가짐)는 분명해 보이기 때문에 처음에 말한 것밖에는, 즉 소유는 '신을 신고 있음'과 '무장해 있음'이, 장소는 예를 들어 '뤼케이온에'가 나타낸다는 것 말고, 또 이것들에 관해 말했던 나머지 것들[133] 말고는 더 말할 것이 없다.

다. 이 두 개념에 대해서는 『생성과 소멸에 관하여』 1권 7-9장 참조.

132 7장 6ᵇ 11-14에서 얘기되었다. 누워 있기, 서 있기, 앉아 있기는 일종의 '놓임새'(thesis)로서 관계의 범주에 든다. 이것들로부터 파생된 누워 있음, 서 있음, 앉아 있음은 그 자체가 하나의 독자적인 범주를, 즉 '어떻게 있음'(keisthai)의 범주를 이룬다.

133 4장 2ᵃ 1 이하에서 말했던 것을 가리킨다.

10장 대립의 네 가지 종류

우리들 앞에 놓인 (범주의) 유(類)들에 관해서는 앞서 말한 것으로 충분 15
하다. 그러나 대립되는 것들에 관해, 그것들이 보통 얼마만큼 많은 방식
으로 대립되어 있는지 말해 보아야 한다.』[134]

어떤 것은 다른 어떤 것에 네 가지 방식으로 대립된다고 우리는 말
한다. 즉 관계를 나타내는 것들로서, 또는 반대되는 것들로서, 또는 결여
와 소유로서, 또는 긍정과 부정으로서 대립된다.[135] 대강을 말하자면, 이 20
것들 각각은 한편으로 관계(의 범주)에 드는 것들처럼, 예를 들어 두 배
와 절반처럼 대립되어 있다. 다른 한편으로 반대되는 것들처럼, 예를 들
어 나쁨과 좋음처럼 대립되어 있다. 또 결여와 소유처럼, 예를 들어 먼눈
과 **보는눈**처럼[136] 대립되어 있고, 긍정과 부정처럼, 예를 들어 '그는 앉아
있다'와 '그는 앉아 있지 않다'처럼 대립되어 있다.

---

134 『 』부분은 아리스토텔레스가 쓴 것이 아니라 나중에 삽입된 것이다. 이 부분이 끝나
는 데서부터 마지막 15장까지는 흔히 '후-범주들'(postpraedicamenta)이라 불리는데,
앞 장들에서 범주들을 논하면서 사용했던 중요 개념들에 대한 설명이 나온다. 이 개
념들은 '대립'(oppositio), '먼저'(prius), '같이'(simul), '변화'(motus), '가짐'(habere)의
다섯 가지다.

135 이전의 각 범주들에 대한 설명에서는 낱말과 낱말이 가리키는 사물이 어떤 범주
에 드는지가 설명되었지만, 이제부터는 범주들이 서로 맺는 대립 관계가 설명된
다. 네 가지 대립(antikeimena, 라 opposita)은 흔히 '관계 대립'(opposita relata), '반
대 대립'(opposita contraria), '소유와 결여'(habitus et privatio), '모순 대립'(opposita
contradictoria)로 축약된다. 대립의 네 가지 종류와 설명에 관해서는『토포스론』2권
8장, 5권 6장,『형이상학』5권 10장, 10권 4장과 7장 참조.

136 '먼눈'(typhlotēs)은 시력을 잃어서 '보지 못하는 눈'을 뜻한다. 이 못 보는 눈에 대립되
는 개념으로, '볼 수 있는 눈'이라는 뜻에서 '보는눈'(opsis)이라는 말을 만들어, 이를
고딕체로 표시했다.

관계(의 범주)에 드는 것들로서 대립된 것들은 자기들에 대립된 것
25 들의 그것들로서 아니면 다른 어떤 방식으로든[137] 그것들에 얽혀 바로 자
신인 것으로 불린다. 예를 들어, 두 배는 절반에 얽혀 바로 자신인 것으
로, 즉 두 배로 불린다. 그리고 앎은 알 수 있는 것에 얽혀 바로 자신인 것
이고, 알 수 있는 것은 그것에 대립된 것, 즉 앎에 얽혀 바로 자신인 것으
30 로 불린다. 알 수 있는 것은 어떤 것에 의해, 즉 앎에 의해 알 수 있다고 말
해지기 때문이다. 이렇듯, 관계(의 범주)에 드는 것들로서 대립된 것들은
자신에게 대립된 것들에 얽히거나 아니면 다른 어떤 방식으로든 서로
얽혀 바로 자신인 것으로 불린다.[138]

이와 달리, 반대되는 것들로서 대립된 것들은 어떤 식으로도 서로
35 얽혀 바로 자신인 것으로 불리지 않고, 서로 반대되는 것으로 말해진다.
예를 들어, 좋음은 나쁨의 좋음으로 불리지 않고, 나쁨에 반대되는 것으
로 불리며, 흼은 검음의 흼이 아니라, 검음에 반대되는 것으로 불린다.
이렇게 맞놓임들은 서로 차이가 난다.

12a 반대되는 것들이 그 둘 중 하나가 | 사물들에(그것들은 이 사물들
안에 본래 생겨나고, 이것들에 대해 서술되는데) 반드시 (속성으로서) 들
어 있어야 한다면,[139] 그것들의 중간에는 어떤 것도 있지 않다. [그러나 반
대되는 것들이 그 둘 중 하나가 반드시 (어떤 사물에) 들어 있을 필요가 없다

---

137 7장 6ᵃ 37의 각주 참조.
138 여기서 아리스토텔레스는 관계 개념에 대한 첫째 규정을 통해 설명하고 있다. 7장 6ᵇ
28-7ᵇ 14, 그리고 8ᵃ 35-37과 이곳의 각주 참조.
139 한 사물에 반드시 들어 있는 '필연적인 속성'에 대해서는 『뒤 분석론』 1권 4장 73ᵃ
37-b 5, 16-24 참조.

면, 당연히 그것들 중간에 어떤 것이 있다.][140] 예를 들어, 병과 건강이 본 5
래 어떤 생물의 몸에 생겨난다면, 병이든 건강이든 하나가 어떤 생물의
몸에 반드시 (속성으로서) 들어 있어야 한다. 그리고 홀과 짝이 (자연)수
에 대해 서술된다면, 홀이든 짝이든 둘 중 하나가 수에 반드시 들어 있
어야 한다. 그리고 이것들의 중간에는, 즉 병과 건강의 중간에는, 그리고
홀과 짝의 중간에는, 아무것도 없다. 이와 달리, 반대되는 것들이 그 둘
중 하나가 반드시 (어떤 사물에 속성으로서) 들어 있을 필요가 없다면, 그 10
것들 중간에 어떤 것이 있다. 예를 들어, 검음과 흼은 본래 물체 안에 생
겨나는 것이지만, 그것들 가운데 하나가 반드시 물체에 들어 있을 필요
는 없다. 모든 물체가 희거나 검거나 둘 중 하나인 것은 아니기 때문이
다. 마찬가지로, 나쁨과 좋음도 사람에 대해, 그리고 다른 많은 것들에
대해서 서술되지만, 그것들 가운데 하나가 그것들이 서술되는 것에 반 15
드시 들어 있을 필요는 없다. 모든 것들이 나쁘거나 좋거나 둘 중 하나인
것은 아니기 때문이다. 따라서 이것들의 중간에도 어떤 것이 있다. 예를
들어, 흼과 검음의 중간에는 잿빛, 노랑과 그 밖의 색들이 있으며, 나쁨
과 좋음의 중간에는 나쁘지도 않고 좋지도 않은 것이 있다.

　　몇몇 경우에는 중간의 것들에 대한 이름이 있다. 흼과 검음의 중간 20
에 잿빛과 노랑이 있는 것처럼 말이다. 이와 달리, 어떤 경우들에는 중간
에 있는 것들에 이름을 지어 붙이기가 쉽지 않아, 양극단을 부정함으로
써 중간의 것이 규정된다. 좋지도 나쁘지도 않은 것, 정의롭지도 부정하
지도 않은 것이 그런 예다. 25

---

[140] 바로 뒤 12ª 9-11과 겹치는 부분이므로 원문 편집에서 흔히 생략된다.

결여와 소유는 같은 것에 관련하여 말해진다.[141] 예를 들어 먼눈과 **보는눈**은 눈에 관련하여 말해진다. 일반적으로 말해서, 그 안에서 소유가 본래 생기는 것, 이것에 관련하여 그것들이 저마다 말해진다. 본래 어떤 소유물이 안에 들어 있어야 할 곳에, 그리고 본래 그것을 가져야 할 때에

30 그것이 전혀 있지 않을 때, 우리는 그 소유물을 받아들일 수 있는 것들이 저마다 그것을 못 갖췄다고 말한다. 우리는 이를 (본래) 갖지 않는 것에 대해 그것이 이가 없다고 말하지 않으며, 눈을 (본래) 갖지 않는 것에 대해 그것이 눈멀다고 말하지 않고, 그것을 본래 가져야 할 때에 갖지 않는 것에 대해 그렇게 말한다. 왜냐하면 어떤 것들은 날 때부터 눈도 이도 갖

35 지 않아서, 이가 없다고도 눈멀다고도 말해지지 않기 때문이다. 못갖춤 과 갖춤은 결여와 소유가 아니다.[142] 다시 말해, **보는눈**은 소유고, 먼눈은 결여지만, 시력을 가짐은 **보는눈**이 아니며, 눈멂도 먼눈이 아니다. 먼눈 은 일종의 결여지만, 눈멂은 결여가 아니라 못갖춤이기 때문이다.[143] 또, 먼눈이 눈멂과 같은 것이라면, 둘 다 모두 같은 대상에 대해 서술될 수

12b 있을 것이다. 그러나 어떤 사람이 | 눈멀다고 말해지지만, 그 사람이 먼 눈이라고 말해지지는 않는다.

141 『형이상학』 5권 22장, 9권 1장 1046ᵃ 31-35도 결여(sterēsis) 개념을 설명하고 있다. 여 기서 '소유'(hexis: echein의 명사형)는 결여에 대립되는 개념으로서 『범주들』 마지막 장의 '가짐'(echein) 개념과 달리 '본래 가져야 할 것을 가짐(갖춤)'이라는 좁은 뜻으로 쓰였다.

142 '못갖춤', '갖춤', '결여', '소유'의 원어는 차례대로 to estēsthai, to echein, sterēsis, hexis 이다. 앞의 둘은 동사이고, 뒤의 둘은 명사이다.

143 정리하면 다음과 같다: 소유(**보는눈**, opsis)-결여(먼눈, typhlotēs), 갖춤(시력을 가짐, echein tēn opsin)-못 갖춤(눈멂, typhlon). 7장 6ᵇ 11-14와 플라톤, 『테아이테토스』 156D-E 참조.

그러나 이것들도, 즉 못갖춤과 갖춤도 결여와 소유처럼 대립되는
듯하다. 그 대립의 방식은 다음과 같다. 다시 말해 먼눈이 **보는눈**에 대립
되어 있듯이, 눈멂도 시력을 가짐에 대립되어 있다. 그리고 긍정과 부정 5
아래에 놓인 사태도 마찬가지로 그것 자체가 긍정과 부정인 것은 아니
다. 긍정은 긍정하는 말(진술)이고, 부정은 부정하는 말이지만, 긍정과
부정 아래에 놓인 것(사태)들은 어느 것도 말이 아니기 때문이다. 그러나
이것들도 긍정과 부정처럼 서로 대립되어 있다고 말해진다. 이 경우에 10
도 맞놓임의 방식이 같기 때문이다. 다시 말해, 긍정이 부정에, 예를 들
어 '그가 앉아 있다'가 '그가 앉아 있지 않다'에 대립되어 있듯이, 이 두
말의 바탕이 되는 사태인 '그의 앉아 있음'과 '그의 앉아 있지 않음'도 대
립되어 있다. 15

분명히, 결여와 소유는 관계(의 범주)에 드는 것들과 같은 방식으로
대립되어 있지 않다. 그것들은 자신들에게 대립된 것에 얽혀 바로 자신
인 것으로 말해지지 않기 때문이다. 보는눈은 먼눈의 보는눈이 아니며,
또 그것은 다른 어떤 방식으로도 먼눈에 얽혀 말해지지 않는다. 마찬가
지로, 먼눈도 보는눈의 먼눈으로 불리지 않을 것이다. 먼눈은 보는눈의 20
결여로 말해지지, 보는눈의 먼눈으로 말해지지 않는다. 게다가, 관계(의
범주)에 드는 것들은 모두 맞바뀌는 것들에 얽혀 말해진다. 그래서 먼눈
도 관계(의 범주)에 드는 것이라면, 그것이 얽혀 말해지는 것과 맞바뀔
것이다. 그러나 그것은 맞바뀌지 않는다. 보는눈은 먼눈의 보는눈으로
말해지지 않기 때문이다. 25

결여와 소유에 따라 말해지는 것들이 반대되는 것들과 다른 방식
으로 대립된다는 점은 다음으로부터 분명하다. 다시 말해 중간에 아무
것도 없는 반대되는 것들은 둘 중 하나가 그것이 본래 생겨나고 서술되는
것들에 (속성으로서) 항상 들어 있어야 한다. 다시 말해, 둘 중 하나가 그것 30

을 받아들일 수 있는 것에 반드시 들어 있어야 하는 것들의 경우, 예를 들어 병과 건강, 홀과 짝의 경우, 그것들의 중간에는 아무것도 없어야 한다.

이와 달리, 중간에 어떤 것이 있는 것들은 둘 중 하나가 반드시 모든 것(대상)에 (속성으로) 들어 있을 필요는 없다. 다시 말해, 그것들을 받아들일 수 있는 것 모두가 희거나 검을, 또는 따뜻하거나 차가울 필요가

35 없다. 이것들의 중간에 어떤 것이 얼마든지 있을 수 있기 때문이다. 예를 들어 불에 따뜻함이, 눈[雪]에 힘이 들어 있는 것처럼, 반대되는 것(성질)들 가운데 하나가 본래 들어 있는 경우가 아니라면, 둘 중 하나가 반드시 그것을 받아들일 수 있는 것에 들어 있을 필요가 없을 테다. 그러나 불이나 눈의 경우, 둘 가운데 아무것이 들어 있지 않고, 특정하게 하나가 반

40 드시 들어 있어야 한다. 불이 차가울 수도, 눈이 검을 수도 없기 때문이다.

13a 그러므로 둘 중 어느 하나가 | 그것을 받아들일 수 있는 것 모두에 들어 있을 필요는 없고, 하나가 본래 들어 있는 것들에만 그러하며, 게다가 이것들에 아무것이나 들어 있지 않고, 특정하게 하나가 들어 있어야 한다.

그러나 결여와 소유의 경우, 방금 말한 점들이 전혀 맞지 않다. 둘 중 어느 하나가 그것을 받아들일 수 있는 것에 언제나 들어 있을 필요는

5 없기 때문이다. 아직 시력을 갖추도록 되지 않은 것은 눈멀다고도 시력을 가진다고도 말해지지 않기 때문이다. 따라서 이것들은 중간에 아무것도 없는 반대되는 것들도 아니고, 중간에 어떤 것이 있는 반대되는 것들도 아니다. 언젠가 둘 중 어느 하나가 그것을 받아들일 수 있는 것 모두에 반드시 들어 있어야 하기 때문이다. 다시 말해, 그것을 받아들일 수

10 있는 것이 본래 시력을 갖출 때에야 비로소 그것이 눈멀다거나 시력을 가진다고 말해지고, 또 이 둘 가운데 특정하게 하나가 말해지지 않고, 아무것이나 말해질 것이다. 이 둘을 받아들일 수 있는 것이 반드시 눈멀거

나 시력을 가질 필요가 없고, 둘 중 아무 상태에나 있기 때문이다.[144]

그러나 중간에 어떤 것이 있는 반대되는 것들의 경우, 둘 중 하나가 반드시 모든 것에 들어 있지 않고, 어떤 것들에만, 그것도 특정하게 들어 15 있다고 우리는 말했다. 그러므로 결여와 소유에 따라 대립된 것들은 (반대되는 것들이 대립된) 두 가지 방식 중 어느 것에 따라서도 대립되어 있지 않다.

또, 반대되는 것들의 경우, 그것들을 받아들일 수 있는 것이 있을 때 맞은쪽으로 변화가 일어날 수 있다. 하나가 어떤 것에, 예를 들어 따뜻함 20 이 불에 본래 들어 있는 경우가 아니라면 말이다. 다시 말해 건강한 것은 아플 수 있으며, 흰 것은 검게, 차가운 것은 따뜻하게 될 수 있고, 또 좋은 사람으로부터 나쁜 사람이, 나쁜 사람으로부터 좋은 사람이 생겨날 수 있다. 나쁜 사람이 더 나은 처신과 언행으로 이끌려, 조금이나마 더 나은 25 상태로 나아갈 것이기 때문이다. 그러나 조금일지라도 한번 앞으로 나아간다면, 분명히 그는 (언젠가는) 완전히 변하거나, 아니면 꽤 많은 발전을 이루게 될 것이다. 비록 처음엔 발전이 보잘것없더라도, 그는 늘 도덕적인 뛰어남(덕)을 향해 더 쉽게 변하게 되어, 아마도 더 많은 발전을 이루게 될 것이기 때문이다. 그리고 이것이 계속되고 그가 이를 위해 충분 30 한 시간을 가진다면, 그것은 마침내 그를 이전과 반대되는 습성으로 돌려놓을 것이다.

결여와 소유의 경우, 이와 달리 맞은쪽으로 변화가 일어날 수 없다. 소유에서 결여로 바뀜은 일어나지만, 결여에서 소유로 바뀔 수는 없다.

---

144 눈이 반드시 멀어야 한다는 필연성도 없고, 반드시 시력을 가져야 한다는 필연성도 없이, 이 두 상태 가운데 아무 상태에 있다는 뜻이다.

35 눈멀게 된 사람은 다시 보지 못했으며, 대머리인 사람은 머리카락이 다시 자라지 않았고, 이 빠진 사람도 이가 다시 나지 않았기 때문이다.

13b   긍정과 부정으로서 대립된 것들은, | 분명히 앞서 말한 방식들 가운데 어느 것에 따라서도 대립되어 있지 않다. 바로 긍정과 부정의 경우만, 항상 둘 중 어느 하나가 반드시 참이고 다른 하나는 거짓이기 때문이다.[145]

    그러나 반대되는 것들의 경우, 그리고 관계(의 범주)에 드는 것들과 소유 및 결여의 경우도 마찬가지인데, 항상 둘 중 어느 하나가 반드시 참
5 이고, 다른 하나는 거짓인 것은 아니다. 예를 들어, 건강과 병은 반대되지만, 둘 중 어느 것도 참이거나 거짓, 둘 중 하나가 아니다. 관계(의 범주)에 드는 것들로서 대립된 두 배와 절반도 마찬가지로, 둘 중 어느 것도 참이거나 거짓, 둘 중 하나가 아니다. 또한 **보는눈**과 먼눈처럼, 결여와 소유에 따라 대립된 것들도 마찬가지다.

10   일반적으로, 결합되지 않은 채 말해지는 것(낱말)들은 어느 것도 참이거나 거짓이 아니다. 그리고 앞서 말한 맞놓임들은 모두 결합 없이 말해지는 것들이다.[146] 그런데 그러한 것이[147] (문장의 형태로) 결합된 채로 말해지는, 반대되는 것들의 경우에 특히 일어난다고 생각할 수 있을 것이다. 예를 들어, '소크라테스는 건강하다'는 '소크라테스는 아프다'에
15 반대된다. 그러나 이 경우에도 항상 둘 중 어느 하나가 참이고 다른 하나가 거짓이어야 하는 것은 아니다. 소크라테스가 있을(존재할) 때에는 둘

---

145 예외적인 경우에 대해서는 『명제에 관하여』 7장 17b 29-30, 18a 10-12, 9장 18a 28-34 참조.

146 2장 1a 16-19, 4장 2a 5-10, 『명제에 관하여』 16a 9-18, 17a 17-20 참조.

147 = 참이거나 거짓, 둘 중 하나로 구분됨이.

중 어느 하나가 참이고, 다른 하나는 거짓이지만, 있지 않을 때에는 둘 다 거짓일 것이기 때문이다. 다시 말해, 소크라테스가 전혀 있지 않을 때에는, '소크라테스는 아프다'도, '소크라테스는 건강하다'도 참이 아닐 것이다.

결여와 소유의 경우, 그가 전혀 있지 않을 때에는, 둘 중 어느 것도 20 참이 아니다. 그렇지만 그가 있을 때, 항상 어느 하나가 참이고 다른 하나가 거짓인 것은 아니다. '소크라테스는 시력을 가졌다'는 '소크라테스는 눈이 멀었다'에 결여와 소유의 뜻으로 대립되어 있고, 그가 있을 때에도 둘 중 어느 하나가 반드시 참이거나 거짓인 것은 아니기 때문이다. 그가 시력을 본래 갖추도록 되기 전까지는 둘 다 거짓이기 때문이다. 그러 25 나 소크라테스가 전혀 있지 않을 때에는, 마찬가지로 둘 다 거짓이다. 즉 '그는 시력을 가졌다'와 '그는 눈이 멀었다'가 모두 거짓이다.

이와 달리 긍정과 부정의 경우, 그가 있든 있지 않든, 항상 하나는 거짓이고 다른 하나는 참이다. '소크라테스는 아프다'와 '소크라테스는 아프지 않다'는, 그가 있을 때에는 분명히 그중 하나가 참이거나 거짓이 30 고, 또 있지 않을 때에도 마찬가지이기 때문이다. 다시 말해, 그가 있지 않을 때에는, '그는 아프다'는 거짓이며, '그는 아프지 않다'는 참이다. 이처럼, 긍정과 부정의 방식으로 대립된 경우에만, 항상 둘 중 어느 하나가 참이거나 거짓이라는 점이 고유하다고 할 것이다.

11장 반대되는 것들

나쁜 것은 좋은 것에 반드시 반대된다.[148] 이 점은 구체적인 예들을 들어

14a 보면[149] 분명해진다. 예를 들어, 병은 ǀ 건강에, 부정(不正)은 정의(正義)에, 비겁은 용기에 반대된다. 다른 경우들도 마찬가지다. 그러나 때로는 좋은 것이 때로는 나쁜 것이 나쁜 것에 반대된다. 나쁜 것인 모자람에 나쁜 것인 지나침이 반대되기 때문이다. 마찬가지로, 좋은 것인 중용도 이것

5 들 각각에 반대된다.[150] 그러나 이런 것은[151] 몇 가지 경우에만 볼 수 있으며, 대부분의 경우에는 나쁜 것에 좋은 것이 항상 반대된다.

더 나아가, 반대되는 것들의 경우, 둘 중 어느 하나가 있을 때 또한 다른 하나가 반드시 있을 필요는 없다. 모든 것들이 건강할 때, 건강은

10 있지만, 병은 없다. 마찬가지로 모든 것이 흴 때, 흼은 있겠지만, 검음은 있지 않을 것이다. 또, '소크라테스가 건강함'(이라는 사태)은 '소크라테스가 아픔'(이라는 사태)에 반대되고, 동시에 양쪽이 같은 것에 (속성으로서) 들어 있을 수 없다면, 반대되는 것들 가운데 어느 한쪽이 있을 때, 나머지 다른 한쪽이 있지 않을 수도 있을 것이다. '소크라테스가 건강함'이

---

148 반대(enantion) 개념에 관해서는 『형이상학』 5권 10장 1018ª 25-38, 10권 4장 참조.

149 '구체적인 예를 듦'은 그리스어 epagōgē를 옮긴 것이다. 이 용어는 '귀납'으로 옮겨지기도 하는데, 이는 개별적인 것(개별자)에서 보편적인 것(보편자)으로 오르는 방법을 나타낸다. 증명(또는 연역)은 보편적인 것에서 출발하지만, 귀납은 개별적인 것에서 출발한다. 『토포스론』 1권 12장 105ª 13, 『앞 분석론』 2권 23장 68ᵇ 15, 『뒤 분석론』 1권 18장 81ᵇ 1 참조. 이 말의 다른 뜻으로는 '(음식물) 섭취'가 있다.

150 '모자람'(부족), '지나침'(과도), '중용'의 원어는 차례대로 endeia, hyperbolē, mesotēs이다. 이 개념들의 반대 관계에 대해서는 『니코마코스 윤리학』 2권 8장 참조.

151 = 나쁜 것이 나쁜 것에 반대되는 것은.

있을 때, '소크라테스가 아픔'은 있지 않을 것이기 때문이다.

그리고 또 종(種) 또는 유(類)가 같은 것에 관련해 반대되는 것들이 15
본래 생겨난다는 점도 분명하다. 병과 건강은 생물의 몸 안에, 흼과 검음
은 일반적으로 물체 안에, 정의와 부정은 본래 (사람의) 마음 안에 생겨
난다. 그리고 반대되는 것들은 모두 같은 유 안에 (속해) 있거나 반대되
는 유들 안에 (속해) 있어야 한다. 아니면 그것들 자체가 바로 유들이어 20
야 한다.[152] 예컨대, 흼과 검음은 같은 유인 색 안에 있고, 정의와 부정은
반대되는 유들 안에 있다. 그리고 이 유들 중 한쪽은 덕이고, 다른 한쪽
은 악덕이다. 이와 달리, 좋음과 나쁨은 어떤 유 안에도 (속해) 있지 않으
며, 그 자신이 바로 어떤 것들의 유(상위개념)이다.[153]   25

12장 먼저

어떤 것은 다른 어떤 것보다 네 가지 방식에서 먼저(先)라고 말해진다.[154]

---

152 6장 6ᵃ 17,『토포스론』 4권 3장 123ᵇ 1-124ᵃ 9,『형이상학』 5권 10장 1018ᵃ 25-35,
      10권 4장 1055ᵃ 3-33 참조.

153 이 대목은 '좋음'과 '나쁨'이 '있음'(존재)과 '없음'(비-존재)처럼 어떤 특정한 범주에
      들지 않는다는 인상을 준다. 있음이 모든 범주에 적용되듯이 좋음도 모든 범주에 적
      용된다. 각 범주들에 대해 그것들이 있다고 말하듯이, 예를 들어 '사람이 있다'고 말
      하듯이, 각 범주들에 대해 그것들이 좋다고, 예를 들어 '사람이 좋다'고 말한다. 다시
      말해, '좋음'은 '있음'만큼이나 많은 뜻으로 쓰인다(『토포스론』 1권 15장 107ᵃ 3-17,『니
      코마코스 윤리학』 1권 4장 1096ᵃ 23-29 참조). '생성'과 '소멸'도 마찬가지로 '있음'만큼
      이나 많은 뜻을 가진다. 즉 모든 범주들에 적용된다(『생성과 소멸에 관하여』 1권 3장
      319ᵃ 14-17 참조).

154 '먼저'(proteron)와 '나중'(hysteron) 개념에 대해서는『형이상학』 5권 11장 참조.

첫째로, 그리고 가장 본래적인 뜻으로는 시간에서 먼저인데, 이에 따라 어떤 것이 다른 어떤 것보다 더 늦었다거나 더 오래되었다고 말해진다. 더 많은 시간 동안 있어서 더 늦었다거나 더 오래되었다고 말해지기 때문이다.

30 둘째로, 있음의 잇따름에서 순서가 뒤바뀌지 않는 것이 먼저다. 예를 들어, 하나는 둘보다 먼저다. 둘이 있을 때 하나가 있음이 곧바로 따르지만, 하나가 있다고 둘이 반드시 있는 것은 아니어서, 하나로부터 나머지 수가 따라 있게 되는 잇따름은 역으로 성립하지 않기 때문이다. 이렇듯, 있음의 잇따름이 역으로 성립하지 않는 것이 먼저인 듯하다.[155]

35

셋째로, 순서에서, 어떤 것이 먼저인 것으로 말해진다. 예를 들어 학문과 연설의 경우처럼 말이다. 증명학들에는[156] 순서에서 먼저인 것과 나

14b 중인 것이 있다. | 요소들은 도형들보다 순서에서 먼저고,[157] 문법의 경우 자모가 음절보다 먼저다. 연설의 경우도 마찬가지다. 머리말이 본론보다 순서에서 먼저다.

5 앞서 말한 것들 말고, 또 더 나은 것과 더 존경스러운 것이 본성에서 먼저(辰)인 듯하다. 대중들은 으레 더 존경스럽고 더 사랑 받는 사람들이

---

155 7장 7^b 15-8^a 12와 바로 뒤의 13장 참조.

156 증명학(apodeiktikē epistēmē)들은 공리들을 전제로 삼아서, 주어진 대상에 대해 일정한 성질을 증명해 내는 학문들을 말한다. 『뒤 분석론』 1권 7장과 10장 참조.

157 요소(stoicheion)는 이로부터 나머지 것들이 따라 나오는 바의 것이다(『형이상학』 5권 3장 참조). 기하학에서 정의(horos), 공준(aitēma), 공리 또는 공통 개념(axiōma 또는 koinē ennoia)이 요소들인데, 이것들은 정리(定理 또는 명제, theōrēma)보다 앞선다. 그리고 정리들은 많은 경우 일정한 도형을 그려 내는 것, 즉 작도 문제와 관계된다. 피타고라스 정리의 경우처럼, 알맞은 도형을 그려 내는 것이 정리들을 증명하는 데 중요한 역할을 하기도 한다. 에우클레이데스(기원전 4~3세기) 『원론』*Stoicheia* 1권 정리(또는 명제) 1, 2, 3, 47 참조.

(다른 사람들보다) 먼저라고('앞선다고') 말한다. 이 네 가지 가운데 마지막 것이 아마도 가장 낯선 쓰임새일 것이다.

'먼저'가 말해지는 방식은 그만큼 많다. 하지만 앞서 말한 것들과 따 10
로, '먼저'는 다른 방식으로도 말해진다. 있음의 잇따름에서 순서가 뒤바뀌는 것들 가운데 어떤 식으로든 다른 것이 있음의 원인인 것이 본래 먼저라고 마땅히 말할 수 있겠다. 그런 것이 있다는 것은 분명하다. '한 사람이 있음'은 있음의 잇따름에서, 그에 관한 참인 말(진술)과 뒤바뀐다. 15
다시 말해, 한 사람이 있으면, 우리가 '한 사람이 있다'고 말하는 진술은 참이다. 그리고 역도 성립한다. 다시 말해, 우리가 '한 사람이 있다'고 말하는 진술이 참이면, 한 사람이 있다. 그러나 참인 말은 결코 사태가 있음의 원인이 아니지만, 사태는 어떤 식이든 말이 참임의 원인인 듯하다. 20
사태가 있냐(그러냐) 없냐(그렇지 않느냐)에 따라, 말이 참인 것으로 또는 거짓인 것으로 불리기 때문이다.[158] 그러므로, 다섯 가지 방식에 따라, 어떤 것이 다른 어떤 것보다 '먼저'라고 말할 수 있겠다.

13장 같이

같은 때에 생기는 것들이 단적으로, 그리고 가장 본래적인 뜻으로 '같이' 25
있다고 말해진다. 둘 중 어느 것도 먼저이거나 나중이지 않기 때문이다.

---

158 사태(pragma)가 말(logos)이나 생각(doxa)의 진위와 맺는 관계에 대해선 『명제에 관하여』 9장 18ᵃ 39-b 3, 19ᵃ 33-35, 『형이상학』 9권 10장 1051ᵇ 6-8 참조.

이런 것들은 시간으로 볼 때 같이 있다고 말해진다.[159]

있음의 잇따름에서 순서가 뒤바뀌지만 둘 중 어느 것도 다른 하나에 대해 있음의 원인이 아닌 것들은, 예를 들어, 두 배와 절반은 본래 같이 있다고 말해진다. 이것들은 순서가 뒤바뀌기 때문이다. 두 배가 있으면 절반이 있고, 절반이 있으면 두 배가 있다. 그러나 둘 중 어느 것도 다른 것에 대해 있음의 원인이 아니다.

그리고 같은 유(類)에 든, 서로 맞구분된 것들도 본래 같이 있다고 말해진다.[160] 같은 구분에 따른 것들이, 예를 들어 날짐승과 들짐승과 물짐승이, 서로 맞구분된다고 말해진다. 이것들은 같은 유로부터 나와 서로 맞구분되어 있기 때문이다. 다시 말해, 짐승은 이것들로, 즉 날짐승, 들짐승 그리고 물짐승으로 구분되며, 이것들 가운데 어느 것도 먼저 있거나 나중에 있지 않다. | 그런 종류의 것들은 본래 같이 있는 듯하다. 그리고 그것들 각각은, 예를 들어, 날짐승, 들짐승, 물짐승은 다시 여러 가지 종(하위개념)로 나누어질 수 있을 것이다. 이처럼, 같은 유로부터 나와, 같은 구분에 따른 것들도 모두 본래 같이 있다.

그런데 늘 유(類)가 종(種)보다 먼저 있다. 그것은 있음의 잇따름에서 순서가 뒤바뀌지 않기 때문이다. 예를 들어, 물짐승이 있으면 짐승이 있지만, 짐승이 있다고 해서 반드시 물짐승이 있는 것은 아니다.

그러므로 있음의 잇따름에서 뒤바뀌지만, 결코 어떤 하나가 다른

---

159 그리스어 hama는 '시간적으로 같이 있음'을 뜻할 뿐만 아니라 '공간적으로 같이 있음'을 뜻한다. 『자연학』 5권 3장 226^b 21과 『형이상학』 11권 12장 1068^b 26 참조.

160 『토포스론』 6권 4장 142^b 7-10 참조. 특히, 선을 '너비를 가진 것'과 '너비를 가지지 않은 것'으로 나누는 것처럼, 긍정과 부정을 기준으로 삼아 둘로 나누는 경우에 '맞구분되었다'(antidihaireisthai)고 한다. 『토포스론』 6권 6장 144^a 1-5 참조.

하나에 대해 있음의 원인이 아닌 것들은 본래 같이 있다고 말해진다. 같 10
은 유로부터 나와 서로 맞구분되는 것들도 이와 마찬가지다.[161] 그러나
주로, 같은 때에 생기는 것들이 같이 있다고 말해진다.

14장 변화

변화의[162] 종류는 다음의 여섯 가지다: 생성(생겨남)과 소멸(사라짐), 팽창
(늘어남)과 수축(줄어듦), 질의 변화, 장소에 따른 변화.[163] 이것들은 분명 15
히 서로 다르다. 생성은 소멸이 아니며, 팽창이나 수축도 아니며, 장소에
따른 변화도 아니다. 다른 것들도 마찬가지다. 그런데 질의 변화에서, 질
이 바뀌는 것이 나머지 변화들 중 어느 것에 따라 바뀌지나 않는지 의문
이 생긴다. 그러나 이는 맞지 않다. 우리가 나머지 변화들 중 어떤 것에 20
도 관여하지 않은 채, (신체에 일어나는) 거의 모든 또는 대부분의 겪이에
따라 우리에게 질의 변화가 생겼기 때문이다. 다시 말해, 겪이에 따라 변
하는 것은 양이 늘어나거나 줄어들 필요가 없다. 다른 것들의 경우도 마

---

161 (자연)수를 예로 들면, 짝수와 홀수는 서로 맞구분된 것(antidiērēmenon)으로서 한쪽이
    다른 쪽의 존재 원인이 되지 못한다. 그래서 본래 이 둘은 '같이' 있다.

162 그리스어 kinēsis는 '공간적인 운동'뿐만 아니라 '그대로의 상태에 있지 않고, 바뀌거
    나 변함 또는 달라짐'을 뜻한다. 이런 넓은 뜻의 kinēsis는 일반적으로 metabolē와 뜻
    이 같다. 그래서 kinēsis를 '변화'(바뀜)로 옮겼다.

163 그리스 원어는 순서대로 ① genesis와 phthora, ② auxēsis와 meiōsis, ③ alloiōsis, ④ kata
    topon metabolē이다. 이 네 가지 변화는 범주의 구분에 따른 것으로 각각 실체, 양,
    질, 장소의 변화를 나타낸다. 『자연학』 3권 1장 200^b 33-201^a 9, 8권 7장 260^a 26-b
    7, 『형이상학』 7권 7장 참조. 이와 비슷한 플라톤의 구분에 대해서는 『법률』 10권
    893B-894D 참조.

25 찬가지여서, 질의 변화는 나머지 변화들과 다를 테다. 그것이 같다면, 질

이 변하는 것이 또한 양이 곧바로 늘거나 줄어들고, 또는 다른 어떤 변

화가 그에 뒤따라야 할 것이다. 그러나 반드시 이렇지는 않다. (질의 변화

와) 마찬가지로, 양이 늘어나는 것이나 또는 다른 변화를 보이는 것이 질

에서 변해야 할 것이다. 그러나 질이 변하지 않고, 양이 늘어나는 것들이

30 많다. 예를 들어, 사각형은 그노몬이 덧붙여질 때 양은 늘지만, 이 때문

에 질의 변화가 생기는 것은 아니다.[164] 이와 비슷한 나머지 경우들도 마

찬가지다. 그러므로 변화의 종류들은 서로 다르다.

15b   변화(바뀜)는 | 한마디로 정지 상태(그대로임)에 반대된다.[165] 각각의

변화는, 즉 소멸은 생성에, 수축은 팽창에 반대된다. 그리고 장소가 그대

로임은 장소가 바뀜에 가장 대립된 듯하다. 그리고 반대되는 장소로 바

5 뀌는 경우도 대립된다. 예를 들어 올라감은 내려감에, 내려감은 올라감

에 대립된다. 앞서 든 변화들에서 남은 (질의) 변화의 경우, 무엇이 반대

되는지를 제시하는 일은 쉽지 않다. 장소의 바뀜 경우에서 장소의 그대

---

164 에우클레이데스의 『원론』 2권에서 그노몬(gnōmōn)의 예가 나오는데, 아래 평행사변
형에서 회색 부분이 그노몬이다. 작은 평행사변형에 이 그노몬을 덧붙이더라도 크기
(양)만 커졌을 뿐, 모양(질)은 그대로다.

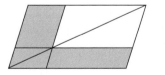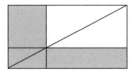

165 정지 상태(ēremia)는 바뀌지 않고 그대로 있는 상태, 변함없는 상태를 뜻한다. 이 정지
상태는 수동적 상태와 일치하는 것은 아니다. 『형이상학』 12권 6~10장에서 보듯, 신
은 자기 자신은 변하지 않으면서 능동적으로 다른 것들을 변화시키는 최고 존재이기
때문이다. 변화와 정지 상태에 대해서는 『자연학』 5권 5장과 6장 참조.

로임이나, 아니면 반대되는 장소로 바뀜을 맞세우듯, 또한 그 경우에 질이 그대로임이나, 아니면 반대되는 질로 바뀜을 맞세우지 않는다면, 어 10 떤 것이 그 질의 바뀜에 반대되는 것 같지는 않다. 질의 변화는 질에 따른 바뀜이기 때문이다. 그러므로 질이 그대로임이나 또는 반대되는 것으로 질이 바뀜은 질에 따른 바뀜에 대립되어 있다. 예를 들어, 희게 됨은 검게 됨에 대립되어 있다. 다시 말해 어떤 것은 반대되는 것들로 질의 15 변화가 이루어짐으로써 질이 바뀐다.

15장 가짐

'가지다'는 여러 가지 방식으로 말해진다. 그것은 (어떤 것이) 습성을, 상태를 또는 다른 어떤 질(質)을 가진다는 뜻으로 말해진다.[166] 예를 들어 우리가 앎을 가지고 있다고, 덕을 가지고 있다고[167] 말해진다. 또는 어떤 양을 가진다는 뜻으로 말해진다. 예를 들어, 누군가 가질 법한 크기처럼 20 말이다. 즉, 그가 세 자(尺)나 또는 네 자의 크기를 가진다고 말해진다. 또는 신체 둘레에 있는 것들을 가지고 있다는 뜻으로, 예를 들어, 겉옷이나 속옷을 가지고 있다고[168] 말해진다. 또는 부분 위에 있다는 뜻으로, 예를

---

166 이 장은 '가짐'(소유)의 범주를 설명하고 있는 것이 아니라, '가지다'(echein)라는 말 자체가 질, 양, 소유, 실체, 장소, 관계의 범주들과 관련하여 쓰이는 방식을 예로 들며 설명하고 있다. '가지다'의 다른 쓰임새에 대해서는 『형이상학』 5권 23장 참조.

167 = 학식이, 덕이 있다고. 다음에 나오는 예들에서도 마찬가지로 '…를 가지다'는 우리 말로 '…이 있다'로 표현된다. 우리말에서 '있다'는 흔히 '가지고 있다'는 뜻으로 쓰이 기도 한다. 예) 돈이 좀 있다.

168 = 입고 있다고.

들어 손 위에 가락지가 있다고 말해진다. 또는 (신체의) 일부를 가진다는 뜻으로, 예를 들어, 손이나 발을 가진다고 말해진다. 또는 통이 밀을 또는 단지가 포도주를 갖듯이 그릇 안에 가지고 있다는 뜻으로 말해진다.

25 단지가 포도주를 가진다고, 그리고 통이 밀을 가진다고[169] 말해지기 때문이다. 그러므로 그것들은 마치 그릇 안에 가지듯이 가진다고 말해진다. 또는 소유물을 가진다는 뜻으로 말해진다. 우리는 우리가 집을, 논밭을 가지고 있다고 말하기 때문이다. 그리고 우리는 우리가 한 여자를 가지고 있다고, 한 여자가 한 남자를 가지고 있다고 말한다. 그러나 방금 말한 '가지다'의 쓰임새는 아주 낯선 것 같다. '여자를 가지고 있다'는 말은

30 결혼했다는 것 말고 다른 어떤 것도 뜻하지 않기 때문이다. 아마 '가지다'의 다른 쓰임새들이 또한 나타날 수도 있겠지만, 흔히 얘기되는 쓰임새들은 거의 모두 열거됐다고 본다.

169 = 통 안에 밀이 들어 있다고, 단지에 포도주가 들어 있다고.

해설

1. 오르가논과 『범주들』

아리스토텔레스(Aristoteles, 기원전 384~322년)의 저술들은 천여 권이 넘는 필사본에 보존되어 내려오는데, 그중에서도 '오르가논'(Organon)이라는 이름 아래에 모인 '논리학적' 저술들이 애독되어 그 수가 가장 많다. 오르가논은 아리스토텔레스 전집(Corpus Aristotelicum)의 맨 처음에 자리 잡은 여섯 편의 저술이다. 이 오르가논의 맨 앞에 『범주들』 *Categoriae*이 놓이고, 다음으로 『명제에 관하여』*De interpretatione*, 『앞 분석론』*Analytica priora*, 『뒤 분석론』*Analytica posteriora*, 『토포스론』*Topica*, 『소피스트식 논박』*Sophistici elenchi*이 뒤따른다. 전통적으로 오르가논에 속하는 저술들을 이런 순서로 나누어 놓은 것은 논리학에서 흔히 사용되는 개념, 판단, 추리의 순서를 반영한 것이다. 이에 따르면 『범주들』은 낱낱의 표현 형태, 즉 개념을, 『명제에 관하여』는 문장으로 표현되는 판단을, 『분석론』은 추리를 다룬다. 그러나 이렇게 배열된 순서가 반드시 저술된 순서를 뜻하지는 않는다.

    오르가논에 담긴 저술들은 모두 아리스토텔레스가 플라톤의 아카데메이아에서 활동했던 시기에 쓰인 것들이다. 이 저술들의 저술 간격은 상대적으로 짧다. 널리 받아들여지고 있는 브란디스(Chr. A. Brandis)의 견해에 따르면 『토포스론』이 『앞 분석론』과 『뒤 분석론』에 앞서 쓰였으며, 『토포스론』의 1권이 『범주들』에 앞서 쓰인 것으로 추정되기도 한다.[1] '오르가논'은 본래 톱이나 도끼 등 일을 할 때 쓰는 연장이나 도구, 또는 악기를 뜻하는데, 이 말이 여기에 쓰인 것은 '논리학적' 저술들이 아리스토텔레스의 나머지 저술들의 앞에 놓여서 철학적 사유의 도구 노릇을 한다고 해서 붙여진 이름이다. 다시 말해, 오르가논이라는 이름 아래에 모아진 저술들은 철학을 준비하는 학문, 즉 예비학의 성격을 띤다고 흔히 해석된다. 이런 구분에 맞춰 로도스 출신의 안드로니코스(Andronikos, 기원전 70년쯤 활동)는 아리스토텔레스의 저술을 편집했으나, 그가 '오르가논'이라는 표현을 처음으로 사용했는지는 분명하지 않다. 이 표현은 6세기 이후 주석서들에 비로소 나타난다. 아리스토텔레스는 추리를 위한 보조 수단들을 organa라 일컫고[2], 철학적 대화술(변증술)이 인식을 위한 작지 않은 보조 수단임을 주장한다.[3] 이것이 '논리학적' 저술들을 통틀어 '오르가논'이라 부르는 계기가 되고, 또 예비 학문의 성격을 띤다는 해석이 나온 계기가 되었을 수도 있다.

오르가논에 담긴 '논리학적' 저술들의 순서는 단순한 것에서 복잡한 것으로 옮겨 가는데, 『범주들』은 아직 문장으로 이어지지 않은 낱말들의 형태를 다루며, 『명제에 관하여』는 명제의 형태로 표현된 판단을

---

1 카안(Ch. H. Kahn, 1978), 242쪽 참조.

2 『토포스론』 1권 13장 105^a 21, 18장 108^b 32 참조.

3 『토포스론』 8권 14장 163^b 11 참조.

다룬다. 『범주들』과 『명제에 관하여』는 12세기 초반에, 범주 이론에 관한 포르퓌리오스(Porphyrios, 234~304년)의 안내서인 『입문』*Isagoge*과 함께 삼부작을 이루어 '구(舊)논리학'(logica vetus)이라 불리고, 이에 대립되어 13세기 초에 나머지 오르가논의 세 저술들은 '신(新)논리학'(logica nova)이라 불리게 되었다. 『토포스론』은 개연적인 전제들에 근거한 철학적 대화술의 추리를, 『소피스트식 논박』은 잘못된 전제들에 바탕을 둔 오류 추리를, 『분석론』은 엄밀한 학문적 추리를 다룬다. 『분석론』은 다시 둘로 나뉘는데, 『앞 분석론』은 일반적인 추리 절차를, 『뒤 분석론』은 학문적이고 명증적인 추리에 관한 이론을 담고 있다.

그러나 흔히 말하는 '논리학적' 저술들은 개념, 판단, 추리의 세 부분으로 이루어진 유기체가 아니다. 아리스토텔레스 자신은 '논리학'이라는 말을 사용하지도 않았거니와, 기원전 1세기 이전에는 나타나지도 않는다. 『범주들』과 『명제에 관하여』를 아리스토텔레스의 논리학의 한 부분으로 끼워 넣기는 힘들다. 『토포스론』과 『분석론』에서 아리스토텔레스가 범주들을 사용하고 있긴 하지만, 『범주들』을 이들 저술들의 예비 저술로 보는 것은 무리다. 그가 『범주들』에서 범주들을 문장의 술어로서 다루지 않고, 낱말들이 사물에 대해 서술될 수 있는 형태에서 다루고 있기 때문이다. 『명제에 관하여』도 일부는 명사, 동사, 문장들을 논의하고 있지만, 이는 논리학의 영역보다는 문법의 영역에 속한다고 볼 수 있다. 따라서 우리가 '오르가논'의 저술들 중 엄격한 의미에서 아리스토텔레스의 논리학이라고 말할 수 있는 것은 추리의 규칙을 논한 『분석론』과 『토포스론』뿐이다.

2. 『범주들』의 구성과 내용

『범주들』이 『형이상학』과 다르게 실체(ousia) 개념을 설명하기 때문에, 그리고 10~15장의 이질성 때문에 19세기의 수많은 학자들은 『범주들』이 위작(僞作)이라고 의심하였다. 그러나 오늘날 『범주들』은 일반적으로 아리스토텔레스의 저술로 인정받고 있으며, 이른바 '후범주들'(postpraedicamenta)에 관한 장(章)인 10~15장도 적어도 아리스토텔레스의 사유에서 벗어나지 않는 글로서, 어느 편집자가 덧붙인 것으로 여겨지고 있다. 보통 9장과 10장의 11^b 10-16의 원문은 거의 확실하게 아리스토텔레스가 쓰지 않은 것으로 평가된다.

『범주들』이라는 이름은 아리스토텔레스의 저술들에 언급되어 있지 않다. 『범주들』은 필사본들에서, 또는 고대 주석서들에서 '열 개의 술어들에 관하여'(de decem praedicamentis), 『토포스론』에 앞선 저술'(pro tōn topikōn), '있는 것의 유(類)들'(peri tōn genōn tou ontos), '열 개의 유들에 관하여'(peri tōn deka genōn), '열 개의 범주들'(katēgoriai deka)이라는 이름으로도 불리기도 했다.

범주로 옮긴 그리스어 명사 κατηγορία(katēgoria)는 본래 '고발', '고소', 고발의 '원인'이라는 뜻을 갖는다. 이 명사의 동사형인 κατηγο-ρεῖν(katēgorein)은 '…에 반대한다', '아무개를 이러저런 이유로 고발 또는 고소한다'는 뜻을 가진다. 이런 법률적인 본래 의미를 살린다면, katēgoria를 '탓함', 그리고 탓하는 까닭, 즉 '탓'으로 옮겨 볼 수도 있다. 우리는 어떤 사람을 비난하거나 고소할 때, 그 사람에게 어떤 사실에 대한 책임을 둘러씌우며, 그 사람에 대해 일정한 판단을 내리고, 왜 그런 일이 발생했는지를 따진다. 우리가 사물에 대한 판단을 내릴 때도 이와 마찬가지라 할 수 있다. 우리는 어떤 사물에 대해 개념을 씌워 일정한 판단을 내리고, 그것이 맞는지를 따져 보며, 왜 그렇게 되는지를 묻는다. 중요한 죄목들과 마찬가지로 범주들도 몇 가지 중요한 항목들로 간추릴 수 있다. 범주들은 우리가 생각할 수 있는 개념들 중 가장 일반적이고 으뜸가는 것들이다. 이것들은 있는(존재하는) 사물들을 모두 일정한 테두리 안에 가두는 기본 개념들이며, 가장 일반적인 개념들의 유이기도 하다. 각 범주들은 서로 환원되지 않으며, 자신들보다 더 일반적인 개념으로 환원되지도 않는다.

범주는 흔히 특정 주어에 대해 붙여지는 일반적인 술어로 이해된다. 이렇게 보면, 『범주들』에서 열거된 열 개의 범주들은 어떤 주어에 대해 말해질 수 있는 열 개의 술어가 된다. 우리가 어떤 사물 또는 대상에 대해 물을 때, 이것에 붙일 수 있는 답은 열 개의 범주들 가운데 하나가 된다. 이 가운데 가장 중요한 물음과 대답은 그 사물 또는 대상이 '무엇이냐?'는 물음과 '무엇이다'라는 대답이다. 이 '무엇'은 다른 말로 하면 실체(ousia)다. 어떤 사물이 무엇인지를 먼저 알고 난 후에, 그것에 따르는 여러 가지 성질들을 묻고 대답할 수 있다. 이 성질들은 실체가 없이는 있을 수 없는 것들이기 때문이다. 예를 들어, 저 앞에 있는 것이 무엇이냐고 물었을 때, 우리는 '사람이다', 또는 '소크라테스다'라고 대답하며, 우리는 이에 바탕을 두고 이 사람 또는 소크라테스에 대해 다른 추가의 서술을 할 수 있다. 예를 들어, 나이나 몸집, 성격, 놓임새 등에 대해 묻고 대답할 수 있다. 열 개의 범주들 가운데 여섯 개의 범주들, 즉 실체, 양, 질, 관계, 장소, 시간은 물음의 형태를 띠며, 나머지 네 개의 범주들도, 즉 능동(작용을 가함)과 수동(작용을 겪음), 소유와 놓임새의 범주도 일정한 물음에 대한 큰 틀을 이루는 하나의 답으로서 이해할 수 있다.

이렇게 범주를 특정 주어에 대해 붙여지는 하나의 술어로 이해할 수 있으며, 있는(존재하는) 것들을 분석하기 위한 도구 개념들로 이해할 수도 있다. 다시 말해, 범주들은 술어라는 문법적인 뜻을 넘어, 사물을 분류하는 근본 개념들이기도 하다. 열 개의 범주는 어떤 주어에 붙는 열 가지 술어이지만, 다른 한편으로는 '있는 모든 것'(모든 존재)을 분류하는 열 개의 큰 유(genos) 개념들인 것이다. 모든 사물을 분류하는 기준이라는 이런 뜻에서 katēgoria를 우리말의 '갈래', '축', '테두리' 등으로 옮길 수도 있겠다. 이렇듯, 『범주들』의 범주들은 단지 문법적인, 논리학적인 의미(O. 아펠트의 입장)를 가질 뿐만 아니라 존재론적인 의미(H. 보니츠, H. 마이어의 입장)도 가진다. 이미 고대에서도 이런 입장의 차이가 나서, 스토아학파는 아리스토텔레스의 범주들을 논리학적인 측면에서만 받아들였고, 아카데메이아학파는 그것들을 존재론적인 측면에서 해석하였다.

첫 장에 나오는 '한 이름 다른 뜻인 것들'(homōnyma), '한 이름 한 뜻인 것'(synōnyma), '파생된 것들'(parōnyma)에 관한 설명은 이런 관계 속에 드는 사물들을 전제한다. 또 주요 범주들에 관한 5장 이하의 설명은, 예를 들어 '반대성'과 '더와 덜'(정도의 차)에 관한 논의는 존재 내지 사물을 포함한 논의로서, 플라톤의 존재론과 연결을 가능하게 하기도 한다.[4]

플라톤이 한 사물의 있음(존재)을 그 사물이 이데아를 나누어 가진다(분유한다, metechein)는 식으로 설명한 반면, 아리스토텔레스는 한 사물의 있음이 개체 안에 놓여 있다고 보았다. 예를 들어, 어떤 사물이 좋다고 우리가 말할 때, 플라톤은 이 사물의 좋음을 좋음의 이데아를 통해, 다시 말해 그 사물이 좋음의 이데아를 나누어 갖기 때문에 좋다고 설명하지만, 이를 거부하는 아리스토텔레스는 좋음 자체가 있는 것이 아니라, 좋음이 단지 온갖 좋은 것들에 다양한 범주의 형태로 구분된 채 들어

---

4 메를랑(Ph. Merlan, 1934), 3쪽 참조.

있다고 본다.[5]

특히 『형이상학』 5권 7장 등에서 강조되는, '있음'(존재, einai)의 의미가 다양하다는 아리스토텔레스의 근본적인 믿음은 사물들이 범주들을 통해 서로 구별되고 있음을 말해 준다. 오늘날에는 일반적으로 문장들 또는 명제들을 구성하는 말들의 근본적인 분류가 또한 있는 것들 또는 사물들의 분류라고 인정되고 있다. 결론적으로, 『범주들』에서 논의되는 범주들이나 나머지 개념들을 있는(존재하는) 사물들로부터 떼어 놓고 생각하는 것은 아리스토텔레스가 주장하고 있는 이론을 이해하는 데 장애가 된다. 철학적인 문제 제기는 언어에 대한 반성을 통해 이루어지지만, 우리의 주목적은 이를 통해 우리가 있는 사물들을 분석하는 데 있기 때문이다.

15장으로 구분되어 있는 『범주들』은 크게 세 부분으로 나뉜다. 첫째 부분(1~3장)은 몇 가지 점에 관한 예비적인 설명을 내용으로 담고 있다. 둘째 부분(4~9장)은 열 개의 범주를 열거한 뒤 네 가지 중요한 범주들을 상세히 다루면서 범주에 관한 이론을 본격적으로 펼치고 있다. 나머지 셋째 부분(10~15장)은 반대되는 것들, 먼저, 변화 등의 개념을 다루면서 앞 장들의 논의를 보충한다.

첫째 부분인 1~3장은 서론 성격의 글로서 뒤의 논의에서 사용되는 여러 개념들의 뜻을 설명한다. 1장에서 아리스토텔레스는 세 개념들, 즉 '한 이름 다른 뜻인 것들', '한 이름 한 뜻인 것들', '파생된 것들'을 규정하면서, 사물들이 저마다 말을 통해 맺을 수 있는 관계들을 지적한다. 두 사물에 같은 이름이 다른 뜻으로 적용될 때 이 두 사물은 한 이름 다른

---

5 『에우데모스 윤리학』 1권 8장 1217^b 25 이하, 『니코마코스 윤리학』 1권 4장 1096^a 34-b 2 참조.

뜻인(homōnyma) 관계에 있다. 두 사물의 이름과 뜻이 모두 같을 때에는 한 이름 한 뜻인 것들(synōnyma)이다. 그리고 어미가 다른 말들은 서로 파생된(parōnyma) 관계에 있는 사물들을 나타낸다. 2장은 낱말들을 서로 결합된 상태와 결합되지 않은 상태로 나누고, 있는 것들이 바탕이 되는 것(주어)과 맺는 여러 가지 형태 속에서 명제들을 살핀다. ① 바탕이 되는 것에 대해서 개별적인 것(개별자)은 서술될 수 없고 보편적인 것(보편자)만이 서술 가능하고, ② 실체가 아닌 것만이 바탕이 되는 것 안에 있을 수 있다는 두 가지 기준을 통해, 실체인 것과 실체가 아닌 것, 보편자와 개별자의 관계를 네 가지로 구분한다. 3장은 상위개념과 하위개념들이 문장 또는 명제에서 어느 선까지 서술되는지, 그리고 유(類, genos)가 다르거나 같은 경우, 어떻게 다른 방식으로 술어가 서술되는지를 설명한다.

둘째 부분의 4장에서 아리스토텔레스는 열 개의 범주를 열거하고 각각의 예를 든다. 그리스어, 원어의 의미, 라틴어 번역어를 우리말 번역어와 함께 아래에 적어본다.

4장 말고 열 개의 범주들이 열거된 곳은 『토포스론』 1권 9장 103^b 20뿐이며, 놓임새와 소유의 범주는 열거에서 흔히 생략된다. 범주들은 아리스토텔레스의 저술 곳곳에 열거되어 있지만, 열거되는 범주들의 수(數)는 일정하지 않다.

5장에서 으뜸 실체(제일 실체, prōtē ousia)는 다른 범주들이 서술되는 바탕으로서, 또 버금 실체(제이 실체, deutera ousia)는 종(種, eidos)과 유(類, genos)로서 설명된다. 6장은 양을, 7장은 관계를, 8장은 질의 범주를 네 가지로 나누어 다룬다. 9장은 능동과 수동의 범주를 간략하게 설명하고 나머지 네 범주들, 즉 놓임새, 시간, 장소, 소유의 범주들은 앞서 말한 것 말고 더 논의가 필요하지 않은 것으로서 설명을 생략하고, 셋째 부분인 10~15장으로 넘어가는데, 그 사이에 놓인 짤막한 부분은 분명히 아리스

그리스어	원어의 의미	라틴어	번역어
οὐσία	무엇, 있는 것	substantia	실체(實體)
ποσόν	얼마만큼	quantitas	양(量)
ποιόν	어떠함	qualitas	질(質)
πρός τι	어떤 것에 얽힘	relatio	관계(關係)
πού	어디에	ubi	장소(場所)
ποτέ	언제	quando	시간(時間)
κεῖσθαι	어떻게 놓여 있음	situs, positio	놓임새
ἔχειν	가짐	habitus	소유(所有)
ποιεῖν	가함	actio	능동(能動)
πάσχειν	당함	passio	수동(受動)

토텔레스가 쓴 것이 아니다.

셋째 부분이 앞의 두 부분들과 함께 본래 단일한 저술을 이루는지는 의심스럽긴 하지만, 아리스토텔레스가 쓴 것이 아니라는 결정적인 단서도 없다. 9장에서 간단히 언급하고 넘어가는 여섯 개의 범주들과 달리, 범주는 아니지만 중요한 개념들인 대립, 반대되는 것들, 먼저, 같이, 변화, 가짐이 이 부분에서 설명된다.

이 개념들은 흔히 '후범주들'(또는 후술어들, postpredicamenta)로 불리는데, 앞에서 설명된 범주들이 정적인 상태에 대한 표현이라면, 후범주들은 동적인 상태에 대한 설명을 전제로 한 개념들이다. 다시 말해, 앞 장들에서는 예를 들어, '사람은 동물이다', '이 장미꽃은 빨갛다' 등의 문장들을 살폈다면, 이제부터는 '사람은 동물이 아니다', '이 장미꽃이 빨개졌다' 등의 문장들에서 볼 수 있는 것처럼, 부정 및 변화의 문제를 다룰 개념들을 설명한다. 10장에서는 대립의 네 가지 의미가, 즉 한 개념 또는 명제가 다른 개념 또는 명제와 어떤 관계를 맺는지가 설명되고 있다. 한 개념 또는 범주는 다른 어떤 것에 관계되거나 반대되며, 그것이 결여된 상태이거나 그것을 가진 상태이다. 네 가지 대립 가운데 모순으로서 대립된 것들, 즉 긍정(그렇다고 함)과 부정(그렇지 않다고 함)은 나머지 세 대립들과 달리 둘 가운데 반드시 하나가 참이거나 거짓이다. 11장은 반대되는 것들을, 12장은 '먼저', 13장은 '같이'를 설명한다. 14장은 변화를, 15장은 '가짐'이라는 말의 여러 가지 쓰임새를 다루고 있다. 가짐은 범주의 한 종류이지만, 15장에서 다시 9장과 달리 상세하게 설명된 것은 이 범주가 실체에 붙는 질, 양 등 모든 범주들과 관계를 맺기 때문이다.

내용을 보더라도 10~15장의 논의들이 앞의 범주들에 관한 논의와 전혀 무관한 것은 아니다. 이들 장(章)에서 아리스토텔레스는 다양한 범주들을 예로 들어서, 대립, 반대, 먼저, 같이, 변화, 가짐을 설명하고 있다. 그리고 10~13장에서 설명되는 개념들은 모든 범주들과 연결되어 있다. 범주들은 서로 대립되어 있으며, 각 범주에서 유(類) 개념은 종(種) 개념에 앞선 것이나, 시간에서는 동시적이다. 10장에서 대립의 네 가지 종류는 질, 소유, 놓임새의 범주를 예로 들어 구분되고 있으며, 11장의 '반대되는 것들'의 개념도 마찬가지로 질의 범주를 예로 설명되고 있다. 12장의 '먼저' 개념은 양과 질의 범주를 통해 설명되며, 13장의 '같이'는 관계와 실체의 범주를 통해 설명된다. 또 14장은 실체, 양, 질, 장소에서 바뀜을 통해 여러 가지 형태의 변화를 구분하여 설명하고 있다. 마지막으로 15장의 '가짐'은 실체가 갖는 질, 양이나 그것의 놓임새 등을 통해 설명되고 있다.

『범주들』의 열 개의 범주들뿐만 아니라 다른 중요한 개념들에 대한 설명이 흔히 아리스토텔레스 철학 용어 사전이라 일컫는 『형이상학』 5권(Δ)에 체계적으로 잘 설명되어 있다. 여기서 아리스토텔레스는 중요 철학 개념들의 뜻을 일상적인 의미에서 시작하여 철학적인 의미에 이르기까지 여러 가지로 구분해 주고 있다. 이 5권과 더불어 10권도 『범주들』의 논의와 관련하여 참고할 만한 가치가 많다.

찾아보기

그리스어 — 우리말

고전 그리스 문자는 읽기 쉽게 라틴 문자로 바꿔 표기하였다. 명사에서는 관사를 뺀 단수형으로, 동사에서는 기본형으로 표기하였다. 형용사에서는 사람에 주로 쓰이는 것은 …os로, 사물에 주로 쓰이는 것은 …on으로 나타냈다. 본문에서처럼, ( ) 안에 들어 있는 말은 대체하는 말이나 보태어 설명하는 말이다. 해당 용어의 영어 번역은 주로 아크릴(Ackrill, 1963)의 것을 참고하였다. 각 항목에서, 역주자가 선택하여 본문에서 쓴 용어는 앞쪽에, 뜻이 비슷한 말 또는 다른 가능한 번역 용어들은 뒤쪽에 놓았다. 본문 출처 숫자 다음의 ( ) 안에 나오는 설명어는 표제어의 뜻과 함께 붙어 쓰이는 말들이다.

⑰ 구분, 비교되는 말

⑲ 반대말

⑳ 맞놓인 말, 반대말

㉑ 함께 붙어 쓰인 말

㉒ 여럿, 복수

㉓ 비슷한 말, 같은 말

(→) 화살표 뒤에 나오는 낱말을 찾아보기

* 본문의 각주에 설명되어 있는 말

---

a

achrēston (unprofitable) 쓸모없는 (것) 8^b 24

adikia (injustice) 부정(不正) 10^b 13, 20, 14^a 22(마음 안의), ⑳dikaiosynē

adikon (unjust) 부정한 (것) 10^b 15, 12^a 25, ⑳dikaion

adynamia (incapacity) 무능력 9^a 16, 23, 26

adynaton (impossible) …ㄹ 수 없는 (것), 불가능한 (것) 1^a 25, 2^a 30, b 6, 3^a 17, 6^a 7, 8^a 30, 13^a 31, 34

agathon (good) 좋은 (것) 11^b 21, 35ff, 12^a 24, 13^b 36, 14^a 2, 4(중용), 6, 23, ⑳kakon

agein (lead into) (어디로) 이끌다 13^a 24

agnoia (ignorance) 모름, 무지 6^b 17(관계), ⑳epistēmē

agora (market-place) 아고라, 장터 2^a 1(장소)

agros (field) 논밭 15^b 27

ahoristōs (indefinitely) 불확실하게 8^b 9(알다), ⑲aphōrismenōs, akribōs

aischynesthai (be ashamed) 부끄러워하다 9^b 13, 16, 30

aisthēsis (perception) 감각 6^b 3, 35-36, 7^b 35-38, 8^a 2-11, 9^b 5, ⑲aisthēton

aisthētikon (what is capable of perceiving) 감각 능력을 가진 (것) 8^a 7

aisthēton (perceptible) 감각 가능한 (것), 감각 대상, (우리가) 감각할 수 있는 (것) 6^b 35-36, 7^b 36-8^a 11

aition (cause) 원인-aition tou einai (cause of existence) 있음의 원인 14^b 12, 19, 28, 31, 15^a 10

akinēton (unchangeable) 변하지 않는 (것) 4^a 35(말과 생각), 10^a 4(심리적 일탈)

akolouthein (follow) 따르다 14^a 31

akolouthesis (following, sequence) 잇따름-kata tēn tou einai akolouthesin (as to implication of existence) 있음의 잇따름에서 14^a 30, 33, 35, b 12, 15, 28, 15^a 6, 8

akribōs (strictly) 엄밀하게 8^b 12, ⑲ ahoristōs

akron (extreme) 극단 12^a 23, ⑭enantion

alēthes (true) 참인 (것), 맞는 (것), 들어맞는 (것) 2^a 8(명제), 3^b 11, 15, 4^a 23-b 13(말), 7^b 16, 22, 8^a 15, b 20, 13^a 4, ^{b} 2-35, 14^b 14-22(말), 15^a 20, ⑲pseudes-alethōs (truly) 맞게 4^a 26(생각하다)

allēloi (one to the other) 서로, 상대(쪽) 1^b 16-24(위아래가 있는 유), 2^a 6(결합), 4^b 21(위치를 갖다), 5^a 15, 17, 22(닿다), 25, 6^a 17, 7^b 19(없애다), 10^a 21(떨어져 있다), 11^b 33(관계 맺다), 34, 35(반대되는 것), 38(차이 나다), 12^b 10(맞놓이다), 13^a 19(바뀜), 32, 14^b 33(맞구분되다), 35(날짐승, 들짐승, 물짐승), 36, 15^a 11, 15(다르다), 33

alloiōsis (alteration) 질(質)의 바뀜·달라짐, 질의 변화 4^a 31, 15^a 14, 17, 25, b 12

alloioteron (altered) 질의 변화를 보이는 (것) 15^a 31

alloiousthai (alter) 질이 바뀌다, 달라지다, 질의 변화를 겪다 4^a 31, 15^a 20, b 15

allōs (in some other way) 다른 어떤 방식으로 6^a 37, b 9, 7^a 13, 10^a 28, b 11, 11^b 25, 12^b 18

allotrion (foreign, strange) 관계가 없는 (것), 낯선 (것) 10^a 18, 14^b 7(쓰임새) 15^b 28(아주)-allotriōs (out of place) 알맞지 못하게 2^b 35(대다)

amphisbētēsis (dispute) 논쟁거리 8^a 26

anakeisthai (be set up) 세워져 있다 2^a 2(놓임새)

anakeklisthai (be lying) 누워 있다 6^b 12

anamphisbētēton (indisputable) 논쟁의 여지가 없는 (것) 3^b 11-anamphisbētētōs (unquestionably) 의심할 여지없이 11^a 2

anankaion (must, be necessary) …이어야 한다, …이 필요하다, 반드시 …다 2^a 20, 7^a 6, b 12, 8^b 9, 13, 18, 12^a 1, 3, 5, 7, 10, 12, 15, b 28-13^a 14, b 2, 15, 23, 14^a 6, 32, 15^a 18, 23

anankē (must) …이어야 한다, 반드시 …다 9^a 11, 13^b 36, 14^a 18, 15^a 7, 27

anankazein (force) 강요하다 3^a 30

anapheresthai (be referred to) (어떤 것과) 관련되다 5^b 17, 32

anaphora (reference) 관련 5^b 20

anastanai (have got up) 서 있다 4^a 25, 27

andreia (bravery) 용감 1^a 15, 14^a 1(좋은 것), ⑲deilia

andreion (brave) 용감한 (것) 1ᵃ 15

anēr (husband) 남자 15ᵇ 28

angeion (container) 그릇 15ᵇ 23, 26

anhairein (carry to destruction) 없애다, 사라지게 하다 7ᵇ 27, 33, 37, 39, 8ᵃ 2, 4, 앤 synairein

anhomoion (dissimilar) 비슷하지 않음 11ᵃ 16, 18, 앤 homoion

aniaton (irremediable) 치료가 불가능한 (것) 9ᵃ 3

anison (unequal) 같은 만큼이 아닌 (것), (양이) 같지 않은 (것) 6ᵃ 26-35, b 22-23, 앤 ison

anō (up) 위 6ᵃ 13, 15ᵇ 5, 앤 katō

anothen (upward) 위쪽으로 15ᵇ 5

antidihaireisthai (be marked off and opposed) 맞구분되다 14ᵇ 34, 36, 15ᵃ 1-antidiērēmenon (marked off and opposed) 맞구분된 (것) 14ᵇ 33, 15ᵃ 11

antikeisthai (be opposed) 대립되다 11ᵇ 19, 24, 28, 32, 12ᵇ 1, 5, 10, 15, 26, 13ᵃ 37, b 1, 8, 22, 35, 15ᵇ 4, 12-antikeimenon (opposed) 대립되는 (것), 대립 개념 11ᵇ 16, 25, 30, 12ᵇ 17, 13ᵃ 17

antistrephein ① (be predicated reciprocally of) (자리가) 맞바꾸어 서술되다 2ᵇ 21, ② (reciprocate) (자리가) 맞바꾸다, 상관되다 6ᵇ 37, 7ᵃ 4, 10, 13, 30, 12ᵇ 24, ③ (reciprocate) (순서가) 뒤바뀌다 14ᵃ 30, b 11, 14, 27, 29, 15ᵃ 5, 8, ④ (reciprocate) (어떤 것이) 역으로 성립하다, 역이 성립하다 6ᵇ 39, 14ᵃ 33, 34, b 17-antistrephon (that which reciprocates) 맞바꾸는 (것), 상관된 (것), 상관 개념 6ᵇ 28*, 7ᵃ 20, 23, 26, 7ᵇ 13, 12ᵇ 22, 14ᵃ 30

antithesis (opposition) 맞섬, 대립(對立) 11ᵇ 38, 12ᵇ 3, 12

antitithenai (oppose) 맞세우다 15ᵇ 9

aphorismos (delimitation) 경계 규정 3ᵇ 22(더 넓은), 앤 horismos

aphorizein (mark off) 규정하다 3ᵇ 20(질을), 앤 horizein-aphōrismenon (definite) 특정한 (것) 3ᵇ 32(양), 5ᵇ 12(양), 8ᵇ 6-aphōrismenōs ① (definitely) 특정하게 12ᵇ 39, 13ᵃ 2, 11, 15, 앤 hopoter' etychein ② (definitely) 확실히 8ᵇ 4(알다), 5, 9, 앤 ahoristōs

apodeiktikē (demonstrative) 증명을 하는 (학문), 증명학 14ᵃ 37

apodidonai (give) 대다, 제시하다, 내리다 1a 5(뜻을), 6, 10, 12, 2ᵇ 8, 10, 24, 32, 36, 5ᵃ 19, 21, b 4, 6, 6ᵇ 36-7ᵇ 14, 8ᵃ 29(규정을), 12ᵃ 22, 15ᵇ 6, 7

apodosis (giving back, rendering) 제시 7ᵃ 8, 11(알맞은), 31, b 11(쉬운)

apokathistanai (bring into) (어떤 상태로) 돌려놓다 13ᵃ 30(완전히)-apokathistasthai (give way) 이전의 상태로 되돌아가다 9ᵇ 25, 28

apophainesthai (assert) 주장하다, 단언하다 8ᵇ 22(강하게)

apophasis (negation) 부정(否定), …아니라고 함, 부정어 11ᵇ 19, 23, 12ᵃ 2, b 7, 11, 14, 13ᵃ 37, b 34, 앤 kataphasis

apophatikos (negative) 부정하는 (말) 12ᵇ 7, 앤 kataphatikos

aporein (raise a question) 의심하다, 의심스러워하다 10ᵇ 31

aporia (question) 의문 8ᵃ 13, 15ᵃ 18

archē (origin) 비롯함, 근원 9ᵇ 21

aretē (virtue) ① 덕(德) 8ᵇ 29(질), 33(가지다), 10ᵇ 7, 9*, 14ᵃ 23(정의), 15ᵇ 19, 앤 kakia, ② (지식과 덕성이) 뛰어남 6ᵇ 16*, 13ᵃ 27, 앤 kakia arithmein (count) 세다 5ᵃ 31

arithmos ① (number) 개수(個數) 1ᵇ 7, 3ᵇ 12, 4ᵃ 11-18, b 17, ② (number) (자연)수 4ᵇ 22-31(끊어져 있는 양), 5ᵃ 24-26, 30-33, 6ᵃ 21, 28, 12ᵃ 6-9, b 31-32

atomon (individual) 쪼갤(나눌) 수 없는 (것), 쪼개지지 않는 (것), 개체(個體) 1ᵇ 6*, 3ᵃ 35-b 2, 7, 12, ⓑ to kath' hekaston, ⓥ eidos, genos

atopon (absurd) 이치에 어긋나는 (것) 11ᵃ 37

auxēsis (increase) 늘어남, 팽창, 성장 15ᵃ 13, 16, b 2, ⓥ meiōsis

auxēsthai (increase) 양이 늘어나다 15ᵃ 23, 26, 30, ⓥ meiousthai–aux(an)omenon (a thing increasing) 양이 늘어나는 (것) 15ᵃ 28, 29

가능한 일), b 21

cheir (hand) 손 8ᵃ 19(이 특정한 … = 으뜸 실체), 27, b 16(실체), 18, 15ᵇ 22(신체의 일부)

cheiron (inferior) 열등한 (것), 더 못한 (것) 8ᵇ 10, 12, 13, 9ᵃ 8, ⓥkallion

chiōn (snow) 눈 12ᵇ 38(본래 흰 것), 41

chitōn (tunic) 속옷 15ᵇ 22, ⓥhimation

chōra (region, space) 공간 6ᵃ 14

chōris (separately) 따로 (떨어져) 1ᵃ 25

chroia (colour) 색, 얼굴색 9ᵇ 9(흼, 검음), 15, 19, 10ᵇ 17(빨강, 노랑)

chronos (time) 시간, 때 4ᵇ 24(이어져 있는 양), 5ᵃ 6, 7(현재의), 26, 27, 30, b 3(많은), 5, 6ᵃ 23(더?), 29(같은 만큼의), 9ᵃ 2(긴), 13ᵃ 30, 14ᵃ 27, 28(더 많은), b 25(같은), 26, 15ᵃ 12

chthes (yesterday) 어제 2ᵃ 2

---

b

beltion (better) 더 나은 (것) 9ᵃ 8, 13ᵃ 23, 25, 14ᵇ 4(본성에서 먼저, ⓥ: 더 존경스러운 것)

bios (life-time) 평생 9ᵇ 26

blepein (look to) 비추어 보다 5ᵇ 1

boulesthai (will) (무엇을) 하고자 하다, 원하다 9ᵃ 4

bous (cow) 소 1ᵃ 8(동물), 19(결합되지 않고 말해진 것), 2ᵇ 28(여기 이, 실체), 8ᵃ 18, 23

brachy (short) 짧은 (것) 4ᵇ 34(음절), ⓥ makron

---

c

chalepon (difficult) 어려운 (일) 8ᵃ 30(ⓥ: 불

---

d

daktylios (ring) 가락지 15ᵇ 22

dechesthai (receive) 받아들이다 4ᵃ 34(반대되는 것들을), b 6, 13(실체가, 반대되는 것들을), 15(병과 건강을, 흼과 검음을), 9ᵃ 32-36(물체가 질인 흼을), b 4(따뜻함과 차가움을)

deilia (cowardice) 비겁 14ᵃ 1(나쁜 것), ⓥ andreia

dektikon (able to receive) (어떤 것을) 수용할 수 있는 (것), 받아들일 수 있는 (것) 4ᵃ 11-b 18(반대되는 것들을), 6ᵃ 1, 7ᵃ 37(앎을), 12ᵃ 30(소유물을), b 31-13ᵃ 18(반대되는 것들을)

dēloun (reveal) 드러내다, 보여 주다, 밝히다 2ᵇ 31, 3b 12, 10ᵃ 20

dēlon (clear) 분명한 (것) 12ᵇ 27

dendron (tree) 나무 2ᵇ 13(식물의 종)

despotēs (master) 주인 6ᵇ 29(관계), 7ᵃ 28-b 7, 17, ⑲ 노예

deutera ousia → ousia

diagramma (diagram) 도형 14ᵇ 1

diakeisthai (be in a certain condition) 어떤 상태에 놓여 있다 8ᵇ 37, 9ᵃ 7, 12, 17, 20, 10ᵇ 5

dialambanein (distinguish) 구분하다 5ᵃ 18

dialyesthai (be dissolved) 해체되다 9ᵇ 28(쉽게)

diamenein (persist) 줄곧 있다 4ᵃ 35, 37

diamphisbētein (dispute) 논쟁을 벌이다 10ᵇ 32

diapherein (differ) 다르다, 차이(가) 나다, 차이(가) 있다 1ᵃ 12, b 20, 4ᵃ 29, 6ᵇ 33, 8ᵇ 27, 9ᵃ 8, 11ᵇ 37

diaphora (specific difference, differentia) 차이성, 종차(種差), 특성 1ᵇ 17*, 18, 21, 22, 24, ㊖ousia 3ᵃ 21-b 9

diaporein (go through a difficulty) 문제점을 살살이 훑어보다 8ᵇ 23

diastasis (distance) 간격 6ᵃ 15

diathesis (condition, disposition) (일시적) 상태(狀態) 6ᵃ 32(비슷한), b 2*(관계), 8ᵇ 27(질의 한 종류), 9ᵇ 17(신체의), 10ᵇ 3, 32(정의), 11ᵃ 2(문법), 2(관계), 15ᵇ 18(⑲: 습성, 질), ㊖hexis 8ᵇ 27-9ᵃ 13

diatribē (way of living) 처신 13ᵃ 24

dihaireisthai (be divided) 쪼개지다, 나뉘다, 구분되다 9ᵃ 26(쉽게), 14ᵇ 37, 15ᵃ 1

dihairesis ① (classification) 분류 10ᵃ 19(질에 관한), ② (division) 나눔, 구분 14ᵇ 35(같은), 15ᵃ 3

dihamartanein (err) 놓치다, 잘못하다 6ᵇ 38

dihēgēsis (exposition) (연설의) 본론 14ᵇ 3, ㊖prooimion

dihistanai (be distant from) 떨어져 있다 6ᵃ 17(가장 많이 서로, 반대되다), 10ᵃ 21(성기다)

dihōrismenon (discrete) 끊어져 있는 (것), 불연속적인 (것) 4ᵇ 20, 22(수, 말), 31, 32 ⑲syneches

dihōrizein (distinguish) 구분하다, 분리하다 4ᵇ 37

dikaion (just) 정의로운 (사람) 10ᵃ 29-32(질), b 25, 28(더), 11ᵃ 4, 12ᵃ 24, ⑲ adikos

dikaiosynē (justice) 정의 8ᵇ 33(덕, 습성, ⑲: 지혜), 10ᵃ 31, b 12, 20, 30(상태), 13ᵇ 36(좋은 것), 14ᵃ 18(마음 안의), 22(덕), ⑲ adikia

dipēchy (two-cubits long) 두 자(尺) 1ᵇ 28*, 3ᵇ 28, 5ᵇ 13, 26, 6ᵃ 20(더?)

diplasion (double) 두 배 2ᵃ 1(관계), 6ᵃ 39, b 1, 18-31, 7ᵇ 16, 20, 8ᵇ 5, 11ᵇ 20, 26, 13ᵇ 7(관계 대립), 14ᵇ 29(절반과 같이 있다), ⑲ hēmisy

dipoun (two-footed) 두 발 달린 (동물), 두 발 달림 1ᵇ 19(동물의 차이성), 3ᵃ 23(⑲: 뭍에 삶), 25, 7ᵃ 29, 36

doxa (belief) 생각 4ᵃ 21-b 12, ㉡hypolēpsis

doxazein (believe) 생각하다 4ᵃ 26(맞게, 틀리게)

dromikos (runner) 달리기 선수 9a 14(⑲: 권투 선수), 19, 10ᵃ 34

dynamis (capacity) 힘, 능력(能力) 9ᵃ 25, 10ᵇ 1, ⑲ adynamia-physikē dynamis (natural capacity) 타고난 능력 또는 재능 9a 16, 18, 20, 21, 10ᵃ 35

dynaton (capable) …ㄹ 수 있는 (것) 13ᵃ 18(일어날), 21(아플), 23(생겨날)

dyo (two) 둘 14ᵃ 31

dysapallakton (hard to get rid of) (어떤 상태로 부터) 헤어나기 힘든 (것) 10ᵃ 4(심리적 일탈)

dyskinēton (hard to change) 움직이기 힘든 (것) 8ᵇ 30, 9ᵃ 3(습성), 5, 10, b 20(증후), ⑱eukinēton

---

e

echein ① (have) 가지(고 있)다, 지니다, 소유하다 9ᵃ 7(습성을), 15ᵇ 17-32, ② (having) 가짐, 소유 1ᵇ 27, 2ᵃ 3, 11ᵇ 13-14

eidenai (know) 알다 8ᵃ 36(확실하게), 37, 38, b 2, 4, 6, 7, 8, 9, 11(엄밀하게), 14, 17, 19(각각이 무엇인지를)

eidos ① (form) 종(種), 하위개념 1ᵇ 17*, 2ᵃ 14, 16, b 7, 10, 19, 22, 30, 32, 3ᵃ 2, 36-b 6, 20, 14ᵃ 15, 15ᵃ 2, 4, ㉣genos, ② (kind) 종류 8ᵇ 27(질의), 15ᵃ 13(움직임의)

eikos (be reasonable, be likely to) …할 법하다, …할 것이다 9ᵇ 16, 13ᵃ 29-eikotōs (reasonably) 마땅히 2ᵇ 29, 36, 14ᵇ 13

einai ① (exist) 있다 7ᵃ 9, b 29-35, 8ᵃ 8-12, 12ᵃ 2, 10, 14ᵇ 13, ② (being) 있음, 존재 8ᵃ 32, 39, 14ᵃ 30-15ᵃ 12, ③ (can) …ㄹ 수 있다, 가능하다 8ᵇ 17(알), 11ᵇ 6, ④ (2격과 함께) (one of) …중 하나다, …(이)다, …에 들다 1ᵇ 9, 3ᵃ 22, 4ᵇ 31, 5ᵃ 6, 9, b 16, 29, 6ᵃ 8, b 2, 12, 7ᵇ 8, 8ᵃ 1, 25, 31, 36, 39, b 20, 25, 30, 11ᵃ 23, 32, 36-einai en ① (be in) (바탕이 되는 것) 안에 있다 1ᵃ 21, 22(사람은 특정한 사람 안에 있지 않다), 23, 24, 26(특정한 문법 지식은 머리 안에 있다), 28(특정한 색은 물체 속에 있다), b 1, 2(지식은 머리 안에 있다), 3(특정한 사람과 특정한 말은 바탕이 되는 것 안에 있지

않다), 5, 8, 9, ② (be in) (어떤 것) 안에 있다, (어떤 것에) 속하다 14ᵃ 20(흼과 검음이 색 안에), 22(정의가 덕 안에, 부정이 악덕 안에)-to tini einai (being something) 어떤 것임 1ᵃ 5(동물임)*, 11, 7ᵃ 36(사람임), b 5(주인임), 8(달개달린 것임), 12ᵇ 38(따뜻한 것임, 흰 것임), 13ᵃ 20(따뜻한 것임)-ta onta (things) 있는 것들 1ᵃ 20*, ㉣legomena

eiōthōs (commonly) 흔히 15ᵇ 31

ekstasis (aberration) (심리적) 일탈 10ᵃ 1(광적인), 3

elatton (smaller) 더 작은 (것) 5ᵇ 19, 6ᵇ 31, ⑱meizon

elleipein (lack) 모자라다 10ᵃ 23, ⑱hyperechein

empoiein (produce) 불러일으키다 9ᵇ 8(겪이를)

enantion (contrary) (어떤 것에) 반대되는 (것), 반대자(反對者), 반대 개념, 반대-대립 3ᵇ 24-32, 4ᵃ 11, 13, 18, 30, 34, b 4, 7, 10, 12, 14, 16, 18, 5ᵇ 11, 12, 14, 16, 18, 31, 33, 35, 39, 6ᵃ 1, 4-9, 11, 16, 18, 6ᵇ 15, 18, 10ᵇ 12, 17, 24, 11ᵇ 18(맞놓임), 21, 34-12ᵃ 25, 12ᵇ 26-13ᵃ 36(㉣: 결여와 소유), 13ᵇ 3, 7(㉣: 긍정과 부정), 13-19, 36-14ᵃ 6(병과 건강, 부정과 정의, 비겁과 용기, 모자람과 지나침), 6-14, 15-24, 15ᵇ 1-16(운동과 정지, 소멸과 생성, 수축과 팽창)

enantiotēs (contrariety) 반대성 6ᵃ 12(양의), b 15(관계의), 10ᵇ 12(질의), 11ᵇ 1(능동과 수동의), 4

endechesthai (may, be possible) …ㄹ 수 있다, 가능하다 7ᵇ 34(있을), 8ᵃ 14, 10ᵃ 33, b 29(희게 될), 12ᵇ 40(차가울, 검을), 14ᵃ 11(들어 있을)

endeia (deficiency) 모자람, 부족 14ᵃ 2(나쁜 것), ⑱hyperbolē

engys (near to) (어떤 것에) 가까운 (것) 2b 8(으뜸 실체에 더)

enhistasthai (object) 따지다 4a 22

enhydron (aquatic, fish) 물속에 사는 (것), 물짐승 1b 19, 14b 36, 38, 15a 3, 6, ㉄ ptēnon, pezon

eniausion (a-year-long) 1년의 (것) 5b 5

entimon (honourable) 존경스러운 (것) 14b 6(더, 먼저), ㉜timion

eoikein (probably, seem) …ㄴ 듯하다, …ㄴ 것 같다 6a 15, 10a 18, 15b 4, 7, 28

epagōgē (induction from cases) 구체적인 예를 듦, 귀납 13b 37*

epanō (higher) 위(에 있는 것) 1b 22(유)

epharmozein (fit) 어울리다 10b 22

epiblepein (see, observe) 보다, 관찰하다 5a 24

epidechesthai (admit) 받아들이다, 허용하다 3b 2(뜻을), 6, 33(더와 덜을), 4a 8, 5b 34(반대되는 것들을), 39, 6a 4, 19-25, b 20, 25, 10b 26, 11a 3, 6(더를), 7, 9, 11, 14, b 1(반대성을), 4, 5

epididonai (progress) 나아가다, 발전하다 13a 24

epidosis ① (increase) 늘어남, 증가 10b 28, ② (progress) 발전 13a 25, 27

epipedon (plane) 평면 5a 3, 19, 21

epiphaneia (surface) 면, 표면 4b 24(이어져 있는 양), 5a 2, 5(물체의 부분들의 경계), b 2, 7, 13

epipherein (derive from) 가져오다 6a 16

episkeptesthai (examine) 검토하다 8b 22

epistēmē ① (knowledge) 앎, 지식 1b 1, 6b 3-5(관계), 16(㉄: 모름), 34-35(관계), 7a 37, b 23-34, 8b 11, 29-31(습성), 9a 6, 8, 11a 24(유), 25(관계), 32-34(질), b 27-

31(관계), 15b 19(습성), ㉄ epistēton, ㉄ hypolēpsis, ② (science) 학문 1b 17-20, 14a 36(증명하는), ③ (technique) 기술 10b 2, 4

epistēmōn (man who knows) 알고 있는 (사람) 11a 33

epistēton (knowable) (우리가) 알 수 있는 (것), 앎의 대상, 인식 대상 6b 34, 35, 7b 23*-34, 11b 27-31, ㉄ epistēmē

ēremia (staying the same) 정지 (상태), 가만히 있음, 그대로임 15b 1*, 3(장소에 따른), 8(질에 따른), 11, 13, ㉄ kinēsis

erythrian (redden) 얼굴이 빨개지다 9b 30(부끄럼 때문에, 질), ㉄ōchrian

erythrias (ruddy) 얼굴이 불그스름한 (사람) 9b 31

erythron (ruddy) 얼굴이 빨간 (사람) 9b 13

eukinēton (easily changed) 쉽게 변하는 (것) 8b 34, 9a 6, 9(상태), 13a 27, ㉜ eumetabolon, ㉄dyskinēton

eumetabolon (easily changeable) 쉽게 바뀌는 (것) 8b 34

euporon (easy) 쉬운 (것) 12a 22

euthy (straight) 곧은 (것) 10a 15(질)

euthys (at once) 곧바로 8b 5(알다), 9b 35, 14a 32(따르다), 15a 26(양이 늘거나 줄어들다)

euthytēs (straightness) 곧음 10a 12, ㉄ kampylotēs

exeirgein (prevent) 방해하다, 막다 13a 31

---

g

genesis ① (birth) 태어남, 탄생 9b 35, ② (generation) 생겨남, 생성 14b 24, 15a 9, 11, 13(운동), ㉄phthora

genos (genus) 유, 유(類), 상위개념 1ᵇ 16(서로 위아래가 있는)*, 22(아래), 24, 6ª 17, 11ª 20-29(습성과 상태의), 38(질, 관계), b 15(범주), 14ª 15, 19(같은), 20(반대되는), 21(색), 23(덕과 악덕), 24(좋음과 나쁨), b 33, 15ª 4-12, 옌eidos 2ª 14-18, b 7-14, 17-26, 30, 33, 3ª 2, 39, b 3, 21-23, ② (kind) 종류 9ª 14(질의), 28, 10ª 11

geusis (taste) 미각 9ᵇ 7

gignesthai (occur) 생겨나다 12ª 1(반대되는 것이), 4(병과 건강이), 11(검음과 흼이), 28(소유가), b 28, 14ª 15

glyky (sweet) 단 (것) 8ª 5(감각할 수 있는 것), 9ᵇ 2

glykotēs (sweetness) 닮 9ª 29(겪는 성질, 겪이), 34, b 7

gnōmōn (gnomon) 그노몬 15ª 30*

gnōrimon (precise) 뚜렷한 (것) 2ᵇ 9, 11, 14, 33

grammatikē ① (grammar) 문법 1ª 14, 10ª 31(질), 11ª 1(상태), 27, 14ᵇ 1, ② (knowledge of grammar) 문법 지식 1ª 25, b 3, 8

grammatikos ① (grammatical) (글을) 읽고 쓸 줄 아는 (사람) 1ᵇ 29(질)*, 3ª 4, 11ª 3(더), ② (grammarian) 문법학자 1ª 14, 10ª 31

grammē (line) 선 4ᵇ 23(연속된 양), 5ª 1, 5ª 3(면의 경계), 5(물체의 경계)

graphein (draw) 그리다-gegrammenon (picture) 그림 1ª 3(동물)

gynē (woman) 여자 15ᵇ 28, 29

---

h

hama ① (at the same time) 같이, 동시에 5ᵇ 34-6ª 8, 7ᵇ 15-27, 8ª 7, 14ª 10-13, ② (together, simultaneous) 같이 14ᵇ 24-15ª 11

haphē (touch) 촉각 9ᵇ 8

haplōs ① (in general) 일반적으로 1ᵇ 6, 4ᵇ 10, 9ª 15, 11ª 12, 14ª 17, 15ᵇ 1, 옝kath' hekasta, ② (simply) 단순히 3ᵇ 18, ③ (without qualification) 단적으로 14ᵇ 24, 15ª 11

hauton (itself) 자체-kath' hauto(n) (by itself) 그 자체로, 절대적으로 2ª 5, 4ᵇ 37(분리되어 있다), 5ᵇ 4(양이다), 8, 16(크다, 작다), 21, 31(파악되다), 옝 kata symbebēkos, 옌 kyriōs

hēdesthai (be pleased) 즐겁다 11ᵇ 4, 옝 lypeisthai

hekaston (each) 각각의 (것)-kath' hekaston ① (individual, each) 개별적인 (것), 저마다 2ᵇ 3(물체), 11ª 32-35(학문), 15ᵇ 2(운동), ② (particular case) 개별적인 것, 개별자, 개인, 개체 2ª 36, 8ᵇ 3(이것), 11ª 24, 26, 옝katholou, 옌atomon, ② (case) 구체적인 (것), 사례 13ᵇ 37(예를 듦)

hēmeis (we) 우리 3ª 29, 11ª 20, 15ª 22

hen (one) 하나(의 것), 한 5ª 14(공통된 경계), 8ᵇ 26, 12ᵇ 37, 13ª 2, 15, 20, 14ª 31

heterogenes (different in genus) 서로 유가 다른 (것) 1ᵇ 16

heteromēkes (oblong) 직사각형 11ª 10

heteron ① (another, something else) 다른 (어떤) 것, 남 1ᵇ 10, 3ᵇ 38, 4ª 1, 5ᵇ 17, 20, 28, 32, 6ª 37, 38, b 4, 7, 8, 8ª 35, 10ᵇ 27, 11ª 9, 13, 17, 25, 27, b 17, 14ª 26, b 12, 15ª 24, ② (different) 다른 (것) 1ᵇ 16(종이), 2ᵇ 23(종), 27(실체), 6ª 20(하나), 23(시간), 9ª 14(질), 10ᵇ 18(술어), 35(사람), 11ª 1, 4, 14ᵇ 10(방식), 15ª 15(변화)-thateron (one of two) 둘 중 (어느) 하나 12ª 2, 5, 7, 10, 12, 15, b 30, 33, 36, 39,

13ᵃ 11, 14, b 4, 16, 21, 24, 33, 14ᵃ 7, b 28, 15ᵃ 10

hētton → mallon

hexis ① (state) 습성(習性) 6ᵇ 2(관계)*, 5, 8ᵇ 27(질), 9ᵃ 4, 7, 8, 10(상태), 11, 13(더 오래가고 변하기 더 힘든 것), 11ᵃ 22, 13ᵃ 30, 15ᵇ 18(…을 가지다), 鬭diathesis 8ᵇ 28-9ᵃ 13, ② (possession) 가짐, 갖춤, 소유(함), 11ᵇ 18, 22, 12ᵃ 26-b 5, 26-13ᵃ 36(鬭: 반대되는 것들), 13ᵇ 5(鬭: 긍정과 부정), 9, 20-29, 쏓sterēsis, ③ (possession) 소유물 12ᵃ 29

hikanon (sufficient) 충분한 (것) 11ᵇ 15-hikanōs (sufficiently) 충분히 8ᵃ 29, 31

himation (cloak) 겉옷 15ᵇ 22, 쏓chitōn

hippos (horse) 말(馬) 1ᵇ 4, 28(실체), 2ᵃ 14, b 25

histanai (make to stand) 서게 하다-hestanai (stand still) 서 있다 6ᵇ 13

holon (whole) 전체 3ᵃ 30, 8ᵃ 16(실체의), 쏓 meros-holōs (in general) ① …일반, 일반적으로 2ᵇ 1(사람), 3(물체), 10ᵇ 23, 13ᵇ 10, ② (at all) 전혀, 결코 (…않다), 그저 4ᵇ 29, 6ᵃ 24, 8ᵃ 10, b 2, 7, 10ᵃ 4, 13ᵇ 19, 25

homogenes (kindred) 같은 종류의 (것) 5ᵇ 19(좁쌀), 20(산)

homoion (similar) 비슷한 (것), 비슷함 6ᵃ 33(鬭: 같음), 34, b 9(관계), 20, 22, 9ᵇ 15, 19, 10ᵃ 13, 11ᵃ 15, 16, 18, 쏓anhomoion

homologoumenōs (in agreement) 동의하여 7ᵃ 25

homōnymon (homonymous) 한 이름 다른 뜻인 (것), 동어이의(同語異義)인 (것) 1ᵃ 1*, 鬭synōnymon, parōnymon

hōplizesthai (equip oneself) 무장하다 2ᵃ 3

hopōsoun allōs (in some other way) 다른 어떤 방식으로든 6ᵃ 37, b 7, 7ᵃ 13, 10ᵃ 28, b 11, 11ᵇ 25

hopoteron etychein (as chance has it) 아무것이나 12ᵇ 40(鬭: 특정하게 하나가), 13ᵃ 3, 11

horan (see) 보다 7ᵇ 26, 14ᵃ 5

horizein (determine) 규정하다 5ᵇ 5, 7, 6ᵃ 18, 12ᵃ 23, 쏓 aphorizein-horismenōs (defintely) 확실하게 8ᵃ 36(알다), b 14, 17, 19

horismos (definition) 규정 6ᵃ 16, 8ᵃ 29, 33, 쏓logos

horos (boundary) 경계 4ᵇ 26-30(공통된), 35, 5ᵃ 1(점, 선), 4(선, 면), 10, 14

hydōr (water) 물 8ᵃ 9(감각 대상, 쏓: 불)

hygiainein (be well, be healthy) 건강하다 6ᵃ 3, 8ᵇ 39, 13ᵃ 21, b 14, 19, 14ᵃ 11, 14, 쏓 nosein

hygieia (health) 건강 4ᵇ 14(병에 반대되는 것), 8ᵇ 37, 10ᵇ 34, 12ᵃ 4, 6, 9, b 31, 13ᵇ 6, 37, 14ᵃ 7, 16, 쏓nosos

hygieinon (healthy) 튼튼한 (것), 건강한 (것) 9ᵃ 15(질), 21, 11ᵃ 5(더), 쏓nosōdes

hyparchein

I. (3격과 쓰여) ① (belong to) (어떤 것에 반드시 또는 본래, 항상) 들어 있다, (어떤 것의 필연적인) 속성이다 6ᵇ 17(반대되는 것들이 모든 관계들에?), 12ᵃ 5(병이나 건강이 생물의 몸에 반드시), 8(홀이나 짝이 수에 반드시), 12(검음과 흼이 물체에 반드시?), 15(나쁨과 좋음이 사람에 반드시?), b 29(반대되는 것들 중 하나가 서술되는 것들에 항상), 31, 33, 36, 37(따뜻한 것임이 불에, 흰 것임이 눈에), 39, 13ᵃ 2, 5(결여나 소유가 그것을 수용하는 것 모두에 항상?), 9(언젠가 반드시), 14, 20, 14ᵃ 12(동시에 양쪽이 같은 것에), ② (어떤 점이 어떤 것에 대해) 들어맞다, 타당하다 3ᵃ 33(실체와 차이성에 대해), b 24

Ⅱ. (전치사 en과 쓰여) ① (belong in, be contained in the extension of) (어떤 것에) 들다, 속하다 2ª 15(으뜸 실체가 종 안에), 16(특정한 사람이 사람이라는 종 안에), ② (belong in something as parts) (어떤 것 안에 부분으로서) 들어 있다, 내재하다 12ª 30-hyparchon (what is in) 들어 있는 (것) 1ª 25(부분으로서), 3ª 32(부분들), ③ (be in) (어떤 것에) 있다 6ᵇ 15(반대성이 관계에), 10ª 12, 14ª 37(먼저와 나중이 증명학들에)

Ⅲ.(전치사 peri 또는 3격과 함께) (어떤 점이 어떤 것에 관하여) 들어맞다, 타당하다 3ᵇ 24, 6ª 12(장소에 관하여)

Ⅳ.(be present) 있다 10ᵇ 12(질의 경우에 반대성이), 12ª 31(소유물이), 13ª 17(반대되는 것들을 수용하는 것이)-hyparchon (what exists) 있는(존재하는) (것) 13ª 17

hyper (about) (어떤 것)에 관해 11ª 20(질), b 10, 11(놓여 있음과 관계들), 12, 15(유들)

hyperbolē (excess) 지나침, 넘침, 과도 14ª 3(나쁜 것), ㉝endeia

hyperechein (exceed) 넘치다 10ª 23, ㉝ elleipein

hypodeisthai (have shoes on) 신을 신고 있다 2ª 3, 11ᵇ 14

hypokeisthai (underlie, be a subject for) (어떤 것의) 바탕이 되다, 주어이다 2ᵇ 15(으뜸 실체가 다른 모든 것들의), 19(종이 유의), 38-hypokeimenon (underlying, subject, substratum) 바탕이 되는 (것), 기체(基體), 주어 1ª 21(이 특정한 사람)*, 26(이 머리), 28(이 물체), b 2(이 머리), 12(이 특정한 사람, 사람), 2ª 22(이 특정한 사람), 31(이 물체), 3ª 11(이 특정한 사람), 13, 23(사람), b 16, ㉙katēgoroumenon 1ᵇ 11, 23, 3ᵇ 4-kath' hypokeimenou legesthai (be said of a subject) 바탕이 되는 것에 대해 말해지다 1ª 20, 21, 23, 26, 28, 29, b 2, 3,

6, 7, 12, 2ª 12, 19, 21, 34, b 4, 3ª 8, 11, 13, 23, 37, b 5-en hypokeimenō einai (be in a subect) 바탕이 되는 것 안에 있다 1ª 21, 22, 23, 24, 26, 27, b 1, 3, 5, 7, 8, 2ª 13, 27, 31, 35, b 5, 3ª 7, 9, 10, 12, 15, 21, 22, 24, 31-(kath') hypokeimenou katēgoreisthai (be predicated of a subject) 바탕이 되는 것에 대해 서술되다 1b 10, 2ª 21, 26, 29, 30, 31, 3ª 16, 17

hypolēpsis (supposition) (막연한) 생각 8ᵇ 10, ㉙epistēmē

hypomenein (endure) 머물러 있다 5ª 27(시간이?), 33(말이?), 36

hysteron (after) 나중(이다), 나중에 있다 5ª 30(시간에서), 14ª 38(순서에서), b 26, 39 ㉝proteron

---

i

idion (distinct, distinctive) 고유한 (것), 특성 1ª 5, 2b 12, 3a 21(실체에), b 27, 4ª 10, b 2, 17, 6ª 26(양에), 35, 11ª 15(질의), 13ᵇ 33, ㉝koinon

ison (equal) 같은 만큼인 (것), (양이) 같은 (것) 6ª 26*-35(양의 특성), b 21, 23, ㉝ anison

isōs (perhaps) (아마도) …ㄹ 것이다 7ª 6, 11, b 12

---

k

kaiein (burn) 태우다 2ª 4

kakia (virtue) ㉝aretē, ① 못남 6ᵇ 16*, ② 악덕 14ª 23

kakon (bad) 나쁜 (것), 나쁨 11ᵇ 21, 36, 14ª 1, ㉝agathon

kalon (beautiful) 아름다운 (것) 4ᵃ 1(더), 8ᵇ 8-12(더)

kampylon (curved) 굽은 (것) 10ᵃ 15, ⑳ euthy

kampylotēs (curvedness) 굽음 10ᵃ 13(질)

kata symbebēkos → symbebēkos

kataleipein (leave) 남기다 7ᵃ 33, 37, b 2

katametrein (measure) 재다 4ᵇ 33(말을 음절 로써)

kataphasis ① (proposition) 명제(命題) 2ᵃ 5, 7*, ⑭ apophansis, ② (affirmation) 긍정(肯定), ⋯이라고 함, 긍정어 11ᵇ 19, 23, 12ᵇ 5, 6(긍정하는 말), 9, 10, 12, 13ᵃ 37, b 27, 34, ⑳ apophasis

kataphatikos (affirmative) 긍정하는 (것) 12ᵇ 7(말), ⑳ apophatikon

katapsyxis (chill) 차가움 8ᵇ 36(상태)

katarithmein ① (count) (어디에 드는 것으로) 치다 11ᵃ 38, ② (enumerate) 열거하다 15ᵇ 32

katechein (occupy) 차지하다, 갖다 5ᵃ 9(장소 를), 11, 9ᵃ 6(앎을)

katēgorein (predicate) 서술하다 2ᵃ 23(사람을 이 사람에 대해), 3ᵃ 19(사람과 동물의 뜻을 이 사람에 대해)-katēgoreisthai (be predicated of) 서술되다, 술어로 말해지다 1ᵇ 10(바탕이 되는 것에 대해), 13(사람이 이 사람에 대해), 14(동물이 이 사람에 대해), 23(상위의 유가 하위의 유에 대해), 2ᵃ 21(이름과 뜻이 바탕이 되는 것에 대해), 23, 27, 28, 30, 31(흼이 바탕이 되는 것에 대해), 33, 37(동물이 사람에 대해), b 16(다른 모든 것들이 으뜸 실체에 대해), 20(유가 종에 대해), 3ᵃ 4(나머지 것들이 종과 유에 대해), 16, 25(차이성의 뜻이), 27(흼에 삶의 뜻이 사람에 대해), 35, 38(종이 개체에 대해), b 2(유가 종과 개체에 대해), 12ᵃ 1(반대되는 것들이 사물들에 대해), 7(홀과 짝이

수에 대해), 14(좋음과 나쁨이 사람에 대해), 16, 40(먼눈과 눈멂이 같은 대상에 대해), b 29-katēgoroumenon (what is predicated) 서술된 (것), 서술되는 (것), 술어 1ᵇ 11, 23, 2ᵇ 31, 3ᵇ 4, ⑭ katēgoria

katēgoria ① (predicate) 술어 3ᵃ 35, 37, ⑭ katēgoroumenon, ② (category) 범주 10ᵇ 19, 21(질, 양, 관계, 장소)

kath' hekaston → hekaston

kath' hauto(n) → hauton

kathedra (sitting) 앉아 있기 6ᵇ 11(어떻게 놓여 있음)

kathēsthai (be seated) 앉아 있다 2ᵃ 3(어떻게 놓여 있음), 4ᵃ 24, 27, 37, 6ᵇ 13, 11ᵇ 23, 12ᵇ 13-16

kathistasthai (subdue) 가라앉다 10ᵃ 6(빠르게)

katholou (in general) 일반적으로 12ᵃ 27

katō (down) 아래 6ᵃ 13, 15ᵇ 6, ⑳ anō

katōthen (downward) 아래로 15ᵇ 5, ⑳ anōthen

kauma (sunburn) 햇볕에 그을림 9ᵇ 24

keisthai ① (being-in-a-position) 어떻게 놓여 있음 1ᵇ 27, 2a 2, 11ᵇ 10, ② (be situated) 놓여 있다 5ᵃ 18, 19(어디에), 22, 25, 10a 23(부분들이 곧게), ③ (be given, exist) 주어지다, (이미) 주어져 있다, 있다 7ᵃ 13, 19, 10ᵃ 33, b 1, 12ᵃ 20-keimenon (given) (이미) 주어져 있는 (것) 7ᵃ 6(이름), 27, b 11, 10ᵇ 6

kenchros (grain) 좁쌀 5ᵇ 18, 22

kephalē (head) 머리 7ᵃ 16-18(관계), 8ᵃ 20(실체), 26, b 15, 18

keramion (jar) 단지 15ᵇ 24

kinein (move, change) (어떤 것을) 움직이다, 변하게 하다, 바꾸다-kineisthai (be moved, be changed) (어떤 것에 의해)

움직여지다, 움직이다, 변하다 4ᵇ 1,
11-kinoumenon (what changes) 움직여
지는 (것), 변하는 (것) 4ª 36(사물), 15ª
23(겪이에 따라), 28

kinēsis (change) 바뀜, 변화 5ᵇ 3, 15ª 13*-b
16, ⑱ēremia

koinon ① (have in common) 같이 갖는 (것)
1ª 1, 3, 7, 9, 3ᵇ 7, ② (common) 공통된
(것), 공통점 3ª 7(모든 실체에), ⑱idion,
(general) 일반적인 (것) 2ᵇ 13(더)-koinos
horos (common boundary) 공통된 경계 4ᵇ
25, 27, 30, 35, 5ª 1, 4, 10, 14

koinōnein (partake of) 관여하다 15ª 22(운동
에)

kōlyein (prevent) 막다, 방해하다 1ᵇ 8, 21, 2ª
29, 3a 16, 7ᵇ 31, 12ᵇ 35

kōmē (village) 시골 5ᵇ 23

komētēs (regain one's hair) 머리카락이 (자라
서) 긴 (것) 13ª 35, ⑱phalakros

kosmos (universe) 우주 6ª 15

ktēma (property) '가진 것', 소유물 8ª 24,
15ᵇ 26

kyklos (circle) 원 7ᵇ 31(…을 정사각형으로 바
꾸기), 11ª 9, 11

kyriōs (strictly) 주로, 직접적으로, 특
히 5ª 38, b 8, ⑪kath' hauto, ⑱kata
symbebēkos-kyriotata (most strictly) 가장
본래적인 뜻에서 2ª 11, b 38, 14ª 27, b 24

1

lambanein ① (take, find, acquire) 얻다, 갖
다, 이루다 4ᵇ 30, 5ª 1, 5, 32, 7ᵇ 25(앎
을), 8ᵇ 31(보통의 정도로), 9ᵇ 21(근원을),
10ᵇ 28(늘어남을), 13ª 26-29(발전을), ②
(recapture) 붙잡다 5ª 35, ③ (grasp) 파악
하다, 이해하다 5ᵇ 32, 7ª 19(쉽게)

legein (speak) 말하다-legesthai (be called) …
라고 불리다, …(이)다 1ª 1, 6, 16, 20, 24,
27, 29, b 1, 2, 6, 7, 11, 2ª 6, 12, 14, 18,
22, 32, 34, b 5, 17, 30, 37, 3ª 11, 14, 23,
26, 27, 37, b 9-legomenon (that which is
said) 말해지는 (것), 말, 낱말 1ª 16*(결합
되어), b 25, 2ª 9, 12, 20, 8ᵇ 26(여러 가지
방식으로, 질), 10ª 28(파생된 방식으로), b
7, 10, 14(어떠한 것으로), 11ª 2, 12ᵇ 27(결
여와 소유에 따라), 13ᵇ 10(결합되지 않은
채), 14(결합된 채로), ⑭onta

legomenon → legein

leion (smooth) 매끄러운 (것), 매끄러움 10ª
17, 22, ⑱trachy

leukon (white) 흰 (것), 흼 1ª 27, b 29, 2ª 10,
31, 32, 33, 35, 3ᵇ 18, 4ª 1, 3, 6ª 33(비슷
한), 9ª 34, 10ª 30(사람), b 27, 29(더), 12a
21, ⑱melan 4ª 15(색), 19, 32, 6ª 3(실체),
10ᵇ 15, 11ᵇ 36, 12ª 11(물체의), 13, 18, b
33, 38, 13ª 21, 14ª 9, 20, 15ᵇ 14

leukotēs (whiteness) 흼 9ª 31, 34, b 9, 10ª
30, 14ª 17(물체 안의), ⑱melania 4ᵇ 15,
10ᵇ 13, 14ª 10

lexis (expression) (언어적) 표현 6ᵇ 33

logos ① (definition) 뜻, 정의(定義) 1ª 2(다른,
있음의)*, 4, 6, 7(같은), 9, 11, 12, 2ª 20(바
탕이 되는 것에 대해 서술되는), 24, 26, 28,
30, 33, 3ª 17, 18, 19, 25, 27, b 2(종과 유
의, …을 받아들이다), 6(차이성의), 8(같은),
11a 8(삼각형의, 원의, …을 받아들이다),
12, 13(논의되고 있는 것의), ⑭onoma, ⑪
horismos, ② (statement) 말, 진술 4ª 22(참
인), 23, 24, 34, 37, b 5, 6, 9, 11, 23(끊어
져 있는 양), 32, 33, 34, 5ª 33, 12b 7(긍정
하는, 부정하는), 8, 10, 14ᵇ 15-21(참인,
거짓인), ③ (speech) 연설 14ª 36, b 2, ④
(talking) 언행 13ᵇ 24

lyein (solve) 풀다, 해결하다 8ª 30

lypeisthai (be pained) 괴롭다 10ª 7, 11ᵇ 4, 6, ⑨ hēdesthai

---

m

makron (long) ① 긴 (것) 4ᵇ 34(음절), 5ᵇ 2(행위), ② 오랜 (것) 9ᵇ 24(병)

malakon (soft) 무른 (것) 9ª 24, 26, ⑨ sklēron

mallon ① (more) 더 (많이) 2ᵇ 7-28(실체), 3ᵇ 34, 14ᵇ 6(사랑받는 사람), ② (rather) 오히려 3ᵇ 15, 5ᵇ 28, 6ª 33, 9ᵇ 32, 10ª 8, 19-mallon kai hētton ① (more and less) 더와 덜, 정도(程度)의 차, 3ᵇ 33(실체 x), 4ª 8, 6ª 19(양x), 24, 25, b 19(관계 x), 25, 10ᵇ 26(질), 11ª 3, 14, b 1(수동과 능동), 5, ② (more or less) 더 또는 덜 3ᵇ 36(실체?), 4ª 2(어떠하다), 4(따뜻하다), 6ᵇ 21(비슷하다, 같은 만큼이 아니다), 10ᵇ 27(따뜻하다), 34(정의?), 11ᵇ 5(따뜻하게 함), 6(따뜻하게 됨), 7(괴로움)-malista ① (most of all, most) 가장 (많이), 가장 …한 2ª 11(실체), b 17, 4ª 10(특성), 6ª 12(들어맞다), 26, 34, 10ª 26(얘기되다), ② (especially) 특히 13ᵇ 12, 15ᵇ 3(맞놓이다)

manikon (mad) 광적인 (것), 광기가 있는 (것) 9ᵇ 36(일탈), 10ª 2

manon (rare) 성긴 (것), 성김 10ª 17, 21, ⑨ pyknon

medimnos (corn-measure) 통 15ᵇ 24, 25

mega (large) 큰 (것), 큼 5ᵇ 18(좁쌀), 21(그 자체로), 6ᵇ 8(산), 8ᵇ 31(변화), ⑨ mikron 3ᵇ 31, 5ᵇ 15, 17, 21, 28(관계), 33, 36, 6ª 6-meizon (larger) 더 큰 (것) 2ª 1(관계), 5b 19(좁쌀), 6ª 38, b 31

megethos (magnitude) 크기 15ᵇ 20(양)

meiōsis (diminution) (양이) 줄어듦, 수축 15ª

14, 16, b 2, ⑨ auxēsis

meiousthai (diminish) (양이) 줄어들다 15ª 24, ⑨ auxesthai

melan (black) 검은 (것), 검음 ⑨ 4ª 15(색), 19, 32, 6ª 3(실체), 10ᵇ 15, 11ᵇ 37, 12ª 11(물체의), 13, 18, b 33, 13ª 21, 14ª 21, 15ᵇ 15, ⑨ leukon

melania (darkness) 검음 9ª 31(겪이), b 9(겪는 성질), 22, 25, 14ª 17, ⑨ leukotēs, ōchrotēs

meli (honey) 꿀 9ª 33, b 1

mellon (future) 다가올 (것) 5ª 8(시간)

meros (part) 부분, 일부 1ª 24, 3ª 29(실체의), 32(어떤 것 안에 들어 있는), 8ª 16, 18(손, 머리), 15ᵇ 23, ⑭ morion, ⑨ holon

meson (center) 중심 6ª 15(우주의)-ana meson (intermediate) 중간에 11ᵇ 38-12ª 25, b 27-13ª 17

mesotēs (moderation) 중용 14ª 4(좋은 것, ⑨: 모자람과 지나침)

metaballein (change) 변하다 4ª 30(스스로), 8ᵇ 36(빠르게), 38, 13ª 26(완전히)

metabolē (change) 바뀜, 변화 4ª 33, b 3, 8ᵇ 31(큰), 9ᵇ 12(색들의), 13ª 19(상대 쪽으로의), 32, 33, 15ª 14(장소에 따른), 16, b 3, 5, 10, 11, 12(질에 따른), 14(질의), 16, ⑭ kinēsis

metriōs (moderately) 보통의 정도로 8ᵇ 31

mikron (small) 작은 (것), 작음 3ᵇ 31, 5ᵇ 15, 17, 21, 29, 33, 36, 6ª 6, ⑨ mega

monimon (stable) 지속적인 (것) 8ᵇ 28(더, 습성)

morion (part) 부분 4ᵇ 22(양의), 25(수의), 26, 27, 30, 35(말의), 5ª 2(선의), 3(평면의), 6(물체의), 9, 11(장소의), 13, 14, 16(위치를 갖는), 17(선의), 21(평면의), 23(입체의), 24(수의), 27(시간의), 36, 10ª

20, 15ᵇ 22, ⑪meros

morphē (external form) 모습 10ᵃ 12(질의 종류)*, 16 ⑪schēma

mousikē (music) 음악 11ᵃ 28(앎), 31

---

n

nikan (win) 이기다 1ᵃ 18, 2ᵃ 10

nōdos [nē …이 없는 + odous 이빨] (toothless) 이가 없는 (것) 12ᵃ 31, 34, 13ᵃ 36

nosein (be sick) 아프다, 병들다 6ᵃ 2, 8ᵇ 39, 13ᵃ 21, b 14, 18, 29, 32, 14ᵃ 11, 14, ㉱hygiainein

nosōdes (sickly) 허약한 (것) 9ᵃ 15, 23, ㉱hygieinos

nosos (sickness) 병 4ᵇ 14, 8ᵇ 32(…으로 말미암은 변화), 36(상태), 9ᵇ 24(오랜), 12ᵃ 4, 6, 9, b 31, 13ᵇ 6, 37, 14ᵃ 7, 16(동물의 몸 안에), ㉱hygieia

nyn (present) 현재의 5ᵃ 7(시간)

---

o

ōchrian (pale) 얼굴이 하예지다 9ᵇ 31, ㉰erythrian

ōchrias (pallid) 헬쑥한 (사람) 9ᵇ 32

ōchron ① (pale) 얼굴이 하얘진 (사람) 9ᵇ 14, ② (yellow) 노랑 10ᵇ 16, 12ᵃ 18, 21

ōchrotēs (pallor) 흼 9ᵇ 22(질), 25

odous (tooth) 이 12ᵃ 32, 34, 13ᵃ 36

oikeion (apt to) 알맞은 (것), 적합한 (것) 2ᵇ 9(더), 24, 7ᵃ 11, 30-oikeiōs (properly) 알맞게, 적합하게 2ᵇ 33(대다), 6ᵇ 37, 39, 7ᵃ 4(제시하다), 7, 14, 16(더), 23, 31, 34, b 1, 10(말해지다)

oikia (house) 집 15ᵇ 27

oinos (wine) 포도주 15ᵇ 24

oligon (a few) 적음, 적은 (것) 3ᵇ 31, 5ᵇ 14, 24, 6ᵃ 9, ㉱poly-epi oligon (in a few cases) 몇 가지 경우에서 7ᵇ 26, 14ᵃ 4

on → einai

onoma (name) 이름 1ᵃ 2(같은), 4, 7, 9, 13, 2ᵃ 20, 23, 26, 28, 29, 3ᵃ 16, 18, b 7, 7ᵃ 6, 13, 19, 26, b 11, 10ᵃ 33(질에 대한), b 1, 6, 12ᵃ 20(중간에 있는 것들의), 22, ㉰logos 1ᵃ 1, 3, 7, 9, 2ᵃ 20-29, 3ᵃ 16

onomatapoiein (invent a name) 이름을 짓다 7ᵃ 5, b 12

onta → einai

ophthalmos (eye) 눈 12ᵃ 27

opsis (sight) ① 보는눈 11ᵇ 22*, 12ᵃ 27, 36, b 4, 18-25, 13ᵇ 9, ㉱typhlotes, ② 시력 12ᵃ 37, b 5, 13ᵃ 6, 10, 12, b 22, 26

orgē (irascibility) 성마름 10ᵃ 1

orgilos ① (irascible) 성마른 (사람) 10ᵃ 2, ② (bad-tempered) 쉬이 화내는 (사람) 10ᵃ 7, 8

ornis (bird) 새 6ᵇ 39-7ᵃ 3, b 4, 7

oros (mountain) 산 5ᵇ 18, 22, 6ᵇ 8

ousia ① (being) 있음, 존재 1ᵃ 2*, 4, 7, 10, ② (substance) 실체, 있는 것 1ᵇ 26*, 28(사람, 말), 3ᵃ 7, 21, 29, 33, b 8(㉰: 차이성), 24, 4ᵃ 5, 8, 10, 13, 17, 30, b 3, 13, 18(…의 특성), 6ᵃ 1, 8ᵇ 16(머리, 손), ⑪tode ti, ㉰pros ti 8ᵃ 13-b 24-prōtē ousia (first substance) 으뜸 실체, 제일 실체 2ᵃ 11(이 특정한 사람, 이 특정한 말)*, 35, b 4, 6, 8, 15, 18, 26, 29, 31, 37, 3ᵃ 1, 8, 36, b 3, 11(이것), 16(하나), 25, 8ᵃ 15-deutera ousia (secondary substance) 버금 실체, 제이 실체 2ᵃ 14, 17, b 7, 30(종과 유), 3ᵃ 9, 17(사람, 동물), 38, b 13(질 같은 것), 8ᵃ

14-b 24(관계?)

p

palaion (ancient) 오래된 (것) 14ᵃ 28(먼저)

palaistrikē (wrestling) 레슬링 10ᵇ 4(기술)

palaistrikos (wrestler) 레슬링 선수 10ᵇ 3(질)

paradechesthai (grant) 인정하다 4ᵃ 28, b 4

parakolouthein (apply to) 적용되다 8ᵃ 33

paramenein (last) (어떤 상태에) 남아 있다 9ᵇ 26

paramonimon (permanent) 지속적인 (것) 8ᵇ 30(앎), 9ᵇ 20(겪이)

parerchesthai (pass) 지나가다-parelēlythōs chronos (past time) 지나간 시간, 과거의 시간 5ᵃ 8

parōnymon (paronymous) (다른 것에서) 파생된 (것) 1ᵃ 12, 관 homōnymon, synōnymon-parōnymōs (paronymously) 파생되어, 파생된 방식으로 6ᵇ 13(놓임새에서), 10ᵃ 28(질에서), 33, b 1, 5(기술에서), 8(덕에서), 10, 11ᵇ 11(놓임새에서)

paschein ① (be affected) 겪다, (수동적으로) 당하다 9ᵃ 19, 22, 24, b 1, 4, 15(겪이를), 32(무엇을), 10ᵃ 9, ② (being-affected) 입음, 겪음, 수동(受動) 1ᵇ 27, 2ᵃ 4, 11ᵇ 1, 8, 반 poiein

pathētikon (affective) (어떤 작용이나 영향을) 겪(을 수 있)는 (것)-pathētikē poiotēs (affective quality) (어떤 것이) 겪는 성질, 수동적 성질 9ᵃ 28*, 35, b 3, 6, 10, 34, 관 pathos

pathos (affection) 겪이, 파토스 4ᵇ 8*, 9ᵃ 29*, b 6, 7, 11, 20, 29, 32, 34, 10ᵃ 6, 8, 9, 15ᵃ 21, 23, 관 pathētikē poiotēs

pēdalion [pēdon 노깃] (rudder) 키 7ᵃ 7(관계, 배의), 9, 11, 12(키가 달린 것의), 15(관계), 22, 관 pēdaliōton

pēdaliōton (ruddered) 키가 달린 (것) 7ᵃ 12, 14, 15, 22, 관 pēdalion

peras (limit) 한계 6ᵃ 15(우주의)

perihairein (strip off) 제거하다, 벗겨내다 7ᵃ 32, 35, b 2, 5, 7

perilambanein (draw a boundary) 포괄하다 3ᵇ 22

peritithenai (add) 덧붙이다 15ᵃ 30(그노몬을)

perittos (odd) 홀 12ᵃ 6, 8, b 31, 반 artios

perysin (last-year) 작년에 2ᵃ 2

pezon ① (footed) 발 달린 (것), 발 달림 1ᵇ 18, 3ᵃ 23, 25, 27, 28, ② (beast) 들짐승 14ᵇ 36, 38, 15ᵃ 2, 관 ptēnon, enhydron

phainesthai ① (seem) (…처럼) 보이다, (…하는) 듯하다 3ᵇ 13, 4ᵃ 21, 10ᵃ 20, 14ᵇ 20, ② (come to light) 나타나다 10ᵃ 25, 15ᵇ 31

phaion (grey) 잿빛 12ᵃ 18, 21

phalaros (bald) 대머리인 (사람) 13ᵃ 35

phanai (say) 3ᵇ 31, 5ᵇ 8, 15, 23, 9ᵃ 7, 10ᵇ 34, 11ᵃ 20

phaskein (say) 말하다 3ᵃ 31, 4ᵃ 22, 14ᵇ 7

phaulon (bad) 나쁜 (것) 4ᵃ 16(행위), 20(사람), 32(질), 13a 22, 반 spoudaion

phobeisthai (be frightened) 두렵다 9ᵇ 13, 31

phōnē (voice) 목소리 4ᵇ 34

phthora (destruction) 사라짐, 소멸 15ᵃ 13, 16, b 2, 반 genesis

phyein (beget, get) 생기게 하다, 얻다 13ᵃ 36-pephyke gignesthai (naturally occur) 본래 생겨나다 12ᵃ 1, 4, 11, 28, b 28, 14ᵃ 15-pephyke echein (naturally have) 본래 갖다 12ᵃ 30, 33, 13ᵃ 5(눈을), 9, b 25-pephyke hyparchein (naturally be in)

본래 들어 있다 12ᵃ 30

physikon (natural) 타고난 (것), 자연적인 (것), 본래적인 (것) 9ᵃ 16(능력, 무능력), 18, 20, 22, b 17(체질), 10ᵃ 3(심리적인 일탈), 35

physioun (dispose one naturally) 본성으로 만들다-pephysiōmenon (become part of a man's nature) 본성으로 된 (것) 9ᵃ 2(습성)

physis (nature) 자연, 본성-(tē) physei (by nature) 본래 7ᵇ 15(동시에 있다), 23, 9ᵇ 14(겪다), 18(생겨나다), 12ᵇ 37(들어 있다), 13ᵃ 1, 20, 14ᵇ 5(먼저다), 13, 27(같이 있다), 33, 39, 15ᵃ 3, 7-kata physin (natural) 타고난 (것) 9ᵇ 22(체질)

pleonachōs (in many ways) 여러 가지 방식으로 8ᵇ 26(말해지다)

plēthos (mass) 다량 9ᵃ 2(시간의)

ploion (boat) 배 7ᵃ 7, 8, 9, 10, 11

poiein ① (do) (능동적으로) 하다, 행하다 2ᵇ 33(뚜렷하게), 9ᵃ 18(쉽게), 21, ② (doing) 입힘, 함, 능동(能動) 1ᵇ 27, 2ᵃ 3, 11ᵇ 1, 8, ⑨paschein

poiētikon (productive of) (겪이를) 불러일으킬 수 있는 것 9ᵇ 6(따뜻함과 차가움)

poion ① (be qualified) 어떠하다, 어떤 질의 상태에 있다 8ᵇ 25(㉭: 질), 9ᵇ 23(창백하다, 검다), 27, 29(빨갛다, 창백하다), 10ᵃ 14(세모다, 네모다, 곧다, 굽었다), 15, 16, b 4, 7, 9, 11ᵃ 32(알고 있다), ② (qualitative) 어떠한 (것), 어떤 질의 상태에 있는 (것), 어떤 질을 가진 (것) 3ᵇ 20(실체), 9ᵃ 14(권투 선수, 달리기 선수), 19, 32(단 꿀, 흰 물체), 10ᵃ 1(광기가 있는 사람, 성마른 사람), 5, 27(흰 사람, 문법학자, 정의로운 사람), 34, b 3, 14(부정한 것, 정의로운 것, 흰 것, 검은 것), ③ (quality) 어떠함, 질(의 범주에 드는 것) 1ᵇ 26, 29(힘, 읽고 쓸 줄 앎), 3ᵇ 15(종과 유?), 18, 19, 20, 10ᵃ 18(…을 나타

내다), 19, b 2, 11(힘, 검음), 14(빨강, 노랑), 17(반대되는 것), 20(정의), 23, 11ᵃ 14, 17, 37, 15ᵇ 8(…에 따른 변화, 정지), 12, 13, 14, 16

poiotēs (quality) 질(質), 성질 8ᵇ 25*, 26, 27(습성과 상태), 9ᵃ 14, 32, 36, b 21, 23(힘, 검음), 26, 36(광적인 일탈, 성마름), 10ᵃ 5, 11(형태, 외형), 25, 27, 33, 35, 11ᵃ 15(비슷함과 비슷하지 않음), 18, 20(㉭: 관계), 36(개별적인 앎), 15ᵇ 18-pathētikē poiotēs → pathētikon

pollaplasioi (many times more) 몇 배 더 많은 (것) 5ᵇ 24

poly ① (many) 많음, 많은 (것) 3ᵇ 31, 5ᵇ 3(면, 시간, 운동), 14(관계), 23, 25, 6ᵃ 9, ⑨ oligon, ② (⑧: polloi) 대중들 14ᵇ 5-hōs epi to poly (as a rule) 대개 7ᵇ 24-pleion ① (more) 더 많은 (것) 13ᵃ 28(발전), 14ᵃ 28(시간), ② (a number of) 여러 가지의 (것) 15ᵇ 17(방식)-epi pleion (extend beyond) 더 넓게 3ᵇ 21-pleista (most of) 대부분의 (것) 2ᵃ 28(바탕이 되는 것 안에 들어 있는 것들), 15ᵃ 21(겪이)-epi tōn pleistōn, ta pleista (in most cases) 대부분의 경우 7ᵇ 16(맞다), 10ᵃ 29, b 30, 14ᵃ 5-pleiston (most) 가장 많이 6ᵃ 17(서로 떨어져 있다)

polychronion (lasting longer) 오래가는 (것) 8ᵇ 28(습성, 더), 9ᵃ 5, 9

pōs (somehow) 어떤 방식으로 8ᵃ 32(관계 맺음), b 1, 2, 3

poson (quantity) 얼마만큼, 양(의 범주에 드는 것) 1ᵇ 26, 28(두 자, 세 자), 3ᵇ 28(두 자, 열), 32(특정한), 4ᵇ 20(끊어져 있는 것: 수, 말, 이어져 있는 것: 선, 입체, 시간, 장소), 33(말), 5ᵃ 38(주로), 39-b 10(간접적으로), 13-6ᵃ 10(㉭: 관계), 26, 27, 31, 35, 10ᵇ 22, 15ᵇ 19(세 자, 네 자)

pote (when, time) 언제, 어느 때, 시간 1ᵇ 26,

2ª 2(어제, 작년에), 11ᵇ 12

pou (where, place) 어디(에), 곳, 장소 1ᵇ 26, 2ª 1(리케이온에, 장터에), 10ᵇ 23, 11ᵇ 12, 14

pous (foot) 발 15ᵇ 23

pragma (actual thing) ① 사물, 대상(對象) 4ª 36, 37, b 8, 7ᵇ 24, ② 사태(事態), 일 12ᵇ 15(말의 바탕이 되는), 14ᵇ 19, 20, 21, ⑨ logos, doxa

praxis (action) 행위 4ª 15(나쁜, 좋은), 5ᵇ 2(긴), 5(양?)

presbys (old) 늙은 (것) 14ª 27(시간에서 먼 저, 더), 29

procheirizesthai (examine) 검토하다 2ª 36(개별적인 것들을), 10ᵇ 19(술어들을)

prohyparchein (already existing) 이미 주어져 있다 7ᵇ 24

prokeimenon (what is under discussion) '앞에 놓인 것', 논의되고 있는 것 11ª 13

prooimion (introduction) 머리말, 도입부 14ᵇ 3(연설의)

prophanes (obvious) 분명한 (것) 11ᵇ 12

propherein (bring forward) 내놓다 4ª 12

pros ti ① (relative) (어떤 것에) 관계 맺은 (것) 6ª 36(더 큰 것과 더 작은 것, 두 배인 것 과 절반인 것)*, b 6(큰 산과 작은 산), 9(비 슷한 것들), 28(주인과 노예), 34(앎과 알 수 있는 것, 감각과 감각할 수 있는 것), 7ª 5(날 개와 날개 달린 것), 12(키와 키가 달린 것), 27, 8ª 16, 32, b 1, 3, ② (relation) 어떤 것 에 관계 맺음, 관계(의 범주에 드는 것) 1ᵇ 26, 29(두 배와 절반), 5ᵇ 16(많음과 적음, 큼과 작음), 28, 6ª 10, 36, b 2(습성, 상태, 감각, 앎, 놓임새), 12(놓임새), 16, 20, 22, 24(맞바꾸는 것), 7ª 22, b 9, 13, 15, 22, 8ª 13, 25, 28, 31, 33, 36, 39, b 14, 19-21, 10ᵇ 22, 11ª 21, 23, 29, 32, b 11, 18(대립), 20, 24, 32, ㉾ousia 8ª 13-b 24, ㉾poion

11ª 20-38, ㉾sterēsis kai hexis 12ᵇ 16-25, ㉾kataphasis kai apophasis 13ᵇ 4-7

prosagoreuein (call) 부르다 1ª 9('동물'로), 9ª 4('습성'으로)

prosēgoria ① (naming) 명명(命名), 이름 붙이기 1ª 13, ② (name) 이름 3ᵇ 14, ㉾ onoma

prōtē ousia → ousia

proteron ① (before) 먼저(다), 먼저 있다 5ª 29(하나가 둘보다), 7ᵇ 24(앎의 대상이 앎보 다), 36(감각 대상이 감각보다), 8ª 11, 14ª 26, 31, 34, 36, b 2, 4, 6, 9, 11, 22, 25(네 가지 방식에서), 39, 15ª 5(유가 종보다), ⑨ hysteron, ② (before) 이전 4ª 4, 6, ③ (previous) 이전의 (것) 8ª 33(규정)

prothesis (addition) 덧붙임, 부가 11ª 21

protithenai (propose) 앞에 놓다 11ᵇ 15

pseudes (false) 거짓(인 것), 틀린 (것) 2ª 8(명제), 4ª 24(말), 26, b 1, 9, 13ᵇ 3, 6, 9, 11, 16-18, 25, 29, 31, 34, 14ᵇ 21(말), ⑨ alēthes-pseudōs (falsely) 틀리게 4ª 27(생 각하다)

psychē (soul, mind) 머리, 마음, (영)혼 1ª 26*, b 2, 9ᵇ 34

psychesthai (be cooled) 차게 됨 11ᵇ 3, ⑨ thermainesthai

psychron (cold) 차가운 (것), 차가움 4a 20(사람), 31(실체), 8ᵇ 39, 12ᵇ 34, 40, 13ª 22, ⑨thermon

psychrotēs (coldness) 차가움 9ª 31(겪는 성 질), b 3, ⑨thermotēs

ptēnon ① (winged) 날개 달림 1ᵇ 18, ② (bird) 날짐승 14ᵇ 35(동물의 종), 38, 15ª 2, ㉾pezon, enhydron

pteron (wing) 날개 6ᵇ 38(관계), 39, 7ª 2-5, 21, b 4, 8, ⑨pterōton

pterōton (winged) 날개 달린 (것) 7ª 2, 4, 5,

21, 22, b 8, 9, ⑨pteron

ptōsis (ending) 어미(語尾) 1ᵃ 13, 6ᵇ 33

pyknon (dense) 촘촘한 (것) 10ᵃ 17, 20, ⑨ manon

pykron (bitter) 쓴 (것) 8ᵃ 6(감각 대상)

pykrotēs (bitterness) 씀 9ᵃ 29(겪는 성질)

pyktikē (boxing) 권투 10ᵇ 3(질, 기술)

pyktikos (boxer) 권투 선수 9ᵃ 14(어떤 질을 가진 것), 10, 10ᵃ 34, b 3

pyr (fire) 불 8ᵃ 9, 12ᵇ 38, 40, 13ᵃ 20(따뜻한 것임)

pyros (wheat) 밀 15ᵇ 24

pyrrhoun (red) 빨강 10ᵇ 16(질, 색)

---

r

rhadion (easy) 쉬운 (것) 7ᵇ 11, 15ᵇ 6-rhadiōs (easily) 9ᵃ 19(하다), 21(겪다), 26(쪼개지다), b 25(되돌아가다), 28(해체되다)-rhasta (easiest) 아주 쉽게 7ᵃ 18

---

s

schedon ① (perhaps) 아마도 10ᵃ 26, 14ᵇ 7, ② (nearly) 거의 10ᵃ 29, 11ᵃ 23, 15ᵃ 20, b 31

schēma (shape) 형태 3ᵇ 14(이름의), 10ᵃ 11(질의 종류)*, 11ᵃ 7(삼각형, 사각형), ⑨ morphē

sēmainein ① (signify, denote) 나타내다 1ᵇ 26(낱말들이 실체 등을), 3ᵇ 10(실체가 이것을), 12(으뜸 실체가 이것을), 14(버금 실체가 이것을?), 16(질 같은 것을), 18(흼이 질을), 19, 21(유가 실체를 어떤 질을 가진 것으로), 5ᵇ 27(두 자나 세 자가 양을), 10ᵃ

18(성김 등이 질을?), 11ᵇ 13('신을 신고 있음'이 소유를, '리케이온에서'가 장소를), ⑭ dēloun, ② (mean) 뜻하다, 의미하다 15ᵇ 30

sklēron (hard) 단단한 (것) 9ᵃ 24, ⑨malakon

sōma ① (body) 물체 1ᵃ 28, 2ᵃ 31(흰), b 2, 3, 4ᵃ 3, 5(따뜻한), b 24, 5ᵃ 4, 6, 9, 11, 6ᵃ 28, 8ᵃ 5, 9ᵃ 34, 12ᵃ 11, 14ᵃ 17, ② (body) 몸, 신체 7ᵇ 38, 8ᵃ 1, 9ᵇ 17, 12ᵃ 4(생물의), 6, 14ᵃ 16, 15ᵇ 21

sōphrosynē (temperance) 절제 8ᵇ 33(습성, ⑨: 정의)

sphodrōs (firmly) 확고하게 8ᵇ 22(주장하다)

spoudaion ① (good) 좋은 (것) 4ᵃ 16(행위), 21(사람), 32, 12ᵃ 14, 15, 19, 20, 13ᵃ 22, ⑨ phaulon, ② (excellent) 뛰어난 (사람) 10ᵇ 7, 8

stasis (standing) 서 있기 6ᵇ 11(관계, 놓임새)

sterein (deprive) 빼앗다-esterēsthai (being deprived) 못 갖춤 12ᵃ 29, 35, 39, b 2, ⑨ hexis echein

stereon (solid) 입체 5ᵃ 23(양)

sterēsis (privation) 결여(缺如) 11ᵇ 18(대립), 22(먼눈), 12ᵃ 26, 35, 36, 38, 39, b 2, 16, 20, 26, 13ᵃ 3, 16, 31, 33, b 5, 9, 20, 23, ⑨ hexis

stigmē (point) 점 5ᵃ 2(선의 경계)

stoicheion ① (element) 요소 14ᵃ 38(도형들보다 먼저)*, ② (letter) 낱자, 자모 14ᵇ 1(음절보다 먼저)

stryphnotēs (sourness) 심 9ᵃ 30(⑨: 닮, 씀)

syllabē (syllable) 음절 4ᵇ 33(길고 짧은), 14ᵇ 2

symbainein ① (turn out) 어떤 결과가 따르다 5ᵇ 34, 35, 38, 6ᵃ 5, ② (result, occur) (결과로서) 생겨나다, 일어나다 9ᵇ 25, 13ᵇ 13, 15ᵃ 21-symbebēkos (what is accidental)

(어떤 것에) 딸린 것(성질), 부수한 것 7ᵃ
27, 32, 36-kata symbebēkos (derivatively)
간접적으로 5ᵃ 39, b 10, ® kath' hauto,
kyriōs

symplokē (combination) 결합 1ᵃ 16*, 18, b
25(낱말들의), 2ᵃ 6, 8, 13ᵇ 10, 12, 13

symptōma (symptom) 증후 9ᵇ 20, 10ᵃ 3

synanhairein (carry to destruction) 더불어 없
애다 7ᵇ 19(관계에 드는 것들이 서로를),
27(앎의 대상이 앎을), 28, 37(감각 대상이
감각을), 38, 8ᵃ 2, 4, ㉝anhairein

syneches (continuous) 이어진 (것), 연속된
(것) 4ᵇ 20(양), 23(선, 면, 입체, 시간, 장소),
5ᵃ 1, 9, 13, ®dihōrismenon

synengys (be close together) (서로) 가까이에
있는 (것) 10ᵃ 21

syngenes (of the same kind) 같은 종류의 (것)
9ᵃ 30

synhaptein (join together) 서로 닿다 4ᵇ
26(수의 부분들이?), 27, 29, 36(말의 부분
들이?), 37, 5ᵃ 2(선의 부분들이), 4(평면의
부분들이), 6(물체의 부분들이), 7(과거와 미
래가 현재에서), 10(장소의 부분들이), 12,
14, 20, 22, 26

synhistasthai (be composed of) (어떤 것들로)
이루어져 있다 4ᵇ 22(어떤 양이 위치를 갖
는 부분들로), 5ᵃ 16, 36, 8ᵃ 10(동물이 불,
물 등으로)

synkatarithmein (count in) 포함시키다 11ᵃ
22

synoikein (be married) '함께 살다', 결혼했
다 15ᵇ 30

synōnymon (synonymous) 한 이름 한 뜻인
(것), 동어동의(同語同義)인 (것) 1ᵃ 6(사
람과 소)*, 3ᵇ 7(이름도 같고 뜻도 같은 것),
㉝homōnymon, parōnymon-synōnymōs
(synonymously) 한 이름 한 뜻인 것으로 3ᵃ
34(말해지다), b 9

systasis (make-up) 체질 9ᵇ 18(타고난), 22

---

t

tachy (quickly) 빠르게 8ᵇ 35(변하다), 38,
10ᵃ 6(가라앉다)

tarattein (be disturbed) 혼란스러워하다 3ᵃ
29, 11ᵃ 20

tattein (place) 놓다 1ᵇ 16

taxis (order) 순서 5ᵃ 29(시간의), 32, 14ᵃ 35,
38, b 1, 3, ㉝thesis

teleiōs (completely) 완전히 13ᵃ 26, 29

temnein (cut) 자르다 2ᵃ 4(능동, ®: 수동, 잘
리다)

tetragōnismos (squaring, quadrature) 정사각
형으로 만들기 7ᵇ 31(원을)*

tetragōnon ① (with four angles) 사각형 11ᵃ
6(질), 15ᵃ 30, ② (square) 정사각형 11ᵃ 10

tetrapēchy (four-cubits long) 네 자(尺) 15ᵇ
21

theatron (theatre) 극장 5ᵇ 25

theoreisthai (be looked at) 살펴지다 5ᵇ 28

thermainein (heat) 따뜻하게 함 11ᵇ 2, 6, ®
psychein

thermon (warm, hot) 따뜻한 (것) 4ᵃ 4(물체),
31, 8ᵃ 5(감각 대상), b 39, 12ᵇ 34, 38(불),
13ᵃ 20(불), 22, ®psychron 4ᵃ 20, 12ᵇ 34

thermotēs (warmth, hotness) 따뜻함 8ᵇ 36(상
태), 9ᵃ 30(겪는 성질), b 3, 8, ®psychrotēs

thesis ① (position) 위치 4ᵇ 21, 22, 5ᵃ 15-
37, 10ᵃ 19, ㉝taxis, ② (positure) 놓임새
6ᵇ 3(관계)*, 6, 12, 13, 11ᵇ 11

timion (honourable) 존경스러운 (것) 14ᵇ 4,
㉖entimon

tis (something) 어떤 (것), 특정한 (것)-ho

tis(= atomos) (individual) '이 어떤 (것)', 특정한 (것) 1ᵃ 22(사람), 25(문법 지식), 27(휨), b 4(사람, 말), 8, 2ᵃ 13, 16, 22, 23, 24, 25, 38

tithenai ① (count as) (어떤 것으로) 놓다 5ᵇ 30(양으로), 6ᵃ 13(반대되는 것으로), ② ㉦ (be assigned) 주어지다 7ᵃ 20(이름이)

tode ti (this) 이것 3ᵇ 10*, 12, 14, 8ᵃ 38, b 4, 8, ㊙ prōtē ousia

topos (place) 장소 4ᵇ 25(이어져 있는 양), 5ᵃ 8, 9, 11(물체가 차지하는), 14, 23, 6ᵃ 11(반대되는, 위와 아래), 15ᵃ 14(…에 따른 변화), 16, b 3, 5, 10(반대되는)

trachy (rough) 거친 (것), 거칢 10ᵃ 17, 23

trechein (run) 달리다 1ᵃ 18, 2ᵃ 10, b 36

trigōnon (triangle) 삼각형 10ᵃ 14(질), 11ᵃ 5, 7

tripēchy (three-cubits long) 세 자(尺) 1ᵇ 29(양), 5ᵇ 13, 26, 15ᵇ 20

triplasion (treble) 세 배 6ᵇ 18(관계)

tropos ① (way) 방식 4ᵃ 29, b 2, 9ᵇ 10, 12ᵇ 3(맞놓임의), 11, 13ᵃ 16, b 1, 14ᵇ 11, 22(다섯 가지), 15ᵇ 17(여러 가지), 29, ② (kind) 종류 10ᵃ 25(질의 다른), ③ (usage) 쓰임새, 용법 14ᵇ 8, 15ᵇ 29, 31

tynchanein (happen to) 어떻게 되다, …이다 8ᵇ 12, 9ᵃ 2, 11ᵇ 37, 14ᵃ 24, 15ᵇ 20-tychon ① (chance thing) 아무것 7ᵃ 24, ② (what befalls) (누구에게) 닥치는 (것) 9ᵃ 22

typos (impression) 각인, 자국-hōs typō eipein (to give a rough idea) 대강을 말하자면 1ᵇ 28, 11ᵇ 20

x

xylon (log) 통나무 8ᵃ 23

z

zōon ① (animal) 동물, 짐승 1ᵃ 2*, 5(한 이름 다른 뜻, 사람과 그림), 8(한 이름 같은 뜻, 사람과 소), b 17(…의 차이성 = 뭍에 삶, 날개 달림, 물속에 삶, 두 발 달림), 14ᵇ 37, ② (living being) 생물 12ᵃ 4, 5, 14ᵃ 16

고유명사

Athēnai (Athene) 아테네 5ᵇ 23

Lykeion (Lyceum) 뤼케이온 2ᵃ 2, 11ᵇ 4

Sōkratēs (Socrates) 소크라테스 13ᵇ 14-30, 14ᵃ 10, 14

우리말 — 그리스어

한 낱말의 대표적인 뜻만을 실었다. 원어가 갖는 다른 뜻과 본문에 나오는 곳에 대해서는 그리스어-우리말 찾아보기를 참조하길 바란다. 내용 인용 부분에서는 본문을 조금 바꾼 형태로 정리하였다

☞ 관련 용어, 비슷하거나 반대되는 뜻의 말

→ 화살표 뒤에 나오는 낱말을 찾아보기

ㄱ

가만히 있음, 정지, 그대로임 ēremia

가짐, 갖춤 echein ☞ 무장해 있다 hōplistai, 신을 신고 있다 hypodedetai

감각 aisthēsis-감각은 감각 능력을 가진 것과 동시에 생겨난다 8ᵃ 7 ☞ 미각 geusis, 시력 opsis, 촉각 haphē

감각 능력을 가진 (것) aisthētikon

감각 대상, 감각 가능한 (것), (우리가) 감각할 수 있는 (것) aisthēton-감각 대상은 감각보다 더 먼저다 7ᵇ 35-8ᵃ 32 ☞ 꿀 meli, 단 것 glyky, 물 hydōr, 불 pyr, 쓴 것 pykron

갖춤 hexis

같은 만큼인 (것) ison

같은 만큼이 아닌 (것) anison

같이, 동시에 hama-반대되는 것들은 동시에 있을 수 없다 5ᵇ 34-6ᵃ 8, 14ᵃ 10-13-감각은 감각 능력을 가진 것과 동시에 생겨난다 8ᵃ 7-관계에 드는 것들은 본래 동시에 있다 7ᵇ 15-27-어느 것도 먼저이거나 나중이지 않은 것들은 시간으로 볼 때 같이 있다 14ᵇ 24-같은 유에 든, 서로 맞구분된 것들도 본래 같이 있다 14ᵇ 33

개별적인 (것), 개인, 개체 to kath' hekaston

거짓(인 것) pseudes

건강 hygieia

건강한 (것) hygieinon

검은 (것) melan

검음 melania

겪는 성질 pathētikē poiotēs

겪다, 겪음 paschein

겪을 수 있는 (것) pathētikon

겪이 pathos-쉽게 해체되고 곧바로 이전의 상태로 되돌아가는 것들에서 생겨나는 것들은 겪이다 9ᵇ 29

결여 sterēsis-결여와 소유의 경우, 둘 중 어느 하나가 그것을 받아들일 수 있는 것에 언제나 들어 있을 필요는 없다 13ᵃ 3

결합 symplokē

경계 horos

경계 규정 aphorismos

고유한 (것) idion

공통된 (것) koinon

관계에 드는 (것), 얽힌 (것), 관계 to pros ti-다른 것들의 무엇으로서, 또는 다른 어떤 방식으로든 다른 것에 얽혀 바로 자기 자신인 것으로 말해지는 것들은 관계에 드는 것들이다 6ᵃ 36, b 6, 11ᵇ 24, 32-관계에 드는 것들에도 반대성이 있다 6ᵇ 15-19-관계에 드는 것들은 '더와 덜'(정도의 차)를 허용한다 6ᵇ 19-27-관계에 드는 것들은, 자신들에 알맞게 주어지는 한, 모두 맞바뀌는 것들에 얽혀 말해진다 7ᵃ 22, b 13-관계에 드는 것들의 대부분은 본래 동시에 있으며, 서로를 더불어 없앤다 7ᵇ 15-8ᵃ 12-관계에 드는 것들 가운데 어떤 것을 확실하게 안다면, 그것이 무엇에 얽혀 말해지는지를 확실하게 안다 8a 36, b 14-습성과 상태의 유(類)는 관계에 들지만, 개별적인 습성과

상태는 질에 든다 11ᵃ 20-36 ☞ 노예와
주인 doulos kai despotēs, 두 배와 절반
diplasion kai hēmisy, 큼과 작음 mega kai
mikron

관련 anaphora

관련되다 anapheresthai

관여하다 koinōnein

구분 dihairesis

구분하다 dihairein ☞ 맞구분되다
    antidihaireisthai

구체적인 예를 듦 epagogē

규정 horismos

규정하다 aphorizein, horizein

귀납 → 구체적인 예를 듦

그 자체로 kath' hauto

그대로임, 정지 상태 ēremia ☞ 남아 있다
    paramenein, 머물러 있다 hypomenein, 줄
    곧 있다 diamenein

그릇 angeion

그리다 graphein

극단 akron

극장 theatron

근원 archē

긍정 kataphasis

긍정명제 kataphatikos logos

기술, 할 줄 앎 epistēmē ☞ 권투 pyktikē, 레
    슬링 palaistrikē

기체(基體) → 바탕이 되는 것

끊어져 있는 (것), 불연속적인 (것)
    dihōrismenon - 수와 말은 끊어져 있다 4ᵇ
    22

ㄴ

나눔 dihairesis

나중 hysteron

나타내다, 뜻하다, 의미하다 semainein

남자 anēr

낱말 → 말

낯선 (것) allotrion

내재하다 → (…안에) 들어 있다

논쟁거리 amphisbētēsis 8ᵃ 26

논쟁의 여지가 없는 (것) anamphisbēteton

놓다 tithenai

놓임새 thesis ☞ 누워 있기 anaklisis, 서 있기
    stasis, 앉아 있기 kathedra, 거칢과 매끄러
    움 trachy kai leion, 성김과 촘촘함 manon
    kai pyknon

눈(雪) chiōn

늘어나다 auxēsthai

늘어남, 팽창, 성장 auxēsis

늘어남, 증가, 발전 epidosis

능동 → 입힘

능력 → 힘

ㄷ

다른 (것) heteron

단적으로 haplōs

단지 keramion

대다, 제시하다 apodidonai

대립 antithesis

대립되다 antikeisthai

대립된 (것) antikeimenon - 어떤 것은 어떤
    것에 관계를 나타내는 것들로서, 반대되
    는 것들로서, 결여와 소유로서, 긍정과

부정으로서 대립된다 11^b 17

더불어 없애다 synhairein-앎의 대상은 없어지면 앎을 더불어 없앤다 7^b 27-감각 대상은 없어지면 감각을 더불어 없앤다 7^b 37

더와 덜, 정도의 차 mallon kai hētton-실체는 더와 덜을 허용하지 않는다 3^b 33, 4^a 8-양은 더와 덜을 허용하지 않는다 6^a 21, 25-관계에 드는 것들이 모두 더와 덜을 허용하지는 않는다 6^b 25-질은 더와 덜을 허용한다 10^b 26, 11^a 3-모든 질이 더와 덜을 허용하지는 않는다 11^a 14-능동과 수동도 더와 덜을 허용한다 11^b 1, 5

덕 → 뛰어남

도형 diagramma ☞ 그노몬 gnōmon, 덧붙이다 peritithenai, 선 grammē, 원 kyklos, 입체 stereon, 점 stigmē, (정)사각형 tetragōn, 삼각형 trigōnon, (원을) 정사각형으로 만들기 tetragōnismos, 직사각형 heteromēkes

동물 → 짐승

동시에 → 같이

동어동의인 (것) → 한 이름 한 뜻인 (것)

동어이의인 (것) → 한 이름 딴 뜻인 (것)

드러내다, 밝히다 dēloun

(…에) 들다 hyparchein

들어 있는 (것) hyparchon

들어맞다, (…안에) 들어 있다 hyparchein

따로 (떨어져) chōris

따뜻한 (것) thermon

따뜻함 thermotēs

(…에) 딸려서 (간접적으로) kata sym-bebēkos

뛰어난 (것) spoudaion

뛰어남, 덕 aretē ☞ 용감 andreia, 중용 mesotēs, 절제 sōphrosynē, 정의 dikaiosynē

뜻, 정의 logos-으뜸 실체는 종과 유의 뜻을, 좋은 유의 뜻을 받아들인다 3^b 2

뜻하다 sēmainein

ㄹ

…ㄹ 수 없는 (것), 불가능한 (것) adynaton-어떤 것 자체가 자기 자신에 반대될 수는 없다 6^a 7

…ㄹ 수 있는 (것), 가능한 (것) dynaton

ㅁ

막다, 방해하다 kōlyein

많은 (것) poly

말, 낱말, 말해지는 것 legomenon-말들 가운데 어떤 것들은 결합되어 말해지고, 어떤 것들은 결합되지 않고 말해진다 1^a 16-결합되지 않은 낱말들은 실체, 양, 질, 관계, 장소, 시간, 놓임새, 소유, 능동, 수동을 나타낸다 1^b 25 ☞ 자모 stoicheion, 음절 syllabē, 어미 ptōsis, 표현 lexis

말, 진술 logos-말과 생각은 변하지 않는 채로 줄곧 있으며, 사물이 움직여서 그것들에 관해 반대되는 성질이 생긴다 4^a 34-말은 길고 짧은 음절로써 따라 잴 수 있기 때문에 양이다 4^b 33-말의 부분들은 머물러 있지 않기에 위치를 갖지 않는다 5^a 34 ☞ 긍정과 부정(否定) kataphasis kai apophasis, 부정명제 apophatikos logos, 본론 dihēgēsis

말하다 legein ☞ 논쟁을 벌이다 diamphisbētein, 따지다 enhistasthai

맞구분되다 antidihaireisthai-맞구분된 것
들은 본래 같이 있다 14ᵇ 32-15ᵃ 11

맞바뀌다 antistrephein-관계에 드는 것들은
모두 맞바뀌는 것들에 얽혀 말해진다 6ᵇ
28-7ᵇ 14

맞세우다 antitithenai

머리, 마음, 혼 psychē

먼저 proteron-앎의 대상은 앎보다 먼저 있
다 7ᵇ 23-감각 대상은 감각보다 먼저 있
다 7ᵇ 36, 8ᵃ 8-있음의 잇따름에서 순서
가 뒤바뀌지 않기에 하나는 둘보다 먼
저다 14ᵃ 31-요소들은 도형들보다 순서
에서 더 먼저이고, 낱자는 음절보다 더
먼저이고, 머리말은 본론보다 더 먼저
다 14ᵃ 38-대중들은 더 존경할 만하고
더 사랑 받는 사람들이 먼저라고('앞선다
고') 말한다 14ᵇ 6-다른 것이 있음의 원
인인 것이 본래 먼저다 14ᵇ 12-유가 종
보다 먼저 있다 15ᵃ 5-하나가 다른 하나
있음의 원인이 아닌 것들은 본래 같이 있
다 15ᵃ 9

명제 kataphasis-낱말들이 결합되어 명제가
생긴다 2ᵃ 6-모든 명제(긍정과 부정)는 참
이거나 거짓이다 2ᵃ 4-8, 13ᵇ 2-35

모름, 무지 agnoia

몸, 신체 sōma ☞ 날개 pteron, 눈
ophthalmos, 머리 kephalē, 머리카락
komētēs, 손 cheir, 이 odous, 이가 없는
(것) nōdos

못 갖추다, 못 갖춤 ēstrerēsthai-본래 어떤
소유물이 안에 들어 있어야 할 곳에, 그
리고 본래 그것을 가져야 할 때에 그것이
전혀 있지 않을 때, 우리는 그것을 못 갖
췄다고 말한다 12ᵃ 29

못남 kakia

무능력 adynamia

물체 sōma

밀 pyros

ㅂ

바꾸다 kinein

바뀌다 kineisthai

바뀜, 변화 kinēsis, metabolē-반대되는 것
들의 경우, 그것들을 받아들일 수 있는
것이 있을 때 맞은 쪽으로 변화가 일어
날 수 있다 13ᵃ 17-결여와 소유의 경우,
상대 쪽으로의 바뀜이 생길 수 없다 13ᵃ
32-변화로는 생성과 소멸, 팽창과 수축,
질의 변화, 장소에 따른 변화가 있다 15ᵃ
13-변화는 정지 상태에 반대된다 15ᵇ 1

바탕이 되는 (것), 기체(基體)
hypokeimenon-실체는 바탕이 되는 것
안에 있지 않다 3ᵃ 7, 20-차이성도 바탕
이 되는 것 안에 있지 않다 3ᵃ 22

(…의) 바탕이 되다 hypokeisthai-으뜸 실체
는 다른 모든 것들의 바탕이 된다 2ᵇ 15,
37-종은 유의 바탕이 된다 2ᵇ 19

반대되는 (것), 반대성 enantion-실체에는
반대되는 것이 없다 3ᵇ 24-32-실체는
반대되는 것들을 수용할 수 있다 4ᵃ 10-b
18-말과 생각은 반대되는 것들을 받아
들일 수 없다 4ᵇ 12-양에 반대되는 것
은 없다 3ᵇ 28-32, 5ᵇ 11-15, 31-35, 3,
6ᵃ 18-어떤 것도 동시에 반대되는 것들
을 허용하지 않는다 6ᵃ 1, 4-사람들은 장
소와 관련된 반대되는 것들로부터 다른
반대되는 것들에 대한 규정을 가져 온다
6ᵃ 15-반대되는 것들은 같은 유(類) 내에
서 가장 많이 서로 떨어져 있는 것들이다
6ᵃ 18-반대되는 것들은 중간에 어떤 것
이 있기도 하고 없기도 하다 11ᵇ 38-12ᵃ
20-반대되는 것들은 둘 중 어느 한쪽이
있을 때 또한 다른 한쪽이 반드시 있을
필요는 없다 14ᵃ 6-14-반대되는 것들은
종이나 유가 같은 것에 관련해 본래 생겨
난다 14ᵃ 15 ☞ 모자람과 지나침, 병과 건
강, 부정과 정의, 비겁과 용기, 흼과 검음

반대성 enantiotēs-관계에 드는 것들에도
반대성이 있다 6^b 15-19-질의 경우도
모든 경우는 아니지만 반대성이 있다
10^b 12-14-능동과 수동도 반대성과 '더
와 덜'(정도의 차)을 허용한다 11^b 1-4

반드시 … 다 anankaion

반지 daktylion

받아들이다, 수용하다 dechesthai

받아들이다, 허용하다 epidechesthai

받아들일 수 있는 (것), 수용할 수 있는 (것)
dektikon

방식 tropos

버금 실체, 제이 실체 deutera ousia-종(種)
과 유(類)는 버금 실체다 2^a 14, b 30-버
금 실체 가운데 종이 유보다 더 실체다
2^b 7-21-버금 실체는 으뜸 실체를 드러
낸다 2^b 30-버금 실체는 그 뜻과 이름이
바탕이 되는 것에 대해 서술된다 3^a 17-
버금 실체들은 질 같은 것을 나타낸다 3^b
15-종과 유는 실체를 어떤 질을 가진 것
으로 나타낸다 3^b 21

범주 katēgoria

변하게 하다 kinein

변하다 kineisthai, metaballein ☞ 가라
앉다 kathistasthai, 부끄러워하다
aischynesthai, 얼굴이 빨개지다 erythrian,
얼굴이 창백해지다 ōchrian, 쪼개지다
dihaireisthai, 해체되다 dialyesthai

변하지 않는 (것), 움직이지 않는 (것)
akinēton

변화 → 바뀜

병 nosos

보다 horan ☞ 보다, 관찰하다 epiblepein, 비
추어 보다 blepein

부분 meros, morion

분류 dihairesis

불연속적인 (것) → 끊어져 있는 (것)

비슷함 homoion-비슷함과 비슷하지 않음
은 질의 특성이다 11^a 15-19

비슷하지 않음 anhomoion

ㅅ

사유 dianoia

사태 pragma-사태는 말과 생각이 참이거나
거짓임의 원인이다 14^b 14-22

산 oros

상위개념 → 유

상태 diathesis

색 chrōma-흼과 검음의 중간에 잿빛과 노
랑이 있다 12^a 21 ☞ 검음 melan, 노랑
ochrōn, 빨강 pyrrhoun, 잿빛 phaion, 흼
leukon

생각 doxa, hyplēpsis

생각하다 doxazein ☞ 검토하다 epis-
keptestahi, 구분하다 dialambanein,
dihōrizein, 놓다 tattein, 문제점을 살
살이 훑어보다 diaporein, 인정하
다 paradechesthai, 의심하다 aporein,
잘못하다 dihamartanein, 제거하다
perihairein, 제시하다 apodidonai, 포
괄하다 perilambanein, 포함시키다
synkatarithmein, 풀다, 해결하다 lyein, 혼
란스러워하다 tarattein

생겨나다 gignesthai

생겨남, 생성 genesis

생기다 symbainein

생물 zōon

서로 닿다 synhaptein

서술되다 katēgoreisthai-유는 종에 대해 서
술되지만, 종은 유에 대해 서술되지 않는

다 2ᵇ 20-종과 유에 대해 나머지 것들이
서술된다 3ᵃ 3-버금 실체는 뜻과 이름이
바탕이 되는 것에 대해 서술된다 3ᵃ 17-
차이성이 말해지는 것에 대해서는 차이
성의 뜻도 서술된다 3ᵃ 25-종은 개체에
대해 서술되며, 유는 종과 개체에 대해
서술된다. 차이성들은 종과 개체들에 대
해 서술된다 3ᵃ 38

서술되는 (것) katēgoroumenon

서술하다 katēgorein

성립하다 → 들어맞다

성질 → 질

세다 arithmein

소멸 phthora

소유 hexis ☞ 보는눈 opsis

소유물 ktēma ☞ 집 oikia, 논밭 agros

속하다 → (…에) 들다, (…에) 딸리다

수(數), 개수 arithmos-수는 끊어져 있는 양
이다 4ᵇ 31-수는 순서를 갖지만, 위치는
갖지 않는다 5ᵃ 24-26, 30-33-수는 같
은 만큼이기도 하고 같은 만큼이 아니기
도 하다 6ᵃ 28-홀과 짝인 수에 반드시 들
어 있어야 한다 12ᵃ 6-9-홀과 짝의 중간
에는 아무것도 없다 12ᵇ 31 ☞ 홀과 짝
perittos kai artios

수동 → 입음

수동적 성질 → 겪는 성질

수축 → 줄어듦

순서 taxis

술어 katēgoria

쉬운 (것) rhadion

습성 hexis-습성은 더 지속적이고 더 오래
간다는 점에서 상태와 차이가 난다 8ᵇ
28-9ᵃ 13-습성은 또한 상태이기도 하지
만, 상태가 반드시 습성인 것은 아니다 9ᵃ
10 ☞ 정의 dikaiosynē, 지혜 sophia

시간 chronos-현재의 시간은 지나간 시간
과 다가올 시간에 함께 닿아 있다 5ᵃ 7-
시간의 부분들은 위치를 갖지 않고 순
서를 가진다 5ᵃ 26-30 ☞ 같이 hama, 과
거 parelēlythos, 먼저와 나중 proteron kai
hysteron, 미래 melon, 평생 bios, 현재 nyn

시골 kōmē

실체 ousia-다른 모든 것들은 으뜸 실체에
대해 말해지거나 그것 안에 들어 있다 2ᵇ
4, 15, 37-어떤 종도 다른 종보다 더 많
이 실체가 아니다 2ᵇ 23-모든 실체는 바
탕이 되는 것 안에 있지 않다 3ᵃ 7, 20-실
체와 차이성에서 나온 것들은 한 이름 한
뜻인 것들이다 3ᵃ 33-실체에는 반대되는
것이 없다 3ᵇ 24-실체는 '더와 덜'을 허
용하지 않는다 3ᵇ 33, 4ᵃ 8-실체는 (자신
의 변화를 통해) 반대되는 것들을 받아들
인다 4ᵃ 10, 17, 30, b 3 ☞ 부분 meros, 전
체 homon

쓰임새, 용법 tropos

ㅇ

악덕 kakia ☞ 부정(不正) adikia, 비겁 deilia

알다 eidenai

알맞은 (것) oikeion

알 수 있는 (것), 앎의 대상, 인식 대상
epistēton

앎, 지식, 학문 epistēmē ☞ 문법 grammatikē,
음악 mousikē, 증명학 apodeiktikē

양 → 얼마만큼

어디에, 장소(의 범주) pou ☞ 간격 diastasis,
아래 katō, 위 anō

어떠함, 질(의 범주), 어떠한 (질의 상태에 있
는 것) poion ☞ 곧음과 굽음 euthy kai
kampylon, 광적인 (것) manikon, 권투 선

수 pyktikos, 단단함과 무릎 sklēron kai malakon, 달리기 선수 dromikos, 레슬링 선수 plaistrikos, 문법학자 grammatikos, 성마름 orgē, 심리적 일탈 ekstasis, 어떤 상태에 놓여 있다 diakeisthai, 정의로움 dikaion

어떻게 놓여 있음(의 범주) keisthai ☞ 서 있음 hestanai, 세워져 있음 anakeisthai, 앉아 있음 kathēsthai

어려운 (것) chalepon

언제, 시간(의 범주) pote ☞ 어제 chthes, 작년에 perysin

언행 logos

얻다, 파악하다 lambanein

얼마만큼, 양(의 범주) poson-어떤 양은 끊어져 있고 어떤 양은 이어져 있다 4ᵇ 20-어떤 양은 서로에 대해 위치를 갖는 부분들로 이루어져 있고, 어떤 양은 그렇지 않다 4ᵇ 21, 5ᵃ 15-37-'같은 만큼임'과 '같은 만큼이 아님'은 양의 특성이다 6ᵃ 26, 34 ☞ 같은 만큼인 (것) ison, 긴 (것) makron, 두 자 dipēchy, 짧은 (것) brachy, 시간 chronos, 수, 선, (표)면, 입체 arithmos, grammē, epiphaneia, stereon, 이어진 것과 끊긴 것 syneches kai dihōrismenon, 크기 megethos

없애다 anhairein ☞ 더불어 없애다 synanhairein

역이 성립하다 antistrephein

연설 logos

연속된 (것) syneches

요소 stoicheion

우주 kosmos

움직여지다, 움직이다 kineisthai

움직이게 하다, 움직이다 kinein

움직임, 운동 kinēsis ☞ 움직이기 힘든 (것) dyskinēton

원인 aition

원하다 boulesthai

위치 thesis-선의 부분들은 서로에 대해 위치를 가진다 5ᵃ 17

유(類), 상위개념 genos-유는 종보다 먼저 있다 15ᵃ 4 ☞ 서로 유가 다른 것 heterogenes

으뜸 실체, 제일 실체 prōtē ousia-으뜸 실체는 바탕이 되는 것에 대해 말해지지도 않고, 바탕이 되는 것 안에 있지도 않다 2ᵃ 11, 3ᵃ 10-다른 모든 것들은 바탕이 되는 으뜸 실체에 대해 말해지거나 바탕이 되는 그것 안에 있다 2ᵃ 35, b 4-으뜸 실체가 있지 않으면 다른 것들은 아무 것도 있을 수 없다 2ᵇ 5-으뜸 실체에서는 어떤 술어도 나오지 않는다 3ᵃ 36-으뜸 실체는 바탕이 되는 것에 대해 말해지지 않는다 3ᵃ 37-으뜸 실체들은 이것을 나타낸다 3ᵇ 11-으뜸 실체의 부분들은 어떤 것에 얽혀 말해지지 않는다 8ᵃ 16-28, b 15-24 ☞ 개별자, 개체, 개인 kath' hekaston, 이것 tode ti, 쪼갤 수 없는 것 atomon

의문 aporia

의미하다 → 나타내다

이것 tode ti

이름 onoma ☞ 파생된 것 parōnymon, 한 이름 다른 뜻인 것 homōnymon, 한 이름 한 뜻인 것 synōnymon

이름을 짓다 onomatopoiein

이어져 있는 (것), 연속된 (것) syneches-선, 면, 물체, 시간, 장소는 이어져 있다 4ᵇ 23

이치에 어긋나는 (것) atopon

인식 → 앎

인식 대상 → 알 수 있는 것

일반적으로 katholou

일어나다 symbainein

입힘과 입음(의 범주) poiein kai paschein-
입힘과 입음은 반대성과 '더와 덜'을 허
용한다 11^b 1 ☞ 자름과 잘림 temnein,
temnesthai, 즐거움과 괴로움 hēdesthai
kai lypeisthai, 태움과 태워짐 kaiein kai
kaiesthai

있는/…인 (것) ousia, on-있는 것들 가운데
어떤 것들은 바탕이 되는 것에 대해 말해
지지만, 그것 안에 있지 않다 1^a 20-어떤
것들은 바탕이 되는 것 안에 있지만, 바
탕이 되는 것에 대해 말해지지 않는다 1^a
23-어떤 것들은 바탕이 되는 것에 대해
말해지며, 또 바탕이 되는 것 안에 있다
1^a 29-어떤 것들은 바탕이 되는 것 안에
있지 않으며, 바탕이 되는 것에 대해 서
술되지도 않는다 1^b 3

있다 einai, hyparchein

있음/…임 einai, ousia

ㅈ

자세 → 놓임새

자체 hauton

장소 topos-장소의 부분들은 하나의 공통
된 경계에서 서로 닿는다 5^a 13-장소의
부분들도 서로 일정한 위치를 가진다 5^a
23 ☞ chōra 공간

장소의 바뀜 kata topon metabolē

장터 agora

적은 (것) oligon

적합한 (것) → 알맞은 (것)

점 stigmē-점은 선의 부분들이 서로 닿는
공통의 경계다 5^a 2

정도의 차 → 더와 덜

정의(定義) → 뜻

정지 상태 ēremia

제시 apodosis

제이 실체 → 버금 실체

제일 실체 → 으뜸 실체

존재하는 (것) → 있는 (것)

존재함 → 있음

좁쌀 kenchros

종(種), 형상 eidos-종과 유는 실체와 관
련하여 질을 규정한다 3^b 20 ☞ 나무
dendron

종류 eidos, genos ☞ 같은 종류의 (것)
homogenes, syngenes

종차 → 차이성

좋은 (것) agathon, spoudaion

주로 kyriōs

주어져 있는 (것) keimenon

주장하다 apophainesthai

줄어듦, 수축, 쇠퇴 meiōsis

중간(에 있는 것) meson-반대되는 것들 중
하나가 반드시 들어 있을 필요가 없다면,
중간에 어떤 것이 있다 11^b 38-12^a 20, b
27-13^a 15-어떤 경우들에는 중간에 있
는 것들에 이름을 지어 붙이기가 쉽지 않
아, 두 끝을 부정함으로써 중간의 것이
규정된다 12^a 23

중심 meson-중심이 우주의 경계들과 갖는
간격이 가장 크다 6^a 15

증후 symptōma

지나침, 과도 hyperbolē

지속적인 (것) paramonimon

지식 epistēmē

진술 logos

질(質), 성질 poiotēs-질에 따라 우리는 (사
람이나 사물이) 어떠하다고 말한다 8^b
25-증후들 가운데 변하기 힘들고 지속
적인 겪이로부터 비롯한 것들은 성질이

다 9ᵇ 21-태어날 때 곧바로, 일정한 겪이들에서 생겨나 있는 것들은 성질이다 9ᵇ 36-비슷함과 비슷하지 않음은 질에 따라 말해진다 11ª 18 ☞ 모습 morphē, 상태 diathesis, 색 chroia, 습성 hexis, 체질 systasis, 형태 schēma

질이 바뀜, 질의 변화 alloiōsis

짐승, 동물 zōon-짐승은 날짐승, 들짐승, 물짐승으로 구분된다 14ᵇ 37 ☞ 날짐승 ptēnon, 두 발 달린 (것) dipoun, 들짐승 pezon, 말 hippos, 물속에 사는 (것), 물짐승 enhydron, 발 달린 (것) pezon, 새 ornis, 소 bous

쪼개다 dihairein

쪼갤 수 없는 (것) atomon-쪼갤 수 없고 개수가 하나인 것들은 바탕이 되는 것에 대해 말해지지 않는다 1ᵇ 6

ㅊ

차가운 (것) psychron

차가움 psychrotēs

차이 나다 diapherein

차이성, 종차(種差) diaphora-다른 유들의 차이성들은 종(種)이 다르며, 같은 유에드는 차이성들은 같을 수 있다 1ᵇ 16-24-차이성도 바탕이 되는 것 안에 들어 있지 않다 3ª 21-25-차이성이 말해지는 것들에 대해서 차이성의 뜻도 서술된다 3ª 26-28-차이성에서 나온 것들은 모두 한 이름 한 뜻으로 말해진다 3ª 33-b 9-차이성은 종뿐만 아니라 개체에 대해서도 서술된다 3ᵇ 1

차지하다 katechein

참, 참인 (것) alethes-사물이 있기에/…이기에, 또는 있지/…이지 않기에 말도 참이나 거짓이다 4ᵇ 9-긍정과 부정의 경우에

만 항상 둘 중 어느 하나가 반드시 참이고 다른 하나는 거짓이다 13ᵇ 2, 27, 34-결합되지 않은 낱말들은 참도 거짓도 아니다 13ᵇ 10

충분한 (것) hikanon

ㅋ

키 pēdalion

키가 달린 (것) pēdaliōton

ㅌ

타당하다 → 들어맞다

태어남, 탄생 genesis

통 medimnos

통나무 xylon

특정한 (것) aphōrismenon

ㅍ

파생된 (것) parōnymon-파생된 것들은 다른 것의 이름으로부터 어미만 다르게 이름이 붙여진 것들이다 1ª 12

파생되어 parōnymōs-어떠한 (질의 상태에 있는) 것들은 질에서 파생되어 말해진다 10ª 27-b 11-'어떻게 놓여 있음'은 놓임새에서 파생된다 11ᵇ 11

팽창 auxēsis

포도주 oinos

하위개념 eidos

학문 epistēmē

한 이름 다른 뜻인 것 homōnymon – 한 이름
　다른 뜻인 것들은 이름만 같고 뜻이 다른
　것들이다 1ᵃ 1

한 이름 한 뜻인 것 synōnymon – 한 이름 한
　뜻인 것들은 이름도 같고 뜻도 같은 것들
　이다 1ᵃ 6 – 실체와 차이성으로부터 나온
　것들은 한 이름 한 뜻인 것들이다 3ᵃ 34,
　b 9

한계 peras

함께 → 동시에

행위 praxis ☞ 달리다 trechein, 열거하
　다 katarithmein, 이기다 nikan, 재다
　katametrein, 처신 diatribē

형상 → 종

흰 (것) leukon

흼 leukotēs

힘, 능력 dynamis

저술에 관한 언급

아리스토텔레스의 다른 저술들에 대해 『범주들』에 나온 언급

( ) 안의 것들은 내용으로 볼 때 해당 저술을 가리킨다고 추정되는 곳이다. 『범주들』은 아리스토텔레스의 다른 저술들에 언급되어 있지 않다.

『혼에 관하여』 (402a 23, 410a 14)
『에우데모스 윤리학』 (1217b 27)

역주서의 각주에 나온, 철학자들의 저술에 대한 언급

오른쪽에 적힌 숫자는 각 저술이 언급된 역주서의 각주 번호를 뜻한다.

플라톤

『프로타고라스』*Protagoras*

311B   2

『메논』*Menon*

82A   83

『파이돈』*Phaidon*

74A   83

『국가』*Politeia*

1권
330B   2

2권
359A   32

4권

436   79

『파이드로스』*Phaidros*

266A   2

『파르메니데스』*Parmenides*

126C   2
133D   2
161D   105

『테아이테토스』*Theaitetos*

147C   2
156D-E   143

『티마이오스』*Timaios*

41C   2
52A   2

『소피스테스』*Sophistes*

218B   2
234B   2
261-264   11
261C-264B   41
263A   66

『필레보스』*Philebos*

57B   2

『법률』*Nomoi*

6권
757B   2

10권
893B-894D   163

아리스토텔레스

『명제에 관하여』*De interpretatione*

1장
  16a 9-18   11, 146
  1, 4, 5, 6장   41
4장
  16b 33-17a 7   40
5장
  17a 17-20   11, 146
7장
  17b 29-30   145
  18a 10-12   145
9장
  18a 28-34   145
  18a 39-b 3   158
  19a 33-35   158
12장
  21b 28   14

『앞 분석론』*Anaylica priora*

1권

27장
  43a 25-43   13
  43a 32-36   21, 55

2권(B)

23장
  68b 15   149

『뒤 분석론』*Analytica posteriora*

1권

4장
  73a 37-b 5, 16-24   139
  7장   156
9장
  75b 40-41   105
10장   156

18장
  81b 1   149
22장
  83a 1-23   55
  83a 21   32

『토포스론』*Topica*

1권

9장   35
  103b 22   32
12장
  105a 13   149
15장
  107a 3-17   153

2권

8장   135
11장
  115b 8-10   64

3권

5장
  119a 30   48

4권

3장
  123b 1-124a 9   152

5권

6장   135

6권

4장
  142a 29   108
  142b 7-10   160
6장   30
  144a 1-5   160
  144b 10-11   52
8장
  146b 3   52

『소피스트식 논박』*Sophistici Elenchi*

11장
   171b 12-18   105
   172a 2-7   105

『자연학』*Physica*

3권
1장
   200b 33-201a 9   163

4권
1~5장   77
10~14장   76

5권
3장   71
   226b 21   159
   227a 20-21   174
5, 6장   165

6권
1, 2장   71

8권
7장
   260a 26-b 7   163

『천체에 관하여』*De caelo*

2권
3장
   268a 21   81

『생성과 소멸에 관하여』*De generatione et corruptione*

1권
3장
   319a 14-17   153
7~9장   131

『혼에 관하여』*De anima*

2권
1장
   412b 19   6

3권
2장
   425b 25-426a 25   104
8장
   432a 11   11

『형이상학』*Metaphysica*

4권
3~6장   79
5장
   1010b 30-37   103

5권
3장   157
7장
   1017a 25   32
9장
   1018a 15-17   129
10장   82, 135
   1018a 25-35   152
   1018a 25-38   148
11장   154
13장
   1020a 7-11   71
   1020a 26-32   77
14장   111
   1020a 33-b 1   60
15장   87
   1021a 11-12   85
19, 20장   112
22장   141
23장   166
28장   27
   1024b 5-9   60

6권

4장   41

7권

1장

1028a 19   33

7장   163

8권

2장

1043a 4-5   52

9권

1장

1046a 31-35   141

10장   41

1051b 6-8   158

1051b 6-9   68

10권

4장   135, 148

1055a 3-33   152

5장   83

7장   135

11권

12장   159

1068b 25

12권

6~10장   165

8장

1073b 22   43

『니코마코스 윤리학』*Ethica Nicomachea*

1권

4장

1096a 23-29   153

1096a 24   32

2권

8장   150

5권

8장

1179a 30   6

에우클레이데스

『원론』*Stoicheia*

1권

정리 1, 2, 3, 47   157

2권   **164**

포르퓌리오스

『입문』*Isagoge*

3장   30

토마스 아퀴나스

『있는 것과 본질에 관하여』*De ente et essentia*

     31

칸트

『순수이성비판』*Kritik der reinen Vernunft*

B107   112

명제에 관하여

De Interpretatione

* 『명제에 관하여』의 라틴어와 그리스어 제목은 각각 De Interpretatione와 Peri Hermēneias로 interpretatio와 hermēneia는 생각한 바를 말로써 나타냄 또는 나타낸 결과를 뜻한다. 본문에서 '명제'로 옮긴 그리스어 apophansis와 같은 뜻의 낱말이다.

1장 말과 글, 참과 거짓

먼저 명사가 무엇이고, 동사가 무엇인지를, 그 다음에는 부정과 긍정이, **16a**
그리고 명제와 문장이 무엇인지를 규정해야 한다.[1]

그런데, (우리의) 말소리(음성)에[2] 담긴 것들은[3] 머리 안에서[4] 겪은 것들에[5] 대

---

1   『명제에 관하여』는 문장을 다루기 때문에, 각 문장의 구성 요소인 명사, 동사에 대해
    먼저 그 개념을 규정하고 설명해야 한다. 부정과 긍정, 명제와 문장 가운데 문장이 가
    장 일반적이며, 명제는 긍정과 부정의 상위개념이다. 이 개념들을 아리스토텔레스는
    2~6장에서 설명한다. 명사(onoma)와 동사(rhēma)의 내용과 번역어 문제에 대해서는
    2장과 3장을 참조. 명제(apophansis)와 문장(logos)에 대해서는 4장을, 부정(apophasis)
    과 긍정(kataphasis)에 대해서는 6장을 참조.

2   phōnē는 온갖 소리들 중에서도 사람만이 갖는 목소리를 뜻한다. 그러나 뒤에 16ª
    5-6에서 사람마다 phōnē가 같지 않다고 한 것은 사람마다 목소리가 같지 않다는 것
    이 아니라, 쓰는 말(언어)이 다르다는 뜻이기에, phōnē를 '목소리'라 하지 않고 뜻을
    좁혀서 '말소리'라 옮겼다. 글자가 글의 수단이듯이, 말소리는 말의 수단이며, 이를 통
    해 긍정과 부정이 표현된다(14장 24ᵇ 1 참조).

3   '말소리에 담긴 것들'의 원어는 ta en tē phōnē이다. 이는 머리 안의 생각이나 느낌을
    목소리를 통해 나타낸 결과, 즉 언어적 표현물을 뜻한다. 몸짓이나 다른 표현 수단들
    이 있겠지만, 여기서 문제가 되는 것은 언어적 표현 수단이다. 한마디로 '말'이다.

4   『범주들』 1ª 26의 주석 19번에서 밝힌 바와 같이 '생각하는 힘이나 그 힘이 들어 있는
    곳'이라는 뜻에서 psychē를 '머리'라고 옮겼다. 비슷한 구절이 표현된 마지막 14장 23ª
    33에서는 psychē 대신 '사유(력)'나 '사고(력)'를 뜻하는 dianoia가 쓰였다.

5   '머리 안에서 겪은 것들'의 원어는 ta en tē psychē pathēmata이다(『형이상학』 6권 4장
    1027ᵇ 34-1028ª 1, 11권 8장 1065ª 21-23 참조). 16ª 6-7에서는 '머리가 겪은 것들'(ta
    pathēmata tēs psychēs)로 표현되어 있다. 머리 (또는 혼) 안에서 우리가 겪은 것은 우리
    가 외부 대상에 대한 느낌(감각 활동)이나 생각(사유 활동)을 통해 이루어진 결과물
    (ergon)들인 감각물(aisthēma)과 사유물(noēma)로 크게 양분된다. 이것들은 각각 감각
    대상과 사유 대상을 닮았다. 16ª 10-14에서 보듯이『명제에 관하여』에서는 사유물이
    논의 대상이다. 이 사유물은 문장을 통해서뿐만 아니라 문장의 구성 요소인 명사와
    동사를 통해 표현된다.
    플라톤은『국가』 2권 382B-C에서 말과 생각의 관계를 다음과 같이 표현하고 있다:
    '말 속에 들어 있는 것은 머리 안에서 겪은 것(혼의 상태)에 대한 일종의 모방물이자

한 상징물들이며, 글들은[6] 말소리에 담긴 것들에 대한 상징물들이다.[7] 그
5 리고 글자들이[8] 모든 사람들에서 같지 않듯이, 말소리들도 (모든 사람들
에서) 같지 않다. 그러나 머리가 겪는 것들은 모든 사람들에게 같은데,
이것들에 대한 표현물들이[9] 일차적으로[10] 말과 글이다. 사물들도[11] 마찬

나중에 생겨난 영상이다.' 같은 책 6권 511D-E에서 플라톤은 이 혼의 상태로서 지성
(noēsis), 추론적 사고(dianoia), 믿음(pistis), 짐작(eikasia)의 네 가지를 들고 있다.

6 원어는 graphomena다. 그대로 옮기면 '쓰여진 것들', '(우리가) 쓴 것들'이라는 뜻이다.

7 symbolon은 원래, 두 조각으로 쪼개어, 한쪽은 모르는 상대나 계약자에게 주고 다른
쪽은 자신이 보관하였다가 뒷날 서로 맞추어 상대를 확인하는 물건, 즉 부절(符節)을
뜻한다. 부절처럼 말은 생각을, 글은 말을 나타내고 확인해 주는 표지(標識)다. 이런
뜻에서 '상징물'로 옮겼다. 이 말에는 또한 생각과 말, 그리고 말과 글이 서로에 대해
갖는 평행적인 구조 관계가 들어 있다. 플라톤의『향연』191D에서도 삼쌍둥이처럼
함께 붙어 있다 둘로 갈라진 한쪽 인간을 가리킬 때 같은 낱말 symbolon이 쓰였다.

8 원어는 grammata이다. 말소리는 머리 안의 생각을 나타내는 글의 수단이며, 글자는
말을 글로 적는 수단이다. 이 말소리와 글자는 언어사용 집단에 따라 다르다.

9 '표현물'의 원어는 sēmeion이다. 표, 신호 등을 통해서 '나타낸다'는 뜻의 동사
sēmainein에서 만들어진 명사로서 '(…을) 나타내는 것', '나타내어 주는 것'의 뜻을 가
진다. 앞의 '상징물'(symbolon)과 같은 뜻으로 쓰였지만, '상징물'은 부절처럼 '짝을
이룬다'는, 따라서 어떤 구조적인 평행성을 가진다는 어감이 있고, '표현물'은 '나타
낸다', '드러내 보인다'는 어감이 세다. 그러나『소피스트식 논박』1장에서 "사물 대신
이것의 상징물(symbolon)로서 (낱)말을 사용한다"(165ᵃ 7-8)고 한 점으로 봐서 기능
면에서 두 용어의 뜻 차이는 없다고 본다.

10 말은 생각을, 글은 말을 일차적으로(또는 직접적으로) 나타내는 표현물이다. 이 둘은
모두 부차적으로(또는 간접적으로) 사물을 표현하기도 한다.

11 '사물들'의 원어는 pragmata이다. 우리가 감각하는 대상들, 즉 감각 대상들뿐만 아니
라, 7장 17ᵃ 38-b 1에 나오듯 개별자들(예를 들어, 칼리아스)에 대해 서술되는 보편자
들(예를 들어, 사람)도 pragmata이다. 이와 더불어, 문장을 통해 언어적으로 표현되는
사태나 일도 pragmata이다.『범주들』10장 12ᵇ 5-16,『형이상학』5권 29장 1024ᵇ 17-
24 참조.

가지로 (모든 사람들에게) 같고,[12] 머리가 겪는 것들은 이것들을 닮았다.[13] 그런데, 이 머리가 겪는 것들은 다른 분야의 연구 대상이므로, 『혼에 관하여』에서 논의하였다.[14]

그리고 사유물이[15] 머리 안에서 때로는 참이거나 거짓이지 않은 채 10 로 있고, 때로는 반드시 둘 가운데 하나이어야 하듯이, 말소리도 그러하다. 거짓과 참은 결합과 분리에 관련되어 있기 때문이다.[16] 그래서 명사와 동사 자체는 결합과 분리가 이루어지지 않은 상태의 사유물과 비슷하다.[17] 예를 들어 '사람'이나 '희(다)'처럼 어떤 것이 이것들에 덧붙여지 15

---

12 "머리가 겪는 것들과 사물들이 모든 사람에게 같다"는 말은 '모든 사람들이 똑같은 사물을 접하고 똑같은 생각을 한다'는 뜻이 아니라, '언어 집단마다 말과 글이 다르지만, 이것들을 통해 같은 사물에 관련하여 같은 생각을 표현할 수 있다'는 뜻이다.

13 '닮았다'의 원어는 homoiōma이다. 사물을 그대로 베낀다는 뜻보다는 외부 사물의 자극을 받아 이를 토대로 감각물이나 사유물이 생겨난다는 뜻이 강하다.
    16ᵃ 3에서 여기까지의 부분은 말과 생각과 사물이 갖는 삼각 관계를 설명한 것으로서 의미론사에서 커다란 영향을 미친 중요한 구절이다. 정리하면 다음과 같다. ①과 ②는 모든 사람에게 같지만, ③과 ④는 사람이 속한 언어 집단마다 다르며, 삼각관계에서는 함께 한 점을 차지한다(부록 1 참조). ① 사물(pragma); ② 머리가 겪는 것(느낌이나 생각) = ①을 닮은 것(homoiōma), ③ 말소리에 담긴 것(말, 언어) = ②의 상징물(symbolon), 표현물(sēmeion); ④ 쓰여진 것(글, 글자) = ③의 상징물(symbolon), ②의 표현물(sēmeion).

14 『혼에 관하여』 3권 7장과 8장 참조.

15 '사유물'의 원어는 noēma이다. 사유의 대상이 아니라, 사유 작용을 통해 이루어진 결과물이라는 뜻으로 쓰였다.

16 결합(synthesis)과 분리(dihairesis)가 안 된 상태의 사유물은 머리 안의 개념들이나 관념들이다. 이것들이 서로 결합되거나 분리될 때, 다시 말해 사유를 통해 긍정되거나 부정될 때 참이거나 거짓인 생각이나 판단이 생긴다(『형이상학』 6권 4장 1027ᵇ 17-28과 9권 10장 1051ᵇ 3-5 참조). 기도문은 여기서 제외된다(17ᵃ 4 참조).

17 사유의 판단 작용(결합과 분리)은 말이나 글을 통해 긍정명제나 부정명제의 모습으로 표현된다. 따로 떨어진 낱말들 자체는 사유 속의 관념들이나 개념들과 마찬가지로 참도 거짓도 아니다(5장 17ᵃ 17-19, 『범주들』 4장 2ᵃ 4-10 참조).

지 않은 때처럼 말이다. 즉, 그것들은 그 자체로 아직 거짓도 참도 아니지만, 특정한 것에 대한 표현물이기는 하다. '염소-사슴'조차도[18] 무엇인가를 나타내지만, 그것이 단적으로 또는 어느 때에 '있다'고 또는 '있지 않다'고[19] 덧붙여지기 전까지는 참이나 거짓을 나타내지 않는다.[20]

2장 명사

명사는[21] 합의에 의해[22] 무엇인가를 나타내는,[23] 시간(의 규정)이 없는 말

---

18 염소-사슴(tragelaphos)은 공상 속의 동물로서, 우리의 용이나 이무기 같은 존재다. 실제로 있지 않은 것의 예로 스핑크스와 더불어 아리스토텔레스의 저술에 나온다(『앞 분석론』 1권 38장 49ᵃ 24, 『뒤 분석론』 2권 7장 92ᵇ 5-8, 『자연학』 4권 1장 208ᵃ 30-31 참조). 두 낱말, 즉 '염소'(tragos)와 '사슴'(claphos)으로 결합되었다는 사실 때문에, 또는 꾸며 낸 존재라는 점 때문에, 염소-사슴이 참이거나 거짓이 되는 것은 아니다.

19 '(어떤 것이) 단적으로 있다거나 있지 않다'는 것은 어떤 대상에 대한 서술이 시간의 제약을 받지 않고 이루어짐을 뜻한다.

20 2장 16ᵇ 2-5, 6장 17ᵃ 11-12 참조.

21 명사의 원어는 onoma이다. '이름(을 지어) 붙이다'라는 뜻의 동사 onomazein에서 나왔다. 흔히 '명사'(名詞)로 옮겨진다. 그러나 사물 또는 대상을 '이르는' 말이라는 본뜻에는 '이름'이 더 알맞은 번역어이다. 3장의 동사(rhēma)와 더불어 문장을 이루는 기본 요소이다. 플라톤, 『소피스테스』 261D-263D 참조.

22 '합의'의 원어는 synthēkē이다. '계약', '약속', '협약', '규정' 등의 뜻이 있다. 플라톤은 말의 적합성을 다루는, 즉 어떤 대상에 대해 이름(말)이 붙을 때, 이는 자연(그 사물의 본성)에 따라 붙는가 아니면 관습에 따라 붙는가라는 문제를 다루는 대화편 『크라튈로스』에서, 이 말과 같은 뜻으로 '동의'(homologia), '관례'(nomos), '관습'(ethos)을 쓰고 있다(384D). 이 말들은 그곳에서, 이름을 제 마음대로 붙인다는 프로타고라스적인 것, 즉 주관주의적인 것으로 해석된다.

23 '무엇인가를 나타내는'의 원어는 sēmantikos이다. '나타내다', '드러내다'를 뜻하는 움직씨 sēmainein에서 나왔다. 흔히 '유의미한' 또는 '의미가 있는'으로 번역되는 말이다.

소리이며,[24] 그것의 어떤 부분도 따로 떨어져서는 아무것도 나타내지 않 20
는다.[25] '칼립포스'(라는 사람 이름)에서[26] '…입포스'는 자체로는 아무것
도 나타내지 않는다. '칼로스 힙포스'(좋은 말)라는 문구에서는 ('말'이라
는) 뜻을 가지는데 말이다. 물론, 복합명사들은 이런 단순명사들의 경우
와 같지 않다. 왜냐하면 단순명사들에서 그 부분은 아무것도 나타내지
않으며, 복합명사들에서 그 부분은 무엇인가를 나타내려 하지만, 따로 25
떨어져서는 그렇지 않기 때문이다.[27] 예를 들어, '에파크트로-켈레스'(해
적-선)에서[28] '…켈레스'(선)는 그 자체로 아무것도 나타내지 않는다. 앞
에서 '합의에 의해'라는 말을 한 것은 명사들은 어떤 것도 본래 명사이지
않고, (머리가 겪는 것에 대한) 상징물이 될 때만 비로소 명사이기 때문이

24 이런 규정은 명사뿐만 아니라 동사(3장)와 문장(4장)에도 통한다. 동사에는 시간 규
    정이 들어 있다는 점에서 명사와 동사는 다르다.

25 『창작술』에서는 명사를 다음과 같이 규정한다. "명사는 시간(의 규정)이 없는, (어떤
    것을) 나타내는, 합쳐진(여러 음절로 된) 말소리이며, 낱낱의 음절 자체는 아무것도 나
    타내지 않는다(20장 1457ᵃ 10-12)."

26 Kalippos(칼립포스)는 kallos(좋은)와 hippos(말)로 이루어진 인명이다. 그러나 이 이
    름의 부분들은 한 사람의 이름으로 합쳐진 뒤 본래의 뜻을 잃는다. 다시 말해, '칼립포
    스'라는 이름 내에서 그 부분들은 아무런 뜻도 없다. '칼립포스'는 외형에서 복합명사
    (peplegmenon onoma)처럼 보이지만 내용에서는 단순명사(haploun onoma)이다. 이렇
    게 '칼립포스'를 단순명사로 보아야 조금 뒤에 복합명사인 '해적-선'과 대비가 된다.

27 4장 16ᵇ 30-33 참조.

28 epaktrokelēs는 고기잡이배를 뜻하는 epaktris와 쾌속선을 뜻하는 kelēs로 이루어진 복
    합명사이다. 이 두 배들의 중간쯤 되는 배로 해적들이 사용한 날렵한 배를 일컫는다.
    이 예에서 보듯 복합명사의 각 부분은 사람 이름인 '칼립포스'와 달리 나타내는 바가
    있지만, 그것은 단지 복합된 이름 안에서 그럴 뿐이다.

다.[29] 짐승들이 내는 비(非)분절음들도[30] 정말 무엇인가를 드러내지만, 그 어느 것도 명사는 아니다.

'아니-사람'은[31] 명사가 아니다. 이것을 무엇이라 불러야 할지, 그에 알맞은 이름이 아직 없다. 그것은 문장도 아니고, 부정문은 더욱 아니다.[32] 무한 명사라고[33] 해 두자.

16a '필론의', '필론에게' 등은 | 명사가 아니라 명사의 격(格)들이다.[34] 이것들에 대해서도 (기본형) 명사에 대한 설명이 통한다. 그렇지만 이것들의 경우 '있다', '있었다', '있게 될 것이다'와 결합되어도 (기본형) 명사의 경우에 늘 그런 것과는 달리, 참이거나 거짓은 아니다. 예를 들어, '필론
5 의(2격) 있다'나 '필론의 있지 않다'는 참도 거짓도 아니다.

---

29 말은, 그리고 이의 일부인 명사는 자연적으로(physei) 뜻을 가지지 않는다. 다시 말해, 말이나 명사 자체가 스스로 어떤 뜻을 가지는 것은 아니다. (사회적) 합의(synthēkē)를 통해 말에 뜻이 부여된다. 4장 17ᵃ 1-2 참조.

30 '비(非)분절음들'(agrammatoi psophoi)은 자음과 모음으로 나타낼 수 없는 음들을 말한다. 짐승들이 지르는 소리도 일종의 의사 표시 행위로 해석할 수 있지만, 이를 그대로 닿소리와 홀소리를 통해 표기하는 것은 불가능하다. 『창작술』 20장 1456ᵇ 22-25 참조.

31 원어는 ouk anthropos다. 한자어를 써서 '비(非)인간'으로 옮길 수도 있다. 내용으로 볼 때, '사람이 아닌 것 모두'를 뜻한다(10장 20ᵃ 8의 각주 참조). 무엇을 나타내는지 그 범위가 한정되지 않았다는 뜻에서 아리스토텔레스는 이런 종류의 것들에 '무한 명사'라는 새로운 용어를 만들어 붙일 것을 제안한다. 9장 19ᵇ 8-9 참조.

32 10장 20ᵃ 31-36 참조.

33 '무한(無限) 명사'의 그리스 원어는 ahoriston onoma(라: infinitum nomen)이다.

34 '격'(格)의 원어는 ptōsis이다. ptōsis는 낱말의 원래 형태가 문법적으로 변화된 형태, 즉 변화형을 모두 가리킨다. 여기처럼 명사의 경우에는 2격(소유격), 3격(여격) 등의 격(格)을 나타내고, 동사의 경우에는 과거 시제(時制)와 미래 시제를 나타낸다. 스토아철학에서는 명사의 격만을 뜻하는 것으로 그 의미가 축소되었다. 『범주들』 1장 1ᵃ 13, 『창작술』 20장 1457ᵃ 18-23 참조.

3장 동사

동사는[35] 시간을 더불어 나타내는 것으로서, 그것의 어떤 부분도 따로 떨어져서는 아무것도 나타내지 않는다. 그리고 그것은 다른 어떤 것에 대해 말해지는 것들에 대한 표현물이다.[36] 시간을 더불어 나타낸다는 것은, 예를 들어, '건강'은 명사이며 '건강하다'는 동사인데, 이 동사가 (건강이 어떤 것에) **지금** (속성으로서) 들어 있음을 더불어 나타낸다는 말이다. 그리고 그것은 항상, (어떤 것에) 들어 있는 것(속성)들에 대한 표현물이다.[37] 10
다시 말해 바탕이 되는 것에 대해 서술되는 것들에 대한 표현물이다.

　'건강하지 않다', '아프지 않다'는 나는 동사라 부르지 않는다. 이것들은 시간을 더불어 나타내고 항상 어떤 것에 대해 (이것에 들어 있는 것으로서) 있지만, 둘의 차이점을[38] 고려한 이름은 아직 없다. 무한 동사라

35　'동사'의 원어는 rhēma이다. '말하다'를 뜻하는 동사 eirein에서 만들어진 것으로서 '말해진 것', '말한 바'를 뜻한다. rhēma는 이름 또는 이름이 가리키는 대상을 풀이하는 말이다. 플라톤에서(『소피스테스』 262C, 『크라튈로스』 399B 참조), rhēma는 일정한 대상(주어)을 '규정하는 행위'나 그 행위의 결과물인 '규정'을 나타낸다. rhēma는 흔히 '동사'로 번역되지만 이는 정확하지 않다. 우리말의 동사와 형용사를 모두 포괄하기 때문이다. 때문에 이런 좁은 뜻에서는 '용언'이라 옮겨야 한다. 그리고 때로는 명사까지도 rhēma가 된다. 이런 넓은 뜻에서는 일반적으로 주어에 대해 서술되는 것 모두를, 즉 '술어'를 말한다(10장 20^{b} 1 참조). 여기에서는 주로 동사를 예로 들기 때문에 rhēma를 '동사'로 옮겼다. 동사에 대한 규정은 『창작술』 20장 1457^{a} 14-18에도 나와 있다.

36　16^{a} 6의 각주 참조.

37　'들어 있는 것들'의 원어는 hyparchonta이다. 그 자체로 있지 못하고 항상 어떤 대상에 딸려 있는 성질들을, 즉 속성들을 뜻한다.

38　부정사(否定詞) '…지 않다'(ou)가 붙은 동사가 (기본형) 동사에 대해 갖는 차이점(diaphora)을 뜻한다.

15 고 해 두자.³⁹ 그것은 어떤 것에 대해 이것이 있든 없든 마찬가지로 적용
되기 때문이다.⁴⁰

마찬가지로, '건강했다', '건강해질 것이다'는 동사가 아니라, 동사
의 시제(時制)다.⁴¹ 이것들은 현재 밖의 시간을 더불어 나타낸다는 점에
서 현재의 시간을 더불어 나타내는 (기본형) 동사와 다르다.⁴²

그런데, 그 자체로 바로 말해졌을 때⁴³ 동사는 이름이며,⁴⁴ (이름으로서) 무
20 엇인가를 나타낸다. 왜냐하면 그것을 말하는 이는 (그로써 나타내진 사물에) 생
각을 멈추고, 그것을 듣는 이는 (그의 생각이 이 사물에) 머무르기 때문이다.⁴⁵

---

39 '무한 동사'의 원어는 ahoriston rhēma(라: infinitum verbum)이다. 10장 19ᵇ 11, 20ᵃ31
참조.

40 예를 들어, 소크라테스가 있든 있지 않든, 그에 대해 '아프지 않다', '건강하지 않다'는 말
이 구별 없이 적용된다는 뜻이다. 이는 『범주들』 10장 13ᵇ 27-35의 논의를 떠올린다.

41 동사의 변화형, 즉 시제는 명사의 변화형인 격(格)과 달리 참이나 거짓을 나타내는 문
장을 만든다. 2장 16ᵇ 1-5, 5장 17ᵃ 9-10, 10장 19ᵇ 13-14 참조.

42 미래나 과거는 현재의 시점을 기준으로 삼기 때문에, 현재 시제가 일차적이며 다른
시제들은 부차적이라 할 수 있다.

43 특정한 문장에서 바로 떼어 낸 동사 자체를 말하는 것인지, 아니면 이 동사의 부정사
(不定詞)형이나 분사형을 뜻하는지 분명하지 않다.

44 여기서 onoma는 '이름'이라는 넓은 뜻으로 쓰였다. 어떤 사물에 붙는 속성에 이름을
붙인다는 점에서 동사도 일종의 이름이다.

45 말하는 사람은 어떤 사물에 멈춰 서서 그것을 나타내는 말을 하며, 이 말을 듣는 사람
은 이 말이 가리키는 것을 생각하게 된다. 아리스토텔레스는 『뒤 분석론』 2권 19장에
서 개별적인 것에 대한 감각에서 보편적인 것으로 이끄는 인식 과정을 '보편적인 것
이 우리 마음에서 멈추는(머무는, 자리 잡는) 과정'이라고 설명하면서(100ᵃ 6-7, 15-16,
b 1-2; 『자연학』 7권 3장 247ᵇ 11, 17-18, 248ᵃ 2도 참조), 이를 '도망치는 병졸들'에 비유
한다. 이에 따르면 우리 마음은 병졸들이 모두 싸움터에서 도망치다가 하나씩 멈춰서
다시 원래의 정렬을 갖추는 상태와 비슷한 것을 겪는다(100ᵃ 12-14). 다시 말해, 혼돈
에서 벗어나 질서를 잡는 과정을 겪는다. 플라톤의 『크라튈로스』에서도 이와 비슷한
생각을 찾아볼 수 있다. "인식(epistēmē)은 사물과 더불어 휩쓸리기보다는 오히려 우

그러나 동사 자체는 그 사물이[46] 있는지 없는지를 아직 나타내지 않는다. 그것은 사물의 있음이나 없음〈에 대한〉 표현물이 아니기 때문이다.[47] '… 인 (것)'을[48] 네가[49] (이름으로서) 그저 따로 말할 때에도 마찬가지다. 그것 은 그 자체로는 아무것도 아니며,[50] (문장을) 함께 이루는 것(구성 요소)들 없이는 생각할 수 없는, (주어와 술어의) 일정한 결합을 더불어 나타낼[51] 25

리의 혼(psychē)을 사물에서 멈추게 한다(437A)." 플라톤은 『파이돈』 96B에서도 기억 (mnēmē)과 막연한 생각(doxa)이 멈춤(자리 잡기)의 과정을 통해 인식으로 변하게 됨 을 언급한다.

46 사물의 원어는 pragma이다. 여기서는 동사가 나타내는 '속성'을 뜻한다. 동사는 속 성에 대한 표현물(sēmeion)이다. '속성'뿐만 아니라 이 속성이 딸리는 '대상'(12장 21ᵇ 27-28 참조), 더 나아가 이 둘이 만드는 '사태(일)'도 pragma로 불린다(『범주들』 10장 12ᵇ 15 참조). 예를 들어, '소크라테스는 희다'에서 '소크라테스'는 대상으로서, '희다' 는 속성으로서, '소크라테스가 흼'은 사태로서 모두 pragma이다.

47 앞 문장에 대한 직접적인 근거를 대는 부분이기 때문에, 바이데만(Weidemann, 1994, 183~184쪽)을 좇아 16ᵇ 22에서 ou gar to einai… 대신 ou gar tou einai로 읽고 이에 맞 춰 옮겼다. 고치지 않고 옮기면 다음과 같다. "있음이나 없음은 사물에 대한 표현물 (사물을 나타내는 것)이 아니기 때문이다."

48 여기서 아리스토텔레스는 동사 일반에 대한 설명에서 특수한 경우인 '…인 (것)'(to on: einai의 분사형)에 대한 설명으로 넘어간다. esti(…이다)라는 말이, 특히 이것의 분 사형인 to on이 그 자체로 어떤 사물이 있음을 나타내는 것처럼 보인다. 이에 대해 아 리스토텔레스는 '…이다'라는 말은, 또 '…인 (것)'은 그 자체로 다른 동사들과 달리 아무것도 나타내지 않는다고 못 박는다. 그의 논의에 따르면 '…이다'는 문장에서 술 어의 구실을 하는 말을 주어와 잇는 이음말(계사)의 구실을 할 뿐이다. 이 이음말의 구실에 대해서는 10장, 특히 19ᵇ 19 이하의 설명과 각주 참조.

49 아리스토텔레스의 저술들에 흔히 나오는 2인칭은 그의 저술들이 강연 초고로 사용되 었다는 점을, 아니면 강연을 염두에 두고 글을 썼다는 점을 보여 준다.

50 '…이다'(Sein)는 실제로는 술어가 아니다. 즉 어떤 사물의 개념에 보태질 수 있는 어 떤 것에 대한 개념이 아니다. 예를 들어, '신은 전능한 것**이다**'라는 문장에서 '…이다' 는 신에 대한 실제적 술어가 아니라 술어를 주어에 연결해 주는 이음말일 뿐이다(칸 트, 『순수이성비판』 B626-627 참조).

51 '더불어 나타낸다'(라: consignificare)의 원어는 prossēmainein이다. 반면에 '걷는다'와

뿐이기 때문이다.

4장 문장과 명제

문장은[52] (합의에 의해) 무엇인가를 나타내는 말소리인데, 그 부분들[53] 중 (적어도) 어떤 것은 (문장에서) 따로 떨어져서도 무엇인가를 나타낸다. 이는 긍정문(이나 부정문)으로서가 아니라 낱말로서[54] 그렇다. 내가 말하려는 것은 예를 들어, '사람'이(라는 말이) 어떤 것을 나타낸다는 것이지, 그것이 있다거나 없다는 것은 아니다. 긍정문이나 부정문은 사람에다 어떤 것을 덧붙일 때, 비로소 성립하게 될 것이다. 그렇지만 '사람'에서 한 음절은 뜻이 없다. '쥐'에서도 (부분인) 'ㅟ'는 아무것도 나타내지 않으며,

---

같은 동사는 그 자체로 어떤 것을 나타낸다(sēmainein).

52 '문장'의 원어는 logos이다. logos는 생각(또는 사유) 차원에서는 '판단'이 되고, 글 차원에서는 '문장'이 되지만 말 차원에서는 이에 딱 맞는 개념이 없다. 다시 말해, 글에서 긍정문과 부정문을 포괄하는 문장처럼, 말에서 긍정하는 말과 부정하는 말을 포괄하는 상위개념이 우리말에 따로 없다. 1장에서 말과 글이 구분되어 설명되었긴 하지만, 글은 말을 그대로 옮긴 것에 지나지 않고, 또 아리스토텔레스 자신도 이 구분을 이후의 논의에서 중요시하지 않기 때문에, 번역문에서는 말과 글을 구분하지 않고 주로 문장 차원에서 다루었다. 앞으로 긍정문이나 부정문은 말 차원에서는 긍정(하는 진술)이나 부정(하는 진술)을 뜻하기도 함을 미리 밝혀 둔다. 『창작술』 20장 1457ª 23-30에도 '문장'(또는 이야기)이 설명되어 있다. logos가 갖는 여러 가지 뜻에 대해서는 이 책의 그리스어 — 우리말 찾아보기를 참조.

53 문장의 부분들 중에서 men, ētoi, de 등 연결어(syndesmos)는 뜻이 없는 말이다(『창작술』 20장 1456ᵇ 38-1457ª 6 참조). 이런 연결어들뿐만 아니라 낱말의 일부도 부분들이다. 예를 들어 '사람'에서 '사…'도 문장의 일부로 취급된다. 16ᵇ 30 참조.

54 '낱말'의 원어는 phasis이다. 명사나 동사처럼, 문장 전체가 아니라 문장의 일부를 뜻한다. 5장 17ª 17-19 참조.

그저 말소리일 뿐이다. 복합어의 경우, 그 부분들이 뜻이 있지만, 앞서[55] 말한 대로 그 자체로 그런 것은 아니다.

모든 문장은 | 무엇인가를 나타낸다. 하지만 (자연적인) 도구로서가[56] **17a** 아니라, 앞서 말한 대로 합의에 의해 그렇다. 그러나 문장이 모두 명제를 나타내지는[57] 않고, 참이나 거짓이 들어 있는 문장만이 명제를 나타낸다. 참이나 거짓이 모든 문장에 들어 있지는 않다.[58] 예를 들어, 기도문도[59] 문장이지만, 참도 거짓도 아니다. 이런 종류의 문장들은 제쳐 두자. 이런 5

---

55 2장 16ᵃ 22-26에서.

56 '도구'(또는 연장)의 원어는 organon이다. 2장 16ᵃ 27에서 명사가 본래(physei) 명사이 지는 않고 합의에 의해 뜻을 가진다고 했는데, 여기서는 문장의 뜻이 (자연적인) 도구 가 아니라 합의의 산물인 것으로 주장된다. 플라톤의 『크라튈로스』 388A-C에서, 소 크라테스는 북(방추)이 베 짜는 데 쓰이는 도구이듯 말은 사물에 이름 붙이는 도구라 고 비유한다. 이어 그는 이 도구를 제공하는 사람은, 즉 이름(말)을 만드는 사람은 주 관적으로 이 도구를 아무렇게나 만들 게 아니라, 사물의 본성에 맞는 이름(말)을 찾아 지어야(만들어야) 한다는 요지의 주장을 펼치는데(-391A), 이는 곧 모든 사물에 본래 적합한 이름이 있다는 크라튈로스의 입장을 받아들인다는 것을 뜻한다. 이에 비추어 보면, 아리스토텔레스가 여기서 비판하고 있는 '도구'는 '자연적인 도구'로서의 말임 을 알 수 있다.

57 '명제를 나타낸다'의 원어는 apophantikos이다. 여기에 logos가 붙어 '명제를 나타내는 문장'(5장 17ᵃ 8, 10, 12, 15)의 형태로 쓰이기도 하는데, 이는 '명제'(apophansis, 1장 16ᵃ 2, 6장 17ᵃ 25, 26, 7장 17ᵇ 5)와 같은 뜻이다. 따라서 '명제를 나타내지 않는다'는 말은 '명제가 아니다'라는 뜻이다. apophansis는 '드러내 보이다', '서술하다', '주장하다'를 뜻하는 동사 apophainesthai(6장 17ᵃ 27, 7장 17ᵇ 2-9, 11장 20ᵇ 29 참조)에서 만들어져 서, 원어의 의미에는 '표현문', '서술문' 또는 '주장문'이라는 번역어가 더 가깝다. 기 원·권유·명령 등을 나타내는 문장은 명제에서 제외된다. 『명제에 관하여』에서 문제 가 되는 문장은 한마디로 명제(를 나타내는 문장)이다. 명제에 대한 자세한 설명은 옮 긴이의 『명제에 관하여』의 해설을 참조.

58 7장 17ᵇ 26-34, 『범주들』 4장 2ᵃ 7-10 참조.

59 '기도문'의 원어는 euchē이다.

것들에 대한 고찰은 연설술이나 창작술에 더 적합하기 때문이다.[60] 지금 우리의 연구는 명제를 나타내는 문장을 다루고 있다.

5장 단순 명제와 복합 명제

긍정문이 가장 먼저, 명제를 나타내는 단일 문장이며,[61] 부정문은 그 다음이다.[62] 다른 (다수의) 문장들은 모두 (내용의) 연결로[63] 말미암아 단일하다.[64]

10   명제를 나타내는 문장은 모두 반드시 동사나 동사의 변화형을 하나 가져야 한다.[65] 사람에 대한 정의조차도 '…이다'나 '…일 것이다'나 '…

---

60 『창작술』19장 1456^b 8-19 참조.

61 '가장 먼저, 명제를 나타내는 단일 문장'의 원어는 heis prōtos logos apophantikos이다. 줄여서 '최초의 단일명제'라고 옮겨도 될 것이다. "긍정적인 것(전제)이 부정적인 것(전제)보다 먼저인 것이며, 더 잘 알 수 있는 것이다. 왜냐하면 긍정문을 통해서 부정문이 알려지고, '…임'이 '…이지 않음'보다 먼저인 것처럼 긍정문이 먼저이기 때문이다(『뒤 분석론』1권 25장 86^b 33-36)." 『천체에 관하여』2권 3장 286^a 25도 참조.

62 8장 처음에 명제의 단일성에 대한 규정이 다음과 같이 나와 있다. "하나(의 주어)에 대해 하나(의 술어)를 나타내는 긍정문이나 부정문은 단일하다(18^a 13-14)."

63 '연결'의 원어는 syndesmos이다. 긴 텍스트(이야기)는 낱말들의 단순한 연결로써가 아니라 일정한 내용적인 연결성을 가짐으로써 단일성이 이루어진다. 이런 뜻에서 syndesmos를 '짜임새'라 해도 될 것이다. 이 말은 문법적인 의미로는 '연결어'를 뜻한다. 『창작술』20장 1456^b 38-1457^a 6, 『연설술』3권 12장 1413^b 32-34 참조.

64 '다른 문장들'은 예를 들어, 호메로스의 『일리아스』와 같은 '긴 텍스트'를 가리킨다. 『일리아스』의 수많은 문장들은 내용의 연결을 통해 단일한 텍스트를 이룬다. 『뒤 분석론』2권 10장 93^b 35-37, 『형이상학』7권 4장 1030^b 8-10, 8권 6장 1045^a 13-15, 『창작술』20장 1457^a 28-30 참조.

65 10장 19^b 12 참조.

이었다' 등이 덧붙지 않는다면, 명제를 나타내는 문장이 채 되지 못한다.[66] 그런데, 왜 '두 발 달린-뭍-짐승'은 여럿이 아니라 하나인가?[67] 이것들이 함께 가까이서 말해지기 때문에 하나인 것은 아닐 테다. 이 문제를 설명하는 것은 다른 분야의 일이다.[68]

  명제를 나타내는 단일 문장은 한 가지 것을 드러낼 때, 또는 연결로 말미암아 하나가 될 때 성립한다.[69] 이와 반대로, 한 가지 것이 아닌 여러 가지 것을 드러내거나 서로 연결이 안 되어 있을 때에는, 복합 명제가 있게 된다.[70]

  그런데, 명사와 동사는 그저 낱말인[71] 것으로 봐두자. 그것을 입 밖에 낸다고 해서 명제를 만드는 방식으로 무엇인가를 드러내 주지는 않기 때문이다. 이는 누군가가 물을 때든, 아니면 자신이 스스로 말을 꺼낼

66 사람의 정의를 아래처럼 '두 발 달린 뭍짐승'이라 하든 아니면 '이성적인 동물'이라 하든, 이런 정의 자체는 명제가 아니고, '사람은 두 발 달린 뭍짐승이다'처럼 이음말 '…이다'가 덧붙어야 비로소 명제가 성립한다. 『창작술』20장 1457^a 23-27 참조.

67 '두 발 달린-뭍-짐승'의 원어는 zōon pezon dipoun으로 세 낱말로 이루어졌다. 이 물음은 정의의 단일성에 관한 물음과 관련된다. '두 발 달린-뭍-짐승'을 사람에 대한 정의라고 할 때, 이것은 왜 여럿이 아니고 하나인가?

68 아래 11장 참조. 이런 정의의 단일성 문제를 아리스토텔레스는 『형이상학』5권 6장, 7권 12장, 8권 6장에서 깊이 있게 다루고 있다.

69 예를 들어, '인간은 이성적인 동물이다'라는 명제에서 술어가 '이성적임'과 '동물'로 이루어졌지만 이 둘이 '함께 묶여' 있기 때문에 단일명제(heis logos apophantikos)다. 연결을 통한 단일 텍스트 성립은 앞의 17^a 9 참조.

70 예를 들어, '소크라테스는 앉아 있고, 테아이테토스가 앉아 있다'는 문장은 하나의 동사 '앉아 있다'를 썼지만, 소크라테스와 테아이테토스, 이 둘을 드러내 보이기 때문에 복합(polloi) 명제다.

71 원어는 phasis다. 여기서는 문장이 아닌 낱말과 같은 '간단한 언어적 표현'을 뜻한다.

때든 마찬가지다.[72]

20 　　문장들[73] 중 어떤 종류는 단순 명제로서, 어떤 것(주어)에 대해 어떤 것(술어)을 긍정하거나 부정하며, 어떤 종류는 이 단순 명제들로 이루어진 명제, 즉 복합 명제와 같은 것이다.

　　단순 명제는 어떤 것(술어)이 어떤 것(주어)에 들어맞는지, 아니면 맞지 않는지에 관한, 무엇인가를 나타내는 말소리인데, 이는 (과거, 현재, 미래 등의) 시간들이 구분되면서 이루어진다.

6장 긍정과 부정, 그리고 모순

25 긍정문은 어떤 것(주어)에 대해 어떤 것(술어)을 인정(認定)하는 명제이며, 부정문은 어떤 것에 대해 어떤 것을 부인(否認)하는 명제이다.

　　있는/…인 것을 있지/…이지 않다고, 있지/…이지 않은 것을 있다/…이다라고, 또 있는/…인 것을 있다/…이다라고, 있지/…이지 않은 것을 있지/…이지 않다고 서술할 수 있다.[74] 현재 이외의 시간들에 대해서

72　'학교에 누가 있느냐?'라는 물음에 '선생님(이)'이라고 대답하든, 아니면 자신이 직접 철수가 달리는 것을 보고 '잘 달린다'라고 말하든, 명사와 동사가 결합되지 않고, 떨어져 있으면 명제를 만들어 내지 못한다는 뜻이다.

73　4장의 '문장'과 '명제'의 구분과 달리, 앞으로 본 번역문에서 '문장'(logos)은 기도문을 제외한 나머지 문장, 즉 명제와 같은 뜻으로 좁게 썼음을 밝혀둔다. 아리스토텔레스 자신도 5장 17ᵃ 22, 9장 19ᵃ 33, 14장 23ᵃ 28에서 logos를 '명제'라는 좁은 뜻으로 쓰고 있다.

74　순서대로, 틀린 부정, 틀린 긍정, 맞는 긍정, 맞는 부정이다. 여기서 '있는/…인 것'의 원어는 hyparchon이다. 이 말을 '(속성으로서) 들어 있는 것'의 뜻으로 받아들여 "(어떤 것에) 들어 있는 것을 들어 있지 않다고 …"로 옮겨도 된다. 참과 거짓에 대한 아리

도 마찬가지다.[75] 그래서 긍정했던 것을 모두 부정할 수도 있고, 부정했 30
던 것을 모두 긍정할 수도 있을 것이다. 이로써, 모든 긍정문에 부정문이
대립되어 있고, 모든 부정문에 긍정문이 대립되어 있다는 점이 분명해
진다. 이 대립된 긍정문과 부정문을 모순 명제 쌍이라 하자.[76] 여기서 (서
로 모순되는 방식으로) 맞놓임은[77] 같은 것(대상)에 대해 같은 것(속성)을, 35
긍정하고 또한 부정하는 것을 뜻한다. 그것도 같은 뜻으로[78] 말이다. 소

스토텔레스의 규정은 『형이상학』 4권 7장에 내려져 있다. "있는/…인 것을 있지/…
이지 않다거나 있지/…이지 않은 것을 있다/…이다라고 말하는 것은 거짓인 반면, 있
는/…인 것을 있다/…이다라고, 있지/…이지 않은 것을 있지/…이지 않다고 말하는
것은 참이다(1011[b] 26-27)." 플라톤의 『소피스테스』 263B와 D, 『크라튈로스』 385B에
도 이와 비슷한 규정이 내려져 있다. 참과 거짓에 관한 일반적인 논의는 『형이상학』
6권 4장과 9권 10장을 참조.

75 '있었던/…이었던 것을 있지/…이지 않았다고…', 또 '있게/…이게 될 것을 있게/…
이게 되지 않을 것이라고…' 등으로 말할 수 있다는 뜻이다. 현재, 과거, 미래의 일에
대한 명제들은 모두 참이거나 거짓이다. 4장 17[a] 2-3 참조.

76 긍정문(kataphasis)과 부정문(apophasis)은 모순 명제 쌍(antiphasis)을, 정확히 말해서
'서로 모순되는 방식으로 대립된 명제 쌍'을 이룬다. 이들 각각이 또 맞은쪽의 모순
명제이기도 하다. 즉, 긍정문은 부정문의 모순 명제이며, 부정문은 긍정문의 모순 명
제이다. 다시 말해, antiphasis는 여기처럼 '모순 명제 쌍'이라는 뜻을 갖기도 하고, 7장
17[b] 26이나 8장 18[a] 27처럼 '모순(되는) 명제 쌍 가운데 어느 한쪽'을 뜻하기도 한다.
더 나아가 12장 21[a] 38, b 37, 13장 22[a] 39, b 10 등에서처럼 명제의 일부로서 '모순(되
는) 술어 쌍'이나 '모순(되는) 술어 쌍 가운데 어느 한쪽'을 뜻하기도 한다.

77 '대립(antikeisthai)의 종류는 네 가지로서 긍정과 부정과 같은 모순 대립이 있고, 반대
대립, 결여와 소유, 그리고 관계 대립이 있다(『범주들』 10장과 11[b] 19의 각주 참조). 아
리스토텔레스는 여기서 '대립'을 서로 모순되는 방식으로 대립됨, 즉 '모순 대립'이라
는 좁은 뜻으로 썼다. 7장 17[b] 24, 9장 18[b] 29, 10장 20[a] 22, 30, 12장 22[a] 11, 13장 23[a]
5-6의 쓰임도 이와 마찬가지다.

78 '같은 뜻으로'는 그대로 옮기지 않고 전체의 뜻을 살려 바꿔 옮긴 것이다. 그대로 옮
기면 '한 이름 다른 뜻이 아닌 방식으로'(mē homōnymōs)이다. 같은 말을 다른 뜻으로
쓴다면, 같은 말이 긍정되고 또한 부정될 수 있다. 예를 들어, '소크라테스는 다리(橋)
가 없고 동시에 다리(脚)가 있다.' 『범주들』 1장 1[a] 1-6 참조.

피스트들의 귀찮은 말질에 맞서 이런 식으로 몇 가지 점을 추가할 수 있을 것이다.[79]

7장 보편자와 개별자, 반대 명제와 모순 명제[80]

사물들 가운데 어떤 것들은 보편적이며, 어떤 것들은 개별적이다. 보편적이라 함은 본래 많은 것들에 대해 서술되는 것들을 두고 하는 말이며, 개별적이라 함은 그렇지 못한 것들을 두고 하는 말이다. 예를 들어, 사람

40

---

79 소피스트들의 귀찮은 말질(enochlēsis, '궤변')은 예를 들어, '에티오피아인은 피부가 검고 이빨이 희다. 따라서 그는 검고 동시에 검지 않다'는 식으로 신체 부위에 관한 정확한 언급이 없이 모순되는 결론을 끌어내는 것을 말한다(『소피스트식 논박』 5장 167ª 11-14 참조). 이에 대한 대책에 대해서는 『형이상학』 4권 3장 1005ᵇ 19-22와 26-28, 『소피스트식 논박』 5장 167ª 23-27 참조. 플라톤의 『국가』 4권 436B-437A에도 이 문제와 관련된 논의가 있다.

80 이 장에서 아리스토텔레스는 결과적으로, 명제를 다음과 같이 네 가지 종류의 쌍으로 구분한다. ① '소크라테스는 희다' ─ '소크라테스는 희지 않다'(17ᵇ 28-29, 18ª 2-3), ② '모든 사람은 희다'(A) ─ '몇몇 사람은 희지 않다(모든 사람이 희지는 않다)'(O) (17ᵇ 18-19, 18ª 4-5), '모든 사람은 희지 않다(어떤 사람도 희지 않다)'(E) ─ '몇몇 사람은 희다(어떤 사람은 희다)'(I)(17ᵇ 19-20, 18ª 5-6), ③ '모든 사람은 희다'(A) ─ '모든 사람은 희지 않다(어떤 사람도 희지 않다)'(E)(17ᵇ 6, 17ᵇ 21-22), ④ '(어떤) 사람은 희다' ─ '(어떤) 사람은 희지 않다'(17ᵇ 9-10, 17ᵇ 31-33, 18ª 6-7).
이 네 명제 쌍에서 ①, ②, ④는 둘이 모순되는 방식으로 대립된 명제들이며, ③은 둘이 반대되는 방식으로 대립된 명제들이다. 보에티우스를 좇아 전통적으로 ①은 단칭 명제들(singulares), ②의 (O)와 (I)는 특칭 명제들(particulares), ②의 (A)와 (E), 즉 ③은 전칭 명제들(universales), ④는 부정(不定) 명제들(indefinitae)이라고 부른다. ②, ③, ④에 대한 설명은 『앞 분석론』 1권 1장 24ª 18-20 참조.
①의 단칭 명제 쌍과 ③의 반대되는 방식으로 대립된 전칭 명제 쌍은 동시에 참일 수 없지만, ②의 특칭 명제 (O)와 (I), 그리고 ④의 부정(不定) 명제 쌍은 때로는(술어가 우연적 속성일 경우) 동시에 참일 수 있다(17ᵇ 22-33).

은 보편적인 것들에[81] 들며, | 칼리아스는 개별적인 것들에[82] 든다. 그리고 **17b**
어떤 때는 보편자들에 대해, 어떤 때는 개별자들에 대해, 어떤 것(술어)이
(그것들에 속성으로서) 들어 있거나[83] 들어 있지 않다고 서술해야 한다.

　그런데, 보편자에 대해 어떤 것(속성)이 (그것에) 들어 있거나 들어
있지 않다고 보편적으로 서술하면, 서로 반대되는 명제들이 생기게 된
다. '보편자에 대해 보편적으로 서술함'(전칭 명제)은 예를 들면, '모든 사　5
람은 희다'(A)나[84] '모든 사람은 희지 않다(어떤 사람도 희지 않다)'(E)와
같은 것이다.

　그러나 보편자에 대해 보편적으로 서술을 하지 않을 때에는, 그 명
제들은 반대되지 않는다. 그렇지만 이 명제들이 드러내는 것은 (때로는)
반대될 수도 있다. '보편자들에 대해 보편적으로 서술하지 않음'은 예를　10
들어, '(어떤) 사람은 희다'나 '(어떤) 사람은 희지 않다'와 같은 것이다.[85]

81　'보편적인 것'의 원어는 to katholou이다. 줄여서 '보편자'로 옮기기도 하였다. 여러 개
　　체나 개인 또는 개물(個物)에 두루 적용될 수 있는 일반 개념을 나타낸다.

82　'개별적인 것'의 원어는 to kath' hekaston이다. 줄여서 '개별자'로 옮기기도 했다. 일반
　　개념이 서술되는 개체나 개인 또는 개물을 나타낸다.

83　보편자와 개별자에 대해 어떤 것(속성)이 딸리는 경우를 문장 형태로 바꾼 예를 들면
　　다음과 같다. '사람은 동물이다', '칼리아스는 사람이다'.

84　A, I, E, O는 '(나는) 긍정한다'와 '(나는) 부정한다'를 뜻하는 라틴어 affirmo와 nego에
　　든 모음들에서 나온 약칭이다. 차례대로 A: 전칭 긍정, I: 특칭 긍정, E: 전칭 부정, O:
　　특칭 부정을 나타낸다. 명제들의 구분을 쉽게 하기 위해, 또 논의의 편의를 위해, 원문
　　에는 없는 약칭을 번역문에 넣었다.

85　'모든', '몇몇'과 같이 양을 규정하는 표현이 없는 문장은 '부정(不定) 명제'(adihoristos)
　　라고 할 수 있다. 보편자인 사람에 대해 '희다'나 '희지 않다'는 술어가 일정한 외연
　　(적용 범위)을 가지고 서술되지 않는다는 뜻이다. 따라서 부정명제는 같은 내용의 특
　　칭 명제나 전칭 명제와 같은 뜻으로 쓰일 수 있다. 다시 말해, '(어떤) 사람은 희다'는
　　부정명제는 '몇몇 사람은 희다'는 특칭 명제로, 또는 '모든 사람은 희다'는 전칭 명제
　　로 받아들여질 수 있다. 그러나 여기처럼 보통은 특칭 명제의 뜻이다. 17ᵇ 34-37, 『앞

'사람'은 보편자이지만 이 명제들에서 보편적으로 쓰이지 않았다. 다시 말해, '모든'은 보편자를 나타내지 않고, 보편자가 보편적으로 서술됨을 나타낸다.[86]

　서술되는 것(술어)에서, 보편자를 보편적으로 서술하는 일은 참이 15 아니다. 보편적으로 서술되는 것에 대해 보편자를 서술하는 긍정문은 있을 수 없기 때문이다.[87] 예를 들어, '모든 인간은 모든 동물이다'와 같은 것 말이다.[88]

　그런데, 긍정문이 부정문에 모순되는 방식으로 맞놓임은 〈보편적인 것에 대해〉 보편적으로 나타내는 긍정문이나 부정문(A와 E)이, 같은 것 (주어)에 대해 보편적으로 나타내지 않는 부정문이나 긍정문(O와 I)에 대립되어 있음을 뜻한다. 예를 들면, '모든 사람은 희다'(A)와 '몇몇 사람 은 희지 않다(모든 사람이 희지는 않다)'(O), '모든 사람은 희지 않다(어떤 20 사람도 희지 않다)'(E)와 '몇몇 사람은 희다(어떤 사람은 희다)'(I)가 그런 것이다.[89]

　이와 달리, 서로 반대되는 방식으로 맞놓임은 보편적인 것에 관한

　분석론』1권 1장 24ᵃ 18-20, 4장 26ᵃ 29-30 참조.

86　다시 말해 한 명제가 전칭(全稱) 명제임을 나타낸다. 10장 20ᵃ 9-10 참조.

87　술어는 양화(量化)될 수 없다. 다시 말해 술어는 주어처럼 '모든'이나 '몇몇'이 붙을 수 없다.

88　'사람'에 대해 '동물'이 보편적으로 서술될 수는 있지만('모든 사람은 동물이다'), 보편 적으로 서술된 이 '동물'을 다시 보편적으로 서술하는 것은 불가능하다. 『앞 분석론』 1권 27장 43ᵇ 20-21, 『뒤 분석론』 1권 12장 77ᵇ 30 참조.

89　A와 O는 본문의 설명처럼 전칭 긍정과 특칭 부정으로서 서로 모순되는 방식으로 대 립하지만, E와 I는 보편자에 대해 보편적으로 나타내는 부정문(전칭 부정)과 같은 것 (주어)에 대해 보편적으로 나타내지 않는 긍정문(특칭 긍정)으로서 서로 모순되는 방 식으로 대립한다. 부록 2 참조.

(전칭) 긍정문과 (전칭) 부정문이 갖는 관계를 뜻한다. 예를 들면, '모든 사람은 정의롭다'(A)와 '모든 사람은 정의롭지 않다(어떤 사람도 정의롭지 않다)'(E)와[90] 같은 것이다. 그렇기 때문에 이 명제들은 동시에 참일 수 없다. 그러나 이것들에 모순되는 방식으로 대립된 명제들, 예를 들어, '몇몇 사람은 희지 않다(모든 사람이 희지는 않다)'(O)와 '몇몇 사람은 희다(어떤 사람은 희다)'(I)는 같은 (보편적인) 것(주어)에 대해 동시에 참일 25 수 있다.[91]

보편자에 대해 보편적으로 서술하는 모순 명제들에서는 반드시 둘 중 하나가 참이고 다른 하나는 거짓이어야 한다. 이는 개별자들의 경우도 마찬가지다. 예를 들어, '소크라테스는 희다'와 '소크라테스는 희지 않다'가 그렇다. 그러나 보편자에 대해서일지라도 보편적으로 서술되지 않을 경우, 항상 한쪽이 참이고 다른 쪽이 거짓인 것은 아니다.[92] '(어 30 떤) 사람은 희다'와 '(어떤) 사람은 희지 않다'를, 또 '(어떤) 사람은 아름답다'와 '(어떤) 사람은 아름답지 않다'를 말하는 것은 동시에 참일 수 있다. [(어떤) 사람이 추하면 그는 아름답지 않으며, 그가 어떤 것으로 되어가고 있다면, (아직) 그것이지 않기 때문이다.] 이 점은 언뜻 보아 이치에 어긋나 보일 수도 있겠다. 왜냐하면 '(어떤) 사람은 희지 않다'가 동시에 35

90 전칭 부정과 특칭 긍정, 그리고 특칭 부정은 우리말로 두 가지로 표현하였음을 밝혀 둔다.

91 이 두 명제는 표현을 놓고 볼 때 대립되어 있는 것처럼 보이지만 실제로는 대립되어 있지 않다. 10장 20ª 16-20, 『앞 분석론』 2권 15장 63ᵇ 23-28 참조.

92 보편자인 '사람'에 대해 '동물'이 보편적으로 서술되지 않는 경우(부정명제의 경우), 즉 '(어떤) 사람은 동물이다'와 '(어떤) 사람은 동물이 아니다'의 경우에는 둘 중 하나가 참이고 다른 하나는 거짓이다. 그러나 뒤에 나오는 예들처럼 우연적인 속성에 관한 명제들의 경우에는 둘 다 참일 수 있다. 9장 18ª 29-33 참조.

'어떤 사람도 희지 않다'는 것을 나타내는 듯하기 때문이다. 하지만 이 둘은 같은 것을 나타내지 않으며, 또 반드시 동시에 성립하는 것도 아니다.[93]

분명히, 하나의 긍정문에 대해 딱 하나의 부정문이 있다. 왜냐하면 긍정문이 인정하는 것(내용)과 똑같은 것을 부정문이 같은 것(대상)에 대 **18a** 해 부인해야 하기 때문이다. | 그 대상이 개별적이든 보편적이든, 또 보편적으로 서술되든 그렇지 않든 상관없다. 예를 들어, '소크라테스는 희다'와 '소크라테스는 희지 않다'와 같은 것을 말한다. 그렇지만, (긍정문이 인정하는 술어와) 다른 것(술어)을 부정하거나, 아니면 같은 것(술어)을 다른 것(주어)에 대해 부정하는 경우, 그 부정문은 긍정문에 모순되는 방식으로 대립되어 있지 않고, 그저 다른 문장일 뿐이다. 예를 들어, '모든 5 사람은 희다'(A)에 '몇몇 사람은 희지 않다(모든 사람이 희지는 않다)'(O)가 (서로 모순되는 방식으로) 대립되어 있고, '몇몇 사람은 희다(어떤 사람은 희다)'(I)에 '모든 사람은 희지 않다(어떤 사람도 희지 않다)'(E)가 (서로 모순되는 방식으로) 대립되어 있고, '(어떤) 사람은 희다'에 '(어떤) 사람은 희지 않다'가 (서로 모순되는 방식으로) 대립되어 있다.

이로써, 하나의 긍정문이 딱 하나의 부정문에 서로 모순되는 방식으로 대립된다는 것을, 그리고 또 어떤 명제들이 그런 것들인지 설명하 10 였다. 또 서로 반대되는 방식으로 대립된 명제들은 이와 다르다는 것을, 그리고 어떤 명제들이 그런 것들인지 설명하였다. 더 나아가, 모든 모순 명제 쌍에서 어느 한쪽이 참이거나 거짓이지는 않다는 것을, 그리고 왜 그런지, 또 어느 때 (그런 명제들 중) 하나가 참이거나 거짓인지 설명하였다.

93 17b 8-10 참조.

8장 명제의 단일성과 복합성[94]

하나(의 주어)에 대해 하나(의 술어)를 나타내는 긍정문이나 부정문은 단일하다. 여기서 보편자에 대해 보편적으로 서술되든 그렇지 않든 말이다. 예를 들어, '모든 사람은 희다'와 '모든 사람이 희지는 않다(몇몇 사람 15 은 희지 않다)', '(어떤) 사람은 희다'와 '(어떤) 사람은 희지 않다', '모든 사람은 희지 않다(어떤 사람도 희지 않다)'와 '몇몇 사람은 희다(어떤 사람은 희다)'는 단일명제다. 물론 여기서 '희다'는 한 가지를 뜻해야 한다.

그러나 (어떤 문장에서,) 하나를 이루지 못하는 두 사물에 한 이름이 주어질 땐, 단일한 긍정문이 [그리고 단일한 부정문이] 성립하지 않는다. 예를 들어, 말(馬)과 사람에게 '겉옷'이라는[95] 이름을 붙여 보자. 그러 20 면, '겉옷이 희다'는 긍정문은 단일하지 않다. (부정문은 더욱 말할 것도 없다.) 이는 '말과 사람이 희다'고 말하는 것과 다를 바 없고, 이것은 다시 '말이 희다' 그리고 '사람이 희다'고 말하는 것과 다를 바 없기 때문이다. 그래서 이 (마지막) 문장들이 여럿을 나타내고, 여러 개의 긍정문이라면, 분명히 맨 처음 문장도[96] 마찬가지로 여럿을 나타낸다. 아니면 그 문장은 25 아무것도 나타내지 않는다. 사람-말[97] 같은 것은 없기 때문이다. 따라서

---

94 5장의 명제의 단일성에 관한 논의가 8장과 11장의 첫 단락(20ᵇ 12-22)에서 보충된다. 5장에서 단일성의 조건은 '한 가지 것을 드러냄'(hen dēloun)이었는데, 8장과 9장의 보충 논의에서는 주어와 술어의 단일한 뜻을 그 조건으로 내세운다.

95 himation은 사람이 입는 '겉옷'을 뜻하기도 하지만, 말 등에 씌운 '덮개'를 뜻하기도 한다. 그래서 '겉옷이 희다'는 흰옷을 입은 사람이나 흰 덮개를 씌운 말에게 모두 적용될 수 있다.

96 '겉옷이 희다'라는 문장.

97 사람이면서 말인 것, 즉 켄타우로스 같은 것을 뜻한다. 켄타우로스는 몸통과 다리는

이런 종류의 문장들에서는, 반드시 모순 명제 쌍 가운데 한쪽이 참이고 다른 쪽은 거짓인 것은 아니다.[98]

9장 앞일에 관한 모순되는 서술[99]

그런데, (지금) 있는 것(일)들과 (이미) 생긴 것(일)들에[100] 대해서는 반드시 긍정문이나 부정문이 참이거나 거짓, 둘 중 하나이어야 한다. 그리고

말이고, 머리와 팔은 사람인 괴물이다. 흔히 반인반마(半人半馬)로 옮겨지며, 인마(人馬)로 약칭되기도 한다.

98 '어떤 겉옷(사람의 옷)도 희지 않다'와 '어떤 겉옷(말 등의 덮개)은 희다'는 둘 중 하나가 참이고 다른 하나는 거짓일 필요가 없다. 다른 예를 들면, '다리가 예쁘다'는 문장은 건축물(橋)이나 신체의 일부(脚)를 모두 가리킬 수 있기 때문에 단일한 문장이 못 된다. '다리'가 가리키는 대상이 다를 수 있기 때문에 '다리가 예쁘지 않다'는 부정문과 동시에 참일 수도, 거짓일 수도 있다. 둘 중 하나가 참이고 다른 하나가 거짓일 필요가 없는 것이다.

99 9장은 나머지 장들보다 나중의 것으로 추정된다. 앞일, 즉 앞날에 일어날지도 모를 일(contingentia futura)에 관한 9장의 논의는 자유 의지를 배제하는 결정론을 모순율(12장 21ᵇ 19의 각주 참조)에서 이끌어 내는 메가라학파(디오도로스 크로노스와 필론)에 맞서기 위해 나온 것으로 보인다(『형이상학』 9권 3장, 키케로, 『운명에 관하여』*De fato* IX 17 참조). 9장의 논의는 크게 세 부분으로 나눌 수 있다. 첫째 부분(18ª 28-34)에서 아리스토텔레스는 '현재나 과거의 일에 관한 서로 모순되는 주장들 중 하나는 반드시 참이거나 거짓이다'는 양가(兩價)의 원리를 내놓는다. 둘째 부분(18ª 34-19ª 6)에서는 이 원리가 앞날의 일에도 적용될 경우, 모든 일이 필연적으로 일어난다는 결정론(determinism)에 빠지게 됨을 보이며, 마지막 셋째 부분(19ª 7-b 4)에서는 이런 결정론을 물리치며 이 문제에 대한 자신의 견해를 내놓는다. 9장에 대한 해석사는 바이데만(1994), 300~324쪽과 아크릴(Ackrill, 1963), 138~142쪽 참조.

100 '(지금) 있는 것(일)들'과 '(이미) 생겨난 것(일)들'의 원어는 각각 ta onta와 ta genomena이다. ta onta는 사물의 현재 모습이나 상태를 나타내며, ta genomena는 과거에 벌어진, 일어난, 생겨난 사물의 모습이나 상태를 나타낸다.

보편자에 대해 보편적으로 서술될 때, 항상 하나의 명제는 참이고 다른 하나는 거짓이어야 하며, 이는 개별자에 대해서도 앞서 말했듯이 마찬 30 가지다. 그러나 보편자에 관해 보편적으로 말해지지 않는 경우, 그럴 필 연성이 없다. 이 점에 관해서도 이미 얘기하였다.[101]

그러나 앞으로 닥칠(지도 모를), 개별적인 것(일)들의[102] 경우, 그와 같지 않다.[103] 모든 긍정문〈과〉 부정문이 참이거나 또는 거짓이거나 둘 중 하나라면, 반드시 모든 것(일)도 있거나/…이거나[104] 있지/…이지 않을 35 것이기 때문이다. 그래서 한 사람이 어떤 것(일)이 있게 될 것이라고 주장하고 다른 사람이 똑같은 이것을 부인한다면, 모든 긍정문이 〈그리고 부정문이〉 참이거나 거짓일 경우, 분명히 이들 중 어느 한 사람은 참인 말을 하고 있음에 틀림없다. 왜냐하면 그와 같은 종류의 것들에서는[105] 둘이 동시에 들어맞지(타당하지) 않을 것이기 때문이다. 예를 들어, (어떤 것이) 희다거나 또는 희지 않다고 | 말하는 것이 참이라면, 반드시 그것 **18b** 은 희거나 또는 희지 않아야 한다. 그리고 어떤 것이 희거나 또는 희지

---

101 7장 17^b 26-33에서.

102 '닥칠 것(일)들'의 원어는 ta mellonta이다. '예정대로 반드시 오게 될 일'의 뜻이 아니라 '올 수도 있고 안 올 수도 있는 불확실한 일'을 뜻한다. 즉 '닥칠 지도 모를 일'이라는 뜻이다.

103 다시 말해, 미래의 특별한 일에 대해서는 모순 명제 쌍(긍정문과 부정문) 중 하나가 참이고 다른 하나는 거짓이라는 원리가 적용되지 않는다. 그러나 미래의 일이라 하더라도 발생 여부가 이미 현재에 확정된 일에는 현재나 과거의 일과 마찬가지로 양가의 원리가 적용된다.

104 '있다/…이다'의 원어는 hyparchein으로 여기서는 einai와 같은 뜻이다. hyparchein의 다른 뜻으로는 '들어맞다(타당하다)', '…안에 들어 있다(내재하다)', '…에 든다(…중 하나다)' 등이 있다. 그리스어 - 우리말 찾아보기 참조.

105 미래의 개별적인 일들 또는 이 일들에 대한 상반되는 서술들.

않다면, 그것을 긍정함이나 또는 부정함 둘 중 하나가 참이다. 그리고 들어맞지 않으면, 그는 거짓인 말을 하고, 그가 거짓인 말을 한다면, 들어맞지 않는다. 그래서 반드시 긍정문이나 부정문 중 하나가 참〈이거나 거짓〉이어야 한다.[106]

5 　따라서[107] 어떤 것도 우연히 또는 그냥 벌어지는 대로[108] (지금) 있지도 않고 생기지도 않으며, (앞으로 그렇게) 있게 되거나 있게 되지 않지도 않을 것이다. 모든 것이 그냥 벌어지는 대로 있지 않고, 필연적으로 있게 될 것이다.[109] 긍정 (서술을) 하는 사람이나 부정 (서술을) 하는 사람 중 하나가 참인 말을 하기 때문이다. (그렇지 않을 경우) 어떤 것이 똑같이 생기거나 또는 생기지 않을 것이다. 왜냐하면 그냥 벌어지는 대로의 일은 어떠하지 않기보다 더 어떠하지도 않고, 또 어떻게 되지 않기보다 더 어떻게 되지도 않을 것이기 때문이다.[110]

---

106 미래의 우발적인 일(사태)이 현재나 과거의 일(사태)처럼 참 또는 거짓의 진위가를 갖는 것은, 그 일을 서술하는 모순 명제들이 둘 다 참이 아니라, 둘 중 하나가 참이고 다른 하나는 거짓이어야 가능하다.

107 여기서부터 아리스토텔레스는 18^b 5-9와 18^b 9-16의 두 부분으로 나눠, 결정론을 받아들일 경우 따르게 되는 결과들을 보여 주려고 한다. 모순되는 명제들 중 하나는 참이고 다른 하나는 거짓이라는 원칙을 미래의 우발적인 일에 적용할 경우, '이 세상에는 우연히 일어나는 일이 하나도 없게 된다'는 결정론이 나오게 된다.

108 '우연히'의 원어는 apo tychēs이다. '그냥 벌어지는 대로'는 hopoter' etychen이다. 그대로 옮기면 '둘 중 어느 것이 일어나든 간에 바로 그대로'라는 뜻이다(플라톤, 『국가』 9권 581C 참조). 두 표현 모두 '과녁을 (운 좋게, 우연히) 맞히다'를 기본적으로 뜻하는 동사 tynchanein에서 나왔는데, 경우나 사정에 따라 일어날 수도 일어나지 않을 수도 있는, 불확실한 일을 나타낼 때 쓰인다. '필연적으로'(ex anankēs)에 반대된다. '우연'(tychē) 개념에 대해서는 『자연학』 2권 4-6장 참조.

109 일어날 수도 일어나지 않을 수도 있는 일은, 뜻밖의 우연한 일은 없게 될 것이며, 일어나는 모든 일이 반드시 일어나야 하는 필연성을 띠게 된다.

110 19^a 19-22, 38-39 참조. '그냥 벌어질 대로의 일'에 관해서는 『앞 분석론』 1권 13장

더 나아가, (어떤 것이) 지금 희다면, 그것이 희게 될 것이라고 이전 10
에 말한 것은 참이었다. 그래서 (언젠가 한 번) 생긴 것(일)들 중 어느 것
이 있게 될 것이라고 (그전에) 말한 것은 항상 참이었다. 그러나 어떤 것
이 (지금) 있다거나 (앞으로) 있게 될 것이라고 말하는 것이 (그전에) 항상
참이었다면, 그것이 (지금) 있지 않을 수도 없고, (앞으로) 있게 되지 않을
수도 없을 테다. 생기지 않을 수 없는 일은 생기지 않음이 불가능하고,
생기지 않음이 불가능한 일은 생겨남이 필연적이다. 따라서 (앞으로) 있 15
게 될(지도 모를) 일들은 모두 생겨남이 필연적인 것이다. 그러므로 어떤
것도 그냥 벌어지는 대로 또는 우연히 있게 되지 않을 것이다. (어떤 일
이) 우연히 일어난다면, (그것은) 필연적인 것이 아니기 때문이다.[111]

하지만, 둘 중 어느 것도 참이 아니라고 말할 수도 없다. 즉, (어떤 것
이) 있게 될 것도 아니고, 있게 되지 않을 것도 아니라고 말할 수도 없
다.[112] (그렇게 말할 경우) 첫째, 긍정문이 거짓이라면 부정문은 참이 아
니고, 부정문이 거짓이라면 긍정문은 참이 아니라는 (이치에 어긋난) 결 20
과가 나올 것이다.[113] 이에 덧붙여, (어떤 것에 대해 그것이) 희(다. 그리)고

32[b] 12-13 참조.

[111] 18[b] 9-16의 논증은 18[b] 33-36("예를 들어, 만년을 … 있게 될 것이다")과 19[a] 1-6에서
좀 더 세밀하게 다듬어진다.

[112] 모든 서술들이 진위가를 가진다는 전제가 함축하는 결정론, 즉 '모든 일이 필연적으
로 일어날 수밖에 없다'는 결론을 피하기 위해, '미래의 일에 관한 서술은 긍정문과
부정문이 모두 거짓의 값을 가진다'고 주장할 수도 없는 일이다. 이는 18[b] 18-20("(그
렇게 말할 경우) 첫째 … 나올 것이다")과 20-25("이에 덧붙여 … 아니어야 하겠다")에
서 두 가지 근거로 나뉘어 설명된다.

[113] 긍정문과 부정문이 둘 다 참이 아니라고 할 경우에는, 둘 중 하나의 참이나 거짓으로
부터 다른 하나의 거짓이나 참을 이끌어 낼 수 없게 된다. 즉, 하나가 참이면 다른 하
나는 거짓일 수 없게 된다. 그래서 긍정과 부정 사이에 중간의 것(제3의 값)을 만들

크다고 말하는 것이 참이라면, (그것은) 두 가지 상태에 있어야 한다. 그리고 (그것이) 내일 이 두 상태에 있게 될 것이라고 말하는 것도 참이라면, 내일 두 상태에 있게 되어야 할 것이다.[114] 그러나 (어떤 것이) 내일 있게 될 것도 아니고, 없게 될 것도 아니라면, 그냥 벌어지는 대로 일어나는 일은, 예를 들어 해전(海戰) 같은 것은 있지 않을 것이다. 다시 말해, 해전은 (내일) 일어날 것도 아니고, 일어나지 않을 것도 아니어야 할 것이다.[115]

이런 이치에 어긋난 점들이,[116] 그리고 이와 비슷한 결과들이, 모든 (서로 모순되는 방식으로) 대립된 긍정문과 부정문에 대해 반드시 그중 하나가 참이고 다른 하나는 거짓이라고 할 때, 뒤따르게 될 테다. 그 문장들이 보편자에 대해 보편적으로 서술되든, 아니면 개별자에 대해 서술되든 말이다.[117] 다시 말해, 생기는 일들의 경우에, 어떤 것도 그냥 벌어지

어 내게 되는 결과를 빚는데, 이는 허용되지 않는다. 『형이상학』 4권 4장 1008ª 3-7 참조.

114 '어떤 것이 희고 크다'(문장)가 참이라면, 반드시 '그것은 희고 크다'(사태). 이 점은 미래에 관계해서도 마찬가지다. 그리고 두 주어진 문장이 모두 거짓이라면, 이 두 문장이 서술하는 사태는 없어야 한다. 이는 미래에 관련된 모순되는 문장들에 대해서도 적용된다(18ᵇ 22-25: "그러나 (어떤 것) … 않을 것도 아니어야 할 것이다").

115 미래의 우연적인 사건에 대한 모순되는 서술들이, 즉 긍정문과 부정문이 모두 거짓이라고 할 경우에도, 모두 참이라고 하는 경우와 마찬가지로 결정론적 결론들이 따르게 된다. 다시 말해, 긍정문이 거짓임에 따라 해전이 일어나지 않음이 필연적이게 되고, 부정문이 거짓임에 따라 해전이 일어남이 필연적이게 된다.

116 '이치에 어긋난 점들'의 원어는 atopa이다. '장소', '자리'를 뜻하는 topos에 부정소(否定素) a-가 붙어 만들어진 말로, 그대로 옮기면 '제자리에 있지 않는, 자리가 맞지 않은, 터무니없는 것들'이라는 뜻이다. 내용으로 볼 때 바로 앞의 부분 17-25를 가리키는 것이 아니고, 18ᵇ 5-16에서 보인 결과들을 가리킨다.

117 9장 앞부분의 18ª 29-31("그런데 (지금) … 말했듯이 마찬가지다") 참조.

는 대로이지 않고, 모든 일이 필연적으로 있거나 생길 것이다. 그래서 우리가 이걸 하면 이렇게 될 것이고, 이걸 안 하면 이렇게 안 될 것인지를 숙고할 필요도, 궁리할 필요도 없을 것이다. 예를 들어, 만년을 앞에 두고 어떤 이가 바로 이것이 있게 될 거라고 주장하고 다른 이가 그렇지 않을 거라고 주장하는 경우가 얼마든지 있을 수 있는데, 둘 중 어느 것이든 35 그때 주장하기에 참이었던 것이 필연적으로 있게 될 것이다.[118]

그리고 몇몇 사람들이 (실제로) 모순되는 주장들을 했는지 안 했는지는 중요하지 않다.[119] 왜냐하면 한 사람이 (어떤 것을) 긍정하거나 다른 사람이 그것을 부정하지 않아도, 분명히 사태는 있는 그대로 있기 때문이다. (앞서) 긍정하거나 부정하기 때문에 (어떤 것이) 있게 되거나 없게 되지는 않는다.[120] | 이는 만년을 앞에 두든, 아니면 다른 임의의 시간을 **19a** 두든 마찬가지이다.

그래서 어느 때에 보든 둘 중 하나가 참이었다면, 그것이 일어나게 될 것이라는 점은 (이미 항상) 필연적이었다. 더욱이 (한 번) 일어난 일들은 저마다 항상 필연적으로 일어나야 하는 것이었다. 왜냐하면 누군가가, (앞으로) 이런 일이 있게 될 것이라고 (사전에) 참인 것으로서 말했던

---

118 긍정문과 부정문 중 하나가 참이라는 모순율을 제한 없이 적용할 경우, '모든 것이 이미 다 결정되어 있고, 그렇기 때문에 아무 일도 애써 할 필요 없다'는 운명론(fatalism)과 스토아주의의 무위론(無爲論)에 빠지게 된다. 키케로, 『운명에 관하여』 XII 28, XIII 30 참조.

119 미래의 일이 일어나기 이전의 시점에서 이미 필연적이게 되는 것은 어떤 사람이 그것을 주장하기 때문이 아니다. 그 시점에 주어진 상황이 그런 주장 여부와 상관없이 미래의 그 일을 피할 수 없는 것으로 만들 때에만 그 주장이 참일 수 있다.

120 아래 19ᵃ 33-35("그래서, 문장들의 … 가져야 한다"), 『범주들』 12장 14ᵇ 9-22, 『형이상학』 9권 10장 1051ᵇ 6-9 참조.

5 것은 일어나지 않을 수 없었기 때문이다. 그리고 (실제로) 일어난 일에
대해 그것이 있게 될 것이라고 말했던 것은 항상 참이었다.

그런데, 그런 결과들이 불가능한 것이라면 어떻게 되는가?[121] 우리
는 숙고에서뿐만 아니라 실행에서, (앞으로) 있게 될(지도 모를) 일들이[122]
시작되는 것을 본다.[123] 그리고 무릇, 실현 상태에 늘 있지는 않은 것들[124]
속에 (이러이러한 것)일 수도 있고, 또 (그것이) 아닐 수도 있는 가능성이
10 있음을 우리는 본다. 그런 것들은 (이러저러한 것)일 수도 있고, 또 (이러
저러한 것) 아닐 수도 있다. 따라서 (이러저러한 것) 될 수도 있고, (이
러저러한 것이) 되지 않을 수도 있다. 그리고 많은 경우들에서 우리는 이
런 상황을 뚜렷이 본다. 예를 들어, 이 겉옷은 (언제든) 잘릴 수 있지만,
그보다 먼저 해질 수도 있다. 그렇지만 잘리지 않음이 똑같이 가능하다.
15 왜냐하면 잘리지 않음이 가능하지 않다면, 그전에 겉옷이 해지는 일에
이를 수 없을 것이기 때문이다.[125] 그래서 또한 이런 종류의 가능성[126] 개

---

121 아리스토텔레스는 여기서부터 자신의 해결책을 제시한다. 18ᵇ 26에서 '이치에 어긋
난 점들'(atopa)이라고 부른 결과들이 일상적인 경험에 비추어쥐 볼 때 '불가능한 것
들'(adynata)이라는 점을 이 단락에서 보여 준다.

122 '(앞으로) 있게 될(지도 모를) 일들'의 원어는 esomena이다. 18ᵃ 33의 '(앞으로) 닥칠 일
들'과 마찬가지로 '(예정대로) 반드시 있게 될 일들'이 아니라, '앞으로 있게 될 수도
있고 있지 않을 수도 있는 불확실한 일들'을 뜻한다.

123 미래의 일에 대해 우리는 미리 심사숙고하여 결정해 자유 의지에 따라 실행한다. 이
런 뜻에서, 우리의 의지와 행위의 자유는 다가올 일의 출발점이 된다(『니코마코스 윤
리학』 3권 7장 1113ᵇ 17-21 참조). 그러나 앞일이 모두 결정되어 있다면, 자유 의지와
자유 행위는 불필요한 것이 되어 버린다.

124 '실현 상태에 늘 있지는 않은 것들'의 원어는 ta mē aei energounta이다.

125 겉옷이 잘리지 않아야 해지도록 입을 수 있는 가능성이 열린다. 그렇기 때문에, 잘리
지 않음도 잘림과 마찬가지로 똑같이 가능하다.

126 12장 21ᵇ 12-17("그런데 (그렇다고 … 있기 때문이다"), 13장 22ᵇ 36-23ᵃ 11("분명히, …

넘에 따라 (가능한 것으로) 서술되는 일들의 경우도 마찬가지다. 그러므로 분명히, 모든 것들이 다 필연적으로 있는 것도 생기는 것도 아니다.[127] 어떤 것들은 그냥 벌어지는 대로이며 긍정문이 부정문보다 조금만큼도 20 더 참일 수 없다.[128] 다른 것들의 경우, 어느 한쪽이 (다른 쪽보다) 더 많이 생기거나 대부분의 경우에 생기고 다른 쪽은 그러지 못한다.[129] 물론 다른 쪽이 그것 대신 생길 수도 있다.

그러므로 있는 것은 그것이 있을 때 반드시 있어야 하며, 없는(있지 않은) 것은 그것이 없을 때 반드시 없어야 한다. 그러나 있는 것이 모두 필연적으로 있는 것은 아니다. 또 없는 것이 모두 필연적으로 없는 것도 25 아니다. 왜냐하면 '있는 것은 모두 그것이 있을 때 필연적으로 있다'와 '(어떤) 있는 것은 단적으로[130] 필연적으로 있다'는[131] 같지 않기 때문이

일 수 … 능력이 있다고 말한다") 참조.

127 미래의 일은 현재 시점에서 볼 때, 한 갈래로 이어진 과거의 일과 달리 여러 갈래의 길로 펼쳐질 가능성이 열려 있다.

128 예를 들어, 친구를 우연히 만나는 경우는 만남이 만나지 않음보다 더 참이지 않고, 둘이 똑같이 참일 수 있다(contingentia aequalia). 18ᵇ 8-9("왜냐하면 그냥 … 것이기 때문이다") 참조.

129 땅을 파다가 보물을 발견하는 경우는 발견함이 발견하지 못함보다 생길 가능성이 적다(contingentia inaequalia). 19ᵃ 38-39("그리고 (모순 명제 … 거짓이지는 않다") 참조.

130 '단적으로'의 원어는 haplōs이다. 어느 특정한 시점에 묶여 있지 않고, 어떠한 시간적 제약도 받지 않는다는 뜻이다. '무조건(적으로)', '제약 없이'라고 옮길 수도 있다. 1장 16ᵃ 18과 『앞 분석론』 1권 15장 34ᵇ 8, 18 참조.

131 '있는 것은 모두 그것이 있을 때 필연적으로 있다'가 제한된 필연성을 나타낸다면, '(어떤) 있는 것은 단적으로 필연적으로 있다'는 무제한의 필연성을 나타낸다. '단적으로 필연적으로 있는 것'은 '영원불변의 것'이나 '자연에서 주기적으로 끊임없이 반복되며 일어나는 일'을 뜻한다. 『동물의 몸에 관하여』 1권 1장 639ᵇ 23-24, 『생성과 소멸에 관하여』 2권 11장 337ᵇ 33-338ᵇ 19, 『니코마코스 윤리학』 6권 3장 1139ᵇ 23-24 참조.

다. 없는 것도 마찬가지다. 그리고 모순되는 사태들의 경우도 같은 설명을 할 수 있다.[132] 〈그래서〉 모든 것은 반드시, 있거나 없거나 둘 중 하나이어야 하며, (반드시) 생기거나 생기지 않거나 둘 중 하나이어야 한다. 그렇지만 이 둘을 나눠서 한쪽이나 다른 쪽이 필연적이라고 말할 수는 30 없다. 예를 들어, 반드시, 내일 해전(海戰)이 있게 되거나 아니면 있게 되지 않을 것이지만, 내일 해전이 반드시 일어나는 것도 아니고, 반드시 일어나지 않는 것도 아니다. 하지만 반드시, 일어나거나 아니면 일어나지 않거나 둘 중 하나다.

그래서,[133] 문장들의 참은 사태들이 갖는 관계와 비슷하므로, 분명히, 그냥 벌어지는 대로인 것들이 갖는, 그리고 서로 반대되는 것들을 허 35 용하는 것들이 갖는 관계와 비슷한 점을 반드시 모순 명제 쌍도 가져야 한다. 이 점은 '항상 있지는 않은 것'들이나 또는 '항상 없지는 않은 것'들의 경우에 따른다. 이것들의 경우, 모순 명제 쌍의 한쪽이 반드시 참이거나 거짓이어야 하지만, 이것이나 저것으로 (미리) 정해져 있지는 않고, 그냥 벌어지는 대로 (둘 중 어느 하나가 언젠가) 참이거나 거짓이다.[134] 그리고 (모순 명제 쌍의) 한쪽이 다른 쪽보다 (나중에) 더 참일 수 (또는 더 거

---

132 '(어떤 것이) 있거나 없음'의 필연성에 대해서도 '(어떤 것이) 있음'과 '(어떤 것이) 없음'의 필연성과 같은 설명을 할 수 있다.

133 이 단락(19ª 32–39)에서 아리스토텔레스는 앞 단락(19ª 23–32)에서 이루어진 사태의 필연성에 관한 논의로부터, 미래의 우연적인 사건에 관한 서술 문장들의 참거짓과 관련하여, 어떤 결론이 나오는지를 설명한다.

134 앞날에 벌어질지도 모를 일에 대한 서로 모순되는 방식으로 대립된 두 개의 서술들이 나타내는 두 가지 가능성 중 반드시 어느 하나가 실현되겠지만, 둘 중 어느 특정한 하나가 반드시 미래에 실현되어야 하는 것은 아니다. 그렇게 대립된 두 개의 서술들도 반드시 그중 하나가 참이어야 하지만, 둘 중 어느 하나가 반드시 미래에 참이 되어야 하는 것은 아니다.

짓일 수) 있겠지만,[135] 어느 것이 이미 (지금) 참이거나 거짓이지는 않다.

그러므로 분명히, | 모든 긍정과 (이것에 모순되는 방식으로) 대립된 **19b**
부정이 반드시 한쪽이 참이고 다른 쪽은 거짓인 것은 아니다. '(지금) 있
지는 않지만, (앞으로) 있을 수도 있고, 없을 수도 있는 것들'은 '(항상) 있
는 것들'의 경우와 사정이 같지 않고, 앞서 말한 방식으로 (문장들과) 관
련되어 있다.

10장 이음말 '…이다'를 갖지 않는 문장과 갖는 문장

긍정문은 어떤 것을 다른 어떤 것에 대해 나타내는데, 이 다른 어떤 것은 5
명사이거나 (아직) 이름이 없는 것이다. 그리고 긍정문에서 서술된 것은
하나의 것(주어)에 대한 하나의 것(술어)이어야 한다.[136] 명사와 (아직) 이
름이 없는 것은 앞에서 설명한 바 있다.[137] '아니-사람'은 (기본형) 명사가
아니라 무한 명사다. 이것은 어떤 점에서 무한하기는 해도 한 가지 것을
나타내기 때문이다.[138] 이와 마찬가지로 '건강하지 않다'도 (기본형) 동사 10
가 아니〈라, 무한 동사〉다. 그러므로 모든 긍정문〈과 부정문〉은[139] 명사와

---

135 19ᵃ 20-22("다른 것들의 … 생길 수도 있다") 참조.

136 8장 18ᵃ 13-14("하나(의 주어)에 대해 … 않든 말이다") 참조.

137 '(아직) 이름이 없는 것'(anōnymon)은 2장 16ᵃ 29-32에서 규정한 무한 명사(ahoriston
onoma)를 가리킨다.

138 '아니-사람'은 그것이 가리키는 대상을 어떠한 것이라는 긍정의 방식으로 표현하지
않고, 어떠한 것이 아니라는 부정의 방식으로 표현하지만, 여러 가지를 뜻하지 않고
하나를 뜻한다. 다시 말해, 다의적이 아니라 일의적이다.

139 필사본 B에 따라 kai apophasis를 넣어 옮겼다. 무한 동사를 통해 부정문도 성립하기

동사로 이루어져 있거나 또는 무한 명사와 무한 동사로 이루어져 있을 것이다.

동사가 없으면 긍정도 부정도 가능하지 않다. '있다', '있게 될 것이다', '있었다', '생기다' 등은 앞서 규정된 바에 따른다면 바로 동사들이다.[140] 시간을 더불어 나타내기 때문이다.

15 그래서 처음의 긍정문과 부정문 I_1과 I_2가 나오고, 이어 I_3과 I_4가, 그 다음에 II_1과 II_2, II_3과 II_4가 나온다.[141]

I

1) (어떤) 사람은 있다	2) (어떤) 사람은 있지 않다
3) (어떤) 아니-사람은 있다	4) (어떤) 아니-사람은 있지 않다

II

1) 모든 사람은 있다	2) 모든 사람은 있지 않다
3) 모든 아니-사람은 있다	4) 모든 아니-사람은 있지 않다

현재 이외의 시간들에서도 이와 같은 방식으로 (긍정문과 부정문이) 나온다.[142]

때문이다.

140 3장 16^b 6과 8-9의 설명에 따른다면 '있었다', '있게 될 것이다'도 시간을 덧붙여 나타내는 말이기 때문에 동사이지만, 정확히 말하면 동사의 변화형(시제)이다. 3장 16^b 16-18 참조.

141 I, II와 1), 2) 등의 표기는 원문에 없는 것이다. 뒤의 표들과 비교하기 위해, 논의의 편의를 위해 달아 두었다.

142 과거 긍정문과 부정문은 'x는 있었다'와 'x는 있지 않았다' 등으로, 미래 긍정문과 부정문은 'x는 있을 것이다', 'x는 있지 않을 것이다' 등으로 나타낼 수 있다.

그러나 '…이다'가 셋째의 것(요소)으로서 덧붙어 서술될 때에는,[143] (서로 모순되는 방식으로) 대립된 문장들의 수가 두 배로 된다.[144] 내가 말 20 하고자 하는 것은 예를 들어 '사람은 정의롭다'와[145] 같은 문장들이다. 내가 말하듯, 이(와 같은) 긍정문 안에 '…이다'는 셋째의 것으로서,[146] 이것이 명사든 동사든,[147] 함께 놓여 있다.[148] 그래서, 이것(이음말) 때문에 네

---

143 '…이다'는 명사와 형용사를 이어 주는 이음말(繫辭)로서 문장의 제3의 구성 요소이며, 명사가 가리키는 대상에 대해 형용사와 더불어서 서술하는 술어라 할 수 있다. '덧붙어 서술된다'(proskatēgoreisthai)에 관해서는『앞 분석론』1권 3장 25ᵇ 22-24,『형이상학』10권 2장 1054ᵃ 16-17 참조.

144 주어로 쓰인 명사 말고 술어로 쓰인 동사도 고려해야 되기 때문에 문장들의 수가 두 배로 된다. 존재사 '있다'가 쓰인 앞의 예, '사람은 있다'에서는 I₁과 I₂의 두 문장으로 모순 명제 쌍이 이루어지지만, 이음말(계사) '…이다'가 쓰인 '(어떤) 사람은 정의롭다'에서는 뒤의 표 III에서 보듯 네 문장으로 모순 명제 쌍이 이루어진다. I₃-I₄와 V, 그리고 II₁-II₂와 IV에서도 이와 마찬가지다.

145 영어로 표현해서, 앞 단락에서 'a man is(= exists)' 형태의 문장을 다뤘다면, 지금의 단락에선 'a man is just' 형태의 문장을 다룬다. 이 문장에서 is는 a man과 just를 이어 주는 말, 즉 이음말(계사)의 구실을 한다. 우리말에서는 그리스어 einai나 영어의 be와 달리 형용사에 서술격 조사 '이다'가 붙지 않는다. 우리말에 없는 이런 역할이 원문에 있다는 것을 보이기 위해 '사람은 정의롭다'에서 '다'를 고딕체로 바꿔, 이 문장이 '사람(은) + 정의롭 + (이)다'의 세 부분으로 이루어져 있음을 나타내었다.

146 이음말인 '…이다'(esti)는 '(어떤) 사람은 정의롭다'에서는 '(어떤) 사람'과 '정의로운'을 이어 주는 셋째 구성 요소(보에티우스의 용어를 빌리면, tertium adiacens)이다. 그리스어로 같은 말인 '있다'(esti)는 존재사로서 '(어떤) 사람은 **있다**'에서는 둘째 구성 요소(secundum adiacens)이다.

147 '…이다'(esti)는 이음말로서 명사에 또는 동사 중에서도 그림씨에 붙지만(19ᵇ 25, 30), 딱 잘라 명사라고도, 동사라고도 할 수 없다. 그것이 일종의 말(dictio)이라는 점에서는 (넓은 의미로) 명사이겠지만(3장 16ᵇ 19-20), 시간을 더불어 나타낸다는 점에서는 동사라고 볼 수 있다(10장 19ᵇ 13-14). 그렇지만 '…이다'는 그 자체로 아무것도 아니며 단지 명사와 동사의 결합을 나타낼 뿐이라는 점에서(3장 16ᵇ 23-24), 둘 다 아니라고 할 수도 있다.

148 '…이다'가 명사도 동사도 아니라는 입장에서 바이데만은 원문의 일부를 고쳐(19ᵇ

가지 경우가 성립하게 된다. 이 가운데 둘은 긍정어와 부정어에 관련하여 (말의) 잇따름에서[149] 결여의[150] 방식을 따르지만, 나머지 둘은 그렇지 25 않다.[151] 이는 '…이다'가 '정의로운'과 '아니-정의로운'에[152] 덧붙어 있다는 것을, 그리고 부정어도 그렇다는 것을 뜻한다. 그래서 네 가지 경우가

21-22에서 onoma ē rhēma를 onomati ē rhēmati로 고쳐) 이 문장을 "이(와 같은) 긍정문 안에서 '…이다'는 셋째의 것(요소)로서 명사와 또는 (이보다) 오히려 동사와 함께 붙어 있다'고 해석한다. 그의 책(1994), 337쪽 참조. 이 해석에 따르면 '…이다'는 형용사인 '정의로운'을 보충하여 이와 더불어 서술된다는 점에서, 명사인 '사람'보다는 동사인 '정의로운'에 붙는다. 19ᵇ 24-25, 29-30 참조.

149 '잇따름에서'의 원어는 kata to stoichoun이다. stoichoun은 '어떤 대상이나 사람 뒤에 또는 옆에 줄지어 서다'를 뜻하는 동사 stoichein의 분사형으로서, 여기서는 말의 순서를 뜻한다. 논리적인 따름(도출)을 나타낼 땐 akolouthein이 쓰인다(22ª 20, 33, 22ᵇ 3 등). 원문과 반대로 우리말에서는 긍정어 '…(이)다'나 부정어 '…(이)지 않다'가 동사 '정의로운'에 잇따른다. '사람은 + 정의롭 + (이)다', '사람은 + 정의롭 + (이)지 않다'.

150 '결여'(sterēsis)는 보통, 본래 가져야 할 것을 (가져야 할 때에) 전혀 갖추지 못하고 있는 경우에 쓰이는 말이다. 더 나아가 제대로, 다시 말해 완전히 갖추고 있지 못할 때나, 제대로 된 상태에 있지 못할 때에도 쓰인다. 부정사(否定詞) '아니'(ou)가 든, 부정을 나타내는 표현인 '아니-정의로운'(ou dikaios)도 이런 약한 의미로 쓰인, 결여를 나타내는 표현인 '부정한'(adikos)과 비슷한 말이다. '결여' 개념에 대해서는 『범주들』 10장, 『형이상학』 5권 22장 참조.

151 무한 동사 '아니-정의로운'(ou dikaios)이 쓰인 뒤의 표 III₃과 III₄에서는 결여를 나타내는 표현처럼, 예를 들어 '부정한'(adikos)처럼, 부정사(否定詞) ou나 부정소(否定素) a가 들어 있는 동사에 '…(이)다'나 '…(이)지 않다'가 이어져 긍정문과 부정문이 성립한다. III₃: '(어떤) 사람은 + 아니-정의롭 + (이)다.' III₄: '(어떤) 사람은 + 아니-정의롭 + (이)지 않다.' 이와 달리 III₁과 III₂에서는 부정사 '아니-'(ou)가 들어 있지 않은 형용사 '정의로운'에 '…(이)다'나 '…(이)지 않다'가 이어져 긍정문과 부정문이 성립한다. III₁: '(어떤) 사람은 + 정의롭 + (이)다.' III₂: '(어떤) 사람은 + 정의롭 + (이)지 않다.'

152 '아니-정의롭다'(estin ou dikaios)는 '정의롭지 않다'(ouk estin dikaios)와 뜻이 같지만 앞의 것은 긍정 표현이고 뒤의 것은 부정 표현이다. '부정(不正)하다'(adikos)를 뜻하거나 아니면 '정의로움과 부정함의 중간 상태에 있다'를 뜻한다. '희지 않다'도 곧바로 '검다'를 뜻하지 않고 (검음을 포함하여) 희지 않은 다른 색이다'를 뜻한다. 『범주들』 10장 11ᵇ 38-12ª 35 참조.

성립하겠다. 이것이 뭘 말하는 것인지 아래 표에서 보도록 하자.

III[153]

1) (어떤) 사람은 정의롭다	2) (어떤) 사람은 정의롭지 않다
3) (어떤) 사람은 아니-정의롭다	4) (어떤) 사람은 아니-정의롭지 않다

여기서 '···(이)다'와 '···(이)지 않다'는 '정의로운'과 '아니-정의로 30
운'에 덧붙어 있다.

[이 문장들은 『분석론』에서 서술된 방식대로[154] 배치되었다.] 긍정
어가 명사에 대해 보편적으로 관계하는 경우도 이와 마찬가지다.[155] 예를
들어,

IV

1) 모든 사람은 정의롭다	2) 모든 사람이 정의롭지는 않다
3) 모든 사람은 아니-정의롭다	4) 모든 사람이 아니-정의롭지는 않다

여기서 대각선으로 맞선 문장들은 (표 III의 문장들과) 달리 함께 참 35

---

153 III의 명제들은 전칭이나 특칭으로 양화되지 않았다는 뜻에서 '부정(不定) 또는 불확
정 명제'(adioristos)다. 이와 달리, 양적으로 규정된 IV의 네 명제들은 '확정(確定) 명
제'(dihoristos)다. 7장 17^b 9-10 참조.

154 『앞 분석론』 1권 46장 51^b 36-39에 따라 III에서 3)과 4), IV에서 3)과 4)의 위치를 바
꾸는 해석과 번역의 입장도 있지만, 이는 『명제에 관하여』 원문의 순서와 맞지도 않
고, 또 19^b 35-36("여기서 대각선으로 ··· 그럴 수도 있다")을 제대로 설명해 주지 못한
다. 이런 이유로 이 문장은 나중에 추가된 부분으로 짐작된다.

155 IV의 경우도 이음말 '···이다'가 표 III에서처럼 두 쌍의 모순 명제를 만들어 낸다.

일 수는 없지만, 때로는 그럴 수도 있다.[156]

이렇듯, 이런 식으로 두 쌍의 (서로 모순되는 방식으로) 대립된 문장들이 이루어져 있다. 다른 문장들은 '아니-사람'을 바탕이 되는 것으로 삼고 이에 〈어떤 것을〉 덧붙일 때 얻어진다.

$$V^{157}$$

1) (어떤) 아니-사람은 정의롭다	2) (어떤) 아니-사람은 정의롭지 않다
3) (어떤) 아니-사람은 아니-정의롭다	4) (어떤) 아니-사람은 아니-정의롭지 않다

20a   (서로 모순되는 방식으로) | 대립된 문장들(의 종류)이 이런 두 쌍의 명제보다 더 많지 않을 것이다. 이것들은[158] 그 자체로 저것들과[159] 따로 (별개의 그룹으로) 떨어져 있다. '아니-사람'이 명사로 쓰였기 때문이다.

'…이다'와 어울리지 못하는 말들은, 예를 들어 '건강하다'와 '걷다'
5 는 모두 마치 '있다'가 (명사에) 덧붙는 식으로 (문장에) 놓일 때와 마찬가지의 결과를 낳는다.[160] 예를 들어,

---

156 표 III에서 대각선 방향으로 놓여 있는 1)과 4), 2)와 3)은 항상 동시에 참이다(7장 17^b 29-37과 비교). 보편자인 '사람'에 대해 표 IV에서처럼 보편적으로 서술되지 않았기 때문이다. 표 IV에서는 모든 사람이 정의로울 경우에만, 1)과 4)가 동시에 참이다. 그리고 어떤 사람도 정의롭지 않을 경우에만, 2)와 3)이 동시에 참이다. 4)는 1)에서, 2)는 3)에서 도출되지만, 그 역은 성립하지 않는다.

157 표 V의 문장들도 표 III의 문장들과 마찬가지로 부정 또는 불확정 명제들이다. '아니-사람'에 대해 보편적으로 서술하는 예는 20^a 37-40에 나와 있는, 마지막 문장을 제외한 나머지 문장들과 같다(표 III과 표 IV의 관계와 비교해 볼 것).

158 = 마지막으로 언급된 종류의 대립된 문장들(표 V의 문장들)은.

159 = 그보다 앞서 언급한 종류의 대립된 문장들(표 IV의 문장들)과.

160 '건강하다'와 '걷는다'는 이음말 '…이다'를 통하지 않고 곧바로 주어인 명사에 덧붙

VI

1) 모든 사람은 건강하다	2) 모든 사람은 건강하지 않다 (어떤 사람도 건강하지 않다)
3) 모든 아니-사람은 건강하다	4) 모든 아니-사람은 건강하지 않다 (어떤 아니-사람도 건강하지 않다)

여기서 ('모든 아니-사람' 대신) '아니-모든-사람'이라고 말해서는
안 된다. 부정사(否定詞) '아니'는 '사람'에다 덧붙여야 한다.[161] '모든'은
보편자를 나타내지 않고, 보편자가 이 보편적으로 서술됨을 나타내기
때문이다. 이 점은 다음의 예를 보면 분명하다.   10

VII

1) (어떤) 사람은 건강하다	2) (어떤) 사람은 건강하지 않다
3) (어떤) 아니-사람은 건강하다	4) (어떤) 아니-사람은 건강하지 않다

이 문장들은, 보편적으로 서술되지 않았다는 점에서만 앞의 문장들
(표 VI의 문장들)과 다르다. 그래서 '모든…'과 '어떤 …도 …지 않다'는[162]
긍정이나 부정이 (주어 구실을 하는) 명사에 대해 보편적으로 서술된다는
것 말고는 다른 어떤 것도 더불어 나타내지 않는다. 그러므로 (문장을 이
루는) 다른 모든 부분들은 그대로 (아무 변화 없이) 덧붙여진다.   15

는다. 표 VI을 표 II와, 표 VII을 표 I과 비교해 볼 것.

161 원어 pas ouk anthropos를 순서대로 옮기면, '모든 비-인간은'이 된다. 여기에서 부정
사 '비'(非)는 원어처럼 '사람' 바로 앞에 놓인다. 그러나 이 한자어 대신 새로운 말을
만들어 '아니-사람'으로 옮겼다. '사람이 아닌 것'으로 이해하면 쉽다.

162 '어떤 …도 …지 않다'의 원어는 mēdeis로 한 낱말이다.

'모든 동물은 정의롭다'(A)는 긍정문에 반대되는 방식으로 대립된 부정문은 '어떤 동물도 정의롭지 않다'(E)를 나타내는 문장이므로, 분명히 이런 문장들은 결코 같은 것에 관련하여 동시에 참일 수 없겠다. 그러나 이것들에 (모순되는 방식으로) 대립된 문장들은[163] 때로 동시에 참일 수 있을 것이다. 예를 들어, '몇몇 동물은 정의롭지 않다(모든 동물이 정의롭지는 않다)'(O)와 '몇몇 동물은 정의롭다(어떤 동물은 정의롭다)'(I)가 그런 것이다.[164]

그러나 (무한 동사가 쓰인 경우에는) 다음과 같이 (하나가 다른 것에서) 논리적으로 따라 나온다. '모든 사람은 아니-정의롭다'(A)에서 '모든 사람은 정의롭지 않다(어떤 사람도 정의롭지 않다)'(E)가 따라 나오며(도출되며), '몇몇 사람은 정의롭다(어떤 사람은 정의롭다)'(I)〈가〉'몇몇 사람은 아니-정의롭지 않다(모든 사람이 아니-정의롭지는 않다)'(O)는 대립 문장〈에서〉 따라 나온다.[165] 틀림없이, 정의로운 사람이 한 사람이라도 있기 때문이다.[166]

---

163 뒤의 문장들 중 O는 A에, I는 E에 서로 모순되는 방식으로 대립되어 있다. 이 두 문장 O와 I는, A와 E와는 달리, 동시에 참일 수 있기에, 다시 말해 A와 E보다 맞놓이는 정도가 약하기에, 논리학 책들에서 흔히 '소반대'(小反對)의 방식으로 대립된다고 일컬어지는 문장들이다. 부록 2 참조.

164 20ª 16-20은 7장 17ᵇ 20-26의 내용을 되풀이한다.

165 바이데만의 지적에 따라 'I에서 O가 뒤따른다'를 'I가 O에서 뒤따른다' 식으로 원문을 고쳐 읽었다. 그의 책(1994), 358-361쪽 참조. 위의 네 문장들이 상호 도출되는 관계이긴 하지만(A↔E, I↔O), 바로 뒤의 문장 "틀림없이, 정의로운 사람이 한 사람이라도 있기 때문이다"는 O에서 I가 뒤따라 나오는 것에 대한 이유이기 때문이다.

166 이 단락(20ª 20-23)은 20ª 37-40과 마찬가지로, 어떤 유한 술어 명제('정의롭다'가 술어로 든 명제)가 어떤 무한 술어 명제('아니-정의롭다'가 술어로 든 명제)와 같은 뜻인지를 예를 들어 보여 준다.

그리고 또, 개별자들과 관련하여 어떤 질문 받았을 때, 그것을 부
정하는 것이 참이라면, 분명히 긍정하는 것도 참이다. 예를 들어, '소크 25
라테스는 지혜로운가? 아니오. 그럼, 소크라테스는 아니-지혜롭다(긍
정).'[167] 이와 반대로, 보편자들의 경우에는 똑같은 방식의 긍정문이 참이
되지 못하고, 부정문만이 참이다. 예를 들어, '모든 사람은 지혜로운가?
아니오. 그럼, 모든 사람은 아니-지혜롭다(긍정).' 이렇게 말하는 것은
틀리다. '몇몇 사람은 지혜롭지 않다(모든 사람이 지혜롭지는 않다)(부정)'
고 말하는 것이 맞다. 이것은 (물음에 대한 긍정문에 모순되는 방식으로) 대 30
립된 문장이며, 앞의 것은 (물음에 대한 긍정문에) 반대되는 문장이다.[168]

   (다른 말들에) 대립된 무한 명사들이나 무한 동사들은 예를 들어, '아
니-사람'이나 '아니-정의로운'은 (기본형) 명사나 (기본형) 동사가 들지
않은 부정문(否定文)들인 것처럼 보이지만, 사실은 그렇지 않다. 왜냐하
면 부정문은 항상 참이거나 거짓이어야 하는데, '아니-사람'을 말하는 35
사람은 어떤 것(술어)이 덧붙여지지 않을 경우, '사람'을 말하는 사람과
마찬가지로 참인 말이나 거짓인 말을 하지 않으며, (설사 그런 말을 한다

---

167 우리말에서 '소크라테스는 아니 지혜롭다'는 '소크라테스는 지혜롭지 않다'와 같은
     뜻으로 부정문이지만, 이와 달리 '아니'와 '지혜롭다' 사이에 이음줄 '-'을 넣어 무한
     술어로 만들어 원문처럼 긍정문임을 강조하였다. '소크라테스는 지혜롭지 않다'는 단
     칭 부정 유한 술어 명제는 '소크라테스는 아니-지혜롭다'는 단칭 긍정 무한 술어 명
     제와 같은 뜻으로 등가(等價)이다. 20ᵃ 39-40 참조.
168 전칭 긍정을 부정하면 특칭 부정이 된다. '모든 사람은 지혜롭다'(A)의 부정은 '몇몇
     사람은 지혜롭지 않다(모든 사람이 지혜롭지는 않다)'(O)가 된다. 이 둘은 서로 모순되
     는 방식으로 대립된 문장들, 즉 모순 명제 쌍이다. 그러나 '모든 사람은 아니-지혜롭
     다(형태는 A이지만, 내용에서는 '모든 사람은 지혜롭지 않다'(E)와 같다)'는 '모든 사람은
     지혜롭다'(A)와 마찬가지로 긍정문이며, 이것에 반대되는 문장이다.

고 하더라도) 그 사람보다 덜 그렇기 때문이다.[169]

　'모든 아니-사람은 정의롭다'(A)는 문장은 위의 문장들 중 어느 것과도 같지 않다. 이 문장에 (모순되는 방식으로) 대립된 '몇몇 아니-사람은 정의롭지 않다(모든 아니-사람이 정의롭지는 않다)'(O)도 (앞에서 다룬 종류의 문장들과) 같지 않다. 그러나 '모든 아니-사람은 아니-정의롭다'(A)는 '모든 아니-사람은 정의롭지 않다(어떤 아니-사람도 정의롭지 않

40　다)'(E)와 같은 것을 나타낸다.[170]

20b　명사와 동사의 위치가 | 바뀌어도 (이로부터 생긴 문장들은) 같은 것을 나타낸다. '희다, (어떤) 사람은'과 '(어떤) 사람은 희다'를 그 예로 들 수 있겠다.[171] 그렇지 않을 경우, 같은 한 문장에 대해 이보다 많은 부정문이 나타날 것이다.[172] 그러나 우리는 하나의 긍정문은 오직 하나의 부

169　문장 전체가 아닌 낱말들이 참이나 거짓을 표현한다고 치더라도, 유한 명사나 유한 동사는 나타내는 바가 확정된 것이기 때문에 참이나 거짓을 표현하기에 무한 명사나 무한 동사보다 더 적합하다. 여기서 참을 나타내는 alētheia는 (사물의) 분명함이나 실재성을 뜻한다. 유한 명사나 유한 동사가 무한 명사나 무한 동사보다 더 잘 사물의 실재성을 드러낸다.

170　명제의 주어와 양은 그대로 놔두고 술어와 질을 무한 또는 유한으로, 긍정 또는 부정으로 바꿈으로써 등가의 명제를 만들어 내는, 이런 규칙을 주석가 스테파노스(6~7세기)는 '프로클로스의 법칙'이라 부른다. 전통 논리학의 환질법(換質法, rule of equipollence)은 이에 바탕을 두고 있다. 예를 들면, '모든 사람은 정의롭다'는 전칭 긍정 유한 술어 명제는 '모든 사람은 아니-정의롭지 않다(어떤 사람도 아니-정의롭지 않다)'는 전칭 부정 무한 술어 명제와 같은 값(등가)이다. 이 단락(20ᵃ 37-40)은 위치로 볼 때 20ᵃ 23에 더 자연스럽게 이어진다.

171　라틴어와 그리스어는 문장 내의 낱말들의 순서가 바뀌어도 뜻이 그대로다. 지금의 예를 라틴어로 표현하면, Est albus homo와 Est homo albus이다.

172　위의 두 문장이 같은 문장이 아니라면, 즉 두 개의 다른 문장이라면, 이에 대한 부정문도 두 개가 될 것이다.

정문을 가진다는 점을 보였다.[173] 예를 들어, '(어떤) 사람은 희다'의 부정
은 '(어떤) 사람은 희지 않다'이다. 반면, '희다, (어떤) 사람은'이 '(어떤) 5
사람은 희다'와 같은 문장이 아니라면, 그 부정은 '희지 않다, (어떤) 아
니-사람은'이거나 '희지 않다, (어떤) 사람은'일 것이다. 그런데, 앞의 것
은 '희다, (어떤) 아니-사람은'의 부정문이며, 뒤의 것은 '(어떤) 사람은
희다'의 부정문이다. 그래서 하나의 긍정문에 대해 두 개의 부정문이 있 10
게 될 것이다. (이는 이치에 어긋난다.) 그러므로, 명사와 동사의 위치가 바
뀌어도 긍정문과 부정문은 (변함없이) 그대로다.

11장 복합 명제

하나(의 술어)를 여럿(의 주어)에 대해 또는 여럿(의 술어)을 하나(의 주어)
에 대해 긍정하거나 부정하는 것은, 이 여럿으로 구성된 것이 단일한 것
이 아닐 경우, 단일한 긍정문이나 부정문을 만들어 내지 못한다. 어떤 것 15
들에 대해 하나의 이름이 있다고 하더라도 그것들이 단일한 것을 이루
지 못하면, 나는 그것들을 하나라고 부르지 않는다.[174] 예를 들어, 사람은
아마도 동물이고, 두 발 달렸고, 길들었다. 그러나 또한 이것들로부터 단
일한 것이 나온다. 이와 반대로, '희다'와 '사람'과 '걷는다'로부터는 단
일한 것이 나오지 않는다. 그래서 이 세 가지 것들에 대해 어떤 하나를

---

173 7장 17^b 38-18^a 7 참조.
174 '하나의 것(대상)을 나타냄'에 대해서는 『형이상학』 4권 4장 1006^a 32-b 11 참조.

20 긍정해도 이는 하나의 긍정문이 되지 못한다.[175] 그것은 말소리로만 하나

일 뿐이며, (실제로는) 여러 개의 긍정문이다. 그것들을 하나에 대해 긍정

하더라도[176] 마찬가지로 그것은 여러 개의 긍정문이다.

철학적 대화술의 물음이[177] 전제된 문장(에 대한 긍정)이나[178] 또는 모

순 명제 쌍 가운데 한쪽을 대답으로 요구하는 물음이고,[179] 이 전제된 문

25 장이 모순 명제 쌍 가운데 하나라면, 앞서 말한 경우들에서 대답은 단일

한 문장일 수 없다.[180] 왜냐하면 그 물음이 요구하는 대답이 참일지라도

---

175 이 세 가지 것에 대해, 소크라테스를 예로 들어 서술하여 문장으로 만들면, '걸어가는, 흰, 사람은 소크라테스다'가 되는데, 이는 단일한 문장이 아니다.

176 소크라테스를 예로 들어, '소크라테스는 걸어가는, 흰, 사람이다'라고 긍정하더라도.

177 철학적 대화술의 물음, 즉 철학적 대화술에서 주로 쓰는 물음은 철학적 대화술의 전제에서 만들어진다. 철학적 대화술은 일정한 주제를 놓고 흔히 받아들여지는 통념(endoxon)들에서 출발하여 찬반 논쟁을 벌이는 기술이다. 이와 달리 증명학은 참이고 필연적인, 매개되지 않은 전제들에서 출발하여 논증을 펼친다. 아리스토텔레스는 『뒤 분석론』 1권 2장에서 철학적 대화술의 전제와 증명학의 전제를 다음과 같이 구분한다. "전제(protasis)는 어떤 것에 대한 긍정 서술이거나 부정 서술이다. 둘 중 아무거나 받아들일 때에는 철학적 대화술의(dialektikē) 전제가 되며, 특정한 하나를 참인 것으로 받아들일 때에는 증명학의(apodeiktikē) 전제가 된다(72ª 8-11)." 같은 책 1권 12장 77ª 36-40과 『앞 분석론』 1권 1장 24ª 22-b 12 참조.

178 '전제된 문장'의 원어는 protasis(이 말의 동사형 proteinein은 '앞에 펼치다'는 뜻)로 '(추론의) 전제'를 뜻한다. 문맥에 맞춰 '전제된 문장'으로 풀어 옮겼다. '소크라테스는 흰가?'라는 철학적 대화술의 물음에는 '소크라테스는 희다'라는 문장이 전제되어 있다. 아리스토텔레스는 "철학적 대화술의 물음이 전제된 문장(에 대한 긍정)이나"를 곧바로 "이 전제된 문장이 모순 명제 쌍 가운데 하나라면"으로 고치고 있다. '소크라테스는 흰가?'라는 물음은 실제로 '소크라테스가 흰가? 희지 않은가?'라는 물음과 같기 때문이다. 따라서 원래의 물음엔 '소크라테스는 희지 않다'는 부정문도 긍정문과 더불어 함축되어 있다.

179 예를 들어, '세계는 영원한가, 영원하지 않은가?'에서 '세계는 영원하다'와 '세계는 영원하지 않다' 중 어느 한쪽을 대답으로 요구하는 물음.

180 예를 들어, '소크라테스는 걸어가는 흰 사람인가?'라는 복합된 물음에 대해 '그렇다'

하나의 물음이 아니기 때문이다. 이런 문제는 『토포스론』에서[181] 이미 논의한 바 있다. 그렇지만 이와 더불어, '어떤 것이 무엇이냐?'는 (정의에 관한) 물음은 분명히 철학적 대화술의 물음이 아니다.[182] (철학적 대화술의 물음이라면) 모순 명제 쌍 중 어느 쪽을 선택해 주장하길 원하는지가 응답자의 권한으로 주어져야 하기 때문이다. 그리고 질문자는 ('사람은 무엇인가?'라는 질문을) 더 상세히 규정하여, '사람은 이런 것인가? 또는 그 30 런 것이 아닌가?'라고 물어야 한다.[183]

그렇지만, 따로 서술되는 술어들 중 어떤 것들은 또한 결합된 채로도 서술되어 전체 술어가 하나가 될 수 있지만, 어떤 것들은 그렇지 못하다. 어디에서 차이가 나는가?[184] 예를 들어, 사람에 대해 그것이 '동물'이라고, 그것이 '두 발 달렸다'고 따로따로 말하는 것은 참이다. 그리고 이 둘이 하나(의 술어)인 듯 ('두 발 달린 동물'이라고) 말하는 것도 참이다. 그리고 '사람'과 '희다'도 마찬가지로, 하나인 듯 말하는 것이 참이다.[185] 이 35

고 한마디로 답하더라도, 이 대답에 들어 있는 문장은 '소크라테스는 걸어간다. 소크라테스는 희다. 소크라테스는 사람이다'로 복합되어 있다.

181 『토포스론』 8권 7장, 『소피스트식 논박』 6장 169^a 6-16, 17장 175^b 39-176^a 18, 30장 181^a 35-b 3 참조. 『소피스트식 논박』은 몇몇 필사본에서 『토포스론』 9권'이라는 별칭으로 전해 내려오기도 한다.

182 예를 들어, '사람은 무엇인가?'라는 물음은 답변자에게 선택의 여지를 주지 않기 때문에 철학적 대화술의 물음이 아니다. 『토포스론』 8권 2장 158^a 14-22 참조.

183 예를 들어, '사람은 이성적인 동물인가 아닌가?'라고 물어야 한다. 『토포스론』 1권 4장 101^b 28-36 참조.

184 같은 주어에 대해 따로 서술된 두 술어가 같은 주어에 대해 함께 서술되려면 어떤 조건을 갖춰야 하는가? ① 한 술어에 다른 술어가 일부로서 들어 있지 않아야 하고(21^a 16, 17-18), ② 한 술어가 다른 술어에 딸려 있지 않아야 한다(21^a 8-9).

185 그러나 '흰 사람'의 단일성은 앞의 예, '두 발 달린 사람'보다 정도가 훨씬 약하다. 바탕이 되는 것(基體)인 사람이 어떤 일로 놀라거나 병들어서 '흼'을 겪기 때문에 흼이

와 달리, 어떤 이가 구두장이고, (게다가 마음씨가) 좋다고, 그가 좋은 구두장이인 것은 아니다.[186] 각각이 참이라고 해서 둘을 합한 것도 참이라면, 이치에 어긋나는 점들이 많이 생길 것이다. 어떤 사람에 대해서 '사람'과 '희다'가 참이라면, 이 둘을 합한 것(인 '흰 사람')도 참이기 때문이다. 그리고 여기에 또, '희다'가 그 사람에 대해 참이라면, 이 모든 술어들

40 이 (함께) 참이 되어, 그는 '흰, 흰 사람'이 될 것이고, 이렇게 무한히 계속

21a 될 것이다. 그리고 다시 | '교양 있다', '희다', '걷는다'도 나와서 이것들이 여러 번에 걸쳐 결합될 것이다. 게다가, 소크라테스가 소크라테스이고 사람이라면, 그는 사람 소크라테스일 것이다. 그가 사람이고 두 발 달렸다면, 두 발 달린 사람일 것이다. 이렇듯, (술어들의) 결합이 아무 제약

5 없이 이루어지도록 놔두면, 분명히 이치에 어긋나는 점들이 많이 따르게 된다. 이 문제를 어떻게 해야 할지[187] 이제 설명해 보자.[188]

서술되는 것(술어)들, 그리고 이것들로부터 서술받는 것(주어)들 중 어떤 것들은, 같은 것(주어)에 대해서든 아니면 어떤 것이 다른 어떤 것에 대해서든,[189] 딸린 방식으로 말해지는데, 이것들은 하나가 될 수 없을

10 것이다. 예를 들어, 어떤 사람은 희고 교양 있다. 그러나 여기서 '희다'와

사람에 딸리고, 이 둘이 하나가 된다. 『형이상학』 7권 12장 1037ᵇ 10-18 참조.

186 어떤 사람의 직업이 '구두장이'고, 이 사람의 마음씨가 '좋다'고 해서 이 사람이 반드시 '좋은(= 솜씨가 좋은) 구두장이'인 것은 아니다. 『소피스트식 논박』 20장 177ᵇ 13-15 참조.

187 = 분리된 여러 술어들이 어떤 경우에 결합될 수 있으며, 어떤 경우에 그렇게 될 수 없는지.

188 20ᵇ 36-21ᵃ 7에 대해서는 『토포스론』 6권 7장 140ᵇ 27-141ᵃ 14 참조.

189 = 딸린 두 속성이 한 실체에 대해서든 아니면 딸린 두 속성이 서로에 대해서든. 예를 들어 '희다'와 '교양 있다'가 '사람' 대해서든, 아니면 '흰 것'이 '교양 있는 것'에 또는 '교양 있는 것'이 '흰 것'에 대해서든.

'교양 있다'는 (둘이지) 하나가 아니다. 이 둘은 같은 것(대상)에 딸린 것이기 때문이다.[190] (어떤) 흰 것에 대해 그것이 교양 있다고 말하는 것이 참이라 하더라도 (어떤) 교양 있는, 흰 것은 하나가 아닐 것이다. 왜냐하면 흰 것은 (오로지) 간접적으로[191] 교양 있는 것이어서, 흰 교양 있는 것이 하나일 수 없을 것이기 때문이다. 그렇기 때문에 (앞서 말한) 무조건 좋은 구두장이도 하나이지 않을 것이다.[192] 그러나 두 발 달린 동물은 하 15 나일 것이다. 두 발 달림이 (동물에 그저) 간접적으로 딸리지 않기 때문이다.[193] 더 나아가, 다른 것 안에 들어 있는 것(속성)들의 경우도 (그 다른 것과 함께) 하나이지 않을 것이다. 이렇기 때문에 '희다'를 여러 번 되풀이할 수 없으며,[194] 사람은 동물 사람이나 두 발 달린 사람일 수 없다.[195] 왜

190 '희다'와 '교양 있다'는 두 속성은 그 자체로 독립적이지 못하고, 같은 대상(실체)인 사람에게 '딸린'(symbebēkos) 속성들이다. 독립적인 존재인 실체에 항상 붙어서만 존재하는 부수적인 속성들이다.

191 '간접적으로'의 원어는 kata symbebēkos이다. 흰 것은 그 자체가 직접적으로 교양 있는 것은 아니다. 그것이 어떤 사람에 딸린 속성이기 때문에, 이 사람을 사이에 두고 닿는 방식으로, 즉 간접적으로 다른 술어 '교양 있다'와 결합될 때, 흰 것이 교양 있다고 말할 수 있게 된다.

192 '무조건 좋은'(haplōs agathos)은 '구두장이의 직업과 직접 관련하여 좋은(= 솜씨가 좋은)'이 아니라, '일반적으로 그가 사람으로서 좋은(= 착한)'의 뜻이다. '무조건 좋은'이라는 꾸밈말(수식어)이 붙은 구두장이는 자신의 직업과 상관없이 단지 간접적으로만 좋을 뿐이어서, '무조건 좋은, 구두장이'는 단일한 술어를 이루지 못한다.

193 '두 발 달림'은 동물의 차이성(종차)으로서 '동물'과 더불어 특정한 자연 종(사람)에 대한 뜻(정의)을 이룬다.

194 '흰 사람'에 대해 다시 술어의 일부를 되풀이하여 '흰, 흰 사람' 식으로 서술할 수 없다는 뜻이다.

195 '사람'이라는 개념 속에 이미 '동물'이라는 개념이 그 특징으로서 들어 있기 때문에 이 두 술어를 어떤 살아 있는 사람에 대해 함께 붙여 서술하는 것은 중복되는 결과를 낳는다.

냐하면 사람(이라는 개념) 안에 이미 '두 발 달림'과 '동물'이 (그 특징으로서) 들어 있기 때문이다.

그런데, 개별자에 대해 (둘 중 하나를) 아무 제약 없이 말하는 것도 20 참이다.[196] 예를 들어, 이 〈흰〉 사람에 대해 ('흰'을 빼고) 그는 사람이라거나 저기 저 흰 사람에 대해 ('사람'을 빼고) 그는 희다고 말하는 것은 참이다. 하지만 늘 그렇지는 않다. 모순을 함축하는 것이 대립된 채 덧붙여진 것 안에 들어 있다면, 그것은 참이 아니라 거짓이다. 죽은 사람에 대해 그는 사람이라고 말하는 것이 그 예다.[197] 그런 대립된 것이 (다른 술어 안에) 들어 있지 않다면, 그 문장은 참이다. 아니 이보다는 오히려, 그런 것 25 이 들어 있을 때에, 그 술어는 항상 참이 아니지만, 그런 것이 들어 있지 않을 때에도, 그것이 항상 참인 것은 아니라고 해야 할 것이다. 예를 들어, 호메로스는 무엇이다. 예를 들어, 시인이다. 따라서 그는 또한 있는가, 없는가? (없다.) 왜냐하면 '…이다'는 호메로스에 대해 딸린 방식으로 서술되기 때문이다. 다시 말해, 한 시인이기 때문에 '…이다'가 호메로스에 대해 (간접적으로) 서술되는 것이지, ('…이다'가) 그 자체로(독립적으

196 이제, 복합 술어들을 따로 떼어 서술할 수 있느냐는 문제가 다루어진다. 예를 들어, 어떤 것이 흰 사람이면, 그것은 사람이고, 또 그것은 희다고 말할 수 있는가? 같은 주어에 대해 함께 서술된 두 술어가 같은 주어에 대해 따로 서술되려면 어떤 조건을 갖춰야 하는가? ① 둘째 술어가 첫째 술어에 모순되는 내용을 담고 있지 않아야 하고(21ᵃ 21-23, 29-30), ② 둘째 술어가 딸린 방식으로 서술되지 않고, 그 자체로 서술되어야 한다(21ᵃ 30-31).

197 어떤 사람에 대해 '그는 죽은 사람이다'라고 서술할 때, '그는 죽었다'고 말할 수 있지만 '그는 사람이다'라고 말할 수는 없다. '사람'은 본질적으로 '살아 있는 것'을 뜻하며, 죽은 사람은 사람이 아니기 때문이다. 여기서 '죽은 사람'은 '한때 사람이었지만, 지금은 더는 사람이 아닌 것'을 뜻한다.

로) (호메로스에 대해) 서술되는 것은 아니다.[198]

그러므로 (서로 안에) 반대성이 있지 않은 술어들의 경우, 명사들 자 30
리에 정의들이 들어서고, 또 그것이 딸린 방식이 아니라 그 자체로 (직
접) 서술된다면, 이런 경우 어떤 것을 아무 제약 없이 말하는 것은 참일
것이다.[199] 그러나 없는 (어떤) 것은 (우리가) 생각할 수 있는 것이기 때문
에 그것이 있는 (어떤) 것이라고 말한다면 맞지 않다.[200] 없는 것에 대한
생각은 그것이 있다는 것이 아니라, 그것이 없다는 것이기 때문이다.[201]

198 '호메로스는 시인**이다**'(라: Homerus est poeta)에서 호메로스에 대해 두 가지 술어가, 즉
'…이다'와 '시인'이 붙는다. 이음말 '…이다'(est)는 호메로스가 '시인**이기**' 때문에 붙
지, 그것만 따로 떼어 존재사의 뜻으로 써서 '호메로스는 **있다**'(Homerus est)'고 말할
수는 없다.

199 본질적인 술어가 아니라 딸린(우연적인) 술어일지라도, 다른 것을 통해 간접적으로
서술되지 않고 주어에 대해 직접 서술된다면, 이런 경우에 포함된다. 예를 들어, '소크
라테스는 흰 사람이다'에서 '희다'만 따로 떼어 내어 '소크라테스는 희다'고 말할 수
있다. 이와 반대로, '이 사람은 좋은(=솜씨가 좋은) 구두장이다'에서 '좋다'는 구두장
이와 관련된 뜻을 갖기 때문에, 달리 말해 '이 사람'에 직접 딸리는 술어가 아니기 때
문에, 복합 술어에서 '좋다'만 따로 떼어 내 '이 사람은 (무조건) 좋다(=착하다)'라고
말할 수 없다. 뒤의 '호메로스는 시인**이다**'도 이와 비슷하다.

200 '우리는 없는 것을 생각할 수 있다. 즉 없는 것은 생각할 수 있는 것**이다**(라: Non ens est
opinabile). 그러므로 없는 것은 **있다**(라: Non ens est)'고 소피스트 방식으로 논변을 펼
치는 것은 옳지 않다. 없는 것은 생각할 수 있는 것**이지**만 그것 자체가 **있지**는 않기 때
문이다(여기서, '이다', '있다'는 그리스어로는 같은 말 'esti'이다). 『소피스트식 논박』 5장
166ᵇ 37-167ᵃ 2 참조.

201 없는 것(to mē on)은 **있지** 않다(non ens est non). 없는 것은 없는 것**이다**(non ens est non
ens). 『형이상학』 4권 2장 1003ᵇ 10, 플라톤, 『소피스테스』 254D, 258C 참조.

12장 양상 명제의 종류와 모순 대립[202]

이런 점들을 구분해 두고, 이제 '…임은 가능하다'와[203] '…임은 가능하지

35 않다', '허용된다'와[204] '허용되지 않는다', '불가능하다'와[205] '필연적이다'

가[206] 든 긍정문과 부정문이 서로 어떤 관계에 놓여 있는지 살펴보자. 여

기에 어려운 점들이[207] 몇 가지 있기 때문이다.

즉, 결합된 표현들 중에서, '…이다'와 '…이지 않다'(의 기준)에 따라

21b 배치된 것들이 | 서로 모순되는 방식으로 대립되어 있다고 해 보자. 예

를 들어, '사람이다'의 부정(否定)은 '아니-사람이다'가 아니라 '사람이

지 않다'이며, '흰 사람이다'의 부정은 '아니-흰 사람이다'가 아니라 '흰

---

202 이 장은 13장과 더불어 양상 논리의 중요한 첫 디딤돌이 되었다. 양상 논리에 관한
   더 발전된 형태의 논의는 『앞 분석론』 1권 3장, 8-22장을 참조. 가능성 또는 능력
   (dynamis)의 개념에 대해서는 『형이상학』 9권을 참조.

203 '가능하다'의 원어는 dynaton으로 '할 수 있다'(능력)는 뜻과 '될 수 있다'(실현 가
   능성) 또는 '일 수 있다'(논리적 가능성)는 뜻이 모두 들어 있다. '가능하다'를 그 뜻
   을 모두 대변하는 일상적인 표현으로 바꾸면 '…ㄹ 수 있다'가 된다. 뒤의 '허용된
   다'(endechomenon)와 뜻이 거의 같다.

204 endechomenon은 '허용된다', '허락된다', '받아들여진다'는 뜻 말고 dynaton처럼 '…
   일 수 있다'는 가능의 뜻을 가진다. 그렇지만 dynaton이 갖는 '…할 힘이 있다'는 (자
   연적) 능력의 뜻은 없다. '허용된다'는 '가능하다'와 상호 도출의 관계에 있다(13장 22ª
   15-16 참조). '필연적이다'(반드시 …다)와 '불가능하다'(…일 수 없다)의 중간쯤에 놓
   여 있다.

205 adynaton은 '…ㄹ 수 있다'(dynaton)에 반대되는 '…ㄹ 수 없다'지만, 본문에서 긍정어
   로 다루어지기 때문에 '불가능하다'로 옮겼다. 이 말에는 무능력의 뜻은 거의 없다.

206 필연적이다'의 원어는 anankaion으로 일상적인 표현으로 옮기면 '반드시 …(이)다'가
   된다. '가능하다', '허용된다', '불가능하다'와 더불어 명제나 판단의 확실성과 타당성
   의 정도를 나타내는 양상(樣相) 개념에 든다.

207 '어려운 점'의 원어는 aporia이다. 말 그대로는, 빠져나갈 길이 없어 보이는 막다른 길
   의 상태, '곤경'이나 '궁지'를 뜻한다.

사람**이지 않다**'라고 해 보자((아니-흰 사람이 부정일 경우) 모든 것에 대해 긍정함이나 부정함이 맞다고 하면,[208] 통나무를 두고 '아니-흰 사람'이라 5 고 말하는 것이 참이 될 테다). 이렇다면,[209] '…이다'가 덧붙지 않는 경우 '…이다' 대신 말해지는 동사는 같은 구실을 할 것이다.[210] 예를 들어, '(어떤) 사람은 걷는다'의 부정은 '(어떤) 아니-사람은 걷는다'가 아니라 '(어떤) 사람은 걷지 않는다'이다. '(어떤) 사람은 걷는다'고 말하는 것은 '(어떤) 사람은 걷는 것이다'라고 말하는 것과 차이가 없기 때문이다.[211] 따라 10 서, 모든 경우에서 이렇다면,[212] '…임은 가능하다'의 부정은 '…이지 않음은 가능하다'이지, '…임은 가능하지 않다'가 아닐 것이다.

그런데, (그렇다고 할 경우) 같은 것(대상)이 …이고 (동시에) …이지 않을 수 있는 것처럼 보인다. 예를 들어, 잘릴 수 있는 것이나 걸을 수 있는 것은 모두 걷지 않을 수 있는 것, 잘리지 않을 수 있는 것이다. 그 까닭은, 이런 가능(능력)을[213] 갖춘 것들이 항상 그것을 발휘하고 있지는 않아 15

---

208 '모든 것에 대해 긍정함이나 부정함이 맞다'는 긍정이나 부정의 중간에는 아무것도 없다는 배중률(排中律)을 뜻한다(13장 22^b 12-13 참조). 21^b 17-18에는 모순율에 대한 규정이 나와 있다. 배중률 자체에 관한 자세한 논의는 『형이상학』 4권 7장 참조.

209 '이렇다면'은 부연 설명한 부분인 ( ) 앞에 놓인 내용을 가리킨다.

210 10장 20^a 3-5 참조.

211 둘은 차이가 없으므로(『형이상학』 5권 7장 1017^a 27-30 참조), '(어떤) 사람은 걷고 있는 **것이다**'(anthoropos esti badizōn)의 부정이 '…이다'를 부정한 '(어떤) 사람은 걷는 것이 **지 않다**'라면, '(어떤) 사람은 걷는다'의 부정은 '…이다'의 구실을 하는 '걷는다'를 부정한 '(어떤) 사람은 걷지 않는다'이다.

212 '…이다'와 '…이지 않다'에 맞춰 서로 모순되는 방식으로 대립된 모든 문장들이 만들어진다면, '…임은 가능하다'(…일 수 있다)의 부정은 '…이지 않음은 가능하다'(…이지 않을 수 있다)가 될 것이다.

213 이런 종류의 '가능'(능력, dynamis) 개념은 이미 9장 19^a 7-22에서 논의된 바 있다. 13장 23^a 7-16도 참조.

서, (그런 능력의) 부정이 또한 그것들에 (속성으로) 들어 있을 것이기 때문이다. 걸을 수 있는 것은 걷지 않을 수 있으며, 보일 수 있는 것은 보이지 않을 수 있기 때문이다.

그렇지만, 물론 같은 것(대상)에 대해 (서로 모순되는) 방식으로 대립된 (두) 표현들이 참일 수는 없다.[214] 그러므로 〈'…이지 않음은 가능하다'〉는 〈'…임은 가능하다'〉의 부정 술어가 아니다.[215] 이로부터, (이 경우에도) 같은 것(속성)을 같은 것(대상)에 대해 긍정하고 동시에 부정하는 것이 성립한다는 결과나, 아니면 (양상 개념이 든) 긍정문과 부정문은 '…이다'와 '…이지 않다'가 덧붙여 만들어지지 않는다는 결과가 나온다. 그런데 앞의 결과가 불가능한 것이라면,[216] 우리는 뒤의 결과를 선택해야 할 것이다. 그러므로 '…임은 가능하다'의 부정은 '…임은 가능하지 않다'이다.[217]

이와 같은 설명이 '…임은 허용된다'에 대해서도 통한다. 즉, 이것의 부정은 '…임은 허용되지 않는다'이다. 다른 (양상 개념들의) 경우들도, 즉 '필연적이다'와 '불가능하다'의 경우도 이와 마찬가지다. 앞의 경우

---

214 모순은 허용되지 않는다. 모순이 없어야 한다는 내용의 '무모순의 법칙'을 표현한 것이다. 이를 줄여서 흔히 '모순율'이라 한다. 모순율에 관한 자세한 논의는 『형이상학』 4권 3-4장 참조.

215 다시 말해 둘은 긍정과 부정의 관계, 즉 서로 모순되는 방식으로 대립된 문장들이 아니다. 같은 대상에 대해 '걸을 수 있다'와 '걷지 않을 수 있다'는 둘 다 동시에 참일 수 있기 때문이다. 이런 식으로 술어를 부정하는 경우에는 모순이 성립하지 않는다.

216 = 모순율을 부인하는 것이 불가능한 것이라면.

217 일상적인 표현을 쓰면, '…ㄹ 수 있다'의 부정은 '…ㄹ 수 있지 않다', 즉 '…ㄹ 수 없다'이다.

들에서²¹⁸ '…이다'와 '…이지 않다'는 덧붙이들이고,²¹⁹ '흰 것'과 '사람'은 바탕이 되는²²⁰ 사물들이었듯이, 여기에서 '…이다'〈와 '…이지 않다'〉는 바탕(이 되는 표현) 구실을 하고, '가능하다'와 '허용된다'는 이를 (세부) 규정하는 덧붙이들이다. 이것들도, 앞의 경우들에서 '…이다'와 '…이지 않다'가 참〈과 거짓〉을 서로 가르듯이, (예를 들어) '…임은 가능하다'와 '…임은 가능하지 않다'의 경우에서도 참〈과 거짓〉을 서로 가른다.²²¹ 30

'…이지 않음은 가능하다'의 부정은 '…이지 않음은 가능하지 않다' 이다. 그렇기 때문에, '…임은 가능하다'와 '…이지 않음은 가능하다'가 35 서로에서 따라 나오는 것처럼 보일 수 있을 것이다. 같은 것(대상)이 … 일 수 있고 (동시에) …이지 않을 수 있어 보이기 때문이다.²²² 이런 (형태의) 것들은 서로 모순되는 술어 쌍이 아니기 때문이다. 그러나 '…임은 가능하다'와 '…임은 가능하지 않다'는 | 결코 동시에 〈같은 것(대상)에 22a 관련하여 참이지 않다〉. 그것들은 서로 (모순되는 방식으로) 대립되어 있기 때문이다. '…이지 않음은 가능하다'와 '…이지 않음은 가능하지 않

---

218 21ᵇ 1-3("예를 들어 … 해 보자") 참조.

219 '덧붙이'의 원어는 prosthesis로 '…이다'처럼 주어와 술어 사이에 '덧붙여진 것'(부가물)을 뜻한다. 주어와 술어는 '…이다'를 통해 결합되고 '…이지 않다'를 통해 분리된다.

220 '바탕이 되는 (것)'(hypokeimenon)의 다른 쓰임새에 대해서는 『범주들』 10장 12ᵇ 12-15 참조.

221 '…이다'나 '…이지 않다' 또는 '가능하다'나 '가능하지 않다'를 통해 이루어진 모순 명제 쌍, 즉 긍정문과 부정문은 둘 중 하나가 참이거나 거짓이다. 다시 말해, 문장들의 진위가는 긍정과 부정을 통해 참이나 거짓으로 나뉜다.

222 '…임은 가능하다'와 '…이지 않음은 가능하다'가 서로 모순이 아니기 때문에 이로써 상호 도출의 관계를 위한 필요조건이 성립될 수는 있지만, 이는 결코 충분조건까지 되지는 못한다. 13장 22ᵇ 33-36 ("그런데 다른 … 있는 것은 아니다") 참조.

다'도 결코 동시에 〈같은 것(대상)에 관련하여 참이지 않다〉.[223]

　　이와 마찬가지로, '…임은 필연적이다'의 부정은 '…이지 않음은 필
5　연적이다'가 아니라 '…임은 필연적이지 않다'이다. 그리고 '…이지 않
음은 필연적이다'의 부정은 '…이지 않음은 필연적이지 않다'이다. 그리
고 '…임은 불가능하다'의 부정은 '…이지 않음은 불가능하다'가 아니라
'…임은 불가능하지 않다'이다.

　　일반적으로, 앞서 말했듯이, '…이다'와 '…이지 않다'를 바탕이 되
10　는 것으로 놓아야 하며, 그런 것(양상 개념)들을 '…이다'와 '…이지 않다'
에 덧붙여 긍정과 부정을 만들어 내야 한다. 그리고 다음과 같은 것들을
(서로 모순되는 방식으로) 대립된 표현들로 보아야 한다. '가능하다'와 '가
능하지 않다', '허용된다'와 '허용되지 않는다', '불가능하다'와 '불가능
하지 않다', '필연적이다'와 '필연적이지 않다', ['참이다'와 '참이지 않
다'].

13장 양상 명제의 논리적 도출 관계

이런 방식으로 (양상 표현들을) 놓으면, 이 순서에 따라 도출 관계가[224] 생

223　지금까지 논의된, 서로 모순되는 방식으로 대립된 네 쌍의 양상 표현들 말고 다섯째
　　로 나오는 '참이다'와 '참이지 않다'의 쌍은 앞뒤 논의와 상관없이 나중에 추가된 것
　　으로 짐작된다.
224　'도출 관계'의 원어는 akolouthēsis이다. '하나(의 명제)에서 다른 하나(의 명제)를 이끌
　　어 냄'을 뜻한다. 동사형은 akolouthein으로 '(…이 …에서) 따라 나오다', '도출되다'의
　　뜻이다. hepesthai(22ª 39)가 이 말 대신 같은 뜻으로 쓰이기도 한다.

기게 된다. '…임은 가능하다'에 '…임은 허용된다'가 따르며, 역으로 앞 15
의 것이 뒤의 것에 따르기도 한다.[225] 또 (그것에) '…임은 불가능하지 않
다'와 '…임은 필연적이지 않다'가 따른다.[226] 그리고 '…이지 않음은 가
능하다'와 '…이지 않음은 허용된다'에 '…이지 않음은 필연적이지 않
다'와 '…이지 않음은 불가능하지 않다'가 따른다.[227] 그리고 '…임은 가
능하지 않다'와 '…임은 허용되지 않는다'에 '…이지 않음은 필연적이 20
다'와 '…임은 불가능하다'가 따른다.[228] 그리고 (마지막으로) '…이지 않
음은 가능하지 않다'와 '…이지 않음은 허용되지 않는다'에 '…임은 필
연적이다'와 '…이지 않음은 불가능하다'가 따른다.[229] 우리가 말한 바를
다음의 표에서 살펴보도록 하자.

I	II
1) …임은 가능하다	1) …임은 가능하지 않다
2) …임은 허용된다	2) …임은 허용되지 않는다
3) …임은 불가능하지 않다	3) …임은 불가능하다[230]
4) …임은 필연적이지 않다	4) …이지 않음은 필연적이다

25

225 '역으로 어떤 것이 어떤 것에 따르다'의 원어는 antistrephein이다. 『범주들』 7장 6^b
28-7^b 14와 12장 14^a 33-35, 14^b 17에서 보듯 낱말이나 문장의 위치가 서로 맞바뀔
때 쓰이는 말이다. 여기서, I_1에 I_2가 따를 뿐만 아니라, 그 역도 성립한다. 즉 I_2에서
I_1이 따라 나오기도 한다. $(I_1 \rightarrow I_2)$ & $(I_2 \rightarrow I_1)$, 즉 $I_1 \leftrightarrow I_2$.

226 $I_1 \rightarrow I_3$ 그리고 $I_1 \rightarrow I_4$.

227 $III_1 \rightarrow (III_4 \& III_3)$ 그리고 $III_2 \rightarrow (III_4 \& III_3)$.

228 $II_1 \rightarrow (II_4 \& II_3)$ 그리고 $II_2 \rightarrow (II_4 \& II_3)$.

229 $IV_1 \rightarrow (IV_4 \& IV_3)$ 그리고 $IV_2 \rightarrow (IV_4 \& IV_3)$.

230 일상적인 표현 '…일 수 없다'가 부정 표현이어서 불가피하게 긍정 표현인 '불가능하
다'를 택했다. 22^a 38("여기서, '…임은 … 부정 표현이다") 참조.

III	IV
1) …이지 않음은 가능하다	1) …이지 않음은 가능하지 않다
2) …이지 않음은 허용된다	2) …이지 않음은 허용되지 않는다
3) …이지 않음은 불가능하지 않다	3) …이지 않음은 불가능하다
4) …이지 않음은 필연적이지 않다	4) …이지 않음은 필연적이다[231]

이렇듯, '불가능하다'와 불가능하지 않다'는 '허용된다'와 '가능하다'에, 그리고 '허용되지 않는다'와 '가능하지 않다'에 서로 모순되는 방식으로, 순서가 맞바뀐 채로 따른다.[232] '…임은 가능하다'에 〈…임은〉 불가능하다'의 부정이 따르고, (가능의) 부정에 (불가능의) 긍정이 따르기 때문이다.[233] 예를 들어 '…임은 가능하지 않다'에 '…임은 불가능하다'가 따른다.[234] 여기서, '…임은 불가능하다'는 긍정 표현이고, '…임은 불가능하지 않다'는 부정 표현이다.

'필연적이다'의 경우는 어떤가? 물론 이 경우에는 앞의 (불가능의)

---

231 위의 표(hypographē)를 일상적인 표현으로 바꾸면 다음과 같다. '있지 않다'를 '없다'로, '이지 않다'를 '아니다'로 바꿔도 뜻의 차이가 없다. 이 표는 22^b 22-28에서 I_4와 III_4의 위치가 바뀜으로써 수정된다.

232 즉 ① $I_2 \rightarrow I_3$ 그리고 $I_1 \rightarrow I_3$ ② $III_2 \rightarrow III_3$ 그리고 $III_1 \rightarrow III_3$ ③ $II_2 \rightarrow II_3$ 그리고 $II_1 \rightarrow II_3$ ④ $IV_2 \rightarrow IV_3$ 그리고 $IV_1 \rightarrow IV_3$의 네 가지 도출 관계가 이루어진다. 표 I과 II, 그리고 표 III과 IV에서 셋째에 위치한 모순 표현 쌍들은 첫째 표현과 둘째 표현으로 이루어진 쌍에서 똑같이 그것들에 모순되는 방식으로(antiphatikōs) 도출된다. 여기서 '모순되는 방식으로'는 예를 들어, II_1에 모순되는 I_1에서 I_3이 도출됨을 뜻한다. 그리고 '순서가 맞바뀐 채로'(antestrammenōs)는 I_1과 II_1의 긍정과 부정의 순서가 I_3과 II_3에서 부정과 긍정의 순서로 됨을 뜻한다.

233 $I_1 \rightarrow I_3 (= \sim II_3)$; $(II_1 \rightarrow II_3)$과 $(IV_1 \rightarrow IV_3)$.

234 $II_1 \rightarrow II_3$.

경우와 같지 않다. (여기에서는 기대되는 것에) 반대되는 술어 쌍이[235] 따르고, 모순되는 술어 쌍은 (이것들과 대각선 방향으로) 따로 떨어져 있다.[236] 즉 '…이지 않음은 | 필연적이다'의 부정은 '…임은 필연적이지 않다'가 **22b** 아니다.[237] 이 둘은 같은 것(대상)에 대해 참일 수 있기 때문이다. 다시 말해 '…이지 않음이 필연적인 것'은 '…임이 필연적이지 않다'.[238]

이것들이 다른 것들처럼 도출되지 않는 이유는[239] '불가능하다'가 반대되는 방식으로, 같은 뜻을 지닌 '필연적이다'를 통해 다시 주어지기 때문이다.[240] 다시 말해, 어떤 것이 …임이 불가능하다면, 그것은 …임이 5 필연적이지 않고, …이지 않음이 필연적이다.[241] 반면에, …이지 않음이

---

235 여기서 '반대되는 술어 쌍'은, 실제적인 반대가 아니라 표현상의 반대로 받아들이는 파키우스(Pacius)의 입장에 따라 I4와 II4 또는 III4와 IV4의 쌍으로 볼 수 있거나, 아니면 보에티우스(Boetius)의 입장에 따라 유일하게 실제적으로 반대되는 II4와 IV4로 볼 수도 있다. 옮긴이가 받아들인 후자의 입장에 따르면, II4의 자리에 '…임은 필연적이다'가 올 거라는 기대와 달리 이에 반대되는 '…이지 않음은 필연적이다'가 뒤따르고, IV4의 자리에 '…이지 않음은 필연적이다'가 올 것이라는 기대와 달리 이에 반대되는 '…임은 필연적이다'가 뒤따른다.

236 '필연적이다'의 경우는 '불가능하다'의 경우처럼 표 I과 표 II의 좌우 방향으로 모순 관계가 성립하지 않는다. 표 I과 표 II에서 넷째 쌍 '필연성'은 첫째 쌍 '가능성'과 둘째 쌍 '허용성'에서 도출되지만, 셋째 쌍 '불가능'의 경우와 달리 서로 모순 관계를 이루지 못한다. 대각선 방향으로 대립된 I4와 IV4, II4와 III4로 모순 관계를 이룬다. '떨어져 있다'는 '필연성' 표현 II4와 IV4에 각각 모순되는 '비(非)필연성' 표현 III4와 I4가 그것들 바로 왼쪽에 붙어 있지 않고 대각선 방향으로 엇갈려 있음을 뜻한다.

237 '~II3 = I3'과 달리 '~II4 = I4'는 아니다. 다시 말해, I4와 II4는 서로 모순 관계에 놓인 문장들이 아니다.

238 II4 = I4.

239 = '필연성'의 표현들(II4, IV4)이 '불가능성'의 표현들(II3, IV3)의 도출 방식을 따르지 않는 이유는.

240 II3은 IV4의 반대, 즉 II4와 같은 값(등가)이고, IV3은 II4의 반대, 즉 IV4와 같은 값이다.

241 II3 →II4.

불가능하다면 …임은 필연적이다.[242] 그래서, 저것들이 '가능하다'에서 그것도 부정인 '가능하지 않다'에서 같은 방식으로 도출된다면, 이것들은 그것에서 그것에 반대되는 방식으로 도출된다.[243] '필연적이다'와 '불가능하다'는 조금 전에 말한 것처럼[244] 순서가 맞바뀐 채로 같은 것을 나타내기 때문이다.

10   아니면,[245] '필연적이다'에 모순되는 술어 쌍이 표에 있는 대로 놓일 수 없는가? …임이 필연적인 것은 정말이지 …임이 가능하다.[246] 이렇지 않을 경우, (그것에 이의) 부정이 따를 것이다.[247] 긍정이나 부정 가운데

---

242 $IV_3 \rightarrow IV_4$.

243 '…임은 불가능하다'(II_3)와 '…이지 않음이 불가능하다'(IV_3)는 '…임은 가능하지 않다'(II_1)와 '…이지 않음은 가능하다'(IV_1)에서 이것들과 같은 형태로 각각 도출된다. 반면, '…이지 않음은 필연적이다'(II_4)와 '…임은 필연적이다'(IV_4)는 같은 II_1와 IV_1에서 이것들에 반대되는 방식으로, 즉 IV_{11}에 반대되는 II_1과 II_1에 반대되는 IV_1에서 각각 도출된다.

244 22^b 4-5("이것들이 다른 … 주어지기 때문이다").

245 필연성이 대각선으로 맺는 모순 관계가 나머지 셋, 즉 가능성, 허용성, 불가능성이 좌우로 맺는 모순 관계와 다른 이유는 엇갈린 II_4와 IV_4의 배치 때문은 아니라는 점이 밝혀졌다(22^b 3-10). 이제, 그 이유가 왼쪽에 위치한, IV_4와 II_4에 모순되는 I_4와 III_4의 배치 때문이 아닌지 검토된다. 먼저 I_4의 자리가 잘못되었음을 보이고(22^b 11-17), IV_4와 II_4가 이 자리에 들어설 수 없음을 밝힌 후(22^b 17-22), 남은 III_4가 그 자리에 적합함을 확인한다. 결국, I_4와 III_4의 내용이 맞바뀌어 표가 수정되고, 네 쌍의 표현들이 좌우로 모순 관계를 맺게 된다(22^b 22-28).

246 여기서 '…임은 가능하다'는 '…의 능력을 발휘하고 있다'는 뜻이다. 예를 들어, 어떤 사람이 걷고 있기 때문에 우리는 그가 걷는 능력이 있다고 말한다. 이 점에서 그는 틀림없이(필연적으로) 걷고 있다. 이런 일방적인 가능성(능력)은 쌍방의 가능성(능력)과, 즉 걸을 수도 있고 걷지 않을 수도 있는 것과 구분된다. 22^b 29-23^a 20 참조.

247 모든 IV_4인 것이 I_1인 것은 아니라면, IV_4인 것이 I_1의 부정인 II_1인 것이 될 수도 있을 것이다. 즉 (어떤 경우에는) IV_4에서 II_1이 도출된다. 여기서 도출은 전체적인 도출(A는 B인 것의 전부에 뒤따른다. 즉 모든 B인 것은 A다)이 아니라 부분적인 도출(A는 B인 것의 일부에 따른다. 즉 어떤 B인 것은 A다)을 뜻한다. 이 두 도출 관계를 현대 기호 논리로

하나를 택해야 하기 때문이다.[248] 그래서 그것이 …임이 가능하지 않다면, 그것이 …임이 불가능해야 할 것이다.[249] 결국 (어떤 경우에는) …임이 필연적인 것은 …임이 불가능하게 될 것이다.[250] 하지만 이는 이치에 어긋난다.[251] 그러나 '…임은 가능하다'에 '…임은 불가능하지 않다'가 따르며, 이것에는 '…임은 필연적이지 않다'가 따른다.[252] 그래서 …임이 필연적인 것이 …임이 필연적이지 않다는 결과가 나오게 되는데,[253] 이는 이치에 어긋난다.[254]

그러나 '…임은 필연적이다'도 '…임은 가능하다'에 따르지 않고, 또한 '…이지 않음은 필연적이다'도 따르지 않는다.[255] 〈같은 것(대상)에〉 둘이[256] 모두 딸릴 수 있지만, 그것들[257] 중 어느 것이 이 대상에 대해 참

표현하면 '$(\forall x)(Bx \to Ax)$'와 '$(\exists x)(Bx \,\&\, Ax)$'로 나타낼 수 있는데, 이 두 가지 양화된 도출에 대해서는 『앞 분석론』 1권 4장 26^b 5-6, 27장 43^b 11-13, 31장 46^b 36-37, 2권 (B) 2장 54^b 30-31, 3장 56^a 19-b 3 참조.

248 배중률에 대한 규정이다. 12장 21^b 4("모든 것에 대해 … 맞다고 하면") 참조.

249 $II_1 \to II_3$.

250 첫 번째 논증은 $IV_4 \to II_1 \to II_3$의 형태를 띤다. 22^b 29-33의 논증도 이와 같다.

251 어떤 IV_4인 것도 I_1의 부정인 II_1인 것이 될 수 없으므로, 남은 것은 모든 IV_4인 것이 I_1인 것이어야 한다는 것이다.

252 $I_1 \to I_3 \to I_4$.

253 두 번째 논증은 $IV_4 \to I_1 \to I_3 \to I_4$의 형태를 띤다.

254 I_4가 제자리에 있지 않음을 보여 주는 이 두 논증과 같은 것을 흔히 '귀류법'(歸謬法, reductio ad absurdum)라 부른다. 증명해야 할 것에 반대되는 것을 전제해 놓고, 이로부터 불합리하거나 모순되는 결과가 나옴을 보여 줌으로써 증명해야 할 것이 참임을 증명하는 논증으로서 '간접 증명(법)'이라 부르기도 한다.

255 $(I_1 \nrightarrow IV_4) \,\&\, (I_1 \nrightarrow II_4)$.

256 가능성의 양상 표현들인 I_1과 III_1이.

257 필연성의 양상 표현들인 IV_4와 II_4.

20 이라 하더라도, 이 둘은 (그 대상에 대해) 더는 참이 아닐 것이다. 왜냐하면 (그 대상이) …이고, 동시에 또한 …이지 않음이 가능하지만,[258] …임이나 …이지 않음이 필연적이라면, 둘 다 가능하지는 않을 것이기 때문이다.[259]

그러므로, '…이지 않음은 필연적이지 않다'가 '…임은 가능하다'에 따르는 것이[260] 남는다. 왜냐하면 이 '…임은 가능하다'는 '…임이 필연적인 〈것〉'에 대해서도 참이기 때문이다. 그리고 '…이지 않음은 필연적이지 않다'는 또한 '…임은 가능하지 않다'에 따르는 술어에 모순되는

25 술어다.[261] 왜냐하면 '…임은 가능하지 않다'에서 '…임은 불가능하다'와 '…이지 않음은 필연적이다'가 따라 나오는데,[262] 뒤의 것에 모순되는 표현은 '…이지 않음은 필연적이지 않다'이기 때문이다. 그러므로 이 (비(非)필연성과 관계된) 모순되는 술어 쌍도[263] 앞서 말한 방식대로[264] 따라 나오며, 이렇게 놓는다면 불가능한 일이[265] 전혀 생기지 않는다.[266]

'…임은 필연적이다'에서 '…임은 가능하다'가 따라 나오는 것에 대

---

258 I_1 & III_1.

259 $(IV_4 \lor II_4) \rightarrow (\sim I_1$ & $\sim III_1)$. 다시 말해, IV_4는 III_1의 부정을 함축하고, II_4는 I_1의 부정을 함축한다.

260 $I_1 \rightarrow III_4$.

261 II_4는 ($I1$에 모순되는) II_1에 뒤따르는 II_4에 모순되는 표현이다.

262 $II_1 \rightarrow (II_3$ & $II_4)$.

263 …임은 필연적이지 않다'(I_4)와 '…이지 않음은 필연적이지 않다'(III_4)도.

264 I_4와 III_4도 22^a 32-37에서 말한 방식대로, 예를 들어 II_1에 모순되는 I_1에서 I_3이 따라 나오는 방식으로 도출된다.

265 = 불합리한 일이 또는 이치에 어긋나는 일이.

266 앞의 표는 다음과 같이 수정된다. I_4와 III_4의 위치가 바뀌었을 뿐, 나머지는 앞의 표와 똑같다.

해 의아하게 여길 수 있겠다.[267] 이것이 따라 나오지 않는다면, 이것에 모 30
순되는 술어인 '⋯임은 가능하지 않다'가 따라 나와야 할 것이다. 그리
고 누군가가 이 '⋯임은 가능하지 않다'가 '⋯임은 가능하다'에 모순되
는 술어가 아니라고 주장한다면, (그것 대신) '⋯이지 않음은 가능하다'
를 말해야 할 것이다.[268] 이 둘은 '⋯임이 필연적인 〈것〉'에 대해 맞지 않
다.[269] 그런데 다른 한편으로,[270] 같은 것(대상)이 잘릴 수 있고 잘리지 않
을 수 있는 것처럼, (일반적으로) ⋯일 수 있고 ⋯이지 않을 수 있는 것처
럼[271] 보인다. 그래서 ⋯임이 필연적인 것이 ⋯이지 않음이 허용될 것이 35
다. 그러나 이는 맞지 않다. 분명히, ⋯일 수 〈또는 ⋯이지 않을 수〉 [또는

I	II
1) ⋯임은 가능하다	1) ⋯임은 가능하지 않다
2) ⋯임은 허용된다	2) ⋯임은 허용되지 않는다
3) ⋯임은 불가능하지 않다	3) ⋯임은 불가능하다
4) ⋯**이지 않음**은 필연적이지 않다	4) ⋯이지 않음은 필연적이다

III	IV
1) ⋯이지 않음은 가능하다	1) ⋯이지 않음은 가능하지 않다
2) ⋯이지 않음은 허용된다	2) ⋯이지 않음은 허용되지 않는다
3) ⋯이지 않음은 불가능하지 않다	3) ⋯이지 않음은 불가능하다
4) ⋯**임**은 필연적이지 않다	4) ⋯임은 필연적이다

267 22ᵇ 11("'⋯임이 필연적인 것'은 정말이지 '⋯임이 가능하다'")에서 받아들인 것처럼 정
   말로 'IV₄ → I₁'이냐는 어려운 물음이 남는다. 바로 뒤의 22ᵇ 29-23ᵃ 20에서 가능성
   개념과 필연성 개념의 관계가 좀 더 자세하게 논의된다.
268 II₁이 I₁의 모순이 아니라고 주장한다면, III₁이 I₁의 모순이라고 말해야 할 것이다.
269 II₁과 III₁은 IV₄에 들어맞지 않는다. 22ᵇ 29-33은 22ᵇ 11-14의 논의와 내용이 같다.
270 '⋯임은 필연적이다'에서 '⋯임은 가능하다(= ⋯임의 능력이 있다)'가 따라 나온다고
   하더라도, 마찬가지로 지지할 수 없는 견해에 이르게 된다.
271 I₁ & III₁인 것처럼.

걸을 수] 있는 것 모두가 (그것에) 대립된 것들에 대한 능력이 또한 있는 것은 아니다.[272] 이 점이 맞지 않는 사물들이 있다.[273]

먼저, 이성적인 능력이[274] 없는 사물들의 경우에 그렇다. 예를 들어, 불은 열을 낼 수 있는 것이며, (이렇게 하기 위한) 비(非)이성적인 능력을 **23a** 가진다. 그런데, 이성적인 능력들은 | 같은 능력이 여러 가지 것들에, 그 것도 서로 반대되는 것들에 관계한다. 그러나 비이성적인 능력들은 모 두가 이렇지는 않다. 말한 대로, 불이 열을 낼 수 있고, 또 내지 않을 수 도 있는 것은 아니다.[275] 그리고 (어떤 능력을) 항상 발휘하고 있는, 다른 모든 것들도 이와 마찬가지다. 하지만 비이성적인 능력을 가진 것들 중 에서도 어떤 것들은 동시에 (서로 모순되는 방식으로) 대립된 것들에 대한 5 능력이 있다.[276] 그러나 방금 말한 것은[277] 모든 능력들이 (서로 모순되는

---

272 미니오-팔루엘로의 원문에 따라 옮기면, "···일 수 있는 또는 걸을 수 있는 것 모두가 (그에) 대립된 것들에 대한 가능성(능력)이 또한 있는 것은 아니다"이다. 이는 21^b 13-17의 논의에 비추어 볼 때 의아스러운 주장이다. 그래서 바이데만의 텍스트 해석과 수정에 따라 '또는 걸을 수'를 생략하고, 대신 '또는 ···이지 않을 수'를 넣어 옮겼다. 그의 책(1994), 447~448쪽 참조.

273 어떤 대상들이 반대되는 것들 중 한쪽에만 가능성(능력)을 가질 수 있는지가 다음에 나오는 13장의 나머지 두 부분(22^b 38-23^a 6과 23^a 6-20)에서 논의된다.

274 이성적인 능력(dynamis meta logou)과 비(非)이성적인 능력(이성이 아닌 다른 능력: dynamis alogos)의 구분에 대해서는 『형이상학』 9권 2장 1046^b 1-2, 4-7, 5장 1048^a 2-4, 8장 1050^b 30-34 참조.

275 이런 점에서 불은 열을 내는, 능동적인 능력만을 가진다.

276 예를 들어, 나무는 (잘) 쪼개질 수도 있고 (잘) 쪼개지지 않을 수도 있다. 또 눈(雪)은 얼려질 수도 있고 녹여질 수도 있다. 나무나 눈과 같은 무생물의 능력은 수동적이다. 사람 아닌 동물들도 이런 무생물과 마찬가지로 반대되는 것에 대한 능력을 갖지만, 이들의 능력은 능동적이다.

277 22^b 38-23^a 3("먼저, 이성적인 ···이와 마찬가지다")을 가리킨다.

방식으로) 대립된 것들에 관련된 능력인 것은 아니라는 점 때문이었다. (불과) 같은 종류의 것들로 불리는 (비이성적인) 능력들도[278] 마찬가지다.

  그러나 몇몇 능력들은 한 이름 다른 뜻인 것들이다.[279] 다시 말해, '가능하다'(어떤 능력이 있다)는 한 가지 뜻으로 말해지는 말이 아니다.[280] 한편으로, 어떤 것은 (능력의) 발휘 상태에 있음이 맞기 때문에[281] 어떤 능력이 있다고 말해진다. 예를 들어 걷고 있기 때문에, 걷는 능력이 있다(고 말해진다). 일반적으로, 어떤 능력이 있다고 말해지는 사물은 이미 10 (그런 능력의) 발휘 상태에 있기 때문에 그런 능력이 있다. 다른 한편으로, 어떤 것은 (능력을) 발휘하게 될 것이기 때문에 어떤 능력이 있다고 말해진다. 예를 들어, 걷게 될 것이기 때문에 걷는 능력이 있다고 말한다. 이런 능력은 변하는 것들의[282] 경우에만 있지만, 앞의 능력은 불변하

---

278 '같은 종류의 능력들'은 불의 예와 '한 이름 한 뜻인 것들'(synōnyma)을 말한다. 이런 능력들은 '능력'이라는 이름만 같지 않고 그 뜻도 같다. 불의 예처럼 반대되는 것에 대한 능력이 한쪽 방향으로만 향해 있다. 뒤의 '한 이름 딴 뜻인 것들'(homōnyma)과 대비된다.

279 '한 이름 다른 뜻인 것들'의 원어는 homōnyma이다. 여러 대상들에 대해 같은 말이 붙지만 그 뜻이 대상마다 다르게 쓰일 때 적용되는 개념이다. 여기서는 '능력'이라는 말이 붙긴 하지만 그 뜻이 다른 대상들을 일컫는다. 23ª 8-10과 10-11에서 구분된 '발휘 상태에 있는 능력'과 '발휘하게 될 능력'이 바로 한 이름 다른 뜻인 것이다. 'homōnyma' 개념에 대해서는 『범주들』1장을 참조.

280 (하나 이상의) 여러 가지 뜻을 가진다는 말이다. 『형이상학』9권 1장 1046ª 4-10 참조. 여기서 능력을 나타내는 dynamis가 기하학에서는 '거듭제곱'이라는 뜻을 갖기도 한다. 'dynamis' 개념에 대한 일반적인 설명은 같은 책 5권 12장 참조.

281 = 어떤 것은 바로 일정한 능력을 발휘하고 있는 중이기 때문에. '발휘 상태에 있는'의 원어는 energeiā on이다. '발휘'로 옮긴 그리스어 energeia는 '…안에'를 뜻하는 en과 '역할', '기능', '구실', '제 할 일'을 뜻하는 ergon으로 합성된 말로서 말 그대로는 '어떤 역할이나 기능을 행하고 있는 중임'을 나타낸다.

282 '변하는 것들'(kinēta)은 그대로 머물러 있지 않고 움직이거나 변하는 사물들을 말한

는 것들의 경우에도 있다. 그러나 두 가지 경우 (모두에) 대해,[283] 즉 지금 걷고 있는 것, (일반적으로 어떤 특정한 능력을 이미) 발휘하고 있는 것에 대해, 그리고 걸을 수 있는 것에 대해, 걸음이 또는 (일반적으로) …임이

15 불가능하지 않다고 말하는 것은 맞다. 이렇듯, 단적으로 (…임이) 필연적인 것에 대해 후자의 가능(능력)을 말하는 것은 맞지 않지만, 전자의 가능(능력)을 말하는 것은 맞다.[284]

그래서 개별자에 보편자가 따르므로, '필연적으로 …인 것'에 '…임이 가능하다'가 따른다.[285] 물론, 모든 종류의 가능(능력)이 따르지는 않는다.[286] 그리고 아마도 (…일 또는 …이지 않을) 필연성과 비(非)필연성은 (다른) 모든 것(양상 표현)들의 '…임'이나 '…이지 않음'의 토대인[287] 듯하

다. '불변하는 것들'(akinēta)은 이에 반대되는 개념으로서 항상 같은 상태에 머물러 있는 것들(ta aidia, 23ª 22)이다. '변화'의 개념에 대해서는 『범주들』 14장 참조.

283 = '걷는 능력을 발휘하고 있는 것, 지금 걷고 있는 것'에 대해, 그리고 '걷는 능력이 있어서 (앞으로) 걷게 될 것'에 대해.

284 '단적으로 (…임이) 필연적인 것'은 지금 어떤 능력을 발휘하고 있다는 뜻에서 '가능하다(…에 대한 능력이 있다)'고 말할 수 있다. 그러나 앞으로 그 능력을 발휘할 거라는 뜻에서는 '가능하다(…에 대한 능력이 있다)'고 말할 수 없다.

285 개별자(부분적인 것, to en merei), 예를 들어 소크라테스에는 보편자(보편적인 것, to katholou), 예를 들어 사람이 따른다. 다시 말해, 소크라테스는 사람이다. 이와 마찬가지로, 필연적인 것에 가능성이 따른다. (…임이) 필연적인 것은 (…임이) 가능한(…임에 대한 능력 있는) 것에 들지만, 가능한(능력 있는) 것이 반드시 필연적인 것은 아니다.

286 따라서, '필연적인 것은 모두 가능한 것이다'라는 주장은 잘못된 것이다.

287 '토대'의 원어는 archē로, '처음(의 것)', '(…이) 난 곳'을 뜻한다. 원리는 존재, 생성, 인식에서 다른 것들에 앞선 것을 뜻한다. 다른 것들은 이 원리(가 되는 것으)로부터 '있거나 생기거나 인식된다'. 증명에서 전제들이 원리의 구실을 하여 이로부터 결론이 따르듯이(『형이상학』 5권 1장, 특히 1013ª 14-20 참조), 원인인 '필연성'과 '비(非)필연성'으로부터 나머지 양상 개념들인 가능성, 허용성, 불가능성이 따라 나온다(『형이상학』 9권 8장 1050ᵇ 18-19 참조).

다. 다른 것들은 이것들에 따라 나오는 것으로 보아야 한다.[288]

〖지금까지 논의된 것들로 비추어 보건대, 분명히 필연적으로 …인 것은 실현 상태에 있다. 그래서 영원한 것들이[289] 앞선 것이라면, 실현 상태도[290] (항상 실현되어 있지는 않은) 가능 상태보다 앞선 것이다. 그리고 어떤 것들은, 예를 들어 으뜸 실체들은[291] (그런) 가능 상태 없이 실현 상

---

288 '가능하다', '허용되다', '불가능하다'의 양상 표현이 '필연성'과 '비(非)필연성'에서 따라 나오는 것으로 본다면, 이 두 개념은 다른 개념들의 우두머리, 즉 토대가 된다. 앞에서 수정된 표는 각 사분면의 넷째 자리에 있는 필연성이 맨 위로 가고 표 I은 표 IV와 표 II는 표 III과 맞바뀐다. 그래서 새로운 표는 다음과 같이 재정리된다.

I	II
1) …임은 필연적이다	1) …임은 필연적이지 않다
2) …이지 않음은 가능하지 않다	2) …이지 않음은 가능하다
3) …이지 않음은 허용되지 않는다	3) …이지 않음은 허용된다
4) …이지 않음은 불가능하다	4) …이지 않음은 불가능하지 않다

III	IV
1) …이지 않음은 필연적이다	1) …이지 않음은 필연적이지 않다
2) …임은 가능하지 않다	2) …임은 가능하다
3) …임은 허용되지 않는다	3) …임은 허용된다
4) …임은 불가능하다	4) …임은 불가능하지 않다

289 '영원한 것들'의 원어는 ta aidia다. 해, 별들, 우주와 같은 영원한 존재들은 필연적으로 존재한다. 어떤 능력을 늘 발휘하는 것이 그런 존재들에게 무조건 필연적이기 때문에 그런 능력을 가진다고 말해진다. 지구, 불처럼 변화 속에 있는 존재들은 그런 불변의 존재들을 본뜬다(『형이상학』 9권 8장 1050^b 28-30 참조). 무조건적인 필연성에 대한 설명은 9장 19^a 23-32 참조.

290 '실현 상태'의 원어는 energeia다. energeia는 어떤 것의 능력의 발휘 상태를 나타낼 뿐만 아니라 더불어 그것으로 말미암아 어떤 상태에 있음을 뜻한다. 바로 뒤의 '가능 상태'(dynamis)와 대비되는 개념이다.

291 '으뜸 실체들'(prōtai ousiai)은 우주의 혼이나 신(필연성의 영역)을 말한다. 이 점에 대해서는 『형이상학』 12권 6장 참조.

태(에 있을 뿐)이다. 그리고 어떤 것들은[292] (실현 상태와 더불어) 가능 상태를 갖는데, 그것들은 본성에서 (가능 상태보다) 앞선 것이지만, 시간에서

25 는 뒤진 것이다. 그리고 또, 다른 어떤 것들은[293] 결코 실현 상태가 아니며, 가능 상태일 뿐이다.』[294]

14장 문장의 반대성 문제[295]

긍정문이 부정문에 반대되는가? 아니면 긍정문이 (다른) 긍정문에 반대되는가? 즉 '모든 사람은 정의롭다'는 문장이 '어떤 사람도 정의롭지 않

30 다'는 (부정) 문장에 반대되는가? 아니면 '모든 사람은 정의롭다'는 '모든 사람은 부정(不正)하다'(는 다른 긍정 문장)에 반대되는가? 다른 예로,

---

292 '어떤 것들'은 여기서 예를 들어 동물처럼, 생성, 소멸하는 것들(가능성과 허용성의 영역)을 일컫는 말이다. 『형이상학』 9권 8장 1049[b] 10-1050[a] 23 참조. '가능 상태보다 실현 상태(또는 실제 상태)가 앞선다'에 대해서는 같은 책 9권 8장 1050[b] 3-6 참조.

293 으뜸 재료(제일 질료, prima materia), 한정되지 않은 것, 공간을 일컫는다. 『형이상학』 9권 6장 1048[b] 9-17, 『자연학』 3권 6장 참조.

294 23[a] 21-26의 부분은 양상 표현에 대한 논의를 형이상학적 문제와 연결하여 그 의미를 확장하려는 시도를 보여 주고 있다. 『명제에 관하여』의 핵심 주제를 벗어난 논의를 벌이기 때문에, 보통 아리스토텔레스가 아닌 다른 사람이 나중에 원문에 덧붙인 부분으로 평가된다.

295 14장의 처음 부분에 던져진 물음에 대해 이미 7장의 17[b] 3-6이나 20-23에서 옳은 답을 찾을 수 있는데도 혼동된 논의로 이어지기 때문에 14장은 『명제에 관하여』의 다른 장들보다 특히 7장보다 먼저 별도로 저술된 것으로 추정되거나, 아니면 아리스토텔레스가 직접 쓰지 않은 것으로 추정되기도 한다. 반대성(enantion)의 개념에 대해서는 『범주들』 10장과 11장, 그리고 『형이상학』 10권 4장 참조.

'칼리아스는 정의롭다',[296] '칼리아스는 정의롭지 않다' 그리고 '칼리아스는 부정하다'를 살펴보자. 이 마지막 둘 가운데 어느 것이 (처음 문장에) 반대되는가?

말소리에 담긴 것이 사유 속에 담긴 것을 따르고,[297] 여기에서 반대되는 것에 대한 생각이 (다른 어떤 생각에) 반대되는 것이라면, 예를 들어 '모든 사람은 정의롭다'는 생각이 '모든 사람은 부정하다'는 생각에 반대된다면,[298] 말소리에 담긴 긍정문들의 경우도 틀림없이 이와 마찬가지 35 일 것이다. 반면, 사유 속에서 반대되는 것에 대한 생각이 (다른 어떤 생각에) 반대되지 않는다면, (그 생각에 상응하는) 긍정문이 (다른) 긍정문에 반대되지 않고, 앞서 말한 부정문이 (다른 어떤 긍정문에) 반대될 것이다. 그래서 어떤 〈거짓인 생각이 참인 생각에〉[299] 반대되는지를, 즉 (참인 생각의) 부정에 대한 생각이 반대되는지, 아니면 반대되는 것을 생각하는 생각이 반대되는지를 살펴보아야 한다.

내가 말하려 하는 바는 다음과 같다. 좋은 것에 대해 그것이 좋다는 40 참인 생각, | 그것이 좋지 않다는 거짓인 생각, 그리고 또 그것이 나쁘다 **23b**

---

296 '칼리아스'(Kallias)는 아리스토텔레스가 '아무개'라는 뜻으로 그의 저술 『형이상학』, 『창작술』 등에서 자주 예로 드는 사람 이름이다.

297 23ª 32–33과 1장 16ª 3–4 참조. '사유(dianoia) 속에 담긴 것'은 사유 활동을 통해 일어난 판단이나 생각을 뜻한다. 이 머리(혼) 안의 판단이나 생각은 말소리(음성)를 통해 밖으로 표현된다. 말소리는 생각이나 판단을 나타내는 것, 즉 그것들에 대한 상징물 (sēmeion)이다.

298 '모든 사람은 정의롭다'(A)는 '모든 사람은 정의롭지 않다'(E)에 반대된다고 해야 옳다. 23ª 37("앞서 말한 부정문이") 참조.

299 미니오-팔루엘로의 옥스퍼드판 편집에는 "어떤 참인 생각이 거짓인 생각에"로 나와 있지만, 14장에서 논의되는 문제가 두 가지 거짓인 생각들 중 어느 것이 참인 생각에 반대되느냐는 것이기 때문에 둘의 순서를 바꿨다. 바이데만(1994), 468쪽 참조.

는 또 다른 (거짓인) 생각이 있다고 하자. 이 두 (거짓인) 생각들 가운데 어느 것이 참인 생각에 반대되는가? 그리고 그것들이 한 가지 생각이라면, 이들 중 어느 것(의 뜻)에 따라 참인 생각이 반대되는가?

　반대되는 생각들이 바로 (그것들이) 반대되는 것들에 관련되는 생각임으로써 규정된다고 믿는 것은 정말 맞지 않은 생각이다. 왜냐하면 좋
5 은 것에 대해 그것이 좋다는 생각과, 나쁜 것에 대해 그것이 나쁘다는 생각은 아마도 같은 생각이고, 모두 맞는 생각인 듯 하기 때문이다.[300] 그것들이 여러 가지 생각이든 또는 한 가지 생각이든 말이다. 그런데 좋은 것과 나쁜 것은 서로 반대되는 것들이다. 그렇다면, 생각들은 반대되는 것들에 관련되는 생각이기 때문에 반대되지 않고, 반대되는 방식으로 서로 관련되기 때문에 반대된다.

　이렇듯,[301] 좋은 것에 대해 그것은 좋다는 생각이, 그리고 그것은 좋지 않다는 생각이, 그리고 좋은 것은 (속성으로서) 들어 있지 않은, 그리고 전혀 들어 있을 수도 없는 다른 어떤 것이라는 생각이[302] 있다. (이 둘
10 을 제외한 나머지 생각들 중) 어떤 것도 (첫째 것에) 반대되는 생각으로 놓아서는 안 된다. 들어 있지 않는 것이 (좋은 것에 속성으로서) 들어 있다는 생각이든, 들어 있는 것이 (좋은 것에 속성으로서) 들어 있지 않다는 생각이든 간에 말이다. 왜냐하면 이런 두 종류의 생각, 다시 말해 (좋은 것에)

300　23b 37-38("왜냐하면 이것은 … 있기 때문이다"), 24b 6-7("또, 참인 … 점도 분명하다") 참조.
301　좋은 것에 대해 그것은 좋다는 생각에 그것은 나쁘다는 생각이 반대되지 않고, 그것은 좋지 않다는 생각이 반대된다는 점은 다음과 같이 구분되는 세 논증을 통해 보여진다. ① 23b 7-27, ② 23b 27-32, ③ 23b 33-24a 3.
302　즉 좋은 것은 나쁘다는 생각.

들어 있지 않은 것이 (그것에) 들어 있다고 하는 생각과 (좋은 것에) 들어
있는 것이 (그것에) 들어 있지 않다고 하는 생각은 수없이 많기 때문이
다. 오히려 (좋은 것에 대해) 틀림(오류)을 담고 있는 생각들을[303] 반대되는
것으로 놓아야 한다. 이런 (틀림을 범하는) 생각은 생성이 시작되는 (대립
된) 것들로부터 나온다. 생성은 대립되는 것들로부터 출발하는데,[304] 틀
림도 마찬가지로 그런 것들에서 출발한다.[305] 그래서[306] 만일 좋은 것이 15
그 자체로 좋고, 나쁘지 않음은 그것에 (간접적으로) 딸리기에 또한 간접
적으로도 나쁘지 않다면, 각각의 것이 그 자체로 무엇인지에 대한 생각
이 (간접적으로 무엇인지에 대한 생각)보다 더 참인 생각이라면,[307] 또 이 말
이 참인 생각에 대해서뿐만 아니라 거짓인 생각에 대해서도 맞다면,[308]
(좋은 것에 대한 두 가지 거짓인 생각 중) 결국 그것이 좋지 않다는 생각이
그 자체로 (좋은 것에) 들어 있는 것에 관련된 거짓인 생각이다. 반면, 그

303 좋은 것에 대해 그것은 좋지 않다는 생각과 그것은 나쁘다는 생각.

304 희게 변하는 대상이 있다고 할 때, 그것은 희지 않음의 상태인 검음(또는 다른 색)의
상태에서 흼의 상태로 넘어간다. 여기서 흼과 검음(또는 다른 색)은 서로 반대되며, 흼
과 희지 않음은 서로 모순된다. 이렇듯, 색의 변화(생성, genesis)는 반대와 모순이라
는 두 대립에서 출발한다. 『자연학』 1권 5장 188ᵃ 31-b 26, 5권 3장 227ᵃ 7-9, 『형이상
학』 10권 7장 1057ᵃ 18-b 34 참조.

305 색의 변화(생성)가, 일반적으로 생성이, 반대 대립과 모순 대립이라는 두 가지 대립에
서 출발하듯이, 좋은 것에 대한 잘못된 생각, 즉 오류(apatē)는 좋은 것에 대한 두 가지
잘못된 생각, 즉 (옳은 생각에) 반대되거나 모순되는 생각에서 비롯한다.

306 '그래서'는 '좋은 것에 대해 세 가지의 생각들이 있어서'(23ᵃ 7-9)의 뜻이다. 중간에 끼
인 23ᵇ 9-15("(이 둘을 제외한~그런 것들에서 출발한다") 부분은 23ᵇ 7-9에 대한 부연
설명이다.

307 = 좋은 것에 대해 그것은 좋다는 생각이 그것은 나쁘지 않다는 생각보다 더 맞다면.

308 참인 생각의 경우처럼, 거짓인 생각의 경우에도 어떤 것이 그 자체로(직접적으로) 어떻
다는 (거짓인) 생각이 어떤 것이 간접적으로 어떻다는 (거짓인) 생각보다 더 틀리다면.

20 것이 나쁘다는 생각은 간접적으로 (좋은 것에) 들어 있는 것에 관련된 거
짓인 생각이다. 그래서 좋은 것에 관련하여 더 거짓인 생각은 (그것이 좋
다는 것에) 반대되는 것에 대한 생각이라기보다 (그것이 좋다는 것의) 부
정인 것에 대한 생각일 것이다.[309]

그리고 (참인 생각에) 반대되는 생각을 가진 사람이 각각의 것에 관
해 가장 많이 잘못 생각하고 있다. 반대되는 것들은 같은 것(대상)에 관
련하여 가장 많이 차이가 나는 것들 중 하나이기 때문이다.[310] 그러므로,
이 둘 중 하나가 (좋은 것에 대해 그것은 좋다는 생각에) 반대된다면, 그리
고 모순되는 것에 대한 생각이 (다른 어떤 생각보다) 더 반대된다면, 분명
25 히 이것이 (본래적인 뜻에서) 반대되는 생각일 것이다. 그러나 그것이 나
쁘다는 생각은 복합적이다. 그렇게 생각하는 사람은 그것이 좋지 않다
고 틀림없이 받아들일 것이기 때문이다.[311]

더 나아가, 다른 것들의 경우에서도 그러해야 한다면, 앞의 경우에
서도 우리는 올바로 말한 듯하다. 왜냐하면 모든 경우에서 모순되는 것
에 대한 생각이 (어떤 생각에) 반대되는 것이거나, 아니면 어떤 경우에서
도 그렇지 않거나 둘 중 하나이기 때문이다. 그러나 반대되는 것들이 없
30 는 경우들에서는,[312] 참인 생각에 (모순되는 방식으로) 대립된 생각은 거짓

---

309 좋은 것에 대해 그것은 나쁘다는 생각보다 그것은 좋지 않다는 생각이 거짓의 정도가
   더 크다는 뜻이다.

310 『범주들』 6장 6ᵃ 17-18("그들은 같은 … 규정하기 때문이다") 참조.

311 좋은 것에 대해 그것이 나쁘다는 생각은 그것이 좋지 않다는 생각을 전제하고, 이것
   의 역은 성립하지 않기 때문에, 첫째 생각은 둘째 생각을 근거로 하여 거짓이다. 이 점
   에서 둘째 생각이 첫째 생각보다 더 거짓이며(23ᵇ 20), 더 반대되는 생각이다(23ᵇ 24).

312 반대되는 것이 없는 실체의 경우(『범주들』 5장 3ᵇ 24-27 참조)에는 (한 생각에 모순되는
   방식으로) 대립된 생각이 반대되는 생각이다. 예를 들어, '사람은 사람이다'에 반대되

이다. 예를 들어, (어떤) 사람은 사람이지 않다고 생각하는 이는 잘못 생각하고 있다. 그러므로 이런 종류의 두 생각들이 반대되는 것들이라면, 모순되는 것에 관련된 나머지 생각들도 마찬가지다.

더 나아가, (어떤) 좋은 것에 대해 그것은 좋다는 생각과 (어떤) 좋지 않은 것에 대해 그것은 좋지 않다는 생각은 비슷한 관계에 있으며, 또 (어떤) 좋은 것에 대해 그것은 좋지 않다는 생각과 (어떤) 좋지 않은 것에 **35** 대해 그것은 좋다는 생각도 (마찬가지로) 비슷한 관계에 있다. 그렇다면 어떤 생각이, (어떤) 좋지 않은 것에 대해 그것은 좋지 않다는 참인 생각에 반대되는가? 그것은 나쁘다고 말하는 생각은 물론 아니다. 왜냐하면 이것은 때로는 (그것은 좋지 않다는 생각과) 동시에 참일 수 있기 때문이다. 그런데 참인 생각은 결코 참인 생각에 반대되지 않는다. 나쁜 것이면서 좋지 않은 것이 있고, 그래서 두 생각이 동시에 참일 수 있기 때문이다. 그러나 그것은 나쁘지 않다는 생각도 (반대되는 것이) 아니다. 〈이 생각도 참일 수 있다.〉 다시 말해 어떤 것에 대해 '그것은 좋지 않다'와 '그것 **40** 은 나쁘지 않다'는 동시에 참일 수 있다. 그러면, (어떤) 좋지 않은 것에 대해 그것은 좋지 않다는 생각에 | 반대되는 것으로, (어떤) 좋지 않은 것 **24a** 에 대해 그것은 좋다는 생각이 남는다. [그리고 이런 생각은 분명히 거짓이다.] 이에 따라, (어떤) 좋은 것에 대해 그것은 좋지 않다는 생각도 (어떤) 좋은 것에 대해 그것은 좋다는 생각에 반대된다.[313]

분명히, 우리가 긍정을 보편적으로 내놓더라도, 이와 차이가 없을 것이

는 생각은 '사람은 사람이지 않다'는 생각이다.

313 좋은 것은 좋다(A) : 좋지 않은 것은 좋지 않다(B) = 좋은 것은 좋지 않다(C) : 좋지 않은 것은 좋다(D)의 관계(23b 33-35)가 성립하듯이 A:C = B:D의 관계도 성립한다. B에 반대되는 것은 D이고, A에 반대되는 것은 C이다.

5 다. 왜냐하면 (보편적인 긍정에) 보편적인 부정이, 예를 들어 '모든 좋은 것은 좋다'(A)는 생각에 '좋은 것들 중 어떤 것도 좋지 않다'(E)는 생각이 반대될 것이기 때문이다. 왜냐하면 좋은 것에 대해 그것은 좋다는 생각은, 좋은 것이 보편적으로 받아들여질 경우, 좋은 것이면 무엇이든지 좋다는 생각과 같기 때문이다. 그리고 이것은 좋은 것은 무엇이든지 **모**

24b **두** 좋다는 생각과 전혀 차이가 없다.[314] | 그리고 좋지 않은 것의 경우도 이와 마찬가지다.

그러므로, 생각(판단)의 경우에 이러하다면, 그리고 말소리에 담긴 긍정문과 부정문이 머리 안에 담긴 것들에[315] 대한 상징물이라면, 분명히 같은 것(대상)에 관련하여 보편적으로 부정하는 문장이 (보편) 긍정문에 반대된다. 예를 들어 '모든 좋은 것은 좋다' 또는 '모든 사람은 좋다'는 (전칭) 긍정문(A)에 반대되는 것은, '모든 좋은 것은 좋지 않다(어떤

5 좋은 것도 좋지 않다)' 또는 '모든 사람은 좋지 않다(어떤 사람도 좋지 않다)'는 (전칭) 부정문(E)이다. 그러나 '몇몇 좋은 것은 좋지 않다(모든 좋은 것이 좋지는 않다)'(O)나 '몇몇 사람은 좋지 않다(모든 사람이 좋은 것은 아니다)'(O)는 (특칭) 부정은 (전칭 긍정에) 모순되는 방식으로 대립된다.[316]

---

314 부정(不定) 명제가 보편 명제와 같은 뜻을 가질 때가 있다. 7장 17^b 10의 각주 참조.

315 머리(또는 혼) 안에 담긴 것들은 사유 결과물이거나 사유 활동 자체를 나타낸다. 여기에는 말소리로써 표현되는 문장들과 마찬가지로 긍정과 부정의 활동이 있다. 『혼에 관하여』 3권 7장 431^a 15-16, 『니코마코스 윤리학』 6권 2장 1139^a 21-22, 3장 1139^b 15-16, 『형이상학』 4권 7장 1012^a 2-5 참조. 아리스토텔레스에서와 마찬가지로(『형이상학』 4권 4장 1006^b 9 참조) 플라톤에서도 사유나 생각은 혼이 자기 자신과 벌이는 소리 없는 대화로 서술된다(『테아이테토스』 189E-190A, 『소피스테스』 263E-264A 참조).

316 7장 17^b 16-26, 10장 20^a 16-20 참조.

또한 참인 생각은, 그리고 참인 문장은[317] 다른 참인 생각이나 문장에 반대될 수 없다는[318] 점도 분명하다. 왜냐하면 〈같은 것(대상)에〉 관련하여 서로 대립된 것(생각과 문장)들은 서로 반대되며, 〈같은 것(대상)에〉 대해 같은 사람이 참인 생각이나 말을 할 수 있지만, 반대되는 것들이 같은 것(사람)에 동시에 (속성으로서) 들어 있는 것은 허용되지 않기 때문이다.[319]

317 여기서 antiphasis는 (서로) 모순되는 문장들 중 하나, 즉 긍정문과 부정문 가운데 하나를 가리킨다. 그래서 긍정문과 부정문을 모두 포괄하는 상위개념인 '문장'으로 옮겼다.

318 다시 말해, 반대되는 두 가지 생각(판단)은 둘 다 동시에 참일 수는 없으며, 반대되는 말(문장)들도 둘 다 동시에 참일 수는 없다.

319 『형이상학』4권 3장 1005^b 26-32 참조. 암모니오스(Ammonios)에 따르면 24^b 7-9의 논의는 다음과 같이 정리된다.

대립된 것들은 같은 것에 대해 동시에 참일 수 없다(원문에는 없음).
반대되는 것들은 서로 대립된다(24^b7).
∴ 반대되는 것들은 같은 것에 대해 동시에 참일 수 없다(24^b 9).

반대되는 것들은 같은 것에 대해 동시에 참일 수 없다(24^b 9).
함께 참인 문장들은 같은 것에 대해 참일 수 있다(24^b 8-9).
∴ 따라서, 함께 참인 문장들은 반대되지 않는다(24^b 6-7).

부록 1 사물, 생각, 말, 글의 관계

(『명제에 관하여』 1장 16ª 3-8, 14장 24ᵇ 1-2)

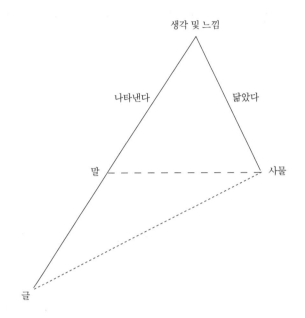

위의 '기호학적(또는 의미론적) 삼각형'에서' 직선은 각 모퉁이에 놓인 것들이 갖는 직접적인 관계를 나타내고, 점선은 간접적인 관계를 나타낸다. 머리(혼) 안의 생각(사유)이나 느낌(감각)은 사물 또는 대상에 대한 사유적, 감각적 표현이며, 말은 생각이나 느낌에 대한 언어적 표현이며, 글은 말에 대한 문자적 표현이다. 사물을 닮는(모방하는) 수단은 사유 능력이나 감각 능력이며, 생각이나 느낌을 나타내는 수단은 말소리이며, 말을 나타내는 수단은 글자다.

---

1   바이데만(1994), 148~151쪽 참조.

부록 2 대립의 사각형

(『명제에 관하여』 7장)

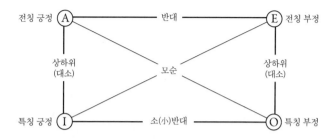

A(전칭 긍정): 모든 S는 P이다
E(전칭 부정): 모든 S는 P가 아니다 (어떤 S도 P가 아니다)
I(특칭 긍정): 몇몇 S는 P이다(어떤 S는 P이다)
O(특칭 부정): 어떤 S는 P가 아니다(모든 S가 P이지는 않다)

위의 '대립의 사각형'의 근원은 보에티우스까지 거슬러 올라간다. 이후로 약간의 변형이 있었지만 기본 형태는 바뀌지 않고 19세기의 전통 논리학 교재에 이르기까지 유지되었다. 우리의 논리학 교재들에서는 흔히 '대당(對當)의 사각형'이라고 한다. 대당 관계는 같은 주어(S)와 술어(P)를 갖지만, 질(긍정, 부정)과 양(전칭, 특칭)이 다른 네 명제들(A, E, I, O)이[2] 진위가와 관련하여 서로에 대해 갖는 관계를 뜻한다. 위의 도식에서 보듯, 네 가지 유형의 명제는 서로에 대해 네 가지 관계, 즉 모순 관계, 반대 관계, 소(小)반대 관계, 상하위(또는 대소) 관계 중 하나의 관계를 맺고 있다. 이런 관계들은 일종의 대립 관계이므로,[3] 명제들의 대립 관계를 나타내는 사각형이라는 뜻에서 '대립의 사각형'이라고 옮겼다.

---

2 『명제에 관하여』 7장 17ᵇ 6의 각주 참조.

3 『범주들』 10장 참조.

해설

1. 『명제에 관하여』의 뜻

'오르가논'에서 『범주들』과 『분석론』 사이에 놓인 『명제에 관하여』는 그리스어 제목으로는 ΠΕΡΙ ΕΡΜΗΝΕΙΑΣ (Peri hermēneias), 라틴어 제목으로는 De interpretatione이다. 보에티우스나 암모니오스는 아리스토텔레스가 직접 이름 붙인 것이라고 하는데, 이는 별로 믿을 만한 것이 못된다. 아리스토텔레스는 자신이 쓴 저서 어느 곳에서도 이 이름을 직접 언급하지 않고 있기 때문이다. 아리스토텔레스는 『혼에 관하여』 *De anima*에서 혀의 두 가지 기능, 즉 맛보기와 말하기 기능을 들면서 hermēneia라는 말을 '언어'라는 뜻으로 쓴다.[1] 그리고 『창작술(시학)』에서는 언어적 표현(lexis)을 '말을 통한 서술' 또는 '말을 통해 사유를 옮김'이라고 설명하면서 hermēneia라는 말을 쓴다.[2] 이런 것들이 그리스어 제목 Peri

---

[1]   2권 8장 420b 17-20 참조.
[2]   6장 1450b 13-14 참조.

hermēneias가 나온 계기가 되었을 수 있다.

이 책의 제목에 대한 해석은 interpretatio나 hermēneia를 넓은 뜻으로 받아들이느냐, 아니면 좁은 뜻으로 받아들이느냐에 따라 입장이 크게 두 가지로 나뉜다. 먼저, 라틴어 interpretatio나 그리스어 hermēneia를 '해석'이나 '설명' 또는 '진술'이나 '표현'이라는 넓은 뜻으로 받아들일 수 있다. 이에 따라 라틴어 제목 De interpretatione나 그리스어 제목 Peri hermēneias를 '머리 안에서 생각한 것에 대한 표현물에 관하여, 즉 말에 관하여'라는 제목으로 풀어 쓸 수 있다. interpretatio나 hermēneia를 옮겨 놓은 한자어 '명제'(命題)도 이것들과 뜻이 비슷하다. '명'(命)은 '명명'(命名)의 예에서 보듯 '이름을 짓는다'는 뜻의 '명'(名)과 같은 말이다. '제'(題)는 '적는다', '쓴다', '기록한다'는 뜻과 더불어 '표지'(標識)라는 뜻을 가지고 있다. 이에 비추어 보면 명제의 기본적인 뜻은 '(생각한 바를) 이름 붙여 적어 놓은 것'이다. 명제는 다시 말해, '머리 안에서 일어난 판단의 결과를, 즉 사유한 것(사유물)을 겉으로 드러낸 말'을 뜻한다. 이는 본문 1장에서 아리스토텔레스가 '말은 머리 안에서 일어난 바에 대한 상징물(symbolon)이나 표현물(sēmeion)이다'라고 내리는 규정에도 맞아떨어진다. 이런 넓은 뜻으로 받아들이는 입장에서 가끔 책 제목이 『해석론』이라고 옮겨지는데, 이는 맞지 않다. 책의 내용이 텍스트를 설명하거나 해석하는 기술과는 거리가 멀기 때문이다.

『명제에 관하여』의 내용을 보더라도, 명제뿐만 아니라 이에 앞서 명제를 이루는 구성 요소들이나, 생각을 표현하는 데 관련된 나머지 사항들도 다루기 때문에, 책 제목 속의 '명제'를 본문에서 쓰인 '참 또는 거짓을 가릴 수 있는 문장'이라는 좁은 뜻보다는 이처럼 '생각한 바를 나타낸 말'이라는 넓은 뜻으로 이해할 수 있다. 이런 입장에서 보에티우스 (Boetius, 480~524년)는 hermēneia를 넓은 뜻으로 받아들여 이를 '그 자체로 뜻을 지니는 음성'으로 규정하고, 여기에 여러 종류의 문장들뿐만 아니라 전치사나 접속사를 제외한 문장의 부분(요소)들도 포함시켰다.

이렇게 『명제에 관하여』라는 책 제목을 '명제'의 넓은 뜻에 맞춰 이해할 수도 있지만, 본문에서 '명제'라는 말이 쓰인 좁은 뜻과 『명제에 관하여』의 핵심 내용에 따라 책 제목을 이해할 수도 있다. 4장에서 아리스토텔레스는 참 또는 거짓을 가리기 힘든, 기원·권유·명령 등을 나타내는 문장을 명제에서 제쳐 놓는다. 따라서 『명제에 관하여』에서 문제가 되는 문장은 서술문, 주장문, 진술문이다. 이를 아리스토텔레스는 apophantikos logos 또는 줄여서 apophansis라 부른다. 그래서 6세기의 주석가 암모니오스(Ammonios)는 책 제목의 hermēneia가 '머리 안의 생각이나 인식을 해석하는, 즉 그것을 언어적으로 표현하는'[3] 문장, 즉 주장문의 뜻으로 쓰였다고 말하면서, 아리스토텔레스가 Peri hermēneias 대신 Peri tou apophantikou logou(주장문에 관하여)라는 제목을 쓸 수도 있었을 것이라고 말한다. 참 또는 거짓을 가릴 수 있는 주장문, 서술문 또는 진술문을 뜻하는 apophantikos logos를 우리말로 '명제'로 옮겼다. 번역문에서 편의상 '명제' 대신 '문장'을 같은 뜻으로 쓰기도 하였다.

2. 『명제에 관하여』의 진위와 저술 시기

오늘날 일반적으로 아리스토텔레스의 저술로 인정되고 있는 『명제에 관

---

3 *In Aristotelis de interpretatione commentarius*, ed. A. Busse (CAG IV-5), Berlin 1897, 5쪽 18~19줄.

하여』는 그 진위가 오랫동안 논쟁거리였다. 아리스토텔레스의 저술을 편집하여 '아리스토텔리즘의 부흥'을 일으킨 안드로니코스(Andronikos, 기원전 1세기)는 『명제에 관하여』에 대한 언급이 그의 다른 저술들에 없는 점을 들어 『명제에 관하여』 자체를 그의 작품으로 인정하지 않았다. 보에티우스가 전하는 바에 따르면, 고대 아리스토텔레스 주석가인 아프로디시아스의 알렉산드로스(Alexandros, 2~3세기)는 『명제에 관하여』를 위작이라고 의심하지 않았다. 알렉산드로스는 아리스토텔레스의 제자 테오프라스토스(Theophrastos, 기원전 372~288년)가 자신의 저술 『긍정과 부정에 관하여』에서 아리스토텔레스가 다룬 주제들을 다루면서 『명제에 관하여』에 나오는 용어들을 써 가면서 아리스토텔레스가 지나치고 못 본 부분들을 논의했다는 점을 근거로 『명제에 관하여』가 그의 저술임을 주장하였다. 이런 알렉산드로스의 주장은 테오프라토스의 글조각이나 그에 대한 다른 사람들의 증언을 통해 부분적으로 확인된다. 암모니오스는 안드로니코스의 견해를 인정하지 않고, 마지막 14장만 아리스토텔레스의 것이 아니라고 주장하였다.

마이어(H. Maier) 등 대다수의 19세기의 연구자들은 『명제에 관하여』가 덜 완성된 저술인 점을 들어 후기 저술로 보았으나, 오늘날에는 초기에 저술된 것으로 거의 의견의 일치를 보고 있다. 14장은 나중에 추가된 것일 가능성이 큰 것으로 평가된다.[4] 『명제에 관하여』 10장에서 『앞 분석론』 1권(A) 46장을 언급했다고 『명제에 관하여』가 『분석론』보다 나중에 쓰인 것이라고 짐작하는 것은 맞지 않다. 왜냐하면 아리스토텔레스의 발전된 생각을 『분석론』이 반영하고 있기 때문이다. 아리스토

---

4   아크릴(J. L. Ackrill, 1963), 153쪽 참조.

텔레스가 덜 완성된 채로 내버려 둔 초기 저술로 받아들이는 것이 현재 정설이다. 아리스토텔레스가『분석론』에 끌어들인 변항을『명제에 관하여』에서, 예를 들어 7장 18a 4-6에서 사용했더라면 논의를 편리하게 이끌어 갔을 텐데 그렇게 하지 않은 것으로 보아『명제에 관하여』가『분석론』보다 앞서 쓰인 것으로 추정한다. '분석과 증명의 기술 수준이 고차적이고 더 형식적일수록 더 나중의 저술이다'는 기준을 내세운 보헨스키는 오르가논의 저술 시기를『토포스론』,『소피스트식 논박』,『명제에 관하여』, (『범주들』, 보헨스키는 이 저술을 위작(僞作)이라고 의심한다),『분석론』의 순서로 잡는다.[5] 흔히 9장은 나중에『명제에 관하여』에 추가된 부분으로 인정되지만, 이것이 앞 장들과 얼마만큼 시간적 간격을 두고 쓰였는지는 확인되지 않는다.

3.『명제에 관하여』의 내용

『명제에 관하여』는 문장과 더불어, 문장의 구성 요소들이 어떤 방식으로 결합되어 어떤 성질의 문장을 만들어 내는지를 다룬다. 문장 중에서도 참 또는 거짓을 가릴 수 있는 문장, 즉 명제를 다루고 있는데, 이를 문법적·논리적 관점에서 기술할 뿐만 아니라,『범주들』과 달리 심리적인 관점에서 다루기도 한다.

『명제에 관하여』는 적은 분량에 많은 내용이 담겨 있어 이해가 쉽지 않은 저술로 고대부터 유명했다. 16세기 말 무렵에 지금의 열네 장의 모

---

5   보헨스키(J. M. Bocheński, 1956), 49~50쪽 참조.

습으로 나누어진 『명제에 관하여』를 1~6장, 7~9장, 10~11장, 12~13장, 14장의 다섯 부분으로 나누어 내용을 살펴보면 다음과 같다.

첫째 부분에서는 말과 글, 참과 거짓, 명사, 동사 및 형용사, 문장, 명제 등 기본 개념들에 대한 정의가 내려져 있다. 1장은 언어적 표현물인 말이 사유 및 대상과 맺는 관계를 설명하고, 참과 거짓이 어떻게 이루어지는지를 논의한다. 2장은 명제(진술문, 서술문, 주장문)에서 주어가 되는 명사를 설명한다. 먼저 명사를 규정한 후, 이를 단순명사와 복합명사로 구분한다. 그 다음으로 무한 명사를 설명하고, 명사의 변화형(격)을 다룬다. 3장은 문장의 술어가 되는 동사를 설명한다. 동사가 어떻게 명사와 구분되는지를 설명한 후, 무한 동사와 동사의 변화형(시제)을 다루고, 끝으로 동사가 문장에서 떨어져 따로 쓰였을 때 어떤 역할을 하는지 논의한다. 4장은 문장에 대해 정의(定義)를 내리고 설명한 후, 기도문 등의 문장을 명제를 나타내는 진술문, 서술문, 주장문과 구분한다. 5장은 단일성을 기준으로 삼아 명제를 단순한 것과 복합된 것으로 나누며, 명제의 성립 조건을 따진다. 6장은 명제를 긍정명제와 부정명제로 나누고 이들의 모순 관계를 설명한다.

둘째 부분의 7장은 서로 반대되는 명제들과 모순되는 명제들의 차이를 설명하고, 어떤 명제 쌍이 동시에 참일 수 있는지 또는 없는지를 가른다. 8장도 5장처럼 명제를 단순 명제와 복합 명제로 나누는데, 여기서 단순 명제처럼 보인다 하더라도, 대상을 가리키는 말, 즉 주어의 뜻이 여러 가지인 문장은 복합 명제다. 9장은 아리스토텔레스의 저술 전체를 통틀어 가장 이해하기 어려운 부분 가운데 하나로서, 아리스토텔레스 철학에 대한 해석에서 가장 많이 논의된 부분이기도 하다. 이 장은 앞날(미래)에 일어날 수도 일어나지 않을 수도 있는 일(contingentia futura)에 대한 모순되는 주장들이 그 주장을 한 시점인 현재에 또는 그런 주장을 했던 과거에 이미 참 또는 거짓일 수 있느냐는 물음을 다룬다. 여기서 아리스토텔레스는 미래의 일에 대한 모순되는 진술들도 현재나 과거의 일에 대한 진술들처럼 반드시 둘 중 하나는 참이고 다른 하나는 거짓이지만, 되돌릴 수 없는 어느 시점에 이르러서야 비로소 어느 특정한 하나가 참이고 다른 하나는 거짓이라고 결론을 내린다. 이 장에서 사용된 '가능성'과 '필연성' 개념은 12장과 13장에서 양상 개념에 대한 논의로 이어진다.

셋째 부분의 10장에선 문장을 이음말(계사) '…이다'를 갖지 않는 문장과 갖는 문장으로 나누며, 주어나 술어의 부정을 통해 긍정문과 부정문의 형태를 살핀다. 먼저 모든 문장이 명사와 동사로 이루어짐을 지적한다. 그러고 나서, 존재 술어인 '있다'가 사용되는 모순 명제들의 예를 늘어놓고, '이다'가 이음말로 사용된 모순 명제들의 예를 늘어놓은 후, '있다'나 '이다'가 사용되지 않은, 다른 일반 모순 명제들의 예를 든다. 11장에서는 복합 문장들이 설명되는데, 5장과 8장에서 다룬 명제의 단일성 문제가 다시 한 번 다루어진다. 그리고 두 술어가 저마다 따로 어떤 대상에 대해 들어맞을(타당할) 때, 어떤 조건 아래에서 또한 이 대상에 대해 두 술어를 함께 서술할 수 있는지를 탐구한다. 반대로, 어떤 대상에 대해 함께 서술되는 두 술어가 어떤 조건 아래에서 저마다 따로 떨어져 또한 이 대상에 서술될 수 있는지를 탐구한다.

넷째 부분인 12장과 13장은 내용상 서로 긴밀하게 연관되어 있다. '할 수 있다', '필연적이다' 등의 양상 개념이 들어간 문장들을 다룸으로써 양상 논리학의 영역에서 중요한 출발점을 이루었다. 먼저 12장은 서로 모순되는 양상 명제들을 다룬다. '가능하다', '허용되다', '불가능하다', '필연적이다'라는 양상 표현이 든 단순 명제들에서 어떻게 두 명제가 긍정명제와 부정명제의 형태 속에서 서로 모순되는 명제 쌍을 이루어 낼 수 있는지를 다룬다. 13장은 양상 표현들이 담긴 명제들의 상호 도출 관계를 다룬다. 양상 표현들의 논리적인 도출 관계가 표를 통해 정리됨으로써 아리스토텔레스의 저술들이 그가 행한 강의, 강연의 원고라는 점이 또한 드러난다.

마지막 부분인 14장은 서로 반대되는 생각들과 이를 표현하는 문장들을 다룬다. 긍정문이 부정문에 반대되는지, 아니면 긍정문이 긍정문에 반대되는지를 다룬다.

『명제에 관하여』의 논의와 관련하여 아리스토텔레스의 『소피스트식 논박』, 『창작술』(특히 19~21장)과 플라톤의 대화편 『크라튈로스』, 『소피스테스』를 함께 읽을 것을 권한다.

찾아보기

그리스어 ― 우리말

고전 그리스 문자는 읽기 쉽게 라틴 문자로 바꿔 표기하였다. 명사에서는 관사를 뺀 단수형으로, 동사에서는 기본형으로 표기하였다. 형용사에서는 사람에 주로 쓰이는 것은 …os로, 사물에 주로 쓰이는 것은 …on으로 나타냈다. 본문에서처럼, ( ) 안에 들어 있는 말은 대체하는 말이나 보태어 설명하는 말이다. 해당 용어의 영어 번역은 주로 아크릴(Ackrill, 1963)의 것을 참고하였다. 각 항목에서, 역주자가 선택하여 본문에서 쓴 용어는 앞쪽에, 뜻이 비슷한 말 또는 다른 가능한 번역 용어들은 뒤쪽에 놓았다. 본문 출처 숫자 다음의 ( ) 안에 나오는 설명어는 표제어의 뜻과 함께 붙어 쓰이는 말들이다.

ⓐ 구분, 비교되는 말

ⓝ 넓은 뜻

ⓜ · 맞놓인 말, 반대말

ⓗ 함께 붙어 쓰인 말

ⓑ 여럿, 복수

ⓑ 비슷한 말, 같은 말

(→) 화살표 뒤에 나오는 낱말을 찾아보기

* 본문의 각주에 설명되어 있는 말

---

a

adikos (unjust) 부정한 (사람) 23ᵃ 30, ⓜ dikaios

adynaton (impossible) …ㄹ 수 없는 (것), 불가능한 (것) 18ᵇ 13, 14, 19ᵃ 7, 21ᵃ 37*, b 17, 22, 22ᵃ 6, 12, 14-37, b 3-8, 10, 28, 23ᵃ 13, ⓜ anankaion 22ᵇ 13

agathon (good) 좋은 (것) 20ᵇ 35, 21ᵃ 15, ⓜ kakon 23ᵇ 33-24ᵃ 3

agrammatos psophos (inarticulate noise) 비분절음 16ᵃ 28*

ahoriston (indefinite) 무한한 (것) 16ᵃ 32(명사), b 13(동사), 19ᵇ 8, 20ᵃ 31 → onoma, rhēma

aidion (eternal) 영원한 (것) 23ᵃ 22(앞선 것)*

aischron (ugly) 추한 (것) 17ᵇ 33(사람), ⓜ kalon

aitēsis (demand) 요구(하는 물음) 20ᵇ 22

aition (reason) 이유 22ᵇ 3

akinēton (unchangeable) 변하지 않는 (것) 23ª 13, ⑫kinēton

akolouthein ① (follow) 논리적으로 따르다, 도출되다 20ª 20, 21ᵇ 35, 22ª 33(어떤 것에 모순되는 방식으로), b 3, 12, 15, 18, 22, 25, 30, 23ª 20, ⑭ hepesthai, ② (follow) 따르다 23ª 33

akolouthēsis (implication) 도출 관계 22ª 14*

akouein (hear) 듣다 16ᵇ 21, ⑫legein

alēthes ① (true) 참인 (것), 맞는 (것), 옳은 (것) 17ª 4(기도문?), b 13-31, 18ª 11, 12, 26, 34(긍정문, 부정문)-18ᵇ 4, 10-11, 17-21, 26, 29, 35, 19ª 5, 20(더), 33(문장), 37, 39, b 2, 20ª 18(동시에), 24-30, b 25(대답), 33, 38, 21ª 12, 22-25, 31, 22ª 13, b 19, 37, 23ª 13, 15, 38(생각)-40, b 2, 5, ⑫pseudes, ② (truth) 참 16ª 12-18, 17ª 4, 21ᵇ 31 ⑫ pseudos-alēthōs (truly) 참인 것으로 19ª 4

allēloi (one another) 서로 21ª 35, 38(모순되는 방식으로 맞놓이다), b 35, 37(모순되는)

alētheuein ① (be true) 참이다, 참 16ª 10(사유물이), b 3(명사의 격은?), 5, 17ª 2, 20ª 34(부정문), ⑫ pseudesthai, ② (say what is true) 참인 말을 하다 18ª 37, b 7, 20ª 36, ③ (truth) 17ª 2, ④ (say or believe truly) 참인 생각이나 말을 하다 24ᵇ 8-alētheuesthai (be true) 참이다 19ª 2(둘 중 하나가), 21ᵇ 17(모순되는 두 서술들이?), 22ᵇ 2

alogos (irrational) 비이성적인 (것) 22ᵇ 39(능력), 23ª 4

anankaion ① (necessary) 필연적인 (것) 21ª 37*, 22ª 3-5, 13, 14-31, 38-23ª 20, ㉙ dynaton

anankē (it is necessary to) 반드시 (어떤 것)이

어야 한다, 반드시 …해야 한다, 틀림없이 …다 16ª 11, 17ª 9, b 1, 18ª 26, 28, 20ª 23-ex anankēs (of necessity) 필연적으로, 반드시 18ᵇ 6(있게 되다), 16, 31(있거나 생기다), 35, 19ª 4, 18, 25, 26, 23ª 21, ⑫apo tychēs, hopoter' etychen 18ª 33-19ᵇ 4

anōnymon (non-name) 이름이 없는 (것) 19ᵇ 6, ⑭ahoriston

anthrōpos (man) 사람 16ª 30(아니-), 19ᵇ 37, 20ª 6, 11, 35, 21ª 23(죽은)

antikeisthai (be opposite) (서로 모순되는 방식으로) 대립됨 17ª 34*-antikeimenon (opposite) (어떤 것에 모순되는 방식으로) 대립되는 (것) 17ᵇ 24, 18ᵇ 29, 20ª 22(문장), 30, 22ª 11, 23ª 5, 6, ㉙enantion

antiphasis

I. (사태나 성질 차원에서) ① (contradiction) 모순 21ª 22, ② (contradictories) 모순되는 사태들 19ª 27, ③ (contradiction) (서로) 모순되는 방식으로 대립된 것 23ᵇ 24, 29, 32

II. (문장이나 술어 차원에서) ① (contra-dictory statements) 모순되는 주장(서술, 진술)들 18ᵇ 37, ② (contradictory propositions) 모순 명제(문장)들, 모순 명제 쌍 17ª 33*, b 26, 18ª 11, 27, 19ª 35, 37, 20ᵇ 23, 28, ③ (contradictory proposition) 모순 명제 쌍 중 한쪽, 긍정문이나 부정문 24ᵇ 7*, ④ (contradictories) (서로) 모순되는 술어 쌍 21ª 38, b 37, 22ª 39, b 10, 27, ⑤ (contradictory) 모순 술어 쌍 중 한쪽, (어떤 술어에) 모순되는 술어 22ᵇ 24, 30, 31

antiphatikōs (contradictorily) (어떤 것에) 모순되는 방식으로 17ᵇ 17(긍정문이 부정문에 맞놓이다), 18ª 9, 22ª 34, 24ᵇ 5(특칭 부정이 전칭 긍정에)

antistrephein (reciprocate, follow reciprocally) 역으로 (어떤 것이 어떤 것에) 뒤따르다, 역

이 성립하다 22ª 16*-antestrammenōs (conversely) 순서가 맞바뀐 채로 22ª 34, b 9

antithesis (expressing opposition) 대립되는 것 (문장) 19ᵇ 20, 20ª 1

apatē (error) 틀림, 오류 23ᵇ 13, 15

apeiron (indefinite) 수없이 많은 (것) 23ᵇ 11-eis apeiron (indefinitely) 무한히 20ᵇ 40

aphienai (dismiss) 제쳐 두다 17ª 5

apodidonai (give) 주다, 제시하다 22ᵇ 5

apokrisis (answer) 대답 20ᵇ 22, 24

apophainesthai ① (make a statement) 명제를 만들다, 17ª 19, ② (state) 서술하다, 주장하다 17ª 27, b 2(보편자에 대해 보편적으로), 5, 9, 20ᵇ 29(모순 명제 쌍 중 한쪽을)

apophanai (deny) 부정하다, 부인하다 17ª 31, b 38, 18ᵇ 2, 7, 38, 20ª 14, 24, b 13(하나를 여럿에 대해, 여럿을 하나에 대해), 21ᵇ 20, ㉝ kataphanai

apophansis (proposition, statement) 명제, 서술(문), 주장(문) 16ª 2(㉑: 문장), 17ª 25, b 5(반대되는), 11-haplē apophansis (simple statement) 단순 명제 17ª 20, 23, ㉝ synthetos logos 17ª 22

apophantikos (logos) (statement-making sentence) 명제를 나타내는 (문장), 명제 17ª 2*, 6, 8(단일한), 10, 12, 15, ㉖ apophansis

apophasis ① (negation) …아니라고 함, 부정(否定), 부정문, 부정명제 16ª 31, 17ª 9, 25-37, b 21, 37, 38, 18ª 4, 12(단일한), 28-20ᵇ 12(9장, 10장), b 15, 23ª 27-24ᵇ 9(14장), ㉝ kataphasis, ② (negation) 부정어, 부정 술어, 부정 표현 19ᵇ 23-26, 21ª 34-22ª 13(12장), 22ª 14-23ª 26(13장), ③ (negation) 부정사(否定詞) 20ª 8

aporein (raise a question) 의아하게 여기다

22ᵇ 29

aporia (puzzle) 어려운 점 21ª 37*

archē ① (origin) 시작 19ª 7, ② (principle) 토대 23ª 18*

asyndetos (logos) (without conjunctions) 연결이 안 된 (것) 17ª 17(문장들), ㉝ syndesmō heis

atopon (absurd) 이치에 어긋난 (것) 17ᵇ 34, 18ᵇ 26*, 20ᵇ 37, 21ª 6, 22ᵇ 14, 17

aurion (tomorrow) 내일 18ᵇ 22, 23, 19ª 30

b

badistikon (what can walk) 걸을 수 있는 (것) 21ᵇ 16, 23ª 14

badizein (walk) 걷다 20ª 4, b 19, 21ª 1, b 7-16, 22ᵇ 36, 23ª 9-14

boulesthai ① (will) 하려 하다 16ª 25, ② (wish) 원하다 20ᵇ 28

bouleuesthai (deliberate) 숙고하다 18ᵇ 31, 19ª 8, ㉑ ex anankēs

c

chrēsthai (be used) 쓰이다, 사용되다 17ᵇ 11(보편적으로), 20ª 3

chrē (must) …해야 하다 22ª 11

chōris (separately) 따로 (떨어져서), 별개의 것으로 독립되어 16ᵇ 7, 20ª 2, b 32, 22ª 39

chōrizein (separate) 따로 떼다-kechō-rismenon (in separation) 따로 떨어져서 16ª 20, 25, b 27

chronos (time) 시간 16ª 20, b 6, 8, 12, 18(현재의), 17ª 24, 30(현재 이외의), 19ª 1(임

의의), b 19, 23ᵃ 25-kata chronon (with reference to time) 어느 때에 16ᵃ 18, ㉭ haplōs

d

deiknynai (show) 보여 주다 20ᵇ 4

dēloun (reveal) 드러내다, 내보이다 16ᵃ 28(무엇인가를), 17ᵃ 16(한 가지 것을), 18(여러 가지 것을), b 8, ㉭ sēmainein

dialektikon (dialectical) 철학적 대화술의 (것) 20ᵇ 22(물음)

diametros (diagonal) 대각선 19ᵇ 35

dianoia ① (thought) 생각 16ᵇ 20, ② (mind) 사유 23ᵃ 33

diapherein ① (differ) 다르다, 차이 나다 16ᵇ 17, 18ᵃ 21, 20ᵃ 12, 21ᵇ 9, 23ᵇ 23(가장 많이), 24ᵃ 3, 8, ② (make any difference) 중요하다, 상관있다 18ᵇ 36

diaphora (difference) 차이(점) 16ᵇ 13, 20ᵇ 33

diapseudesthai (be deceived) 잘못 생각하다 23ᵇ 21, 31

diatemnein (cut up) 자르다 19ᵃ 13

dichōs (in two ways) 두 가지 방식으로 19ᵇ 20

didonai (give) 주다 20ᵇ 27

dihairein ① (distinguish) 구분하다 17ᵃ 24, ② (divide) 나누다 19ᵃ 29

dihairesis (separation) 분리 16ᵃ 14, ㉭ synthesis

dihorizein ① (distinguish) 구분하다 21ᵃ 34, ② (determine) 규정하다 21ᵇ 30

dikaion (just) 정의로운 (사람) 17ᵇ 21, 19ᵇ 21-39, 20ᵃ 16-39

diploun (double) 복합된 (것) 16ᵇ 32, ㉭ peplegmenon

dipoun (two-footed) 두 발 달린 (것), 두 발 달림 17ᵃ 13(뭍짐승), 20ᵇ 17, 21ᵃ 3(소크라테스), 15, 18(사람)

doxa (what is thought, belief) 생각, 판단 21ᵃ 33(없는 것에 대한), 23ᵃ 32(반대되는 것에 대한, 반대되는), 36, 38(거짓인, 참인), 40, b 3, 8, 22(부정인 것에 대한), 36, 24ᵃ 5, b 1, 7, 9

doxaston (what is thought about) (우리가) 생각할 수 있는 것 21ᵃ 32

doxazein (think) 생각하다 23ᵃ 39, b 10, 12, 24ᵃ 5, 8

dynamis ① (possibility) 가능성, 가능 상태 19ᵃ 17, 23ᵃ 22, 24, 26, ㉱ energeia, ② (capability) 능력 23ᵃ 5(대립된 것들에 대한), 12-dynamis meta logou (rational capability) 이성적인 능력 22ᵇ 39-alogos dynamis (irrational capability) 비이성적인 능력 23ᵃ 1, 4

dynasthai ① (be possible) …ㄹ 수 있다 21ᵇ 12(…이고 …이지 않을), ② (be capable of) (어떤 것에 대한) 능력이 있다, 할 수 있다 22ᵇ 37(대립된 것들에 대한), 23ᵃ 3

dynaton (what is possible) …ㄹ 수 있는 (것), 가능한 (것) 19ᵃ 9, 16, b 2, 21ᵃ 35*, b 10-22ᵃ 2, 11, 14-23ᵃ 20, ㉱ ex anankēs 19ᵃ 9-b 4

e

eidos (kind) 종류 23ᵃ 6

einai ① (exist) 있다, 있음 16ᵃ 18, b 22, ② (be) …이다 19ᵃ 10-esti ① (exists) 있다 16ᵇ 3, 17ᵃ 11, 19ᵇ 13, ② (is) …이다 17ᵃ 11, 19ᵇ 13, 19*, 21*, 24, 21ᵃ 27-to on ① (what exists) (지금) 있는 것(일), 현재의 일 19ᵃ 23, 통 ta onta 18ᵃ 28*, 19ᵃ 36, b 3, ② (what is) …인 (것) 16ᵇ 23-to mē on (what is not) 있지 않은 (것), 없는 (것) 19ᵃ 23, 25, 27, 21ᵃ 32, 통 19ᵃ 36-esomenon (what will be) (앞으로) 있게 될(지도 모를) 일, 일어날(지도 모를) 일 18ᵇ 15, 19ᵃ 8*, 반 mellon, 관 gignomenon, onta, genomenon

ektos (outside) …이외의 17ᵃ 29, 19ᵇ 18

emprosthen (first) (…하기) 이전에 19ᵃ 14

enantion ① (contrary) (서로) 반대되는 (것), 반대자 17ᵇ 4(명제), 8, 18ᵃ 10, 19ᵃ 34, 20ᵃ 16(부정문), 30(문장), 22ᵇ 8, 23ᵃ 1, 27, 32, 34(생각), 36, 37, 38, 39, 23ᵇ 2, 3, 6, 21, 22, 23, 24(더), 25, 29, 32, 36, 38, 24ᵃ 4, b 3, 7, 9, ② (contrary) 반대되는 술어 22ᵃ 39, 관 antikemenon 20ᵃ 30-enantiōs (in a contrary way) (서로) 반대되는 방식으로 17ᵇ 20, 22ᵇ 4, 23ᵇ 7, 관 antiphatikōs, 반 ex enantias 22ᵇ 8

enantiotēs (contrariety) 반대성 21ᵃ 29

endechesthai ① (be possible) …ㄹ 수 있다 17ᵃ 30(부정할, 긍정할), b 23(동시에 참일), 18ᵇ 17(말할), 19ᵃ 10(일, 아닐), 21(생길), b 35, 22ᵇ 1, 19(딸릴), 24ᵇ 6(반대될), 8(참인 생각이나 말을 할), ② (allow) 허용하다 19ᵃ 34(반대되는 것들을)-endechomenon (admissible) 허용되는 (것) 21ᵃ 36*, b 24, 25, 22ᵃ 12-32

eneinai (be in) (어떤 것) 안에 있다 21ᵃ 29

energeia 명 dynamis, ① (actuality) 발휘 상태 23ᵃ 8, 10, ② (actuality) 실현 상태 23ᵃ 22*, 23, 25

energein ① (be actual) (어떤 능력을) 발휘하다 21ᵇ 15, 23ᵃ 3(항상), 14, ② (be actual) 실현 상태에 있다 19ᵃ 9(항상)

enhyparchein (be present in) (어떤 것 안에)

들어 있다 21ᵃ 16, 22, 24

enochlēsis (troublesome objection) (소피스트들의) 귀찮은 말질 17ᵃ 37*

eoikein (be like) (어떤 것과) 비슷하다 16ᵃ 13

epaktrokelēs (pirate-boat) 에파크트로-켈레스, 해적-선 16ᵃ 26*

episkopein (look at sth as sth) (어떠한 것으로) 보다 23ᵃ 20

ēremein (pause) 머무르다 16ᵇ 21

erōtan (ask) 묻다, 질문하다 17ᵃ 19, 20ᵃ 24, b 29

erōtēsis (question) 물음 20ᵇ 22(철학적 대화술의), 25, 27, 28

esomenon → einai

euchē (prayer) 기도문 17ᵃ 4

etos (year) 해(年) 18ᵇ 34, 19ᵃ 1

exaiphnēs (at first sight) 언뜻 보아 17ᵇ 34

g

genesis ① (event) 일 19ᵃ 17, ② (coming-into-being) 생성 23ᵇ 14

gignesthai ① (take place) 일어나다, 벌어지다 19ᵃ 31, 32, ② (come to be) 생기다 19ᵇ 13, ③ (become) 되다 19ᵃ 11-gignomenon (what happens) (지금) 생기는 (것) 18ᵇ 30-genomenon (what has happened) (이미) 생긴 (것), 일어난 것(일) 18ᵃ 28*, b 11, 19ᵃ 3, 5

grammata (written marks) 글자 16ᵃ 5*

graphein (write) 쓰다-graphomenon (what is written) '쓰인 것', 글 16ᵃ 4*

h

hairein (choose) 선택하다 20ᵇ 28, 21ᵇ 22

hama (together, at the same time) 함께, 동시에 17ᵇ 22(참이다), 35(나타내다), 18ᵃ 38(들어맞다), 20ᵃ 18, 21ᵇ 19(긍정하고 부정하다), 39, 22ᵃ 1, 24ᵇ 9(들어 있다)

haploun (simple) 단순한 (것), 홑… 16ᵃ 23(명사), 17ᵃ 20(명제), 23, 粵 peplegmenon-haplōs ① (simply, unconditionally, without restriction or qualification) 무조건(적으로), 단적으로, 아무 제약 없이 16ᵃ 18(있다), 19ᵃ 26(필연적으로 있다)*, 21ᵃ 5(이루어지다), 15(좋은), 19(말하다), 31, 23ᵃ 16, ② (in one way) 한 가지 뜻으로 23ᵃ 7

harmottein (fit) 어울리다 20ᵃ 3

hauto(n) (itself) 자체-kath' hauto(n) (in its own right, in itself) 그 자체로 16ᵃ 21, b 19(말해지다), 33, 20ᵃ 2(따로 떨어져 있다), 21ᵃ 28(서술되다), 23ᵇ 16(무엇이다), 19(들어 있다), 粵 kata symbebēkos

hekaston (particular) 개별적인 (것) 18ᵃ 33, 粵katholou 17ᵃ 38-b 3, 28, 40, 18ᵃ 31, b 28, 20ᵃ 24-to kath' hekaston (particular) 개별적인 것, 개별자 17ᵃ 39, b 1*, 3, 18ᵃ 31, 33, b 28, 20ᵃ 24, 粵 to katholou

hēmeis (we) 우리 19ᵃ 12

hēmeron (tame) 길들은 (것) 20ᵇ 17(사람)

hen ① (one) 한, 하나의 (것), 하나인 (것), 한 가지의 (것) 16ᵇ 31(음절), 17ᵇ 37(긍정문, 부정문), 20ᵇ 4, 10, b 20(말소리), 25(물음), 23ᵇ 2(생각), 6, ② (single) 단일, 단일한 (것) 17ᵃ 8(문장), 9, 15, 16, 18ᵃ 18(긍정문), 20, 20ᵇ 15, 粵 haplē, 粵 synthetos, ③ (one thing, single thing) 하나, 한 가지 것, 단일한 것 17ᵃ 13, 16, 17, 18ᵃ 12, 17, 19ᵇ 6, 9, 20ᵇ 12, 13, 14, 16, 19, 31, 34,

35, 21ᵃ 10, 13, 粵polla

hepesthai (follow) (어떤 것이 어떤 것에) 따르다, (어떤 것이 어떤 것으로부터) 따라 나오다, 도출되다 21ᵃ 22(모순이), 22ᵃ 39(반대되는 술어 쌍이), b 24, 30(모순되는 술어가), 23ᵃ 17, 粵akolouthein

himation (cloak) 겉옷 18ᵃ 19*(흰), 19ᵃ 13

hippos (horse) 말(馬) 16ᵃ 22(좋은), 18ᵃ 19, 22, 26(사람-)

hoion te (can be) …ㄹ 수 있다, 17ᵇ 22(참일), 18ᵇ 12(있지 않을, 있게 되지 않을), 19ᵃ 5(일어나지 않을), 23ᵇ 9(들어 있을), 粵 endechesthai

holōs (in general) 무릇, 일반적으로 19ᵃ 9

homoiotropōs (similarly) 마찬가지로 21ᵇ 26

homoiōma (likeness) (어떤 것을) 닮은 것 16ᵃ 7*

homōnymon (homomymous) 한 이름 다른 뜻(同語異義)인 (것), 다의적(多義的)인 (것) 23ᵃ 7*-homōnymōs (homonymously) 한 이름 다른 뜻(동어이의)으로, 다의적으로 17ᵃ 35

hopoter' etychen (as chance has it) 그냥 벌어지는 대로 18ᵇ 6*, 7, 8, 15, 23, 30, 19ᵃ 19, 34, 38, 粵 ex anankēs, 粵apo tychēs

horan (see) 보다 19ᵃ 7, 21ᵇ 16

horaton (what can be seen) 보일 수 있는 (것) 21ᵇ 17

horizein (define) 규정하다 23ᵇ 3

hygiainein (be healthy) 건강하다 16ᵇ 9, 11, 16, 19ᵇ 10, 20ᵃ 4, 6, 10, 粵 nosein, kamnein

hygieia (health) 건강 16ᵇ 8(명사)

hyparchein ① (hold good for) 들어맞다, 타당하다, 적용되다 18ᵃ 38, b 3, ② (belong to, hold of) (속성으로서 어떤 대상 안에) 들어 있다 16ᵇ 9, 17ᵇ 2, 4, 21ᵇ 15(부정이),

23ᵇ 9-13, 24ᵇ 9(반대되는 것들이 동시에), ③ (be, be the case) 있다/⋯이다 16ᵇ 12, 18ᵃ 35*-hyparchon ① (what is, what does hold) 있는/⋯인 것 17ᵃ 27-29, ② (what belongs to something) (어떤 것에) 들어 있는 것, 속성 16ᵇ 10*, 23ᵇ 19

hypographē (diagramm) 표 19ᵇ 26

hypographein (write under) 아래에 적다-hypogegrammenon (table) 표 22ᵃ 22

hypokeisthai (underlie) 밑에 놓이다-hypokeimenon (underlying, subject, substratum) 바탕이 되는 (것), 주어, 기체(基體) 16ᵇ 10, 19ᵇ 37, 21ᵇ 28(사물), 29, 22ᵃ 9

hypolambanein (take, suppose) 받아들이다 23ᵇ 26

hysteron (posterior) 나중인 (것), 뒤진 (것) 23ᵃ 25, ⑲proteron

---

k

kalein (call) 부르다 16ᵃ 31

kalon ① (good) 좋은 (것) 16ᵃ 22(말), ② (beautiful) 아름다운 (것) 17ᵇ 32(사람), ⑲aischron-kalōs (correctly) 올바로 23ᵇ 28(말하다)

kamnein (be ill) 아프다 16ᵇ 11, ⑭nosein, ⑲hygiainein

kata symbebēkos → symbainein

kataphanai (affirm) 긍정하다, 인정하다 17ᵃ 30, b 39, 18ᵇ 38, 20ᵃ 25, b 13, 20(하나에 대해), ⑲apophanai

kataphasis ① (affirmation)⋯이라고 함, 긍정(肯定), 긍정문, 긍정명제 16ᵃ 2, b 29, 17ᵃ 8, 25, 32, b 14, 20, 37(하나의), 40, 18ᵃ 4, 12, 33(모든), 37, b 4, 18, 27, 19ᵃ 20, b 1, 5, 10, 12, 15, 20ᵇ 12, 15(단일한), 20, 23ᵃ

27(반대되는), ⑲apophasis 17ᵇ 20, 38-18ᵃ 12, 19ᵇ 20-20ᵇ 12, ㉑phasis 16ᵇ 27, ② (affirmative term) 긍정어, 긍정 술어, 긍정 표현 19ᵇ 23, 32, 22ᵃ 36

katatribein (wear out) 해어지게 하다 19ᵃ 14

katēgorein (predicate) 서술하다 17ᵇ 13-katēgoreisthai (be predicated of) 서술되다 17ᵃ 40, b 15, 20ᵇ 31(결합된 채로), 21ᵃ 7, 27(딸린 방식으로), 30-katēgoroumenon (that which is predicated) 서술되는 것, 풀이말(술어) 17ᵇ 13, 20ᵇ 32(따로), 21ᵃ 7

katēgorēma (predicate) 술어 20ᵇ 32

katēgoria (predicate) 술어 21ᵃ 29

kath' hauto → hauto(n)

kath' hekaston → hekaston

katholou ① (universal) 보편적인 (것), 보편자 17ᵃ 38, b 1(사람)*, 2, 12, 18ᵃ 1, 14, 30, 32, b 27, 20ᵃ 9, 23ᵃ 16, ⑲kath' hekaston, ① (universally) 보편적으로 17ᵇ 3-18ᵃ 1(서술하다), 14, 30, 32, b 28, 19ᵇ 32, 20ᵃ 9-13

keisthai (be placed) 놓여 있다 22ᵇ 10-keimenon (what is laid down) (앞에서) 규정된 (것), (앞의) 설명 19ᵇ 14

kelēs (fast-sailing yacht) 쾌속선 16ᵃ 26

kinēton (changeable) 변하는 (것) 23ᵃ 12*, ⑲ akinēton

kōlyein (hinder) 막다, 방해하다 18ᵇ 33

---

l

legein (say) 말하다 20ᵃ 8

leipein (remain) 남다 22ᵇ 22, 23ᵇ 40

leukon (white) 흰 (것) 16ᵃ 15, 17ᵇ 6(사람), 18, 18ᵃ 2(소크라테스), 22(말), 39, 20ᵇ 2,

18, 35, 21ᵃ 10(⑨: 교양 있다), 20, b 2

logos ① (proposition, statement) 명제, (좁은 뜻의) 문장 17ᵃ 20*, 19ᵃ 33, 23ᵃ 28, ② (phrase) 문구 16ᵃ 22, ③ (sentence) (넓은 뜻의) 문장 16ᵃ 2(⑳: 명제), 31, b 26*, 33, 17ᵃ 4, ④ (definition) 정의(定義) 17ᵃ 11, 21ᵃ 29, ⑤ (account) 설명, 방식 16ᵇ 1, 19ᵃ 28, b 19, 21ᵇ 24, ⑥ (reason) 이유 21ᵇ 14, ⑦ (order) 순서 22ᵃ 14, ⑧ (reason) 이성 22ᵇ 38, 39-logos apophantikos (statement-making sentence) 명제를 나타내는 문장, 명제 17ᵃ 8(단일), 10, 12, 15-heis logos (single statement) 단일 문장 17ᵃ 8, 15, ⑨ polloi (logoi) 17ᵃ 16-logos synthetos (composite sentence) 복합 문장 17ᵃ 22, ⑨ haplē apophansis 17ᵃ 20, 23

---

m

mallon ① (more) 더 18ᵇ 9(어떠하다), 19ᵃ 19(참이다), 38, 20ᵃ 35, ② (rather) 오히려 19ᵃ 1-malista (most) 가장 많이 23ᵇ 22(잘못 생각하다)

mellon (what is going to be) 닥칠(지도 모를) (일), 미래의 일 18ᵃ 33(개별적인 것)*, ⑪ esomenon, ⑳ gignomenon, on, genomenon

meros (part) 부분 16ᵃ 20(명사의), 24(단순명사의), b 6(동사의)-to en merei (particular) 개별자 23ᵃ 16(⑨: 보편자)

metatithenai (transpose) 위치를 바꾸다-metatithemenon (transposed) 위치가 바뀐 (것), 환위된 (것) 20ᵇ 1(명사와 동사), 11

morion (one side of) 한쪽 19ᵃ 37(모순 명제 쌍의), 20ᵇ 23, 29

mousikos (musical) 교양 있는 (사람) 21ᵃ 1,

myrioston (10000) 만(萬) 18ᵇ 34(년), 19ᵃ 1

mys (mouse) 쥐 16ᵇ 31

---

n

naumachia (sea-battle) 해전 18ᵇ 23, 19ᵃ 30

noein ① (think) 생각하다 16ᵇ 25, ② (perceive by mind) 보다 19ᵇ 26

noēma (thought) 사유물, 생각한 것 16ᵃ 10*, 14(⑳: 명사와 동사)

nyn (present) 현재 17ᵃ 30

---

o

oiesthai ① (take to be) (어떤 것으로) 보다, 간주하다 22ᵃ 11, ② (believe) 믿다, 생각하다 23ᵇ 3, 31

oikeion (appropriate) 적합한 (것) 17ᵃ 6(탐구)

on → einai

onoma ① (name) 이름 16ᵃ 30, b 13, 19*, 18ᵃ 19('겉옷'), 20ᵇ 15(하나의), ② (name, noun) 명사 16ᵃ 1, 13, 19*, 27, 29(아니-사람?), 33(…의 격), b 3, 8(건강), 17ᵃ 17(낱말), 19ᵇ 6-9, 11, 21(…이다?), 32, 20ᵃ 2, 13, b 1, 11, 21ᵃ 30, ⑳ rhēma 16ᵇ 8-ahoriston onoma (indefinite name) 무한 명사 16ᵃ 30(아니-사람), 19ᵇ 8, 11, 20ᵃ 31-haploun onoma (simple name) 단순명사, 단순어 16ᵃ 23-peplegmenon onoma (complex name) 복합명사, 복합어 16ᵃ 24, ⑪ diploun

organon (tool) (자연적인) 도구, 연장 17ᵃ 1*, ⑪ physis, ⑨ synthēkē ou (not) 아니 20ᵃ 8(부정사)

ousia (substance) 실체-prōtē ousia (primary substance) 으뜸 실체, 제일 실체 23ᵃ 24(실현 상태)*

p

pareinai (be present) (곁에) 있다-paron (present) 현재의 (것) 16ᵇ 18(시간)

pan (every) 모든 (것) 17ᵇ 12, 20ᵃ 9, 12

pathēma (affection) (어떤 것이) 겪는 것, 겪은 것, 겪이 16ᵃ 3*, 6

peplegmenon → plekein

perix (outside) (현재) 밖의 16ᵇ 18(시간), ㉼ ho nyn

pezon (land) 뭍 17ᵃ 13(짐승)

phainesthai (look as if) …ㄴ 듯 하다 17ᵇ 35

phanai (say) 말하다, 주장하다 18ᵃ 36, b 34, 19ᵇ 21, 22ᵇ 31, ㉻kataphanai 18ᵇ 2, 7, 21ᵇ 20

phasis ① (expression) 낱말, (언어적) 표현 16ᵇ 27*, 17ᵃ 17*, 21ᵇ 18, 22ᵃ 11, ② (affirmation) 긍정문 21ᵇ 21, ㉻kataphasis

phōnē ① (spoken sound) 말소리, 음성 16ᵃ 3*, 11, b 32, 20ᵇ 20, 23ᵃ 32, 35, 24ᵇ 1, ② (utterance) 입 밖에 냄 17ᵃ 18-phōnē sēmantikē (significant spoken sound) 무엇인가를 나타내는 말소리 16ᵃ 19, b 26, 17ᵃ 23

phyein (beget) 낳다-pephykein (be by nature) 본래 …하다 17ᵃ 39

physis (nature) 본성-physei (by nature) 본래 16ᵃ 27, 23ᵃ 24, ㉽tō chronō

plekein (plait) 엮다-peplegmenon (complex, compounde) 겹…, 복합 …, 엮인 (것) 16ᵃ 24(명사), 21ᵃ 1

poiein ① (do) 하다 18ᵇ 32, ② (produce) 낳다 20ᵃ 4, ③ (make) 만들어 내다 22ᵃ 10

poiētēs (poet) 시인 21ᵃ 26

poiētikē (poetry) 창작술 17ᵃ 5(㉽: 연설술)

poly (much) 많은 (것)-epi to poly (as a rule) 대부분의 경우에 19ᵃ 21-polla (many) 여럿(의 것), 여러 개(의 것), 여러 가지 (것) 17ᵃ 13('두 발 달린-뭍-짐승'), 16, 18ᵃ 24, 25, 20ᵇ 13-22, 31-21ᵃ 33, ㉽ heis, mia, hen-pleion (a number of things) 많은 것들 17ᵃ 39, (more) (하나보다) 많은 (것), 여러 가지 (것) 20ᵃ 1, b 3(부정문), 23ᵃ 1, b 5-pleiston (most) 가장 많이 23ᵇ 23

pragma ① (actual thing) 사물 16ᵃ 7*, b 23*, 17ᵃ 38(보편자, 개별자), 21ᵇ 28(바탕이 되는), ② (actual thing) 사태 18ᵇ 38, 19ᵃ 33(㉼: 문장)

pragmateia (subject, inquiry) 연구 대상, 분야 16ᵃ 9, 17ᵃ 15

pragmateuesthai (fix thought on) 궁리하다 18ᵇ 32

prattein (act) 실행하다 19ᵃ 8

prohaireisthai (speak spontaneously) 스스로 말을 꺼내다 17ᵃ 20

proshaptein (join on) 덧붙다 20ᵃ 5

prosdihorizein (specify further) 더 상세히 규정하다 20ᵇ 29-prosdihorizesthai (add) 추가하다 17ᵃ 36

proskatēgorein (predicate additionally) 덧붙여 서술하다 19ᵇ 19

proskeisthai (be added) 덧붙다, 덧붙어 있다 19ᵇ 25, 30, 21ᵃ 21

prossēmainein (signify additionally) 더불어 나타내다 16ᵇ 6, 8, 12, 18, 24*, 19ᵇ 14, 20ᵃ 13

prosthesis (addition) 덧붙이, 부가물 21ᵇ 27('…이다', '…이지 않다')*, 30

prostithenai (add) 덧붙이다 16ᵃ 15, 18('있다'나 '있지 않다'를), b 30, 17ᵃ 12('…이다', '…일 것이다', '…이었다'를), 19ᵇ 38, 20ᵃ 9, 14, 36, 21ᵇ 6, 21

protasis (statement proposed) 전제된 문장 20ᵇ 23*, 24

proteron ① (prior) 앞선 (것), 먼저인 (것) 23ᵃ 22(영원한 것들), 25(본성에서), ㉙ hysteron, ② (earlier, already) 전에, 앞에서 18ᵇ 10, 19ᵇ 8-prōton ① (first) 일차적인 (것), 으뜸가는 (것), 가장 먼저인 (것) 16ᵃ 6, 17ᵃ 8, ② (earliest, first) 맨 처음 (것), 첫 번째의 (것) 18ᵃ 25, 19ᵇ 15, ③ (first) 먼저, 첫째 16ᵃ 1, 18ᵇ 18, 22ᵇ 38

pseudes (false) 거짓인 (것), 틀린 (것) 17ᵇ 27(모순 명제 중 하나), 30, 18ᵃ 11, 12, 34(긍정문, 부정문), 38, b 19, 29, 19ᵃ 39, b 2, 23ᵃ 38(생각), b 1

pseudesthai ① (be false) 거짓이다, 틀리다 16ᵃ 10, b 3, 5, 20ᵃ 34, ㉙ alētheuein, ② (say what is false) 거짓인 말을 하다 18ᵇ 3, 20ᵃ 36, ③ (falsity) 거짓 17ᵃ 3

pseudos (falsity) 거짓, 틀린 것 16ᵃ 12, 15, 17, 17ᵃ 4, 19ᵃ 37, 20ᵃ 29, 21ᵇ 31, 23ᵇ 4, ㉙ alēthes

psophos (sound) 소리, 음(音) 16ᵃ 29(비분절)

psychē (soul) 혼, 머리 16ᵃ 3*, 7, 9, 24ᵇ 2

psylon (bare) 따로 16ᵇ 23

ptōsis ① (inflexion) 격(格) 16ᵇ 1(명사의)*, ② (inflexion) 시제, 변화형 16ᵇ 17(동사의), 17ᵃ 10

---

r

rhēma (verb) '말해진 것', 동사, 술어 16ᵃ 1, 13, b 6*, 9(건강하다), 11, 16, 17, 19(이름), 17ᵃ 9, 17(낱말), 19ᵇ 11, 13, 21, 20ᵇ 1, 11, ㉗ onoma-ahoriston rhēma (indefinite verb) 무한 동사 16ᵇ 13(건강하지 않다, 아프지 않다), 19ᵇ 11, 20ᵃ 31

rhetorikē (rhetoric) 연설술 17ᵃ 5(㉙: 창작술)

---

s

sēmainein ① (signify) 나타내다 16ᵃ 17(무엇인가를), 22, b 7, 20, 22, 28, 32, 17ᵇ 12(보편자를), 17(같은 주어에 대해 보편적으로), 35, 36(같은 것을), 18ᵃ 14(하나에 대해 하나를), 24(여럿을), 25, 19ᵇ 5, 20ᵃ 9, 17, 40, b 2(같은 것을), 22ᵇ 8(순서가 맞바뀐 채로), ㉑ dēloun, ② (mean) 뜻하다, 의미하다 18ᵃ 17

sēmantikos (significant) 무엇인가를 나타내는 (것), 의미하는 (것) 16ᵃ 19(말소리)*, 20, 24, b 26, 31, 17ᵃ 1(문장), 23(단순 명제)

sēmeion (sign) 표현물 16ᵃ 6*, 16, b 7, 10, 22

skepteon (must consider) 살펴 보아야 한다 21ᵃ 34, 23ᵃ 38

skepsis (consideration) 고찰 17ᵃ 6

skyteus (cobbler) 구두장이 20ᵇ 35(좋은), 21ᵃ 14

sophistikon (sophistical) 소피스트들의 (것) 17ᵃ 36(귀찮은 말질)

sophos (wise) 지혜로운 (사람) 20ᵃ 26(소크라테스), 28

sterēsis (privation) 결여 19ᵇ 24*

stoichein (order of sequence) 잇따름 19ᵇ 24*

syllabē (syllable) 음절 16ᵇ 30('사람'의)

symbainein ① (happen, result) (어떤 결과가) 따르다, 생기다 18ᵇ 20, 19ᵃ 35, 21ᵃ 6, 8, b 18, 22ᵇ 16, 28, ② (pf.) (be an accident of) 간접적으로 딸리다 23ᵇ 16(좋은 것에 나

쓰지 않음이)-symbanon (result) 결과 18ᵇ 26-symbebēkos (accident) 딸린 것 21ᵃ 11-kata symbebēkos ① (accidentally) 딸려, 딸린 방식으로, 간접적으로 21ᵃ 9(말해지다), 26(서술되다), 13*, 15, 31, 23ᵇ 16, 20, ⑨kath' hauto(n), haplōs

symbolon (symbol) 상징물 16ᵃ 4(말, 글)*, 28(명사), 24ᵇ 2(긍정문과 부정문)

symplekein (combine) 결합하다 -symplekomenon (combined) 결합된 (것) 21ᵃ 38-sympeplegmenon (complex) 복합적인 (것) 23ᵇ 25(생각)

symplokē (combination) 결합 21ᵃ 5

synaletheuesthai (be true together) 함께 참이다 19ᵇ 36

synamphō (both together) 둘을 합한 것 20ᵇ 36

syndesmos (being bound together) 함께 묶임, 연결-syndesmō heis (one in virtue of connective) 연결로 말미암아 하나인 17ᵃ 9*, 16, ⑨asyndetos

synengys (closely) 함께 가까이 17ᵃ 14

synhaptein (attach) 덧붙이다 22ᵃ 10

synkeisthai (put together) 함께 놓여 있다 19ᵇ 21-synkeimenon (component) (어떤 것들로) 이루어진 (것), 구성된 (것), 구성요소 16ᵇ 25, 17ᵃ 21(단순 명제들로), 20ᵇ 14

synthēkē (convention) 합의, 관습-kata synthēkēn (by convention) 합의에 의해 16ᵃ 19*, 27(⑨: 본래), 17ᵃ 2(⑨: 자연적인 도구로서)

synthesis (composition) 결합 16ᵃ 12, 14(명사와 동사의), b 24, ⑨dihairesis

syntheton (composite) 복합된 (것) 17ᵃ 22(명제)

syntithenai (put together)-syntithemenon (in combination) 결합된 (것) 20ᵇ 31(술어들)

t

tattein (arrange) 배치하다 19ᵇ 31, 21ᵃ 39

temnein (cut) 자르다 21ᵇ 13, 22ᵇ 34

theōreisthai (investigate) 살펴보다 22ᵃ 22

theōria (investigation) 연구 17ᵃ 7

thērion (beast) 짐승 16ᵃ 30

thermantikon (capable of heating) 열을 낼 수 있는 (것) 22ᵇ 38(불)

thnēskein (die) 죽다 21ᵃ 23

tis (certain) 어떤-ho tis (particular case) 개별자 21ᵃ 19

tithenai ① (settle) 규정하다 16ᵃ 1, ② (give) (이름을) 붙이다 18ᵃ 19, ③ (put, place) 놓다, 내놓다 20ᵃ 5, 21ᵃ 5, 6, 22ᵃ 14, b 28, 23ᵇ 10, 24ᵃ 3

tragelaphos (goat-stag) 염소-사슴 16ᵃ 16*

tropos (way) 방식 22ᵇ 28

tychē (chance) 우연-apo tychēs (by chance) 우연히 18ᵇ 5(있다, 생기다)*, 16, ⑨ ex anankēs

x

xylon (log) 통나무 21ᵇ 4

y

ys (ys) ㅓ 16ᵇ 31

고유명사

Homēros (Homer) 호메로스 21ᵃ 25, 27

Kallias (Callias)칼리아스 17ᵇ 1, 23ᵃ 31*

Kallippos (Callippus) 칼립포스 16ᵃ 21*

Philōn (Philo) 필론 16ᵃ 32

Sōkratēs (Socrates) 소크라테스 17ᵇ 28, 18ᵃ
    2, 20ᵃ 25, 21ᵃ 2

우리말 — 그리스어

한 낱말의 대표적인 뜻만을 실었다. 원어가 갖는 다른 뜻과 본문에 나오는 곳에 대해서는 그리스어-한글 찾아보기를 참조하길 바란다. 내용 인용 부분에서는 본문을 조금 바꾼 형태로 정리하였다

☞   관련용어, 비슷하거나 반대되는 뜻의 말
→   화살표 뒤에 나오는 낱말을 찾아보기

ㄱ

가능성, 가능 상태 dynamis

가능한 dynaton

간접적으로 kata symbebēkos

개별적인 (것), 개별자 to kath' hekaston - 본래 많은 것들에 대해 서술되지 않는 것들은 개별적이다 17ᵃ 39

거짓, 틀린 것 pseudos

거짓이다, 틀리다 pseudesthai

거짓인 (것) pseudes

거짓인 말(서술, 생각)을 하다 pseudesthai

건강 hygieia

건강하다 hygiainein

걷다 badizein

겉옷 himation

격(格) ptōsis - '필론의', '필론에게' 등은 명사의 격들이다 16ᵇ 1

겪는 것, 겪은 것, 겪이 pathēma - 머리가 겪는 것들은 모든 사람들에게 같고, 사물들을 닮았다 16ᵃ 6

결여 sterēsis

결합 symplokē, synthesis

결합된 (것) syntithemenon

결합하다 symplekein

겹-, 복합- peplegmenon

고찰 skepsis

교양 있는 (사람) mousikos

구두장이 skyteus

구분하다 dihorizein, dihairein

구성된 (것) synkeimenon

귀찮은 말질 enochlēsis

궁리하다 pragmateuesthai

규정하다 dihorizein, horizein ☞ 더 상세히 규정하다 prosdihorizesthai

그 자체로 kath' hauto

그냥 벌어질 대로 hopoter' etychein

글 graphomenon - 글은 말소리에 담긴 것에 대한 상징물이다 16ᵃ 4

글자 grammata - 글자와 말소리는 다양하다 16ᵃ 5

긍정(肯定), 긍정문, 긍정명제 kataphasis, phasis - 긍정문이 가장 먼저, 명제를 나타내는 단일 문장이다 17ᵃ 8 - 긍정문은 어떤 것에 대해 어떤 것을 인정하는 명제이다 17ᵃ 25 - 모든 긍정문에 부정문이 대립되어 있고, 모든 부정문에 긍정문이 대립되어 있다 17ᵃ 32 - 하나의 긍정문에 대해 딱 하나의 부정문이 있다 17ᵇ 37, 20ᵇ 13-30 - 긍정문은 어떤 것을 어떤 것에 대해 나타낸다 19ᵇ 5 - 모든 긍정문은 명사와 동사로 이루어져 있다 19ᵇ 10

긍정어, 긍정 술어, 긍정 표현 kataphasis

긍정하다 kataphanai

기도문 euchē

기체(基體) → 바탕이 되는 (것)

길들은 (것) hēmeron

ㄴ

나누다 dihairein

나쁜 (것) kakon

나중인 (것), 뒤진 (것) hysteron

(어떤 것을) 나타내는 (것), 의미하는 (것) sēmantikos-명사(또는 동사)의 부분은 따로 떨어져서는 아무것도 나타내지 않는다 16ª 20, 24, b 6

나타내다 sēmainein-그 자체로 말해졌을 때 동사는 이름이며 무엇인가를 나타낸다 16ᵇ 19-명사와 동사의 위치가 바뀌어도 그것들은 같은 것을 나타낸다 20ᵇ 1-12 ☞ 더불어 나타내다 prossēmainein

남다 leipein

낱말 phasis

낳다 phyein

놓다 tithenai

놓여 있다 keisthai ☞ 덧붙여 놓이다 proskeisthai, 함께 놓여 있다 synkeisthai

능력 dynamis

능력이 있는 (것) dynaton ☞ 걸을 수 있는 (것) badistikon

능력이 있다 dynasthai

ㄷ

다가올(지도 모를) 것(일) mellon

다르다 diapherein

다의적(多義的)인 (것) → 한 이름 다른 뜻인 (것)

다의적으로 → 한 이름 다른 뜻으로

단순명사 haploun onoma

단순 명제 haplē aphophansis-단순 명제는 어떤 것이 어떤 것에 들어맞는지, 맞지 않는지에 관한, 무엇인가를 나타내는 말소리이다 17ª 23

단순한 (것) haploun

단일명제, 단일 문장 heis logos apo-phantikos-명제를 나타내는 단일 문장은 한 가지 것을 드러낼 때, 또는 연결로 말미암아 하나가 될 때 성립한다.

단일한 heis, mia, hen-하나를 이루지 못하는 두 사물에 한 이름이 주어질 땐, 단일한 긍정문이 성립하지 않는다 18ª 19

단적으로 haplōs

닮은 것 homoiōma

대각선 diametros

대답 apokrisis

대립 antithesis

대립되는 (것) antikeimenon

대립하다 antikeisthai

더 mallon

덧놓다 proshaptein

덧붙여진 것, 덧붙이, 부가물 prosthesis

덧붙이다 prostithenai

도구 organon

도출 관계 akolouthēsis

동사 rhēma-동사는 시간을 더불어 나타낸다 16ᵇ 6, 8, 12, 18-동사는 바탕이 되는 것에 대해 서술되는 것들에 대한 표현물이다 16ᵇ 10-동사는 이름이며, 무엇인가를 나타낸다 16ᵇ 19-동사가 없으면 긍정도 부정도 가능하지 않다 19ᵇ 12

동시에 hama

동어이의인 (것) → 한 이름 다른 뜻인 (것)

되다 gignesthai

두 발 달린 (것) dipoun

뒤따르다, 도출되다 akolouthein

드러내다 dēloun

듣다 akouein

들어맞다, 타당하다 hyparchein

들어 있는 (것), 속성 hyparchon

들어 있다 hyparchein ☞ 안에 들어 있다
enhyparchein

따로 (떨어져) chōris

따로 떨어진 (것) kechōrismenon

따로 떼다 chōrizein

따르다, 따라 나오다, 도출되다 akolouthein,
hepesthai

따르다, 생기다 symbainein

딸려, 딸린 방식으로 kata symbebēkos

뜻 logos

뜻하다, 의미하다 sēmainein

ㄹ

…ㄹ 수 없는 (것), 불가능한 (것) adynaton

…ㄹ 수 있는 (것), 가능한 (것) dynaton ☞
보일 수 있는 (것) horaton, 열을 낼 수 있
는 (것) thermantikon

…ㄹ 수 있다, 가능하다 dynasthai, ende-
chesthai, hoion te

ㅁ

막다, 방해하다 kōlyein

많은 (것) poly

말소리 phōnē-말소리에 담긴 것들은 머
리 안에서 겪은 것들에 대한 상징물이다
16ᵃ 3-소리에 담긴 것은 사유 속에 담
긴 것을 따른다 23ᵃ 33-말소리에 담긴
것은 머리 안에 담긴 것들에 대한 상징물
이다 24ᵇ 2

말하다 legein, phanai ☞ 덧붙여 서술
하다 proskatēgorein, 묻다 erōtan, 부
르다 kalein, 스스로 말을 꺼내다
prohaireisthai, 주장하다 apophainesthai

맞는 (것) alēthes

맞는 말(서술, 생각)을 하다 alētheuein

맞다 alētheuein, alētheuesthai

머리 psychē

머무르다 ēremein

먼저인 (것) proteron

멈추다 ēremein

명사 onoma

명제 apophansis, apophantikos logos-보편
자에 어떤 속성이 들어 있거나 들어 있지
않다고 보편적으로 서술하면 서로 반대
되는 명제들이 생기게 된다 17ᵇ 5 ☞ 단
순 명제 haplē apophansis

명제를 나타내는 (것) apophantikos-참이나
거짓이 들어 있는 문장만이 명제를 나타
낸다 17ᵃ 2-명제를 나타내는 문장은 모
두 반드시 동사나 동사의 변화형을 하나
가져야 한다 17ᵃ 9

모든(全) pan-'모든'은 보편자를 나타내지
않고, 보편자가 보편적으로 서술됨을 나
타낸다 17ᵇ 12, 20ᵃ 9-'모든'은 긍정이나
부정이 명사에 대해 보편적으로 서술된
다는 것을 덧붙여 나타낸다 20ᵃ 12

모순 명제 (쌍) antiphasis-서로 대립된 긍
정문과 부정문은 모순 명제 쌍이다 17ᵃ
33-보편자에 대해 보편적으로 서술하
는 모순 명제들에서는 반드시 둘 중 하나
가 참이고 다른 하나는 거짓이어야 한다
17ᵇ 26

모순 술어 (쌍) antiphasis

모순되는 방식으로 antiphatikōs-'…이다'
와 '…이지 않다'에 따라 서로 맞춰진 것
들은 서로 모순되는 방식으로 대립된다

21ᵃ 38, ㉘ 21ᵇ 37

무조건(적으로) haplōs

무한 명사 ahoriston onoma-'아니-사람'은 무한 명사이다 16ᵃ 32

무한 동사 ahoriston rhēma

무한한 (것) ahoriston, apeiron

문장 logos-문장은 무엇인가를 나타내는 말소리인데, 그 부분들 중 어떤 것은 따로 떨어져서도 무엇인가를 나타낸다 16ᵇ 26-모든 문장은 무엇인가를 나타내는데, (자연적인) 도구로서가 아니라 합의에 따라 그렇다 16ᵇ 33-참이나 거짓이 들어 있는 문장만이 명제를 나타낸다 17ᵃ 2 ☞ 기도문 euchē, 연결이 안 된 (것) asyndetos

물음 erōtēsis

ㅂ

바탕이 되는 (것), 주어, 기체(基體) hypokeimenon

반대되는 (것) enantion-반대되는 것들이 같은 것(사람)에 동시에 (속성으로서) 들어 있는 것은 허용되지 않는다 24ᵇ 9

반대되는 방식으로 enantiōs

반대되는 술어 enantion

반대성 enantiotēs

반드시(틀림없이) …이다 anankaion

발휘 상태 energeia

발휘하다 energein

방식 tropos

배치하다 tattein

벌어지다 gignesthai

벌어질 대로 hopoter' etychen

변증술 → 철학적 대화술

변하는 (것) kinēton

변하지 않는 (것) akinēton

변화형 ptōsis

보다 horan

보편적으로 katholou

보편적인 (것), 보편자 katholou-본래 많은 것들에 대해 서술되는 것들은 보편적이다 17ᵃ 39

복수 명제 polloi logoi apophantikoi

복합명사 peplegmenon onoma ☞ 해적-선 epaktrokelēs

복합 문장 synthetos logos

복합된 (것) diploun, syntheton

본래 physei

본성 physis

부분 meros

부정(否定), 부정문, 부정명제 apophasis-부정문은 어떤 것에 대해 어떤 것을 부인하는 명제이다 17ᵃ 26

부정사(否定詞) apophasis

부정어, 부정 술어, 부정 표현 apophasis

부정(不正)한 (사람) adikos

부정하다 apophanai

분류, 분리 dihairesis

분류하다 dihairein

분야 pragmateia

불가능한 (것) adynaton

비분절음 agrammatos psophos

비이성적인 능력 alogos dynamis

ㅅ

사람 anthrōpos-죽은 사람에 대해 사람이라고 말하는 것은 참이 아니다 21ᵃ 22

사물 pragma-사물들은 (모든 사람들에게) 같
다 16ª 7-혼의 겪이들은 사물들을 닮았
다 16ª 7-사물들 가운데 어떤 것들은 보
편적이며, 어떤 것들은 개별적이다 17ª
38-문장들의 참은 사물들이 갖는 관계
와 비슷하다 19ª 33

사유 dianoia

사유물 noēma-머리 안의 사유물은 참이거
나 거짓이기도 하고, 그렇지 않기도 하다
16ª 10

사태 pragma-긍정하거나 부정하지 않아도
사태는 있는 그대로다 18ᵇ 38

상징물 symbolon-말소리에 담긴 것은 머리
안의 겪이에 대한 상징물이며, 글은 말소
리에 담긴 것에 대한 상징물이다 16ª 3,
24ᵇ 2

생각 dianoia, doxa

생각하다 doxazein, noein, oiesthai ☞ 받
아들이다 hypolambanein, 보여 주다
deiknynai, 살펴보다 theōreisthai, 숙고
하다 bouleuesthai, 원하다 boulesthai, 의
아하게 여기다 aporein, 잘못 생각하다
diapseudesthai, 제시하다 apodidonai, 제
쳐두다 aphienai

생각한 것 noēma

생각할 수 있는 (것) doxaston

생기는 (것) gignomenon

생기다 gignesthai

생긴 (것) genomenon

생성 genesis

서술 apophansis, phasis

서술된 (것) katēgoroumenon

서술하다 apophainesthai, katēgorein ☞ 덧
붙여 서술하다 proskatēgorein

선택하다 hairein

설명 logos

소리, 음(音) psophos

소피스트들의 (것) sophistikon

속하는 (것), 속성 → (…에) 들어 있는 (것)

속하다 → 들어 있다

수용하다 endechesthai

순서 logos

순서가 맞바뀐 채로 antestrammenōs

술어 katēgorēma, katēgoria, katē-
goroumenon

시간 chronos ☞ 내일 aurion, 미래의 (것)
mellon, 해(年) etos, 현재 nyn

시작 archē

시제(時制) ptōsis

실체 ousia

실행하다 prattein

실현 상태 energeia-실현 상태에 늘 있지는
않은 것들 속에 이런 저런 가능성이 들어
있다-필연적으로 …인 것은 실현 상태
로 있다 23ª 21-영원한 것들이 앞선 것
이라면, 실현 상태도 가능 상태보다 앞선
것이다 23ª 22-으뜸 실체들은 가능 상태
없이 실현 상태에 있다 23ª 23

실현 상태에 있다 energein

ㅇ

아름다운 (것) kalon

아프다 kamnein

앞선 (것) proteron

애쓰다 pragmateuesthai

(이치, 사리에) 어긋난 것(점) atopon

어려운 점, 난점 aporia

어울리다 harmottein

언뜻 보아 exaiphnēs

없는/…아닌 (것) mē on

여럿(의), 여러 개의 (것) polla

역이 성립하다 antistrephein

연설술 rhetorikē

엮다 plekein

연결 syndesmos

연결이 안 된 (것) asyndetos

연구 대상 pragmateia

연장 organon

영원한 (것) aidion

오류 → 틀림

옳은 (것) alēthes

요구(하는 물음) aitēsis

우연 tychē

위치가 바뀐 (것) metatithemenon

위치를 바꾸다 metatithenai

유의미한 → (…을) 나타내는

으뜸 실체 protē ousia

으뜸인 (것) prōton

음성 → 말소리

음절 syllabē

의미하다 → 나타내다

(…로) 이루어진 것 synkeimenon

이름, 명사 onoma-명사와 동사는 결합과
　　분리가 이루어지지 않은 사유물과 비슷
　　하다 16ᵃ 13-명사는 합의에 의해 무엇
　　인가를 나타내는, 시간(의 규정)이 없는
　　말소리이다 16ᵃ 19 ☞ 이름이 없는 (것)
　　anōnymon

이성 logos

이성적인 능력 dynamis meta logou

이유 aition, logos

이치에 어긋나는 (것) atopon

일반적으로 holōs

일어나는 것 gignomenon

일어나다 gignesthai

일어난 것(일) genomenon

일어날(지도 모를) 것(일) esomenon

일차적인 (것) prōton

잇따르다 stoichein

있게 될(지도 모를) 것(일) esomenon

있는/…인 (것) on-'…인 (것)'은 아무것도
　　아니며 주어와 술어의 일정한 결합을 더
　　불어 나타낸다 16ᵇ 23-있는 것이 모두
　　필연적으로 있는 것은 아니다 19ᵃ 24

있다/…이다 einai, esti, hyparchein-모든 것
　　들이 다 필연적으로 있는 것도 생기는 것
　　도 아니다 19ᵃ 18 ☞ 곁에 있다 pareinai,
　　안에 있다 eneinai

있음/…임 einai

있지/…이지 않은 (것) mē on

ㅈ

자르다 temnein

자체 hauto(n)

잘 생각해 보다 bouleuesthai

잘못 생각하다 diapseudesthai

적합한 (것) oikeion

전제(된 문장) protasis

정의(定義) → 뜻

정의로운 (것) dikaion

제일 실체 → 으뜸 실체

종류 eidos

좋은 (것) agathon, kalon

주어 → 바탕이 되는 (것)

죽다 thnēskein

지혜로운 (사람) sophos

짐승, 동물 zōon, thērion ☞ 말(馬) hippos, 뭍짐승 pezon, 염소-사슴 tragelaphos, 쥐 mys

---

ㅊ

차이(성) diaphora

차이 나다 diapherein

참 alēthes-거짓과 참은 결합과 분리에 관련되어 있다 16ᵃ 12-18-기도문은 참도 아니고 거짓도 아니다 17ᵃ 4-보편자에 대해 보편적으로 서술하는 모순 명제들에서는 반드시 둘 중 어느 하나가 참이고 다른 하나는 거짓이어야 한다 17ᵇ 26, 20ᵃ 16-현재나 과거의 일에서는 반드시 긍정문이나 부정문이 참이거나 거짓, 둘 중 하나이어야 한다 18ᵃ 29-미래의 개별적인 일에 대해서는 참이거나 거짓, 둘 중 하나라고 말할 수 없다 18ᵃ 33-19ᵇ 4-같은 것에 대해 서로 모순되는 두 표현이 참일 수는 없다 21ᵇ 17-'…이다'와 '…이지 않다'는 참과 거짓을 서로 가른다 21ᵇ 31

참인 말(생각)을 하다 alētheuein

참이다 alētheuein, alētheuesthai

참인 (것) alēthes

창백한 (것) → 흰 (것)

창작술 poiētikē

철학적 대화술의 물음 dialektikē erōtēsis-철학적 대화술의 물음은 전제된 문장이나 또는 모순 명제 쌍 가운데 한쪽을 대답으로 요구하는 물음이다 20ᵇ 22

추한 (것) aischron

출발점 archē

ㅌ

타당하다 → 들어맞다

탐구 theōria

토대 archē

틀리다 pseudesthai

틀린 (것) pseudes

틀린 말(서술, 생각)을 하다 pseudesthai

틀림, 오류 apatē

ㅍ

판단 doxa

표 hypographē, hypogegrammenon

표현 phasis

표현물 sēmeion-말과 글은 혼의 겪이에 대한 표현물이다 16ᵃ 6-동사는 다른 어떤 것(대상)에 대해 말해지는 것들 또는 속성들에 대한 표현물이다 16ᵇ 7, 10-동사는 사물의 있음이나 없음에 대한 표현물이다 16ᵇ 22

표현하다 → 나타내다

필연 anankē

필연적으로 ex anankēs

필연적인 (것) anankaion

ㅎ

하나(의 주어나 술어) hen

하나의 (것), 한 heis, mia, hen

하다 poiein

한 가지 뜻으로 haplōs

한 이름 다른 뜻(同語異義)으로 homō-nymōs

한 이름 다른 뜻(同語異義)인 (것) homō-
nymon

할 수 있다 dynasthai

합의 synthēkē

해어지게 하다 katatribein

해전 naumachia

허용되는 (것) endechomenon

허용하다 endechesthai

현실태 → 실현 상태, 발휘 상태

혼 psychē

흰 (것) leukon

저술에 관한 언급

아리스토텔레스의 다른 저술들에 대해 『명제에 관하여』에 나온 언급

( ) 안의 것들은 내용으로 볼 때 해당 저술을 가리킨다고 추정되는 곳이다. 『명제에 관하여』는 아리스토텔레스의 다른 저술들에 언급되어 있지 않다.

『분석론』	19^ب 31
『혼에 관하여』	16^a 8
『소피스트식 논박』	(17^a 36)
『토포스론』	20^b 26
『형이상학』	(17^a 14)

역주서의 각주에 나온, 철학자들의 저술에 대한 언급

오른쪽에 적힌 숫자는 각 저술이 언급된 역주서의 각주 번호를 뜻한다.

382B-C	5
4권	
436B-437A	79
6권	
511D-E	5
9권	
581C	108
『테아이테토스』*Theaitetos*	
189E-190A	315
『소피스테스』*Sophistes*	
254D	201
258C	201
261D-263D	21
262C	35
263B, D	74
263E-264A	315

플라톤

『크라튈로스』*Kratylos*

384D	22
385B	74
388A-C	56
391A	56
399B	35
437A	45

『파이돈』*Phaidon*

96B	45

『향연』*Symposion*

191D	7

『국가』*Politeia*

2권

아리스토텔레스

『범주들』*Categoriae*

1장	279
1^a 1-6	78
1^a 13	34
2장	
1^a 26	4
4장	
2^a 4-10	17
2^a 7-10	58
5장	
3^b 24-27	312
6장	
6^a 17-18	310
7장	
6^b 28-7^b 14	225

| 10장 | 77, 150, 295 |
| 11^b 19 | 77 |

10장 | 77, 150, 295
  11ᵇ 19 | 77
  11ᵇ 38-12ᵃ 35 | 152
  12ᵇ 5-16 | 11
  12ᵇ 12-15 | 220
  12ᵇ 15 | 46
  13ᵇ 27-35 | 40
11장 | 295
12장 |
  14ᵃ 33-35 | 225
  14ᵇ 9-22 | 119
  14ᵇ 17 | 225
14장 | 282

『앞 분석론』*Anaylica priora*

1권
1장
  24ᵃ 18-20 | 80, 85
  24ᵃ 22-b 12 | 177
3장
  25ᵇ 22-24 | 143
4장
  26ᵃ 29-30 | 85
  26ᵇ 5-6 | 247
  8-22장 | 202
13장
  32ᵇ 12-13 | 110
15장
  34ᵇ 8, 18 | 130
27장
  43ᵇ 11-13 | 247
  43ᵇ 20-21 | 88
31장
  46ᵇ 36-37 | 247
38장
  49ᵃ 24 | 18
46장
  51ᵇ 36-39 | 154

2권

2장
  54ᵇ 30-31 | 247
3장
  56ᵃ 19-b 3 | 247
15장
  63ᵇ 23-28 | 91

『뒤 분석론』*Anaylica posteriora*

1권
2장
  72ᵃ 8-11 | 177
12장
  77ᵃ 36-40 | 177
  77ᵇ 30 | 88
25장
  86ᵇ 33-36 | 61
  92ᵇ 5-8 | 18

2권

7장
  92ᵇ 5-8 | 18
10장
  93ᵇ 35-37 | 64
19장
  100ᵃ 6-7 | 45
  100ᵃ 12-14 | 45
  100ᵃ 15-16 | 45
  100ᵇ 1-2 | 45

『토포스론』*Topica*

1권
4장
  101ᵇ 28-36 | 183

6권
7장
  140ᵇ 27-141ᵃ 14 | 188

8권
2장

158ᵃ 14-22 182

7장 181

『소피스트식 논박』Sophistici Elenchi

1장
165ᵃ 7-8 9
5장
166ᵇ 37-167ᵃ 2 200
167ᵃ 11-14 79
167ᵃ 23-27 79
6장
169ᵃ 6-16 181
17장
175ᵇ 39-176ᵃ 18 181
20장
177ᵇ 13-15 186
30장
181ᵃ 35-b 3 181

『자연학』Physica

1권
5장
188ᵃ 31-b 26 304
2권
4-6장 108
3권
6장 293
4권
1장
208ᵃ 30-31 18
5권
3장
227ᵃ 7-9 304
7권
3장

247ᵇ 11, 17-18 45
248ᵃ 2
45

『천체에 관하여』De caelo
2권
3장
286ᵃ 25 61

『혼에 관하여』De anima
3권
7장
431ᵃ 15-16 315
7, 8장 14

『생성과 소멸에 관하여』De generatione et
corruptione
2권
11장
337ᵇ 33-338ᵇ 19 131

『동물의 몸에 관하여』De partibus animalium
1권
1장
639ᵇ 23-24 131

『형이상학』Metaphysica
4권
2장
1003ᵇ 10 201
3장
1005ᵇ 19-22 79
1005ᵇ 26-28 79
1005ᵇ 26-32 319
3-4장 214
4장
1006ᵃ 32-b 11 174
1006ᵇ 9 315
1008ᵃ 3-7 113
7장 208

1011^b 26-27   74
1012^a 2-5   315

5권

1장
1013^a 14-20   287

6장   68

7장
1017^a 27-30   211

12장   280

22장   150

29장
1024^b 17-24   11

6권

4장   74
1027^b 17-28   16
1027^b 34-28^a 1   5

7권

4장
1030^b 8-10   64

12장   68
1037^b 10-18   185

8권

6장   68
1045^a 13-15   64

9권

1장
1046^a 4-10   280

2장
1046^b 1-2   274
1046^b 4-7   274

3장   99

5장
1048^a 2-4   274

6장
1048^b 9-17   293

8장

1049^b 10-50^a 23   292
1050^b 3-6   287
1050^b 18-19   287
1050^b 28-30   289
1050^b 30-34   274

10장   74
1051^b 3-5   16
1051^b 6-9   120

10권

2장
1054^a 16-17   143

4장   295

7장
1057^a 18-b 34   304

11권

8장
1065^a 21-23   5

12권

6장   291

『니코마코스 윤리학』*Ethica Nicomachea*

3권

7장
1113^b 17-21   123

6권

2장
1139^a 21-22   315

3장
1139^b 15-16   315
1139^b 23-24   131

『연설술』*Rhetorica*

3권

12장
1413^b 32-34   63

『창작술』*Poetica*

19장
 1456 8-19   60
20장
 1456^b 22-25   30
 1456^b 38-57^a 6   53, 63
 1457^a 10-12   25
 1457^a 14-18   35
 1457^a 18-23   34
 1457^a 23-30   52
 1457^a 23-27   66
 1457^a 28-30   64

키케로

『운명에 관하여』*De fato*

IX 17   99
XII 28   118
XIII 30   118

칸트

『순수이성비판』*Kritik der reinen Vernunft*

B626-627   50

참고 문헌

1. 더 많은 자세한 참고 문헌은 Oehler(1986), 143~183쪽과 Weidemann(1994), 97~131쪽을 참고하길 바란다.
2. CAG는 Commentaria in Aristotelem Graeca의 약칭으로서 고대부터 중세에 이르기까지 아리스토텔레스 저술에 대한 그리스어 주석을 모아 놓은 전집이다.

1. 원문 편집 및 사전

Bekker, I.(ed.): *Aristotelis Opera*, Bd. I, Berlin 1831, 21960; 그리스어 원문 편집.

Bonitz, H.: *Index aristotelicus*, Berlin 1870; 아리스토텔레스의 저술에 나오는 개념들을 정리해 놓은 전문 용어 사전.

Minio-Paluello, L.: *Categoriae et liber de interpretatione. Rec. brevique adnot. critica instr. L. Minio-Palello*, Oxford 1949, 재출판 1992; 원문 편집.

Waitz, Th.(ed.): *Aristotelis Organon graece*, 2 Bde. Leipzig 1844-46, 재출판 Aalen 1965; 원문 편집 및 주석.

2. 고대의 번역 및 주석

Ammonios: *In Porphyrii Isagogen sive quinque voces*, ed. A. Busse (CAG IV-3). Berlin 1891.

_____ : *In Aristotelis categirias commentarius*, ed. A. Busse (CAG IV-4). Berlin 1895.

_____ : *In Aristotelis de interpretatione commentarius*, ed. A. Busse (CAG IV-5). Berlin 1897.

David: *Prolegomena et in Porphyrii Isagogen commentarium*, ed. A. Busse (CAG XVIII-2). Berlin 1904.

Dexippe: *In Arisotelis categorias commentarium*, ed. A. Busse (CAG IV-2). Berlin 1888.

Elias: *In Porphyrii Isagoge et Aristotelis categorias commentaria*, ed. A. Busse (CAG XVIII-1). Berlin 1900.

Olympiodoros: *Prolegomena et in categorias commentarium*, ed. A. Busse (CAG XII-1). Berlin 1902.

Philoponios: *In Aristotelis categorias commentarium*, ed. A. Busse (CAG XIII-1). Berlin 1898.

Simplicios: *In Aristotelis categorias commentarium*, ed. C. Kalbfleisch (CAG VIII). Berlin 1907.

[Sophonias]: *Anonymi in Aristotelis categorias paraphrasis*, ed. M. Hayduck (CAG XXIII-2). Berlin 1883.

Stepahnos: *In librum Aristotelis de interpretatione commentarium*, ed. M. Hayduck (CAG XVIII-3). Berlin 1885.

Aristotelis latinus. 1, 1~5권: *Categoriae vel Praedicamenta. Translatio Boethii-editio composita; translatio Guillelmi de Moerbeka; lemmata e Simplicii commentario decerpta; Pseudo-Augustini paraphrasis Themistiana*. Ed. L. Minio-Paluello. (Corpus philosophorum medii aevi). Brügge: Desclées. De Brouwer 1961; 보에티우스의 라틴어 번역과 주석이 들어 있음.

Aristoteles latinus. 1, 6~7권: *Categoriarum supplementa: Porphyrii Isagoge translatio Boethii et Anonymi fragmentum vulgo vocatum 『Liber sex principiorum』; accedunt Isagoges fragmenta M. Victorino interprete et specimina translationum recentiorum Categoriarum*. Ed. L. Minio-Paluello adiuvante B. G. Dod. Brügge: Desclées; De Brouwer 1966; 아리스토텔레스의 범주 이론에 관한 안내서인 포르퓌리오스의 『입문』에 대한 보에티우스의 라틴어 번역과 기타 글조각.

Les Catégories d'Aristote dans leurs versions syro-arabes. Edition de textes, précédée d'une étude historique et critique et suivie d'un vocabulaire technique. Ed. par Kh. Georr. Préface de L. Massignon. Beirut 1953. 시리아-아랍어 번역.

3. 현대의 번역 및 주석

Ackrill, J. L.: *Categories and De interpretatione*, Transl. with notes. Oxford 1963.

Edghill, E. M.: *Categoriae and De interpretatione, in The works of Aristotle*, transl. into Englisch under the editorship of W. D. Ross, vol. I. Oxford 1928, 재출판 1962.

Gigon, O.: *Die Werke von Aristoteles*, Bd.1. Einführungsschriften, Zürich 1961.

Ildefonse, F./ Lallot, J.: *Catégories*, Paris 2002.

Le Smith, R. F.: *Categories and Interpretation, from the Organon*, Fresno Cal 1930, 재출판 1959.

Oehler, K.: *Kategorienschrift*, Berlin 1984, ²1986.

Rolfes, E.: *Kategorien*, Leipzig 1920, ²1925, 재출판 1974.

Tricot, J.: *Organon. I. Catégories*, Paris 1936, 재출판 1969.

Weidemann, H.: *Peri Hermeneias*, Berlin 1994.

4. 아리스토텔레스의 철학 일반에 관한 저술

조요한: 『아리스토텔레스의 철학』, 경문사 1988.

한석환: 『존재와 언어』, 길 2005.

Ackrill, J. L.: *Aristotle the Philosopher*, 1981; 『철학자 아리스토텔레스』, 한석환 옮김, 서광사 1992.

Allan, D. J.: *The Philosophy of Aristotle*, Oxford 1952; 『아리스토텔레스 철학의 이해』, 장영란 옮김, 고려원 1993.

Barnes, J.: *Aristotle*, Oxford 1982; 『아리스토텔레스의 철학』, 문계석 옮김, 서광사 1989.

Düring, I.: *Aristoteles. Darstellung und Interpretation seines Denkens*, Heidelberg 1966.

Grote, G.: *Aristotle*, London 1883.

Jaeger, W.: *Aristoteles, Grundlegung einer Geschichte seiner Entwicklung*, Berlin 1923, [2]1955, 재출판 1967; 영어 번역본: *Aristotle. Fundamentals of the History of His Development*. trans. by R. Robinson, Oxford 1934, [2]1948, 1962.

Lear, J.: Aristotle: *the Desire to Understand*, Cambridge 1988.

Lloyd, G. E. R.: *Aristotle*, Cambridge 1968.

Ross, W. D.: *Aristotle*, London 1949; 『아리스토텔레스』, 김진성 옮김, 세창출판사 2016.

Zemb, J.-M.: *Aristoteles*, Reinbek bei Hamburg 1961; 『학문의 정신: 아리스토텔레스』, 김임구 옮김, 한길사 2004.

5. 아리스토텔레스의 논리학에 관한 저술 및 논문집

Barnes, J./ Schofield, M./ Sorabji, R. (edd.): *Articles on Aristotle*. Vol. 1: Science, London 1975.

Bogen, J./ McQuire, J. (edd.): *How Things Are: Studies in Predication and the History of Philosophy*, Dordrecht 1983.

_____ : *Language and Reality in Greek Philosophy*, Athens 1985.

Brandis, Chr. A.: Über die Reihenfolge der Bücher des Aristoteles' Organons und ihre Griechischen Ausleger, nebst Beiträgen zur Geschichte des Textes jener Bücher des Aristoteles und ihrer Ausgaben, in *Hist.-philol. Abh. d. Königl. Akad. d. Wiss.* zu Berlin(1835), pp. 249~299.

Corcoran, J. (ed.): *Ancient Logic and its Modern Interpretations*, Dordrecht 1974.

Devereux, D./ Pellegrin, P. (edd.): *Biologie, logique et métaphysique chez Aristote*, Paris 1990.

Fritz, K. v.: *Schriften zur griechischen Logik. Bd. 2: Logik, Ontologie und Mathematik*, Stuttgart 1978.

Hager, F.-P.(hrsg.): *Logik und Erkenntnistheorie des Aristoteles*, Wege der Forschung 226, Darmstadt 1972.

Kapp, E.: *Greek Foundations of Traditional Logic*, New York 1942; 독일어 번역본: *Der Ursprung der Logik bei den Griechen*, Göttingen 1965.

Maier, H.: *Syllogistik des Aristoteles*, 3 Bde, Tübingen 1896~1900.

Menne, A./ Öffenberger, N.: *Zur modernen Deutung der aristotelischen Logik*, Hildesheim 1985.

Merlan, P.: Zur Erklärung der dem Aristoteles zugeschriebenen Kategorienschrift, in *Philologus* 89(1934), pp. 35~53.

Solmsen, F.: *Entwicklung der Aristotelischen Logik und Rhetorik*, Berlin 1929.

Stock, J. L.: The composition of Aristotle's logical works, in *Classical Quarterly* 27(1933), pp. 114~124; Hager(1972)에 다시 실림.

Trendelenburg. F.: *Elementa logices Aristoteleae*, Berlin 1892; *Elemente der aristotelischen Logik*. 그리스어-독일어 대역으로 R. Beer가 재편집, Reinbek 1967.

Tugendhat, E.: *TI KATA TINOS. Eine Untersuchung zu Struktur und Ursprung aristotelischer Grundbegriffe*, München 1988.

6. 『범주들』에 관한 논문 및 저술

강상진: 아리스토텔레스의 『범주』 편 연구: 구성과 문제 , 『철학사상』 10(2000), 125~143쪽.

_____ : 아리스토텔레스 『토피카』 편의 범주론 연구, 『철학연구』 53(2001), 95~115쪽.

유재민: 아리스토텔레스의 장소론-『자연학』과 『범주론』을 중심으로, 『서양고전학연구』 23(2005), 125~150쪽.

이진우: 아리스토텔레스 범주론의 형이상학적 의미, 『희랍철학의 문제들』, 조우현 외 지음, 현암사 1993, 129~154쪽.

이태수: 범주, 『철학과 현실』 1990년 6월호, 327~337쪽.

허민준: 왜 『범주론』 다음으로 『명제론』이 오는가?-오르가논의 학습순서에 대한 암모니우스의 주석, 『서양고전학연구』 57(2018), 197~240쪽.

Allen, R. E.: Individual properties in Aristotle's *Categories*, in *Phronesis* 14(1969), pp. 31~39.

_____ : Substance and predication in Aristotle's *Categories*, in *Exegesis and Argument. Studies in Greek Philosophy pres. to G. Vlastos*, N. Lee/ A. P. D. Mourelatos, / R. Rorty (edd.), Assen 1973, pp. 362~373.

Annas, J.: Individuals in Aristotle's *Categories*: Two queries, in *Phronesis* 19(1974), pp. 146~152.

Anton, J.: The Aristotelian doctrine of *homonyma* in the *Categories* and its Platonic antecedents, in *Journal of the History of Philosophy* 6(1968), pp. 315~326.

_____ : The meaning of *logos tēs ousias* in Aristotle's *Categories* 1a, in *Monist* 52(1968), pp. 252~267.

_____ : On the meaning of *katēgoria*, in Aristotle's *Categories*, in *Essays in ancient Greek philosophy*. Bd. 5, New York 1992, pp. 3~18.

Apelt, O.: Kategorienlehre des Aristoteles, in *Beiträge zur Geschichte der griechischen Philosophie*,

Leipzig 1891.

Aubenque, P.(ed.): *Concepts et catégories dans la pensée antique*, Paris 1980.

Bonitz, H.: *Über die Categorien Aristotelis*, Vienna 1853.

Brandt, R.: Die Darstellung der *poiotētes pathētikai* in der *Kategorienschrift* des Aristoteles (9ᵃ 28–10ᵃ 10), in Hermes 91(1963), pp. 499~503.

De Rijk, L. M.: *The Place of the Categories of Being in Aristotle's Philosophy*, Assen 1952.

Duerlinger, J.: Predication and inherence in Aristotle's *Categories*, in *Phronesis* 15(1970), pp. 179~203.

Edel, A.: Aristotle's *categories* and the nature of categorical theory, in *Review of Metaphysics* 29(1975), pp. 45~65.

Fritz, K. v.: Der Ursprung der aristotelischen Kategorienlehre, in *Archiv für Geschichte der Philosophie* 40(1931), pp. 449~496; 같은 이의 저술(1978), 9~51쪽과 Hager(1972), 22~79쪽 에 다시 실림.

_____ : Zur aristotelischen Kategorienlehre, in *Philologus* 90(1935), pp. 244~248; Hager(1972), pp. 244~248에 다시 실림.

Graeser, A.: Probleme der Kategorienlehre des Aristoteles, in *Studia philosophica* 37 (1978), pp. 59~81.

Gillespie, G. M.: The Aristotelian *Categories*, in *Classical Quarterly* 19(1925), pp. 75~84.

Harter, E. D.: Aristotle on primary ousia, in *Archiv für Geschichte der Philosophie* 57(1975), pp. 1~20.

Husik, I.: The authenticity of Aristotle's *Categories*, in *Journal of Philosophy* 36(1939), pp. 427~431.

Jones, B.: Individuals in Aristotle's *Categories*, in *Phronesis* 17(1972), pp. 107~123.

_____ : An introduction in the first five chapters of Aristotle's *Categories*, in *Phronesis* 20(1975), pp. 146~172.

Kahn, Ch. H.: Questions and categories. Aristotle's doctrine of categories in the light of modern research, in *Questions*, H. Hiz(ed.), Dordrecht 1978, pp. 227~277.

Merlan, Ph.: Beiträge zur Geschichte des antiken Platonismus I. Zur Erklärung der dem Aristoteles zugeschriebenen Kategorienschrift, in *Philologus* 89(1934), pp. 35~53; 같은 이의 논문집 *Kleine philosophische Schriften*, F. Merlan(hrsg.), Hildesheim 1976, pp. 51~69에 다시 실림.

Moravcsik, J. M. E.: Aristotle's theory of categories, in *Aristotle-A Collection of Critical Essays*, London 1968, pp. 125~145.

Owen, G. E. L.: Inherence, in *Phronesis* 10(1965), pp. 97~105. Hager(1972), pp. 296~307에 독 일어로 번역되어 다시 실림.

Patzig, G.: Bemerkung zu den Kategorien des Aristoteles, in *Einheit und Vielheit. Festschrift für C.*

F. von Weizsäcker zum 60. Geburtstag, E. Scheibe/ G. Süssmann(hrsg.), Göttingen 1973, pp. 60~76.

Ross, W. D.: The authenticity of Aristotle's *Categories*, in *Journal of Philosophy* 36(1939), pp. 431~433.

Schütze, A.: *Die Categorie des Aristoteles und der Logos*, Stuttgart 1972.

Specht, E. K.: Das ontologische Problem der Qualitäten bei Aristoteles, in *Kant-Studien* 55(1964), pp. 102~118.

Strawson, P. F.: *Individuals*, London 1949.

Trendelenburg, F. A.: Geschichte der Kategorienlehre, in *Historische Beiträge zur Philosophie*, I, 1876.

Vollrath, E.: *Studien zur Kategorienlehre des Aristoteles*, Ratingen bei Düsseldorf 1969.

7. 『명제에 관하여』에 관한 논문 및 저술

남경희: 「아리스토텔레스의 해전과 다치 논리」, 『논리연구』, 김준섭 외 지음, 문학과 지성사 1985, 11~24쪽.

노희천: 「아리스토텔레스에서 이름과 존재」, 『범한철학』 9(1994), 205~240쪽.

_____ : 「아리스토텔레스의 의미론」, 『철학』 43(1995), 156~182쪽.

한석환: 「공동연구: 언어는 사유를 따르고 사유는 존재를 따른다-아리스토텔레스, 『명제론』 1. 16a 3-8의 한 이해」, 『서양고전학연구』 8(1994), 255~276쪽.

Ax, W.: Zum isolierten *rhēma* in Aristoteles' *De interpretatione* 16^b 19-25, in *Archiv für Geschichte der Philosophie* 61(1979), pp. 271~279.

Anscombe, G. E. M.: Aristotle and the sea-battle. *De interpretatione* Chapter IX, in *Mind* 65(1956), pp. 1~15; *Aristotle*, J. M. E, Moravcsik (ed.), Garden City 1968, pp. 15~33에 다시 실림.

Arens, H.: Aristotle's *Theory of Language*, Amsterdam 1984.

Bäck, A.: Sailing through the sea-battle, in *Ancient Philosophy* 12(1992), pp. 133~151.

Barnes, J.: Meaning, saying and thinking, in *Dialektiker und Stoiker*, K. Döring/ T. Ebert(hrsg.), Stuttgart 1993.

Becker, F. A. R.: *Die aristotelische Theorie der Möglichkeitsschlüsse*, Berlin 1933.

Bluck, R. S.: On the interpretation of Aristotle. *de interpretatione* 12-13, in *Classical Quarterly* NS 13(1963), pp. 214~222.

Bolton, R.: Essentialism and semantic theory in Aristotle, in *Philosophical Review* 85(1976), pp. 514~545.

_____ : Aristotle on the significance of names, in Bogen/ McQuire(1985).

Brandon, E. P.: Hintikka on *akolouthein*, in *Phronesis* 23(1978), pp. 173~178.

Brandt, R.: *Die aristotelische Urteilslehre*, Marburg 1965.

Broadie, S.: Necessity and deliberation: an argument from *de interpretatione* 9, in *Canadian Journal of Philosophy* 17(1987), pp. 289~306.

Buttler, R. J.: Aristotle's sea-fight and three-valued logic, in *Philosophical Review* 64(1955), pp. 264~274.

Charles, D.: Aristotle on meaning, natural kinds, and natural history, in Devereux/ Pellegrin(1990), pp. 145~167.

Charton, W.: Aristotelian powers, in *Phronesis* 32(1987), pp. 277~289.

Code, A.: On the origin of Aristotle's theory of predication, in Bogen/ McQuire(1983), pp. 101~131.

Cook Wilson, J.: *Statement and Inference*, Oxford 1926.

Ebert, T.: Zur Formulierung prädikativer Aussagen in den logischen Schriften des Aristoteles, in *Phronesis* 22(1977), pp. 123~145.

Fine, G.: Truth and necessity in *de interpretatione* 9, in *History of Philosophy Quarterly* 1(1984), pp. 23~48.

Frede, D.: *Aristoteles und die Seeschlacht. Das Problem der Contingentia Futura in De Interpretatione* 9, Göttingen 1970.

_____ : omne quod est quando est necesse est esse, in *Archiv für Geschichte der Philosophie* 54(1972), pp. 153~167.

_____ : The sea-battle reconsidered: a defence of the traditional interpretation, in *Oxford Studies in Ancient Philosophy* 3(1985), pp. 31~87.

Freeland, C.: Aristotle on possibilities and capabilities, in *Ancient Philosophy* 6(1986), pp. 69~90.

Hintikka, J.: On the interpretation of *De interpretatione* 12-13, in *Acta philosophica fennica* 14(1962), pp. 5~22: Hintikka(1973), pp. 41~61에 다시 실림.

_____ : The once and future sea fight. Aristotle's discussion of future contigents in *De in*. IX, in *Philosophical Review* 73(1964), pp. 461~492: Hager(1972), pp. 259~295에 독일어로 다시 실림.

_____ : *Time and Necessity. Studies in* Aristotle's *Theory of Modality*, Oxford 1973.

_____ : *Aristotle on Modality and Determinism*, Acta Philosophica Fennica 29, Helsinki 1977.

Irwin, T. H.: Aristotle's concept of signification, in *Language and Logos*, M. Schofield / M. C. Nussbaum(edd.), Cambridge 1982.

Judson, L.: La bataille navale d'aujourd'hui: *de interpretione* 9, in *Revue de la philosophie ancienne* 6(1988), pp. 5~38.

Kretzmann, N.: Aristotle on spoken sound significant by convention, in *Corcoran*(1974), pp. 3~25.

Moravcsik, J. M. E.: Aristotle on predication, in *Philosophical Review* 76(1967), pp. 80~97.

Nuchelmans, G.: *Theories of the Proposition*, Amsterdam/London 1973, ch. 3.

Ockham, W.: *Tractatus de praedestinatione et de praescientia dei et de futuris contingentia*, P. St. Boehner(ed.), New York 1945.

Pepin, J.: *Sumbola, sēmeia, homoiōmata*: à propos de de interpretatione I, 16ª 3–8 et Politique VIII 5, 1340ª 6–39, in *Aristoteles-Werke und Wirkung*, J. Wiesner (hrsg.), Berlin 1985/87.

Polanski, R./ Kucziewski, M.: Speech and thought, symbol and likeness: Aristotle's *de Interpretatione* 16ª 3–9, in *Apeiron* 23(1990), pp. 51~63.

Prior, A. N.: Three-valued logic and future contingents, in *Philosophical Quarterly* 3(1953), pp. 317~326.

_____ : *Time and Modality*, Oxford 1959.

Robinson, R. H.: *Ancient and Mediaeval Grammatical Theory in Europe*, London 1951.

Rohr, M. D.: Aristotle on the transitivity of being said of, in *Journal of the History of Philosophy* 16(1978), pp. 379~385.

Seel, G.: *Die aristotelische Modaltheorie*, Berlin 1982.

Soreth, M.: Zum infinitiven Prädikat im 10. Kap. der aristotelischen Hermeneutik, in *Islamic philosophy and the classical tradition. Essays pres. to R. Walzer on his 70th Birthday*, S. M. Stern/ A. Hourani/ V. Brown(edd.), Oxford 1972, pp. 389~424.

Tselemanis, P.: Theory on meaning and signification in Aristotle, in Bogen/ McQuire(1983). pp. 194~203.

van Brennekom, R.: Aristotle and the copula, in *Journal of the History of Philosophy* 24(1982), pp. 1~18.

van Rijen, J.: *Aspects of Aristotle's Logic of Modality*, Dordrecht 1989.

Waterlow, S.: *Passage and Possibility*, Oxford 1982.

Weidemann, H.: In defence of Aristotle's theory of predication, in *Phronesis* 25(1980), pp. 76~87.

_____ : Grundzüge der aristotelischen Sprachtheorie, in *Geschichte der Sprachtheorie*, vol. 2, P. Schmitter(hrsg.), Tübingen 1991.

8. 논리학사, 아리스토텔레스 논리학의 수용사에 관한 저술

이태수: 「고대 논리학사」, 『논리연구』, 김준섭 외 지음, 문학과 지성사 1985, 11~24쪽.

Arnold, E.: Zur Geschichte der Suppositionstheorie. Die Wurzeln des modernen europäischen Subjektivismus, in *Symposion. Jahrbuch für Philosophie*. Bd. 3, München, pp. 1~134.

Bocheński, J. M.: *Formale Logik*, München 1956.

Kneale, W./ Kneale, M.: *The Development of Logic*, Oxford 1966.

Madkour, I.: *L'Organon d'Aristote dans le monde arabe. Ses traductions, son étude et ses applications*, Paris 1934.

Prantl, K.: *Geschichte der Logik im Abendlande*. I, Leipzig 1855.

Reinwald, H.: *Mythos und Methode. Zum Verhältnis von Wissenschaft, Kultur und Erkenntnis*, München 1991, 특히 pp. 277~354, pp. 355~456.

Sorabji, R.(ed.): *Aristotle Transformed. The Ancient Commentators and their Influence*, London 1990.

입문

ISAGOGE

포르퓌리오스

일러두기

1. 이 책은 포르퓌리오스의 저술 ΠΟΡΦΥΡΙΟΥ ΕΙΣΑΓΩΓΗ를 우리말로 옮기고 풀이한 것이다. 부세(A. Busse)가 편집한 *Porphyrii Isagoge*, Commentaria in Aristotelem Graeca(CAG) IV 1, Berlin 1887, 1~22쪽을 원문으로 삼았다.

2. 한글 번역문 바깥에 있는 숫자는 부세가 편집한 CAG IV 1의 그리스어 원문에 따른 쪽매김이다. 굵은 숫자는 쪽을, 가는 숫자는 줄을 나타낸다. 원문과 우리말의 문장 구조가 다르기 때문에 줄의 수가 조금 차이가 있지만, 두 줄 이상의 차이가 나지 않도록 노력하였다.

3. 각종 부호의 쓰임새

   ㉮ [ ]: 원문 편집자에 따라 넣기도 하고 빼기도 하는 부분을 나타낸다. 예) 4.7에서: 종이 [앞에서 제시된] 유 아래에 있는 것

   ㉯ 〈 〉: 해석상 고쳐 읽거나 넣어 읽어야 할 부분을 나타낸다. 예) 2.10에서: genos(유)라고 〈말한다.〉

   ㉰ 큰 ( ): 원문 편집자들이 사용한 것으로, 중심 논의를 보충하는 말들이 담긴 부분이다. 예) 7.1-2에서: (유는 늘 여러 개의 종들로 쪼개지기 때문이다)

   ㉱ 작은 ( ):

   　　㉠ 원문에는 나와 있지 않지만 의미를 분명하게 하고 번역을 매끄럽게 하기 위해 옮긴이가 보탠 말들을 나타낸다. 예) 1.12에서: 그것들이 (감각 대상들과) 따로 있는지

   　　㉡ ( ) 안에 든 말의 뜻으로 읽어야 함을 나타낸다. 예) 4.4에서: 도형의 종(일종)

   　　㉢ 풀어쓴 말을 전문 용어로 나타내는 말이다. 예) 7.3에서: 가장 가까운 유(最近類)

   ㉲ | : 쪽을 가르는 표시이다. 예) 2.1에서: 사람이 태어난 곳에 | 바탕을 두든

4. 주요 필사본의 약칭

   (포르퓌리오스의 『입문』에 대한 그리스어 필사본은 150개 정도가 있다.)

   A = Vat. Urbinas 35, fol. 1-20: 9세기 말~10세기 초 (바티칸 도서관 소장)

   B = Par. Coislinianus 387, fol. 42ʳ-54ʳ: 10세기 또는 11세기 (프랑스 파리의 국립도서관 소장)

   C = Par. Coislinianus 330, fol. 2ʳ-17ʳ: 11세기 (프랑스 파리의 국립도서관 소장)

   L = Laurentianus 72, 5, fol. 7-21: 11세기 (이탈리아 피렌체의 로렌초 도서관 소장)

   M = Ambrosianus 490(L. 93 sup.), fol. 1-19: 10세기 (이탈리아 밀라노의 암브로지오 도서관 소장)

   Q = Marcianus 201, fol. 1-25: 955년 11월 (이탈리아 베네치아의 산 마르코 국립도서관 소장)

   a = Aldina Editio: 1495년 11월 발간된 최초의 아리스토텔레스 전집 인쇄본이 바탕을 둔 소실된 필사본

뤼코폴리스 출신 플로티노스의 제자인
포이니케 출신 포르퓌리오스의 이사고게

1장 머리말

크뤼사오리오스여,[1] 범주들에 관한 아리스토텔레스의 가르침에서도 유
(類)가 무엇인지, 차이성(種差)이 무엇인지, 종(種)이 무엇인지, 고유성(固
有性)이 무엇인지, 우연성(偶然性)이 무엇인지를 아는 것이 필요하므로,[2] 5
그리고 정의들의 제시에서도,[3] 일반적으로 분할과 증명에 관련된 사항
들에서도[4] 그런 것들을 연구하는 것이 도움이 되므로, 나는 너에게 요약
하여 건네주고자 입문의 형태로, 보다 깊은 물음들에는 거리를 두고 보

---

1   크뤼사오리오스(Chrysaorios)는 로마의 원로원 의원이나 집정관으로 보이는, 지위 높
    은 인물로 추정된다. 주석가 암모니오스(Ammonios)는 『입문』이 그의 도움 요청에 대
    한 답변의 성격을 띤다는 점을 두고, 그가 포르퓌리오스의 제자였으리라고 전제한다.
    그가 로마에서 아리스토텔레스의 『범주들』을 읽다가 뜻이 이해되지 않자, 시칠리아
    에 머물면서 연구하고 있던 포르퓌리오스에게 『범주들』에 관한 길잡이를 요청한 결
    과물이 『입문』이라는 것이다. 하지만 이 이야기는 머리말 부분의 내용을 바탕으로 암
    모니오스가 상상력을 발휘하여 꾸며 낸 것일 가능성이 많다.

2   이 다섯 가지 개념들에 대한 이해가 아리스토텔레스의 『범주들』에 필요하다는 이런
    입장에 따라, 필사본들에서 흔히 포르퓌리오스의 『입문』이 아리스토텔레스의 '논리
    학적인 저술들'을 통칭하는 「오르가논」 앞에 놓여 전해 내려오고 있다.

3   어떤 사물에 대한 정의(horismos)를 제시하려면, 유와 차이성을 알아야 한다. 정의는
    '가장 가까운 유'(最近類)와 '종을 만들어 내는 차이성'(種差)으로 이루어져 있기 때문
    이다. 아리스토텔레스, 『토포스론』 6권 4장 141b 25-28 참조.

4   유는 차이성들에 의해 종들로 분할(dihairesis)되며, 증명(apodeixis)은 정의로부터 출발
    하여 차이성에 의해, 어떤 사물에 어떤 속성이 들어 있음을 보여 준다.

다 단순한 물음들에 적절하게 주목하며, 옛사람들로부터 내려온 것들에
짧게 다가가 보려 한다.

10   당장은 유들과 종들에 관하여, (1) 그것들이 (그 자체로) 존립해 있
는지,[5] 아니면 그저 우리의 생각들 안에만 (개념들로서) 놓여 있는지, (2)
(그 자체로) 존립해 있다면 그것들이 물체들인지 물체가 아닌 것들인지,
그리고 (3) 그것들이 (감각 대상들과) 따로 있는지 아니면 감각 대상들 안
에 있고 이것들에 관련하여 존립해 있는지[6] 나는 말하길 꺼려하겠다. 그
런 문제들을 다루는 것은 너무나도 깊어 더 많은 탐구를[7] 추가로 필요로
하기 때문이다. 그 대신, 어떻게 옛사람들이, 이들 가운데 특히 소요학

15 파 사람들이 유들과 종들, 그리고 우리 앞에 놓인 다른 개념들에 대해 보
다 논리학적인 탐구 방식으로[8] 구별했는지를 이제 너에게 보여 주도록
하겠다.

5   '존립해 있다'의 원어는 hyphestēkenai이다. 이는 '아래에' 또는 '밑에'를 뜻하는 hypo
    와 '서 있다'를 뜻하는 histasthai로 합성된 말로서 '어떤 것의 밑에 받침대나 저항물로
    서 서 있다'를 뜻하는데, 여기에서는 hyparchein이나 einai와 비슷한 말이다. 이런 기본
    적인 뜻을 살려 '존립(存立)하다'로 옮겼다. 해석에 따라서는 '실제로 있다' 또는 '실재
    하다'로 옮길 수도 있다.

6   유들과 종들이 이데아로서 감각 대상들로부터 독립적으로 존재하느냐는 물음은 플
    라톤의 『파르메니데스』 133A-E에 처음 소개되어 있다. 이 물음은 후에 수 세기 동안
    에 걸친 '보편자 논쟁'으로 이어진다. 실재론(實在論)자들은 플라톤처럼 보편자들인
    유들과 종들이 그 자체로 개별자들과 따로 존재한다고 주장한다. 이와 반대로 유명론
    (唯名論)자들은 보편자들이 개별자들과 따로 존재하지 않고 오로지 이름들일 뿐이라
    고 주장한다.

7   논리적인 탐구를 넘어선 형이상학적 탐구를 뜻한다.

8   '보다 논리학적인 탐구 방식으로'의 원어는 logikōteron이다.

2장 유(類)

genos(게노스)도[9] eidos(에이도스)도 단순하게[10] 말해지는 것 같지 않다. (1) 왜냐하면 어떤 하나에 대해 그리고 서로에 대해 일정하게 얽힌 것들의 모음도 genos라고 말해지기 때문이다. 이런 의미에 따라, 헤라클레이 20 다이의[11] genos(무리)는 하나로부터, 즉 헤라클레스로부터 비롯하는 관계를 바탕으로 말해지며, 그로부터 비롯하는 유사성을 서로에 대해 일정하게 갖는 다수의 사람들도 그런 의미에 따라 말해진다. 이는 그들을 다른 genos(무리)들로부터 구분하여 부르고자 함이다.

(2) 그리고 다시 다른 방식으로는, 낳은 사람에 바탕을 두든 어떤 사람이 태어난 곳에 | 바탕을 두든, 각자의 출생의 근원이 genos라 말해진 **2** 다. 예를 들어, 우리는 오레스테스가[12] 탄탈로스로부터, 휠로스가[13] 헤라클레스로부터 genos(뿌리)를 갖는다고 말하며, 또 핀다로스가 genos(태어난 곳)로 볼 때 테베인이라고, 플라톤은 아테네인이라고 말한다. 왜냐하

---

9 그리스어 genos는 '생기다', '나다', '되다' 등의 뜻을 가진 동사 gignesthai의 명사형으로 '출생(지)', '유래', '근원', '가족', '가계', '혈연', '부족', '민족', '후손', '후예', '유'(類, 무리), '종류', '집합' 등의 다양한 의미를 가진 말이다. 여기에서는 일상적인 의미로는 (1) 뿌리가 되는 인물에서 비롯한 후손이나 후손들의 '무리'를, (2) 출생의 근원이 되는 인물이나 지역을, 즉 '뿌리'나 '태어난 곳'을 뜻하며, 철학적인 의미로는 (3) 하위개념인 종(種)에 대한 상위개념인 '유'(類)를 뜻한다. 이런 쓰임새는 '인종'과 '인류', '어종'과 '어류' 등의 예에서도 쉽게 볼 수 있다. 아리스토텔레스, 『형이상학』 5권 28장(특히 1024a 29-35) 참조.

10 한 가지 의미로.

11 '헤라클레이다이'(Hērakleidai)는 '헤라클레스의 후손들'을 가리키는 말이다.

12 오레스테스(Orestes)는 아가멤논과 클뤼타임네스트라 사이에 태어난 아들이다. 그의 조상은 멀게는 제우스와 플루토 사이에 난 탄탈로스까지 거슬러 올라간다.

13 휠로스(Hyllos)는 헤라클레스와 데이아네이라의 아들이다.

5 면 조국도 또한 아버지가 그렇듯 각자의 출생의 근원이기 때문이다.

이것이 (genos라는 말의) 친숙한 의미인 듯하다. 왜냐하면 헤라클레스라는 genos(뿌리)로부터 비롯하는 사람들은 '헤라클레이다이'라고 불리고, 케크롭스라는[14] genos(뿌리)로부터 비롯하는 사람들은 '케크로피다이'라[15] 불리며, 이들의 친족도 마찬가지이기 때문이다. 그리고 각자의 출생의 근원이 genos라는 이름을 받았으며, 그다음으로 하나의 근원으로부터, 예를 들어 헤라클레스로부터 비롯하는 다수의 사람들도 그런 이름을 받았
10 다. 그리고 그들을 규정하고 다른 유들로부터 구분하면서, 우리는 그 모인 것 전부를 헤라클레이다이의 genos(무리)라고 〈말한다〉.[16]

(3) 더 나아가, genos는 다른 방식으로도, 즉 그것 아래에 종(種)이 놓이는 방식으로도 말해지는데, 아마도 앞서 말한 의미들과의 유사성에 따라 그런 것 같다. 왜냐하면 이런 종류의 genos(類)도 또한 자기 아래에 놓인 것들에 대해 일종의 근원이며, 자기 아래에 놓인 다수를 모두 포함하는 것처럼 보이기 때문이다.[17]

이렇듯, genos는 세 가지 방식으로 말해지는데, 철학자들[18] 사이의
15 논의는 세 번째의 것에 관련된다. 그들은 유(類)는 종이 다른 여러 가지

---

14 케크롭스(Kekrops)는 앗티케 신화에 나오는 왕들 중 한 명으로, 몸의 위쪽은 인간, 아래쪽은 뱀인 모습을 하고 있다. 그가 다스리던 때에 앗티케 지방에 처음으로 문명이 자리 잡았다고 전한다.

15 '케크로피다이'(Kekropidai)는 '케크롭스의 후손들'을 가리키는 말이다.

16 그리스어 필사본 A에 따른 반즈(Barnes)의 수정을 받아들여 '말했다' 대신 '말한다'로 옮겼다. 그의 책(2003), 365쪽 참조.

17 헤라클레스가 헤라클레스의 후손들(헤라클레이다이)이 있게 된 근원이듯이, 유(類)도 상위개념으로서 하위개념인 종(種)의 근원이다. 헤라클레스가 없었더라면 그의 후손들도 없었을 듯이, 유가 없다면 종도 없다.

18 특히 아리스토텔레스의 사상을 계승한 소요학파 사람들을 가리킨다.

것들에 대해 이것들이 무엇인지를 묻는 물음에서 서술되는 것, 예를 들어 '동물'과 같은 것이라고 말함으로써 유의 윤곽을 그리며 (그것에 대한 규정을) 제시하였다.[19]

정말이지, 서술되는 것들 중 어떤 것들은, 즉 '소크라테스', '이 사람', '이것'처럼 쪼갤 수 없는 것들은[20] 하나에 대해서만 말해지지만, 어떤 것들은, 즉 유들과 종들과 차이성들과 고유성들과 우연성들은 여럿에 대해 말해지는데, 이것들은 어느 하나에만 고유하게 있지 않고 여럿 20에 공통으로 있다. 예를 들어, 유는 '동물'이며, 종은 '사람'이며, 차이성은 '이성 능력이 있음'이며, 고유성은 '웃을 줄 앎'이며, 우연성은 '흼', '검음', '앉아 있음'이다.

그런데, 유(類)들은 오직 하나에 대해서만 서술되는 것들과 다른데, 그것들이 (정의에서) 제시될 때 여럿에 대해 서술되기 때문이며, 또 여럿에 대해 서술되는 것들 중에서도 종(種)들과 다른데, 이는 종들이 여럿에 25 대해 서술되지만 종이 아니라 수에서 다른[21] 여럿에 대해 서술되기 때문

---

19 아리스토텔레스, 『토포스론』 1권 5장 102a 31-35 참조: "유(類)는 종(種)에서 차이 나는 여럿에 대해 그것이 무엇인지를 묻는 물음에서 서술되는 것이다. '무엇인지를 묻는 물음에서 서술되는 것들'은 주어진 사물이 무엇인지를 묻는 물음에 대한 대답으로서 알맞은 것들일 테다. 예를 들어, 인간을 두고 그것이 무엇인지 누군가 묻는다면 동물이라고 말해야 알맞다."

20 '쪼갤 수 없는 것'(atomon)들은 '단수의 것'(to kath' hekaston)들과 마찬가지로 '개별적인 것'(개별자)들을 가리키는 말이다. 둘 다 '보편적인 것'(to katholou, 보편자)들에 대조되는 개념이다.

21 어떤 것이 '수(數)에서 또는 수가 다르다'는 말은 셀 때 그것이 각기 '하나로 세어진다'는 뜻이다. 소크라테스와 플라톤은 모두 사람이어서 종(種)에서는 같지만, 셀 때 각기 하나로 세어지기에 수에서는 다르다. 나아가 '수에서 하나인 것'은 개별적인 것, 즉 '개별자'를 뜻한다.

이다. 이를테면, '사람'은 종으로서 소크라테스와 플라톤에 대해 서술되는데, 이들은 종에서 서로 다르지 않고 수에서 다르다. 반면, '동물'은 유로서 사람과 소와 말에 대해 서술되는데, 이것들은 | 수에서 다를 뿐만 아니라 종에서도 서로 다르다. 그리고 다시, 유는 고유성(固有性)과 다른데, 이는 고유성이 그것을 가진 오직 하나의 종과 이 종 아래에 있는 쪼갤 수 없는 것들에 대해서, 예를 들어 '웃을 줄 앎'이 사람과 낱낱의 사람들에 대해서 서술되지만, 유는 한 가지 종에 대해서 서술되지 않고 [종에서] 서로 다른 여러 가지 것들에 대해서 서술되기 때문이다. 그리고 다시, 유는 차이성(差異性)과 공통의 우연성(偶然性)들과 다른데, 이는 종이 다른 여러 가지 것들에 대해서도 차이성들과 공통의 우연성들이 서술되지만, 어떤 것이 무엇인지를 묻는 물음에서 서술되지 않[기 때문이다. 다시 말해, 우리가 차이성들과 공통의 우연성들이 서술되는 것을 물었을 때, 우리는 그것들이 어떤 것이 무엇인지를 묻는 물음에서 서술되지 않]고,[22] 오히려 그것이 어떠한 질의 것인지를 묻는 물음에서 서술된다[고 말한다].[23] 이를테면, 사람이 어떠한 질의 것인지를 물을 때 우리는 이성 능력이 있다고 대답하고, 까마귀가 어떠한 질의 것인지를 물을 때 검다고 대답한다. 앞의 '이성 능력이 있음'은 차이성이고, 뒤의 '검음'은 우연성이다. 그러나 사람은 무엇인가라는 물음을 받을 때, 우리는 동

---

22 반즈(Barnes)는 이 […기 때문이다.~서술되지 않…]과 뒤의 […고 말한다]를 중복된 부분으로 보고 지우고 번역한다. 그의 책(2003), 86~87쪽 참조.

23 '유'(genos)는 어떤 것이 무엇인지를 묻는 물음에서 서술되는 것, 즉 실체(ousia)의 범주에 드는 것이고, '차이성'과 '우연성'은 그것이 어떠한 질의 것인지를 묻는 물음에서 서술되는 것, 즉 질(poion)의 범주에 드는 것이다.

물이라고 대답한다.[24] 그리고 '동물'은 (우리가 보았듯이) 사람의 유였다.

따라서 유는 여럿에 대해서 말해진다는 점에서 하나에 대해서만 서   15
술되는 쪼갤 수 없는 것들과 구분되며, 종이 다른 것들에 대해서 말해진
다는 점에서 종들로서 또는 고유성들로서 서술되는 것들과 구분된다.
그리고 그것은 어떤 것이 무엇인지를 묻는 물음에서 서술된다는 점에서
차이성들과 공통의 우연성들과 구분되는데, 이것들은 어떤 것이 무엇인
지를 묻는 물음에서 서술되지 않고, 그것이 어떠한 질의 것인지를 또는
어떤 (우연한) 상태에 있는지를 묻는 물음에서[25] 그것들이 서술되는 것들
〈의 각각에 대해〉[26] 저마다 서술된다.

그러므로 남는 것도 모자란 것도 전혀 유개념에 대해 지금까지 말   20
한 테두리('서술')는 포함하고 있지 않다.

3장 종(種)

(1) eidos(에이도스)는[27] 각 사물의 모양에 대해서도 말해지는데, 이에 따

---

24   아리스토텔레스, 『형이상학』 7권 1장 1028a 15-18 참조.

25   어떤 것은 무엇인가? 그것은 어떠한 질의 것인가? 그것은 어떤 (우연한) 상태에 있
     는가? 이 세 가지 물음의 구분에 대해서는 아리스토텔레스, 『소피스트식 논박』 178b
     37-39 참조.

26   반즈의 수정을 따랐다. 그의 책(2003), 365쪽 참조. 고치지 않고 읽으면, "서술되는 것
     들에 대해 각기 서술된다"가 된다.

27   그리스어 eidos는 '본다'의 뜻을 가진 동사 idein의 명사형으로 일상적인 의미로는 (1)
     '드러나 보이는 모습(특히 아름답거나 늠름한 모습)을 뜻하며, 철학적인 의미로는 (2)
     상위개념인 유(類)에 대한 하위개념인 '종'(種)을 뜻한다. 그 밖에 '개념', '관념', '이데
     아', '종류', '방식', '방법' 등을 뜻하기도 한다.

4 라 | "맨 먼저,[28] eidos(풍채)가 통치할 자격이 있노라"고[29] 얘기된다.

(2) 또한 eidos(種)는 앞에서 제시된[30] 유(類) 아래에 있는 것이기도 한데,[31] 이에 따라 우리는 동물이 유이기에 사람이 동물의 종(일종)이라고, 흼이 색의 종(일종)이라고, 삼각형이 도형의 종(일종)이라고 말하곤 한다.

5   하지만 유를 규정할 때에도, 그것이 어떤 것이 무엇인지를 묻는 물음에서 종이 다른 여러 가지 것들에 대해 서술되는 것이라고 말하면서 종을 우리가 언급했고, 지금은 종이 앞에서 제시된 유 아래에 있는 것이라고 우리가 말한다면, 유가 어떤 것의 유일뿐만 아니라 종도 어떤 것의 종이므로, 이 둘이 서로에 대해 그러하므로, 이 둘에 대한 규정에서도 우리는 둘을 사용하지 않으면 안 된다는 점을 알아야겠다.[32]

(3) 그래서 그들(철학자들)은 종을 또한 다음과 같은 방식으로 규정

10 한다. 종은 유 아래에 놓인 것이고, 이것의 유가 어떤 것이 무엇인지를 묻는 물음에서 서술된다.

(4) 더 나아가, 그들은 다음과 같은 방식으로도 규정한다. 종은 수에서 다른 여러 가지 것들에 대해서 이것들이 무엇인지를 묻는 물음에서

---

28 보에티우스의 라틴어 번역은 Priami로 되어 있다. 이에 따라, "프리아모스의 풍채가 통치할 자격이 있노라."로 옮길 수도 있다.

29 에우리피데스, 『아이올로스』 *Aeolus*, 글조각 8.2 Van Looy-Jouan(= 글조각 15.2 Kannicht TGF292(Nauck) 참조.

30 2장 2.15-17 참조.

31 유(類)와 종(種)은 상대적인 개념이다. 종은 다시 자신 아래의 개념들을 포괄하는 상위개념으로서 그 아래 것들의 유이다. 예를 들어, 생물은 동물이라는 '종'의 유이지만, 동물은 다시 사람이라는 종의 '유'이다.

32 이는 '절반인 것의 두 배'로써 두 배를 규정하고, '두 배인 것의 절반'으로써 절반을 규정하는 방식과 비슷하다.

서술되는 것이다. 그러나 이러한 규정은 가장 종인 것과[33] 종이기만 한 것에 적용되지만, 다른 규정들은 가장 종인 것이 아닌 것들에도[34] 적용될 것이다.

　내가 말하고 있는 것은 다음과 같은 방식으로 분명해질 것이다. 각 범주에서[35] 어떤 것들은 가장 유인 것들이고,[36] 다시 어떤 것들은 가장 종 인 것들이며, 어떤 것들은[37] 가장 유인 것들과 가장 종인 것들 사이에 있다. 가장 유인 것은 그 위에 다른 어떤 상위의 유도 있을 수 없는 것이며, 가장 종인 것은 그다음에 다른 어떤 하위의 종도 있을 수 없는 것이다. 그리고 가장 유인 것과 가장 종인 것 사이에, 동시에 유이면서 종인 것들이 있는데, 매번 다른 (상하위의) 것들에 관계를 맺어 그렇다.

　내가 말하고 있는 것을 한 가지 범주의 예로써 분명하게 해 보자. 실체도 바로 유이다. 이것 아래에 몸이 있고, 몸 아래에 혼이 든 몸이 있고, 이것 아래에 동물이 있고, 동물 아래에 이성 능력이 있는[38] 동물이 있고,

---

33　'가장 종인 것'(最下位의 種, eidikōtaton)은 다른 것의 유가 될 수 없고 종이기만 한 것이다. 이것 아래에는 어떤 종도 없다. 이것은 수에서 다른 여러 가지 것들, 즉 개별자들에 대해서 그것이 무엇인지를 묻는 물음에서 답으로 서술된다. 예를 들어, 소크라테스가 무엇인지를 묻는 물음에서는 '사람'이라는 최하위의 종이 서술된다.

34　가장 종인 것들이 아닌 것들은 동시에 유이기도 하고 종이기도 한 것들을 말한다.

35　아리스토텔레스는 『범주들』에서 실체, 양, 질, 관계, 장소, 시간, 자세(놓임새), 소유(가짐), 능동(입힘), 수동(입음)의 열가지 범주(katēgoria)들을 제시한다.

36　'가장 유인 것'(最上位의 類, genikōtaton)은 다른 것의 종이 될 수 없고 오로지 유이기만 한 것이다. 이것 위에는 어떤 유도 없다. 아리스토텔레스의 철학 체계에서 열 가지 범주들이 바로 최상위의 유들(summa genera)이다.

37　이것들은 유이기도 하면서 종이기도 한 것들이다.

38　'이성 능력이 있는 것'의 원어는 logikon(영: rational, 독: vernunftfähig, 프: capable de raison, doté de raison)이다. 흔히 '이성적인 것'이라고 옮기는데 오해의 가능성이 있다. 영어에서도 rational은 감정이 아닌 이성에 기반을 둔 행동이나 생각 등을 가리킬 때

이것 아래에 사람이 있고, 사람 아래에 소크라테스와 플라톤과 낱낱의
25 사람들이 있다.[39] 이것들 가운데 '실체'는 가장 유인 것이고, 유이기만 한
것이며, '사람'은 가장 종인 것이고, 종이기만 한 것이다. 그러나 '몸'은
실체의 종이면서, 혼이 든 몸의 유이기도 하다. '혼이 든 몸'도 몸의 종이
면서, 동물의 유이며, 또 '동물'은 혼이 든 몸의 종이면서 이성 능력이 있
는 동물의 유이다. 그리고 '이성 능력이 있는 동물'은 동물의 종이면서,
30 사람의 유이다. 그러나 '사람'은 이성 능력이 있는 동물의 종이지만, 더
는 낱낱의 사람들에 대해 유이기도 한 것은 아니고, 종이기만 하다. 쪼갤
5 수 없는 것(개별자)들에 대해 가장 가까이 서술되는 것은[40] 모두 | 종이기
만 한 것이지, 더는 유이기도 한 것은 아니다.

맨 위에 있는 실체가 다른 어떤 유도 그것 앞에 있지 않아 가장 유인
것이었듯이, 사람도 종으로서 그다음에 〈다른〉 어떤 종도 있지 않고 [종
들로][41] 쪼개질 수 있는 어떤 것도 있지 않으며, 쪼갤 수 없는 것(개별자)
들만이 있는데(쪼갤 수 없는 것은 예를 들어 소크라테스, 플라톤[, 이 흰
5 것]이다),[42] 이것들은 종이기만 한 마지막 종일 것이며, 우리가 말했듯이
가장 종인 것일 테다. 그러나 중간에 있는 것들은 앞에 있는 것들의 종이

와 이렇게 할 능력이 있는 사람을 가리킬 때를 구분한다. 앞의 경우는 '이성적인'이
라고 옮겨야겠지만, 뒤의 경우는 '이성의 능력을 가진 또는 갖춘'이라고 옮겨야 한다.
인간은 '이성적인 동물'이 아니라, '이성의 능력을 가진 동물'이다.

39 "실체도 바로 ~ 낱낱의 사람들이 있다."의 언급을 바탕으로 후대의 사람들은 이른바
가장 보편적인 개념에서 시작하여 개별자들에 이르는 '포르퓌리오스의 나무'(Arbor
Porphyriana) 또는 '보편자들의 나무'(普遍樹)를 그렸다. 〈부록 1〉 참조.

40 반즈는 보에티우스의 번역에 맞춰 "쪼갤 수 없는 것들 앞에 가장 가까이 있는 것은"
으로 읽는다.

41 보에티우스의 번역에는 '종들로'가 빠져 있다.

42 반즈는 보에티우스에 따라 '이 흰 것'을 빼고 읽는다. 그의 책 (2003), 6쪽 참조.

면서, 뒤에 있는 것들의 유인 것들이다.

　그러므로 중간에 있는 것들은 두 가지 관계를 갖게 되는데, 하나는 자신들의 앞에 있는 것들에 대해 갖는데, 이 관계에 따라 그것들의 종인 것들로 말해지며, 다른 하나는 자신들의 뒤에 있는 것들에 대해 갖는데, 이 관계에 따라 그것들의 유인 것들로 말해진다. 그러나 극단의 것들은[43] 한 가지 관계만을 갖는다. 다시 말해, 가장 유인 것은 모든 것들 중 맨 위 10 에 있는[44] 유이기 때문에 자신 아래에 있는 것들에 대해 한 가지 관계를 가질 뿐, 자신 앞에 어떤 것들이 있어서 이것들과 관계를 갖지는 않는다. 그것은 맨 위에 있는, 맨 처음의 원리이고 우리가 말했듯이 그것 위에 다른 어떤 상위의 유가 있을 수 없기 때문이다.[45] 그리고 가장 종인 것도 자신 위에 있는 것들에 대해, 그것은 이것들의 종인데, 한 가지 관계를 갖는다. 그것은 뒤에 있는 것들에 대해 다른 종류의 관계를 (추가로) 갖지 않으며, 쪼갤 수 없는 것(개별자)들의 종이라고는 말해지지만, 쪼갤 수 15 없는 것들을 포함하는 것으로서 그것들의 종이라 말해지며, 다시 앞에 있는 것들에 대해서는 그것들에 의해 포함되는 것으로서 그것들의 종이라 말해진다.

　그렇듯 그들(철학자들)은 가장 유인 것을 다음과 같이 규정한다. 그것은 유이지만 종은 아닌 것이며, 다시 그것 위에 다른 상위의 유가 있을 수 없는 것이다. 가장 종인 것은 종이지만 유는 아닌 것이며, 종이면서 우리가 더는 종들로 쪼갤 수 없는 것이며, 수가 다른 여럿에 대해 이것 20

43　극단의 것들(ta akra)은 바로 뒤에 이에 대한 설명이 나오듯이 '가장 유인 것'(최상위의 유)과 '가장 종인 것'(최하위의 종)을 가리킨다.

44　위에 있는 개념일수록 아래에 있는 것보다 더 보편적이다.

45　보에티우스는 "…고 우리가 말했듯이 ~ 있을 수 없…"을 빼고 옮겼다.

들이 무엇인지를 묻는 물음에서 서술되는 것이다. 그러나 극단의 것들의 중간에 있는 것들은 위아래에 놓인[46] 유들이자 종들이라고 그들은 부르며, 그것들 각각이 매번 다른 것에 관계 맺은 상태에서 이것에 대해 종이자 유인 것으로 놓는다. 가장 종인 것들 앞에서 | 가장 유인 것까지 올라가는 것들은, 마치 아가멤논이 아트레우스의 아들이자 펠롭스의 후손(손자)이자 탄탈로스의 후손(증손)이자 마지막으로 제우스의 후손(고손)이듯,[47] 위아래에 놓인 유들이자 종들이다.[48]

6

그러나 계보들에서는 대부분 하나의 근원으로, 이를테면 제우스로 되돌리지만, 유들과 종들에서는 사정이 다르다. 왜냐하면 있는 것은 모든 것들에 공통된 한 가지 유(類)가 아니며, 또 아리스토텔레스가 말하듯,[49] 모든 것들은 맨 위에 있는 한 가지 유와 관련하여 같은 종류의 것이 아니기 때문이다. 그러지 말고 『범주들』에서처럼, 으뜸가는 열 가지 유들을 열 가지 으뜸가는 원리들로서 놓아두자. 그리고 누군가가 이 모든 것들을 있는 것들이라고 부르더라도, 아리스토텔레스가 말하듯,[50] 그는

5

---

46 가장 유인 것은 모든 것들의 위에만 있고, 가장 종인 것은 모든 것들의 아래에만 있지만, 중간에 있는 것들(ta mesa)은 '어떤 것 위에 있기도 하고 동시에 다른 어떤 것 아래에 있기도 하다'. 이런 뜻에서, 중간에 있는 것들은 '위아래에 놓인 것들'(hyallēla)이다.

47 아가멤논의 가계는 아트레우스 + (아에로페) → 펠롭스 + (힙포다메이아) → 탄탈로스 + (디오네) → 제우스 + (플루토)로 올라간다.

48 트리코(Tricot)를 좇아 genē te(et genera)를 빼고 읽었다. 넣고 읽으면 반즈(2003, 7쪽), 드 리베라(De Libera, 7쪽)처럼 "유들이자 종들이자 위아래에 놓인 유들이다."로 옮겨야 할 것이다.

49 『형이상학』 3권 3장 998b 22: "그러나 하나(to hen)도 있음(to on)도 있는 것들에 대한 한 가지 유(類)일 수 없다." 『명제에 관하여』 3장 16b 23-25 참조.

50 그러나 아리스토텔레스에 따르면 있다고 말해지는 것들은 이름과 정의가 같은 한 이름 한 뜻인 것들도 아니고, 서로 이름만 같은 한 이름 다른 뜻인 것들도 아니다. 『형이상학』 4권 2장 1003a 33-b 12 참조.

한 이름 다른 뜻으로 그렇게 부르지, 한 이름 한 뜻으로 그렇게 부르지는 않을 것이다. 왜냐하면 만일 있는 것이 모든 것들에 공통된 한 가지 유라면, 모든 것들은 한 이름 한 뜻으로 있는 것들이라고 말해질 것이기 때문 10 이다. 으뜸가는 것들은 열 가지이지만, 이것들의 공통성은 이름에만 있지, 이 이름에 대한 뜻에까지 있지는 않다.[51]

정말이지, 가장 유인 것(最上位의 類)들은 열 가지이고, 가장 종인 것(最下位의 種)들도 한정된 수만큼 있지 무한하지는 않다. 그러나 이 가장 종인 것들 다음에 있는 쪼갤 수 없는 것(개별자)들은 무한히 많다. 그렇기 때문에 플라톤은 우리가 가장 종인 것들까지 가장 유인 것들로부터 내려가면서 거기서 멈출 것을, 하지만 종을 만들어 내는 차이성들로써[52] 15 나누면서 중간에 있는 것들을 거쳐 내려갈 것을 권하곤 하였다.[53] 그러면서 그는 무한한 것들에 대해서는 앎이 성립할 수 없으므로[54] 이것들은 내버려 두라고 말한다. 그러므로 우리는 가장 종인 것들로 내려가면서는 나눔으로써 다수를 통과해야 하며, 가장 유인 것들로 올라가면서는

---

51 포르퓌리오스의 설명에 따르면, 열 가지 범주들은 이름만 '있는 것'(to on)으로 함께 불릴 뿐 그 뜻마저 같지는 않다. 다시 말해 그것들은 '한 이름 다른 뜻인 것'(homōnymon)들이다. 그러나 '사람'과 '소'는 함께 '동물'로 불릴 뿐만 아니라 동물의 뜻을 함께 갖는다. 다시 말해 그 둘은 '한 이름 한 뜻으로'(synōnymōs) 동물이라 불린다. 이렇듯 유는 자신 아래에 있는 것들에 대해 한 이름 한 뜻으로 술어가 될 수 있어야 한다. '있는 것'은 그렇지 못해 열 가지 범주들의 유일 수 없다. 아리스토텔레스, 『범주들』 1장 참조.

52 '종을 만들어 내는 차이성'(種差, eidopoios diaphora)은 종들을 구분 짓는 성질을 말한다. 아리스토텔레스에서는 『토포스론』 6권 6장 143b 7에 딱 한 번 나오는 표현이다.

53 『소피스테스』 266A-B, 『정치가』 262A-C, 『필레보스』 16C 참조.

54 무수히 많은 개별적인 것들에 대해서 일일이 안다는 것은 불가능하다. 앎은 보편적인 것에 대해서 성립한다.

다수를 [하나로]⁵⁵ 모아야 한다. 다시 말해 종은, 더군다나 유는 더욱 여럿을 한 가지 본성으로 모으는 것이고, 낱낱의 단수의 것들은 이와 반대로 다수로 항상 하나를 나눈다. 이를테면, 종에 관여함으로써 많은 사람들은 한 가지 사람이 되고, 낱낱의 사람들에 의해 한 가지 공통된 사람은 여럿이 된다. 단수의 것들은 늘 나누는 것이고, 공통된 것은 (여럿을) 뭉치는 것이자 하나를 만드는 것이니까 말이다.

지금까지 유와 종에 관해 이것들 각각이 무엇인지 설명하였는데, 유 **7** 는 하나지만 │ 종은 여럿이므로(항상 유는 여러 개의 종들로 쪼개지기 때문이다), 유가 항상 종에 대해 서술되고, 위에 있는 모든 것들이 아래에 있는 것들에 대해 서술되지만, 종은 그것에 가장 가까운 유(最近類)에 대해서도 더 위에 있는 것들에 대해서도 서술되지 않는다.⁵⁶ 거꾸로는 안 되기 때문이다. 왜냐하면 같은 범위의 것들이 같은 범위의 것들에 대해, 예를 들어 히힝거림이 말에 대해 서술되거나, 아니면 더 큰 범위의 것들이 더 작은 범위의 것들에 대해, 예를 들어 동물이 사람에 대해 서술되어야 하지, 더는 더 작은 범위의 것들이 더 큰 범위의 것들에 대해 서술되어서는 안 되기 때문이다. 이를테면, 사람은 동물이라고 말하듯, 동물은 사람이라고는 네가 더는 말할 수 없을 것이다.

그리고 종이 서술되는 것들에 대해서는 반드시 이 종의 유도 서술 **10** 될 것이고, 유의 유도 가장 유인 것에 이르기까지 서술될 수 있을 것이다. 이를테면, 소크라테스는 사람이고, 사람은 동물이고, 동물은 실체라고 말하는 것이 참이라면, 소크라테스는 동물이고 실체라고 말하는 것

---

55 보에티우스에 따라 반즈는 '하나로'를 빼고 옮긴다. 그의 책 (2003), 365쪽 참조.

56 아리스토텔레스, 『범주들』 5장 2b 20-21 참조.

도 참이다. 이렇듯 항상 위에 있는 것들이 아래에 있는 것들에 대해 서술되므로, 좋은 쪼갤 수 없는 것(개별자)에 대해 서술될 것이고, 유는 종에 대해, 쪼갤 수 없는 것에 대해, 가장 유인 것은 유에 대해, 위아래에 놓인 15 중간에 있는 것들이 여럿이라면 유들에 대해, 종에 대해, 그리고 쪼갤 수 없는 것에 대해 서술될 것이다. 왜냐하면 가장 유인 것은 자신 아래에 있는 유들과 종들과 쪼갤 수 없는 것들 모두에 대해 말해지고, 가장 종인 것 앞에 있는 유는 가장 종인 것들과 쪼갤 수 없는 것들 모두에 대해 말해지고, 종이기만 한 것은 쪼갤 수 없는 것들 모두에 대해, 그리고 쪼갤 수 없는 것은 낱낱의 것들 중 오직 하나에 대해서만 말해지기 때문이다.[57]

소크라테스, 이 흰 것, 이 다가오고 있는 소프로니스코스의 아들은 20 (소크라테스가 그의 유일한 아들이라면) 쪼갤 수 없는 것이라 말해진다. 그런데, 그런 것들이 쪼갤 수 없는 것들이라 말해지는 까닭은 저마다 다른 것에서는 결코 같은 것으로 반복될 수 없는 고유성들이 모여 이것들로 이루어져 있기 때문이다.[58] 이를테면, 소크라테스의 고유성들은[59] 다른 어떤 낱낱의 사람들에서도 같은 것으로 반복될 수 없다. 이와 반대로, 사람의 고유성들은(여기서 사람은 여럿에 공통된 것을 뜻한다) 많은 사 25 람들에서, 아니 이보다는 낱낱의 사람들 모두에서, 이들이 사람인 한에서, 같은 것으로 반복될 수 있다.

그러므로 쪼갤 수 없는 것은 종에 의해 포함되며, 종은 유에 의해 포함된다. | 왜냐하면 유는 일종의 전체이고, 쪼갤 수 없는 것은 부분이고, **8**

57　아리스토텔레스, 『범주들』 5장 3a 37-39 참조.
58　이른바 '개별화의 원리'(principium individuationis)에 관한 명확한 규정이다.
59　소크라테스에게만 있는 속성들은.

종은 전체이자 부분이기 때문이다. 그러나 부분은 다른 어떤 것의 부분이지만, 전체는 다른 어떤 것의 전체가 아니라, 다른 것들 안에 있다. 다시 말해 전체는 부분들 안에 있다.

지금까지 유와 종에 관하여, 가장 유인 것이 무엇인지, 그리고 가장 5 종인 것이 무엇인지, 그리고 동시에 유이면서 종인 것들이 어떤 것들인지, 쪼갤 수 없는 것들이 무엇인지, 유와 종이 얼마만큼 많은 방식으로 말해지는지 말하였다.

4장 차이성

차이성(種差, differentia)은 공통적으로, 고유하게, 그리고 아주 고유하게 말해지는 것으로 해 두자.

(1) 자신에 얽혀서든 다른 것에 얽혀서든 다름을 통해 어떤 방식으로 서로 다를 때, 하나가 다른 하나와 공통적으로 차이 난다고 말해진다. 10 이를테면, 소크라테스는 다름을 통해 플라톤과 차이 나며, 자기 자신과는 소년임으로써 성인이 됨으로써, 어떤 것을 행함으로써 또는 그것을 그만둠으로써, 그리고 항상 있는 상태가 여러 가지로 달라짐으로써 차이 난다. (2) 그리고 떼어 낼 수 없는 우연성을 통해 차이 날 때 하나가 다른 하나와 고유하게 차이 난다고 말해진다. 떼어 낼 수 없는 우연성은 예 15 를 들어, '눈이 푸름'이나 '매부리코임'이나 심지어는 '굳어진 상처 자국'이다. (3) 종을 만들어 내는 차이성(種差)에 의해 서로 다를 때, 하나가 다른 하나와 아주 고유하게 차이 난다고 말해진다. '이성 능력이 있음'이라는 질에 의해 사람이 말과 달라 있듯이 말이다.

이렇듯, 일반적으로 차이성은 모두 어떤 것에 다가감으로써 그것을 달리 있는 것으로 만들지만, 그것에 공통적으로 그리고 고유하게 있는 차이성은 그것을 질이 다른 것으로 만들며, 가장 고유하게 있는 차이성은 그것을 다른 사물로 만든다. 왜냐하면 차이성들 중 어떤 것들은 어떤 것을 질이 다른 것으로 만들며, 어떤 것들은 그것을 다른 사물로 만들기 20 때문이다.

그런데 다른 사물로 만드는 차이성들은 종을 만들어 내는 차이성들이라 불리고, 다른 상태에 있는 것으로 만드는 차이성들은 그냥 차이성들이라 불린다. 예를 들어, '이성 능력이 있음'이라는 차이성은 동물에 들어섬으로써 | 그것을 다른 사물로 만들고, [동물의 한 가지 종을 만들 **9** 어 내지만], '움직임'이라는 차이성은 그것을 가만히 있는 것과 다른 상태에 있는 것으로만 만든다. 그리하여 앞의 것은 그것을 다른 사물로 만들고, 뒤의 것은 그것을 다른 상태에 있는 것으로만 만든다. 그런데, 다른 사물로 만드는 차이성들에 따라 유(類)들을 종(種)들로 나눔이 이루어지고, 정의들은 유와 그러한 종류의 차이성들로 이루어져 제시된다.[60] 그러나 어떤 것을 다른 상태에 있는 것으로만 만드는 차이성들에 따라 5 서는 다름만 성립하며, 있는 상태의 변화만 있을 뿐이다.

이제 다시 위로부터 시작하여, 우리는 어떤 차이성들은 떼어 낼 수 있고, 어떤 차이성들은 떼어 낼 수 없다고 말해야 한다. 예를 들어, '움직임'과 '가만히 있음', '건강함'과 '아픔', 그리고 이것들과 비슷한 종류의 것들은 떼어 낼 수 있지만, '매부리코임'이나 '들창코임', '이성 능력이 10 있음'이나 '이성 능력이 없음'은 떼어 낼 수 없다.

---

60 예를 들어, 인간에 대한 정의는 '이성 능력이 있는 동물'(animal rationale)이다.

그리고 떼어 낼 수 없는 것들 중에서도 어떤 것들은 그 자체로 있고,[61] 어떤 것들은 우연히 있다. 이를테면, '이성 능력이 있음'과 '죽음'과 '앎을 받아들임'은 사람에게 그 자체로 있으며, '매부리코임'이나 '들창코임'은 사람에게 우연히 있지, 그 자체로 있지 않다.

그러므로 그 자체로 어떤 것 안에 들어 있는 차이성들은 그것의 실체(본질)에 대한 정의에 받아들여져 그것을 다른 사물로 만들지만, 어떤 것에 우연히 있는 차이성들은 그것의 실체의 정의에 받아들여지지[62] 않으며, 그것을 다른 사물로 만들지 않고 질이 다른 것으로 만든다. 그리고 그 자체로 있는 차이성들은 더와 덜(정도의 차)을 허용하지 않지만, 우연히 있는 차이성들은 떼어 낼 수 없는 것들일지라도 증감을 받아들인다.[63] 정말이지, 어떤 사물의 유(類)도 유를 (종들로) 나누는, 유의 차이성들도 그 사물에 대해 더 어떻다고, 덜 어떻다고 서술되지 않는다. 왜냐하면 이 차이성들은 각 사물에 대한 정의를 채워 주는 것들이기 때문이고, 또 각 사물에서 있음은[64] 한 가지 같은 것이어서 증대도 감소도 허용하지 않지만, '매부리코임'이나 '들창코임'이나 '어떠한 색임'은 그 정도가 늘어나기도 하고 줄어들기도 하기 때문이다.

이렇게 차이성의 세 가지 종류를 살펴보았는데, 어떤 것들은 떼어 낼 수 있는 것들이고 또 어떤 것들은 떼어 낼 수 없는 것들이며, 어떤 것

---

61 어떤 사물에 그 자체로 있는 속성은 그 사물의 '본질적인 속성'이다.

62 보에티우스는 '받아들여지지' 대신 '말해지지'로 옮겼다.

63 '보편성', '종(種)과 수(數)에 따른 차이', '소속이 다른 범주'와 더불어 '정도의 차를 허용하는지의 여부'는 술어일 수 있는 다섯 가지의 것들(유, 종, 차이성, 고유성, 우연성)을 구별하는 기준이 된다.

64 각 사물의 실체를 말한다. 실체는 정도의 차(mallon kai hētton)를 허용하지 않는다. 아리스토텔레스, 『범주들』 5장 3b 33-4a 9 참조.

들은 그 자체로 | 있는 것들이고 어떤 것들은 우연히 있는 것들이며, 또 **10**
그 자체로 있는 차이성들 중에서도 어떤 것들은 우리가 유들을 종들로
나누는 기준이 되는 것들이고, 어떤 것들은 나눠진 것들을 종으로 만드
는 기준이 되는 것들이다. 예를 들어, 다음과 같은 그 자체로 있는 차이
성들은, 즉 '혼이 듦'과 ['혼이 없음',] '감각 능력이 있음'[과 '감각 능력
이 없음'], '이성 능력이 있음'과 '이성 능력이 없음', '죽음'과 '죽지 않음'
은 모두 동물의 차이성들이지만, 이 가운데 '혼이 듦'과 '감각 능력이 있 5
음'이라는 차이성은 동물의 실체(본질)를 구성하는 차이성이다. 왜냐하
면 동물은 혼이 든, 감각 능력이 있는 실체이기 때문이다. 그러나 '죽음'
과 '죽지 않음', 그리고 '이성 능력이 있음'과 '이성 능력이 없음'이라는
차이성들은 동물을 나누는 차이성들이다. 왜냐하면 이것들을 통해 유들
을 종들로 우리는 나누기 때문이다. 그러나 유들을 나누는 이 차이성들
이 바로 종들을 채우는 것이 되며, 그것들을 구성하는 것이 된다. 이를테 10
면, 동물은 '이성 능력이 있음'과 '이성 능력이 없음'이라는 차이성에 의
해, 그리고 다시 '죽음'과 '죽지 않음'의 차이성에 의해 쪼개진다. 그러나
'죽음'과 '이성 능력이 있음'이라는 차이성들은 사람을 구성하는 것이
되고, '이성 능력이 있음'과 '죽지 않음'이라는 차이성들은 신(神)을 구
성하는 것이 되고,[65] '이성 능력이 없음'과 '죽음'이라는 차이성들은 이성
능력이 없는 다른 동물들을 구성하는 것이 된다. 이렇듯 또한, 맨 위에
있는 것인 실체를 '혼이 듦'과 '혼이 없음', '감각 능력이 있음'과 '감각 능 15
력이 없음'이라는 차이성이 나누므로, '혼이 듦'과 '감각 능력이 있음'이
라는 차이성은 실체에 뭉쳐져 동물을 이루어 내고, '혼이 듦'과 '감각 능

---

65   아리스토텔레스, 『토포스론』 4권 2장 122b 12-14 참조.

력이 없음'이라는 차이성은 식물을 이루어 낸다.[66] 이렇듯, 같은 차이성들이라도 이런 방식으로 받으면 구성하는 차이성들이 되고 저런 방식으로 받으면 나누는 차이성들이 되는데, 모두 종을 만들어 내는 차이성(種差)들이라 불린다. 그리고 바로 이것들이 유들의 분류를 위해, 정의들을 위해 특히 도움이 된다. 그러나 우연히 있는, 떼어 낼 수 없는 차이성들은 도움이 못되며, 떼어 낼 수 있는 차이성들은 더욱 더 그렇다.

바로 이 차이성들을 규정하면서 또한 그들(철학자들)은 (1) 종이 차이성만큼 유보다 풍부하다고 | 말한다. 이를테면, 사람은 '이성 능력이 있음'과 '죽음'만큼 동물보다 더 많은 것을 갖는다.[67] 왜냐하면 동물은 이 차이성들 중 어느 것도 아니기 때문이다. 그렇지 않을 경우, 어디에서 종들이 차이성들을 얻을 수가 있겠는가? 그리고 동물은 대립되는 차이성들을 둘 다 가지고 있지도 않기 때문이다(그렇지 않을 경우, 같은 것이 동시에 대립되는 것들을 갖게 될 것이다). 그러나 그들이 주장하듯, 동물은 자신 아래에 있는 것(종)들의 모든 차이성들을 가능 상태로 가질 뿐, 어느 것도 실현 상태로 갖지는 않는다. 그래서 (전혀) 있지 않은 것들로부터는 어떤 것도 생겨나지 않으며,[68] 대립되는 것들은 같은 것에 관련하여 동시에[69] 성립할 수 없다.

(2) 그들은 차이성을 다음과 같이 규정하기도 한다. 즉, 차이성은 종에서 차이 나는 여럿에 대해 이것들이 어떠한 질의 것인지를 묻는 물음

---

66 보에티우스의 번역에는 식물에 대한 뒤의 서술이 빠져 있다.

67 규정이 좁혀질수록 구체적이고 정확한 기술이 된다.

68 유(類) 안에 잠재 상태(dynamis)로 들어 있는 두 가지 반대되는 차이성(diaphora)들은 유가 종(種)으로 구분되면서 둘 중 하나가 실현 상태(energeia)의 것으로 된다.

69 보에티우스는 '동시에'를 빼고 옮겼다.

에서 서술되는 것이다. 이를테면, 사람에 대해 서술되는 '이성 능력이 있음'과 '죽음'은 사람이 어떠한 질의 것인지를 묻는 물음에서 서술되는 것이지, 그것이 무엇인지를 묻는 물음에서 서술되는 것이 아니다. 사람 10 이 무엇인지 우리가 물음을 받았을 때 알맞은 답변은 동물이라고 말하는 것이지만, 사람이 어떠한 질의 동물인지를 누군가가 묻는다면 우리는 그것이 이성 능력이 있으며 죽는 것이라고 해야 알맞게 답할 것이다. 왜냐하면 사물들은 재료와 형상으로 이루어져 있거나 적어도 재료와 형상에 상응하는 구성을 가지기 때문이다. 예를 들어, 조각상이 청동을 재료로 삼고 형태를 형상으로 삼아 이루어져 있듯이, 이와 마찬가지로 공통된 것이자 종인 사람도 재료에 상응하는 유와 차이성에 상응하는 모 15 양으로[70] 이루어져 있으며, 이 전체는, 즉 이성 능력이 있는 죽는 동물은, 저기에서 조각상이듯이, 여기에서는 사람이다.

(3) 그들은 그런 종류의 차이성들의 윤곽을 또한 다음과 같이 그리기도 한다. 즉, 차이성은 같은 유 아래에 있는 것들을 구분하기 마련인 것이다.[71] 이를테면, '이성 능력이 있음'과 '이성 능력이 없음'은 같은 유인 '동물' 아래에 있는 사람과 말을 구분한다. 20

(4) 그들은 다음과 같이 제시하기도 한다. 즉, 차이성에 의해 각각의 종은 차이 난다. 이를테면, 사람과 말은[72] 유에 따라서 차이 나지 않는다. 왜냐하면 우리나 이성 능력이 없는 것들이나 죽는 동물들이지만, '이

---

70 여기서 '모양'(morphē)은 '형상'(eidos)의 뜻으로 쓰였다. 앞의 '형태'(schēma)도 마찬가지다.

71 아리스토텔레스, 『토포스론』 1권 4장 101b 18-19 참조: "차이성은 유의 성격을 띠므로 유와 함께 놓아야 한다."

72 보에티우스는 '사람과 말은' 대신 '그것들은'으로 옮겼다.

성 능력이 있음'이 더해짐으로써 우리는 말들로부터 구분되기 때문이다. 그리고 우리나 신들이나 이성 능력이 있지만, '죽음'이 더해짐으로 **12** 써 | 우리는 신들로부터 구분된다.

(5) 그러나 차이성에 관련된 사항들을 더 깊이 파고들면서 그들은 같은 유 아래에 있는 것들을 구분하는 것들 중 아무것이나 차이성이라고 말하지 않고, 어떤 사물의 있음(존재)을 위해 기여하는 것이라고, 그 사물이 있다는 것은 무엇인지(그 사물의 본질)의 일부인 것이라고 말한다. 이를테면, '배 타고 다님'은 사람의 고유성이긴 해도, 사람의 (종을 만 5 들어 내는) 차이성은 아니다. 왜냐하면 우리는 사람을 다른 동물들과 구분하면서 동물들 가운데 어떤 것들은 배를 타고 다니기 마련이고, 어떤 것들은 그렇지 못하다고 말할 수 있겠지만, 배를 타고 다니기 마련임은 사람의 실체를 채우는 것도 그것의 일부도 아니며, 종을 만들어 내는 차이성들이라 고유하게 불릴 만한 차이성은 아니어서 단지 그것의 소질일 뿐이기 때문이다. 그렇다면, 종을 만들어 내는 차이성들은 다른 종을 만들 만한 차이성들이고, 또 어떤 것이 있다는 것은 무엇인지(그것의 본질 10 에 대한 정의)에서[73] 받아들여질 만한 차이성들이다.

차이성에 관해서는 이 정도로 충분하다.

---

[73] 보에티우스는 '어떤 것이 있다는 것은 무엇인지' 대신 '어떤 것이 어떠한 질의 것인지'로 옮겼다.

5장 고유성

그들(철학자들)은 고유성(固有性, proprium)을 네 가지로 나눈다. (1) 그것은 사람에 '치료함'이나 '기하학을 함'이 속성으로서 딸려 있듯이, 특정한 종에만 —— 이 종 전체에는 아니더라도 —— 딸려 있는 것이다. (2) 그리고 그것은 사람에 '두 발 달려 있음'이 딸려 있듯이, 어떤 종만은 아니더라도 이 종 전체에 딸려 있는 것이다. (3) 또 그것은 모든 사람에 '노년에 백발이 됨'이 딸려 있듯이, 어떤 종에만, 이 종 전체에, 그리고 특정한 때에 딸려 있는 것이다. (4) 넷째로, 그것은 사람에 '웃을 줄 앎'이 딸려 있듯이, '어떤 종에만', '이 종 전체에', 그리고 '언제나'(의 세 가지 조건)가 함께 만나서 있는 고유성이다. 사람이 언제나 웃고 있지는 않더라도 웃을 줄 안다고 말해지는데, 그것은 그가 언제나 웃기 때문이 아니라 그가 웃기 마련이기 때문이다. 이것은 말에게 히힝거림이 타고 나 있듯이, 사람에게 타고 나 있다. 그들은 이것들이 또한 본래적인 의미에서 고유성들이라고 말하는데, 그 까닭은 이것들이 거꾸로도 되기 때문이다. 다시 말해, 어떤 것이 말이면 그것은 히힝거리는 것이고, 어떤 것이 히힝거리는 것이라면 그것은 말이다.[74]

---

74 아리스토텔레스, 『토포스론』 1권 5장 102a 18-19 참조: "고유성은 어떤 사물이 있다는 것은 무엇인가(그 사물의 본질)를 보여 주지 않는 것이지만, 그것에만 들어 있고 그것과 맞바뀌어 서술된다." 보에티우스는 "말인 것은 모두 히힝거리는 것이고, 히힝거리는 것은 모두 말이다"로 옮겼다.

6장 우연성

우연성(偶然性, accidens)은[75] (1) 생겨나 있다가도 그것의 바탕이 되는 것
(基體)이 파괴됨이 없이 사라지는 것이다. 그것은 두 가지로 나뉜다. 그
가운데 하나는 떼어 낼 수 있는 것이고, 다른 하나는 떼어 낼 수 없는 것
13 이다. 예를 들어, '잠을 잠'은 떼어 낼 수 있는 우연성이고, '검음'은 ㅣ떼
어 낼 수 없는 채로 까마귀와 에티오피아인에게 딸려 있다. 그렇지만 바
탕이 되는 것이 파괴됨이 없이 흰 까마귀를, 피부색을 잃은 에티오피아
인을 생각해 볼 수는 있다.

그들(철학자들)은 우연성을 다음과 같이 규정하기도 한다. (2) 즉, 우
연성은 같은 것에 들어 있을 수도 있고, 들어 있지 않을 수도 있는 것이
다. (3) 또는 그것은 유(類)도 아니고 차이성(種差)도 아니고, 종(種)도 아
니고, 고유성(固有性)도 아니지만, 언제나 바탕이 되는 것 안에 존립하는
것이다.[76]

앞에 놓인 개념들, 즉 유, 종, 차이성, 고유성, 우연성이 모두 규정되
었으므로, 이제 어떤 공통점들과 어떤 고유한 점들이 이것들에게 들어
있는지 말해보아야 한다.

---

75   우연성(symbebēkos)은 우연적인 성질 또는 속성을 말한다.
76   아리스토텔레스는 (3)은 정의 속에 포함된 개념들에 대한 이해를 전제하기에 (2)를
     더 나은 정의로 평가한다. 그의 『토포스론』 1권 5장 102b 4-14 참조.

7장 다섯 가지 목소리의[77] 공통점

그것들이 여럿에 대해 서술된다는 점은 그것들 모두의 공통점이다.[78] 그 10
러나 (1) 유(類)는 종들과 쪼갤 수 없는 것(개별자)들에 대해 서술되고,
(2) 차이성(種差)도 이와 마찬가지로 서술되지만, (3) 종(種)은 그것 아래
에 있는 쪼갤 수 없는 것들에 대해 서술되고, (4) 고유성(固有性)은 그것
이 든 종에 대해, 그리고 종 아래에 있는 쪼갤 수 없는 것들에 대해 서술
되며, (5) 우연성(偶然性)은 종들과 쪼갤 수 없는 것들에 대해 서술된다.
이를테면, (1) '동물'은 종들인 말들과 소들에 대해,[79] 그리고 쪼갤 수 없
는 것들인 이 말과 이 소에 대해 서술되고, (2) '이성 능력이 없음'은[80] 말 15
들과 소들에 대해, 그리고 낱낱의 것들에[81] 대해 서술된다. 하지만 (3) 종
은, 예를 들어 '사람'은 낱낱의 사람들에 대해서만 서술된다. 그리고 (4)
고유성은, 예를 들어 '웃을 줄 앎'은 사람과 낱낱의 사람들에 대해 서술
된다. 그리고 (5) 떼어 낼 수 없는 우연성인 '검음'은 종인 까마귀들과 낱
낱의 까마귀들에 대해 서술되며, 떼어 낼 수 있는 우연성인 '움직임'은
사람과 말에 대해 서술된다. 그러나 그것은 주로 쪼갤 수 없는 것들에 대 20

---

77 '목소리'의 원어는 phōnē(라: vox)이다. 목소리들은 술어가 될 수 있는 다섯 가지의 개
   념(또는 이것이 가리키는 사물들)을 가리킨다. 흔히 라틴어로 praedicabilia(술어가능어
   들)라 일컫는다.

78 2장 2.17부터 2장 끝까지의 내용이 지금부터 시작되는 『입문』의 나머지 부분에 확장
   되어 그대로 전개된다.

79 보에티우스의 번역에는 '개들'이 추가되어 '말들과 소들과 개들에 대해'로 되어 있다.

80 이것은 '종(種)을 만들어 내는 차이성'(種差, eidopoios diaphora)의 예이다.

81 '낱낱의 것들'(ta kata meros)은 '쪼갤 수 없는 것들'(atoma)과 마찬가지로 '개별자들'을
   나타내는 말로서, 예를 들면, '여기 이 소', '여기 이 말', '소크라테스' 등이다.

해 서술되고, 이차적인 뜻으로는 쪼갤 수 없는 것들을 포함하는 것들에 대해서도 서술된다.

8장 유와 차이성의 공통점[82]과 차이점

공통점

(1) 유(類)와 차이성(差異性)의 공통점은 그것들이 종(種)들을 포함하는 **14** 것이라는 점이다. 왜냐하면 유들이 포함하는 것들을 | 모두 다 포함하지는 않더라도, 차이성도 종들을 포함하기 때문이다. 이를테면, '이성 능력이 있음'은 '동물'처럼 이성 능력이 없는 것들을 포함하지는 않지만 사람과 신(神)을 포함하는데, 이것들은 바로 종들이다.

(2) 그리고 유로서의 유에 대해 서술되는 것들은 모두 그 유 아래에 있는 종들에 대해서도 서술되며,[83] 차이성으로서의 차이성에 대해 서술 **5** 되는 것들은 모두 그 차이성에서 나온 종에 대해서도 서술될 것이다. 이를테면, 동물은 유인데, 유로서의 그것에 대해 '실체'와 '혼이 듦'이 서술될 뿐만 아니라, 이것들은 동물 아래에 있는 모든 종들에 대해서도 또한 쪼갤 수 없는 것들에 이르기까지 서술된다. 그리고 이성 능력이 있음은 차이성인데, 차이성으로서의 그것에 대해 '이성을 사용함'이 서술되지만, '이성을 사용함'은 이성 능력이 있는 것에 대해서뿐만 아니라, 이성

---

82 8~11장과 13~18장에서 다섯 가지 '목소리'들의 공통점과 차이점이 논의된다. 전개 방식에 관해서는 12장과 〈부록 2〉 참조.

83 아리스토텔레스, 『토포스론』 4권 1장 122b 9-10 참조.

능력이 있는 것 아래에 있는 종들에 대해서도 서술될 것이다.

(3) 또 하나의 공통점은 유나 차이성이 없어지면 그것들 아래에 있 10
는 것들도 없어진다는 점이다. 이를테면, 동물이 있지 않으면 말도 사람
도 있지 않듯이, '이성 능력이 있음'이 있지 않으면 이성을 사용하는 동
물은 전혀 있지 않을 것이다.

차이점

(1) 유(類)에 고유한 점은 그것이 차이성과 종(種)과[84] 고유성과 우연성보
다는 더 많은 것들에 대해 서술된다는 점이다. 이를테면, '동물'은 사람 15
과 말과 새와 뱀에 적용되지만, '네 발 달림'은 네 개의 발을 가진 것들에
만 적용되고, '사람'은 쪼갤 수 없는 것(개별자)들에만 적용되고, '히힝거
림'은 말과 낱낱의 말들에만 적용되고, 우연성도 이와 마찬가지로 더 적
은 것들에 대해 적용된다. 그런데 차이성들은 그것들에 의해 유가 쪼개
지는 것들이지, 유의 실체를 채우는 것들이 아니다.[85]   20

(2) 더 나아가, 유는 차이성을 가능 상태로 포함한다.[86] 이를테면, 동
물 가운데 어떤 것은 이성 능력이 있고 어떤 것은 이성 능력이 없다. [그
러나 차이성들은 유들을 포함하지 않는다.][87]

(3) 더 나아가, 유들은 그것들 아래에 있는 차이성들보다 먼저다. 그
렇기 때문에 그것들은 (없어질 때) 차이성들을 더불어 없애지만, 이것들
에 의해 더불어 없어지지 않는다. 이를테면, '동물'이 없어지면, '이성 능

---

84   아리스토텔레스, 『토포스론』 4권 1장 121b 3-4 참조.
85   이 주장은 4장 9.21-10.21에 좀 더 상세하게 설명되어 있다.
86   4장 11.1-5 참조.
87   필사본 BCM²a에 추가된 부분이다.

15 력이 있음'과 '이성 능력이 없음'이 | 더불어 없어진다. 그러나 차이성들은 유를 더불어 없애지 않는다. 이를테면, 그것들을 모두 없앤다고 하더라도, 우리는 감각 능력이 있는, 혼이 든 실체를 생각해 볼 수 있다. 그리고 이 실체는 바로 동물이다.

(4) 더 나아가, 앞서 말했듯이, 유는 어떤 것이 무엇인지를 묻는 물음에서 서술되지만, 차이성은 그것이 어떠한 질의 것인지를 묻는 물음에서 서술된다.

(5) 더 나아가, 각각의 종에 대해 하나의 유가 있지만, 예를 들어 사
5 람에 대해 '동물'이 있지만, 차이성들은 여럿이, 예를 들어 '이성 능력이 있음', '죽음', '직관과 (추론적인) 앎을[88] 받아들임'이 있는데, 바로 이것들에 의해 사람은 다른 동물들과 차이 난다.

(6) 그리고 유는 재료와 비슷하고, 차이성은 모양(형상)과 비슷하다.[89]

그 밖에 다른 공통점들과 고유한 점들이 유와 차이성에 들어 있겠지만, 이러한 점들로 충분하다고 해 두자.

---

88 nous는 더는 증명이 되지 않는 원리들에 대한 '직관'(intuition)을, epistēmē는 그런 원리들로부터 끌어낸 것들에 대한 '추론적인 앎'(discursive science)을 나타낸다. 인간은 이 두 가지 능력을 받아들이는 또는 받아들일 수 있는 존재다. 두 가지 능력의 구분에 대해서는 아리스토텔레스, 『니코마코스 윤리학』 6권 7장 1141a 16-20 참조.

89 4장 11.12-17 참조.

9장 유와 종의 공통점과 차이점

공통점

(1) 유(類)와 종(種)은, 앞서 말했듯이,[90] 여럿에 대해 서술된다는 점을 공 10
통점으로 갖는다. 여기서 종을, 또한 유로도 받아들이지 말고, 종으로 받
아들이도록 하자. 같은 것이 종이면서 유일 수도 있기 때문이다.

    (2) 그리고 그것들이 서술되는 것보다 앞선 것들이라는 점과 그것
들 각각이 전체와 같은 것이라는 점이 그것들의 공통점이다.

차이점

(1) 그것들은 유(類)는 종(種)들을 포함하지만, 종들은 포함되고 유들을 15
포함하지 않는다는 점에서 차이 난다. 유는 종보다 더 넓기 때문이다.

    (2) 더 나아가, 유들이 앞서 바탕으로서 주어져 있어야 하고, 이것이
종을 만들어 내는 차이성(種差)들에 의해 형태를 띠게 되면서 종들을 이
루어 내야 한다. 따라서 유들이 또한 본성에서 (종들에) 앞선다. (3) 그리
고 그것들은 (자신들이 없어질 때 다른 것들을) 더불어 없애긴 해도, (다른
것에 의해) 더불어 없어지지는 않는다.[91] 왜냐하면 종이 있으면 유도 확실
히 있지만, 유가 있다고 종도 확실히 있는 것은 아니기 때문이다. 20

    (4) 그리고 유들은 자신들 아래에 있는[92] 종들에 대해 한 이름 한 뜻
으로 서술되지만, 종들은 유들에 대해 서술되지 않는다.[93]

90   2장 2.17 이후의 설명 참조.

91   아리스토텔레스, 『토포스론』 4권 2장 123a 14-15 참조.

92   보에티우스는 '그것들 아래에 있는'을 빼고 옮겼다.

93   '사람은 동물이다', '소는 동물이다'라고 말할 수 있으며, 두 경우에 모두 '동물'의 뜻

(5) 더 나아가, 유들은 자신들 아래에 있는 종들을 포함함으로써 그 것들을 앞지르지만, 종들은 고유한 차이성들로써 유들을 앞지른다.[94]

(6) 더 나아가, 종은 가장 유인 것(最上位의 類)이 될 수 없으며, 유는 가장 종인 것(最下位의 種)이 될 수도 없다.

16 10장 유와 고유성의 공통점과 차이점

공통점

(1) 유(類)와 고유성의 공통점은 그것들이 종들에 따른다는 점이다. 이를 테면, 사람이 있으면, 동물이 있고, 사람이 있으면, 웃을 줄 앎이 있다.

(2) 그리고 유는 종(種)들에 대해 서술되고, 고유성은 그것을 나눠 5 갖는 쪼갤 수 없는[95] 것들에 대해 똑같이 서술된다는 점도 있다. 이를테면 똑같이 사람과 소는 동물이고, 아뉘토스와 멜레토스는[96] 웃을 줄 안다.

(3) 그리고 유가 자신에 고유한 종들에 대해, 고유성은 자신을 갖는 것들에 대해 한 이름 한 뜻으로 서술된다는[97] 점도 공통점이다.

이 같지만, '동물은 사람이다', '동물은 개다'라고 말할 수는 없다.

94 유들은 외연(外延, extensio)에서 종들보다 우세하고, 종들은 내포(內包, comprehensio) 에서 유보다 우세하다. 4장 11.1의 각주 67 참조.

95 보에티우스는 '쪼갤 수 없는'을 빼고 옮겼다.

96 아뉘토스(Anytos)와 멜레토스(Meletos)는 뤼콘(Lykon)과 더불어 기원전 399년 젊은이 들을 타락시키고 나라가 믿는 신들을 믿지 않는다는 죄목으로 소크라테스를 고발한 인물들이다. 플라톤, 『소크라테스의 변론』 23E-24C 참조.

97 '동물'은 사람과 소에 대해 한 이름 한 뜻으로 말해지며, '웃을 줄 앎'은 아뉘토스와 멜 레토스에 대해 한 이름 한 뜻으로 말해진다.

차이점

(1) 그러나 그 둘은 유(類)가 먼저이고, 고유성은 나중이라는 점에서 차이 난다. 먼저 동물이 있어야 하고, 그 다음에 이것이 차이성들과 고유성들에 의해 나뉘어야 하기 때문이다.

(2) 그리고 유는 여러 가지 종(種)들에 대해 서술되지만, 고유성은 자신을 갖는 한 가지 종에 대해서 서술된다.[98]

(3) 그리고 고유성과 이 고유성을 가지는 것은 맞바꾸어 서술되지만, 유는 어떤 것에 대해서도 맞바꾸어 서술되지 않는다. 이를테면, 동물이라고 해서 사람도 아니고, 동물이라고 해서 웃을 줄 아는 것도 아니다. 그러나 사람이면 웃을 줄 알며, 또 역으로도 성립한다.

(4) 더 나아가, 고유성은 그 고유성을 가지는 모든 종에, 오로지 그 것에만 언제나 들어 있지만, 유는 그 유를 가지는 모든 종에, 항상 들어 있긴 해도, 그것에만 들어 있지는 않다.

(5) 더 나아가, 고유성들은 없어질 때 유들을 더불어 없애지 않지만, 유들은 없어질 때 고유성들을 갖는 종들을 더불어 없앤다.[99] 그래서 고유성들을 가지는 것들이 없어지면 고유성들도 더불어 없어진다.

---

98 2장 3.1-5 참조.

99 보에티우스는 이 부분을 "종들은 없어질 때 유들을 더불어 없애지 않지만, 고유성들은 없어질 때 고유성을 갖는 것들을 더불어 없앤다"로 옮겼다.

11장 유와 우연성의 공통점과 차이점

공통점

20 유(類)와 우연성의 공통점은 앞서 말했듯이[100] 여럿에 대해 서술된다는 점이다. 우연성들이 떼어 낼 수 있는 것들이든 떼어 낼 수 없는 것들이든 말이다. 17 이를테면 '움직임'은 | 여럿에 대해 서술되며 '검음'도 까마귀들과 에티오피아인들과 혼이 없는 어떤 것들에[101] 대해 서술된다.

차이점

(1) 그러나 유(類)는 종(種)들보다 먼저 있지만, 우연성들은 종들보다 나중에 있다는 점에서 유는 우연성과 차이 난다. 왜냐하면 떼어 낼 수 없 5 는 우연성을 놓는다 하더라도 우연성이 딸리는 것이 우연성보다 먼저 있기[102] 때문이다.

(2) 그리고 유를 나눠 가지는 것들은 이것을 똑같이 나눠 갖지만, 우연성을 나눠 가지는 것들은 똑같이 나눠 갖지 않는다. 왜냐하면 우연성들을 나눠 가짐은 증대와 감소를 허용하지만, 유들을 나눠 가짐은 더는 허용하지 않기 때문이다.[103]

(3) 그리고 우연성들은 쪼갤 수 없는 것들에 두드러지게 존립하지 10 만, 유들과 종들은 나눌 수 없는 실체들보다[104] 본성에서 먼저 있다.

---

100 2장 2.17-22 참조.

101 예를 들어, 흑단이나 숯 따위의 것들. 18장 22.7 참조.

102 떼어 낼 없는 우연적인 성질인 '검음'에 앞서 에티오피아인이나 까마귀가 있다.

103 동물들은 똑같이 동물이지만, 검은 것들은 똑같이 검지 않다.

104 '쪼갤 수 없는 실체들'(atomoi ousiai)은 소크라테스, 플라톤 같은 구체적인 '개별자들'

(4) 그리고 유들은 어떤 것이 무엇인지를 묻는 물음에서 자신들 아래에 있는 것들에 대해 서술되지만, 우연성들은 그것이 어떠한 질의 것인지 또는 각 사물이 어떤 상태에 있는지를 묻는 물음에서 서술된다.[105] 이를테면, 에티오피아인이 어떠한 질의 사람인지를 누군가 묻는다면 너는 검다고 말할 것이며, 소크라테스가 어떤 상태에 있는지를 누군가 묻는다면 너는 그가 앉아 있다거나 산책하고 있다고 말할 것이다.

12장 차이점들의 개수

이로써, 어떻게 유(類)가 다른 네 가지 것(개념)들과 차이 나는지를 말했 15
다. 그런데 다른 것들도 저마다 네 가지 것들과 차이 난다. 그래서 다섯
가지 것들이 저마다 다른 네 가지 것들과 차이 나게 있으므로, 다섯 개가
네 번, 즉 모두 스무 개의 차이성들이 있게 된다. 그러나 이렇지 않고,[106]
계속 잇따라 열거되는 가운데, 두 번째에서는 한 가지 차이성이 이미 취해져서 덜 있게 되고, 세 번째에서는 두 가지가, 네 번째에서는 세 가지가, 다섯 번째에서는 네 가지가 덜 있게 된다. 그래서 차이점은 넷, 셋, 20
둘, 하나로, 통틀어 열 가지가 된다.[107] 다시 말해, 유는 차이성(種差)과 종

<hr>

을 가리킨다. 아리스토텔레스는 '으뜸 실체들'(제일 실체들, prōtai ousiai)이라는 표현을 쓴다.

105 떼어 낼 수 없는 우연성들은 앞의 물음에서, 떼어 낼 수 있는 우연성들은 뒤의 물음에서 서술된다.

106 보에티우스는 '이렇지 않고'를 빼고 옮겼다.

107 〈부록 2〉 참조.

(種)과 고유성과 우연성과 차이 난다. 이렇듯 그것의 차이점은 네 가지다. 그러나 어떻게 차이성이 유와 차이 나는지는 어떻게 유가 그것과 차이 나는지 얘기됨으로써 얘기되었다. 그렇다면 남은 것은 어떻게 그것이 종과 고유성과 우연성과 차이 날 것인지를 말하는 일이다. 그리고 그 차이점은 세 가지가 된다. 다시, 종이 어떻게 차이성과 차이 나는지는 어떻게 차이성이 종과 차이 나는지를 말했을 때 얘기되었다. 그리고 어떻게 종이 유와 차이 나는지는 | 어떻게 유가 종과 차이 나는지를 말했을 때 얘기되었다. 그렇다면 남은 것은 그것이 어떻게 고유성과 우연성과 차이 날 것인지를 말하는 일이다. 그러므로 이 차이점은 두 가지다. 고유성(固有性)이 어떻게 우연성과 차이 나는지를 말하는 것이 남을 것이다. 왜냐하면 그것이 어떻게 종과 차이성과 유와 차이 나는지는 그것들이 고유성에 대해 갖는 차이점을 말할 때 앞서 말했기 때문이다.

이렇듯, 유가 나머지 것들에 얽혀 갖는 차이점은 네 가지이고, 차이성의 차이점은 세 가지이고, 종의 차이점은 두 가지이고, 고유성이 우연성에 얽혀 갖는 차이점은 한 가지이므로, 모두 열 가지의 차이점이 있게 될 것인데, 이 가운데 네 가지를, 즉 유가 나머지 것들에 얽혀 갖는 차이점이었던 것들을 우리는 이미 보여 주었다.

13장 차이성과 종의 공통점과 차이점

공통점

(1) 차이성과 종(種)의 공통점은 그것들이 똑같이 나눠 가져진다는 점이

다.[108] 이를테면, 낱낱의 사람들은 '사람'을 똑같이 나눠 가질 뿐만 아니라, '이성 능력이 있음'이라는 차이성도 나눠 갖는다.

(2) 그것들이 나눠 가지는 것들에 언제나 주어져 있다는 점도 공통점이다. 이를테면, 소크라테스는 언제나 이성 능력이 있고, 소크라테스는 언제나 사람이다.

차이점 15

(1) 차이성은 어떤 것이 어떠한 질의 것인지를 묻는 물음에서 서술되지만, 종(種)은 그것이 무엇인지를 묻는 물음에서 서술된다는 점은 각각에 고유한 점이다. 이를테면, '사람'을 질과 같은 것으로 받아들인다 할지라도, 그것은 그냥 질은 아니고, 오로지 차이성들이 유에 들어서서 종을 존립하게 하는 한에서 질이다.[109]

(2) 더 나아가, 차이성은 여러 가지 종들에서 때때로 관찰된다. 예를 들어, '네 발 달림'은 종이 다른 여러 가지 동물들에서 관찰된다. 그러나 20 종은 그 종 아래에 있는 쪼갤 수 없는 것들에만 있다.

(3) 더 나아가, 차이성은 그것에 따른 종보다 먼저 있다. 왜냐하면 '이성 능력이 있음'은 없어질 때 '사람'을 더불어 없애지만, '사람'은 없어지더라도 신이 있기에 '이성 능력이 있음'을 없애지 않기 때문이다.

(4) 더 나아가, 차이성은 다른 차이성과 함께 결합된다. 이를테면, '이성 능력이 있음'과 '죽음'은 | 사람의 존립을 위해 결합된다. 그러나 **19**

---

108 차이성과 종을 나눠 갖는(metechein) 것들은 그것들의 정의(定義)를 받아들인다. 아리스토텔레스, 『토포스론』 4권 1장 121a 11-12 참조.

109 아리스토텔레스, 『범주들』 5장 3b 15-20에도 비슷한 주장이 나온다.

종과 종은 다른 어떤 종이 그로부터 생겨나도록 결합되지 않는다. 이를 테면, 노새를 낳기 위해 특정한 말이 특정한 나귀와 교접하지만, 말이 그 냥 나귀와 교접하여 노새를 이루어 내지는 않는다.[110]

14장 차이성과 고유성의 공통점과 차이점

공통점

5 (1) 차이성과 고유성은 그것들을 나눠 갖는 것들에 의해 똑같이 나눠 가져진다는 점을 공통점으로 갖는다. 이를테면, 이성 능력이 있는 것들은 똑같이 이성 능력이 있으며, 웃을 줄 아는 것들은 똑같이 웃을 줄 안다.

　　(2) 그리고 언제나 모든 것에 주어져 있다는 점도 그 둘에 공통된 점 이다. 이를테면, 어떤 것의 두 발이 절단되더라도, 언제나(항상성)는 그 것의 본성과 관련하여 말해진다.[111] 왜냐하면 웃을 줄 하는 것도 언제나 웃어서가 아니라 그것의 본성성으로 말미암아 '언제나'를 갖기 때문이다.

10 차이점

(1) 차이성의 고유한 점은 그것이 때때로 여러 가지 종(種)들에 대해 말해진다는 점이다. 예를 들어 '이성 능력이 있음'은 신에 대해서뿐만 아니라 사람에 대해서도 말해진다. 반면, 고유성은 그 고유성을 갖는 한 가지

110　아리스토텔레스는 말이 노새를 낳는 것은 자연에 어긋난 생성으로 여긴다. 그의 『형 이상학』 7권 8장 1033b 33 참조.

111　다시 말해, 그것은 본성상 두 발 달린 것이다.

종에 대해서만 말해진다.

(2) 차이성은 차이성을 갖는 것들에 따르지만, 또한 거꾸로 되지는 않는다. 그러나 고유성들은 거꾸로 되기 때문에, 고유성들을 가진 것과 맞바뀌어 서술된다.[112]

15장 차이성과 우연성의 공통점과 차이점

공통점

차이성과 우연성에 공통된 점은 여럿에 대해 말해진다는 점이다. 차이성이 떼어 낼 수 없는 우연성들과 관련하여 갖는 공통점은 언제나 모든 것에 들어 있다는 점이다. 이를테면, '두 발 달림'은 언제나 모든 까마귀들에게 들어 있으며, '검음'도 이와 마찬가지로 그것들에 들어 있다.

차이점

(1) 차이성은 (종들에 의해) 포함되지 않고 (그것들을) 포함하지만, 예를 들어, | '이성 능력이 있음'은 (사람에 의해 포함되지 않고) '사람'을 포함하 **20** 는데, 우연성들은 어떤 점에서는 그것들이 여러 가지 것들에 있기 때문에 포함하지만, 어떤 점에서는 그것들의 바탕이 되는 것(基體)들이 한 가지 우연성이 아니라 여러 가지 우연성들을 받아들이기 때문에 포함된다는 점에서 둘은 차이 난다.

(2) 그리고 차이성은 증대될 수도 감소될 수도 없지만, 우연성들은

---

112 10장 16.12-14 참조.

더와 덜(정도의 차)을 허용한다.

5   (3) 그리고 반대되는 차이성들은 섞이지 않지만, 반대되는 우연성들
은 섞일 수 있다.[113]

이러한 점들이 차이성들과 나머지 것들의 공통점과 고유한 점이다.
종(種)이 어떻게 유(類)와 차이성(種差)과 차이 나는지는 유가 어떻게 나
머지 것들과 차이 나고, 차이성이 어떻게 나머지 것들과 차이 나는지를
10   우리가 말했을 때 얘기되었다. (따라서 종이 어떻게 고유성과 우연성과 차이
나는지를 말하는 일만 남았다.)

16장 종과 고유성의 공통점과 차이점

공통점

(1) 종(種)과 고유성의 공통점은 그것들이 서로에 대해 맞바뀌어 서술된
다는 점이다. 이를테면, 사람이면 웃을 줄 알고, 웃을 줄 알면 사람이다.
여기서, '웃을 줄 앎'은 '웃기 마련임'이라는 뜻으로 받아들여야 한다는
점을 여러 번 말했다.

(2) (그리고 그것들은 똑같이 사물들에 있다.) 다시 말해, 종들은 그것들
15   을 나눠 가지는 것들에 똑같이 있고, 고유성들도 그 고유성들을 가진 것
들에 똑같이 있다.

113 17장 21.15-17 참조.

차이점

(1) 종(種)은 다른 것들의 유(類)일 수 있지만, 고유성은 다른 것들의 고유성일 수 없다는 점에서 종은 고유성과 차이 난다.[114]

(2) 그리고 종이 고유성보다 먼저 존립해 있지만, 고유성은 나중에 종에 있게 된다. 이를테면, 웃을 줄 아는 것이 있으려면 사람이 있어야 한다.   20

(3) 더 나아가, 종은 언제나 실현 상태로 바탕이 되는 것에 주어져 있지만, 고유성은 어느 때에 가능 상태로 주어져 있다. 이를테면, 소크라테스는 언제나 실현 상태로 사람이지만, 언제나 웃기 마련이면서도 언제나 웃고 있지는 않다.

(4) 더 나아가, 정의(定義)가 차이 나는 것들은 그 자체가 또한 차이 난다. 종에 대한 정의는 | '유 아래에 있음', 그리고 '수가 다른 여러 가지   **21** 것들에 대해 그것들이 무엇인지를 묻는 물음에서 서술되는 것임', 그리고 이와 같은 종류의 것들이지만, 고유성에 대한 정의는 '오직 한 가지 것(종)에만, 언제나, 그것 전체에 들어 있음'이다.

17장 종과 우연성의 공통점과 차이점

공통점

종(種)과 우연성의 공통점은 여럿에 대해 서술된다는 점이다. 다른 공통 5 점은 드문데, 그 까닭은 우연성과 이 우연성이 딸린 것은 서로 아주 많이

---

114 생물의 종인 '동물'은 사람의 유일 수 있지만, '웃을 줄 앎'은 사람의 고유성일 뿐이다. 아리스토텔레스, 『토포스론』 5권 4장 132b 30-31 참조.

떨어져 있기 때문이다.

차이점

(1) 그것들 각각에 고유한 점은 종(種)은 그 종을 가진 것에 대해 이것이 무엇인가를 묻는 물음에서 서술되지만, 우연성은 그것이 어떠한 질의 10 것인지를 또는 그것이 어떤 상태에 있는지를 묻는 물음에서 서술된다.

(2) 각 실체는 한 가지 종을 나눠 갖지만, 떼어 낼 수 있는 그리고 떼어 낼 수 없는 여러 가지 우연성들을 나눠 갖는다.

(3) 종들은 우연성들보다, 이것들이 떼어 낼 수 없는 것들이라 할지라도, 먼저 생각된다. 왜냐하면 바탕이 되는 것에 어떤 것이 딸리기 위해서는 그 바탕이 되는 것이 있어야 하기 때문이다. 그러나 우연성들은 그 15 본성에서 나중에 생겨난 것들이며, 부가적인 성격을 띤다.

(4) 종을 나눠 가짐은 똑같이 일어나지만, 우연성을 나눠 가짐은 이것이 떼어 낼 수 없는 것이라 하더라도 똑같이 일어나지 않는다. 이를테면, 한 에티오피아인은 다른 에티오피아인보다 검정이 줄어든 또는 늘어난 피부색을 가질 수 있다.

이제, 고유성과 우연성에 관해 말하는 일만 남았다. 왜냐하면 고유성이 어떻게 종과 차이성과 유와 차이 나는지는 말했기 때문이다.

18장 고유성과 우연성의[115] 공통점과 차이점

공통점

(1) 고유성과 떼어 낼 수 없는 우연성에 공통된 점은 그것들이 관찰되는 것들이 그것들 없이는 존립할 수 없다는 점이다. 이를테면, 웃을 줄 앎이 없이는 | 사람이 존립할 수 없듯이, 검음이 없이는 에티오피아인도 존립 **22** 할 수 없을 것이다.

　(2) 그리고 고유성이 전체에 그리고 언제나 주어져 있듯이, 떼어 낼 수 없는 우연성도 그러하다.

차이점

(1) 그것들은 고유성은 한 가지 종(種)에만, 예를 들어 '웃을 줄 앎'은 '사 5 람'에만 주어져 있지만, 떼어 낼 수 없는 우연성은 예를 들어 에티오피아 인뿐만 아니라 까마귀와 숯과 흑단, 그리고 다른 어떤 것들에도 들어 있 다는 점에서 차이 나 있다.

　(2) 〈더 나아가,〉[116] 고유성은 그 고유성을 가진 것과 맞바뀌어 서술 되고 똑같이 있지만, 떼어 낼 수 없는 우연성은 맞바뀌어 서술되지 않는 다.[117] 그리고 고유성들을 나눠 가짐은 똑같이 있지만, 우연성들을 나눠 10 가짐은 더 있기도 하고 덜 있기도 하다.

　(지금까지) 말한 것들과 다른 공통점들과 고유한 점들이 또한 있겠

115　우연성 가운데에서도 '떼어 낼 수 없는 우연성'과 비교한다.

116　반즈에 따라 '그렇기 때문에'를 '더 나아가'로 바꿨다. 그의 책(2003), 365쪽 참조.

117　웃을 줄 앎이 있으면 사람이 있고, 사람이 있으면 웃을 줄 앎이 있다. 그러나 까마귀가 있으면 검음이 있지만, 검음이 있다고 까마귀가 있는 것은 아니다.

지만, 그것들을 구분하고 그것들의 공통성을 내세우기에는 이런 점들로
충분하다.

부록 1 보편자들의 나무

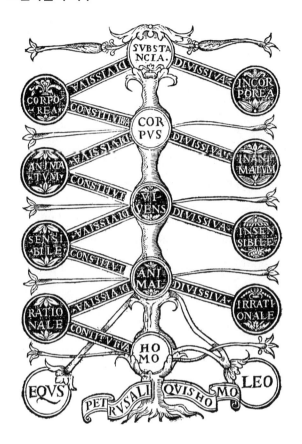

* 보편자들의 나무(普遍樹, arbor universalium)

흔히 '포르퓌리오스의 나무'(arbor Porphyriana)라 일컫는다. 아리스토 텔레스의 열 가지 범주들, 즉 최상위의 유들(summa genera) 가운데 하나 인 맨 위의 실체(substantia)는 물질적인 것(corporea)과 비물질적인 것 (incorporea)으로 나뉘는데, 앞의 것은 몸(물체)를 구성한다. 몸(corpus) 은 다시 혼이 든 것(animatum)과 혼이 없는 것(inanimatum)으로 나뉘 는데, 앞의 것은 생물을 구성한다. 생물(vivens)은 감각 능력이 있는 것 (sensibile)과 감각 능력이 없는 것(insensibile)으로 나뉘는데, 앞의 것은 동물을 구성한다. 동물(animal)은 이성 능력이 있는 것과 이성 능력이 없는 것으로 나뉘는데, 앞의 것은 사람을 구성한다. 사람(homo)은 더는 나뉘지 않는 맨 마지막의 종(최하위의 종)이다. 말(equus)이나 사자(leo) 같은 동물들은 이성 능력이 없는 것들이다. 줄기에 있는 '실체', '몸', '동물', '사람'과 양쪽 가지에 있는 차이성(differentia)들, 즉 '물질적임'과 '비물질적임', '혼이 듦'과 '혼이 없음', '감각 능력이 있음'과 '감각 능력이 없음', '이성 능력이 있음'과 '이성 능력이 없음'은 보편자(universale)들이며, 사람 아래에 있는 페트루스(Petrus) 같은 어떤 사람(aliquis homo)은 개별자(individuum)이다. 차이성은 유(genus)를 나누는 것(divisiva)이자 종을 구성하는 것(constitutiva)이다. 뒤의 것은 '종을 만들어 내는 차이성'이라는 뜻에서 흔히 '종차'(種差, specifica differentia)라 일컫는다. 그리고 동물은 사람에 가장 가까운 유, 즉 최근류(最近類, genus proximum)이다.

출처 Alonso de la Vera Cruz(1507~1584년), *Dialectica Resolutio: cum textu Aristotelis*, Mexico 1554; Ramon Llull(1232~1316년), *Ars brevis*, Paris 1578.

부록 2 술어일 수 있는 다섯 가지 것들의 열 가지 관계

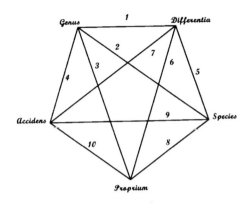

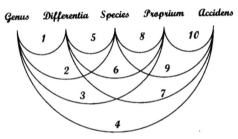

* 유(genus), 차이성(differentia), 종(species), 고유성(proprium), 우연성 (accidens)의 다섯 가지 목소리들(또는 개념들, voces)은 흔히 '술어일 수 있는 것들'(praedicabilia), 또는 가술어(可述語)들이라 불린다. 위의 두 가지 유형(typus)의 도형에서 보듯, 이 다섯 개념들이 서로에 대해 갖는 공통점과 차이점은 유와 차이성에서 시작하여 고유성과 우연성에서 끝나는 열 가지 관계에서 논의된다. 이 논의의 순서는 『입문』의 8~11장과 13~18장과 일치한다.

아리스토텔레스의 「오르가논」(*Aristotelous Organon*, Frankfurt 1592)을 편집한 파키우스(Julius Pacius, 1550~1631년)의 해설에 따른 도형.

해설

270년 전후의 시기에 저술된 것으로 추정되는 포르퓌리오스의 『입문 (이사고게)』은 이후 보에티우스의 라틴어(500~510년쯤)와 시리아어, 아르메니아어, 아랍어로 번역이 되고 각종 요약집과 주석서들이 쏟아지는 가운데, 12세기 초에는 아리스토텔레스의 『범주들』*Categoriae*, 『명제에 관하여』*De interpretatione*와 더불어 삼부작을 이루어 '구 논리학'(logica vetus)이라 불릴 만큼 천 년 이상의 세월 동안 중세 서양에서 논리학과 철학의 입문서로 지위를 군혔다.

포르퓌리오스의 생애에 대해서는 알려진 바가 별로 없다. 그의 저술 『플로티노스의 생애』*Vita Plotini* 등에서 그가 남긴 자서전적인 내용을 바탕으로 그의 생애의 흔적을 찾아볼 수 있다. 그는 234년 포이니케의 튀로스(지금의 레바논에 위치)에서 '말코스'(시리아어로 '왕'이라는 뜻)라는 이름으로 태어났다. 이후 튀로스에서 '포르퓌리오스'('자줏빛 옷을 입은 자', '고관')라는 흔한 이름으로 알려져 왔다. 그는 젊었을 때 문헌학자이자 연설가였던 롱기노스(Kassios Longinos, 213~273년쯤)의 제자로 아테네에 머물면서 수사학과 수학, 철학을 배웠으며, 서른 살 무렵인 263년에 로마로 가서 5년 동안 플로티노스(Plotinos, 205~270년)의 열렬한 제자로 있으면서 신플라톤주의의 철학을 배웠다. 268년쯤 우울증에 걸려 자살의 위험에 처한 그에게 플로티노스는 시칠리아섬으로 가 요양을 하며 건강을 회복할 것을 권유하였다. 270년 플로티노스가 세상을 떠난 후, 포르퓌리오스는 로마로 돌아왔다. 스승의 철학을 강의하면서 그의 전기를 쓰고, 특히 301년 그가 남긴 54편의 강연물들을 아홉 편씩 여섯 개의 그룹으로 분류하여 『엔네아데스』*Enneades*('아홉 편들'의 뜻)로 엮으면서 모범적인 편집의 예를 보여 주기도 하였다. 그는 일곱 아이가 딸린 과부 마르켈라와 뒤늦게 결혼하였다. 304년쯤에 세상을 떠난 것으로 추정된다.

그가 남긴 저술들과 저술 명칭, 글조각들은 그가 방대한 영역에 걸쳐 지식을 소유한 사람임을 보여 준다. 『입문』 외에 『엔네아데스』의 서문격인 『플로티노스의 생애』를 포함하여, 먼 길을 떠나며 그의 아내에게 철학의 삶을 권하며 쓴 『마르켈라에게 보내는 편지』가 온전한 상태로 전해 내려오고, 『아리스토텔레스의 「범주들」에 대한 주석』, 『프롤레마이오스의 「화성학」에 대한 주석』, 『피타고라스의 생애』, 채식을 권고하는 내용의 『절제에 관하여』가 부분적으로 전한다. 15권으로 된 『기독교인들에 반대하여』는 그 일부가 아우구스티누스 등의 저술에 단편적으로 남아 있다. 60여 개의 저술들이 철학, 수사학, 기하학, 문법 등의 다양한 영역에 걸쳐 그가 쓴 것으로 기록되어 전한다.

고대의 주석서에 바탕을 두고, 흔히 포르퓌리오스가 『입문』을 쓴 시기를 그가 시칠리아에 머물렀던 때로 추정하여 268년이 조금 지난 시기로 잡는다. 그렇지만 그가 시칠리아에 몇 번을 가서 얼마나 머물렀는지 모르기 때문에 확정된 저술 시기라고 보기 힘들다. 반즈(J. Barnes)는 포르퓌리오스가 『입문』에서 부르고 있는 크뤼사오리오스가 로마인이라는 점을 들어 그가 로마로 돌아온 270년 이후로 저술 시기를 잡고 있다(그의 책, 2003, xi쪽 참조).

포르퓌리오스는 플로티노스와는 몇몇 주제에 대해서 의견이 달랐지만 그처럼 플라톤주의자였다. 그는 독창적인 철학자로 평가받지는 않지만, 일반적으로 그는 가벼운 서술 방식으로써, 분명한 개념들을 써서 표현하였으며, 명료한 사유를 추구한 인물이었다. 이 점은 『입문』도 여러모로 확인해 준다. 여기에서 그는 유, 종, 차이성, 고유성, 우연성의 다섯 가지 개념들을 다룬다. 그래서인지 중세의 학자들은 종종 '입문' 대신 '다섯 가지 목소리'(quinque voces)라는 별칭을 쓰기도 하였다. 그러나 13.9의 소제목에 바탕을 두고 나온 별칭인 듯하지만, 소제목 자체가 원래 있었던 것인지 아니면 나중에 추가된 것인지 분명하지 않다. 필사본들이나 보에티우스의 라틴어 번역, 주석서들은 '입문'이라는 이름으로 포르퓌리오스의 저술을 전한다. 포르퓌리오스 자신은 이 이름을 어디에서도 언급하고 있지 않지만, 이 이름은 머리말의 1.7-8에 나오는 '입문의 형태로'(introductionis modo)에서 그 근원을 찾아볼 수 있다.

『입문』의 그리스 원어 εἰσαγωγή(에이스-아고게)는 '들여옴', '이끎(인도)', '도입'의 뜻을 가진다(이 책의 제목으로 흔히 알려진 '이사고게'는 라틴어 isagoge에서 가져온 것이다). 저술과 관련해서 이 말은 '입문' 또는 '길잡이'의 뜻을 가진다. 그렇다면, 『입문』은 어떤 것으로의 입문인가? 6세기의 주석가 암모니오스(Ammonios)나 보에티우스는 『입문』에 대한 주석에서 아리스토텔레스의 『범주들』로의 입문으로 받아들인다. 독일어 번역에 나오는 제목 *Porphyrius. Einleitung in die Kategorien*(E. Rolfes)과 *Porphyrios: Einführung in die Kategorien des Aristoteles(Isagoge)*(H. G. Zekl)나 프랑스어 번역에 나오는 제목 *Introduction de Porphyre aux Catégories d'Aristote*(A. de Libera)에서 보듯이 현대의 많은 학자들은 이런 전통적인 해석을 따르고 있다. 그리고 아리스토텔레스의 저술을 전하는 대부분의 필사본들은 그의 '논리학적인 저술들'의 모음인 「오르가논」의 맨 앞에, 따라서 『범주들』앞에, 포르퓌리오스의 『입문』을 두는데, 이 점이 『입문』이 『범주들』로의 입문서라는 전통적인 해석을 낳는 데 큰 몫을 했을 것이다. 그러나 반즈(J. Barnes)에 따르면, 포르퓌리오스 자신이 머리말의 1.3-6 부분에서 밝히고 있듯이, 『입문』은 범주(또는 술어)들에 관한 이론, 정의들의 제시, 분할과 증명에 관련된 사항들과 관련하여 도움이 되는 예비지식을 제공하려는 목적으로 쓰인 책이다(그의 책, 2003, xiv~xv쪽 참조). 따라서 그것은 아리스토텔레스의 저술 『범주들』에 대한 입문서가 아니라, 논리학 전반에 관한 입문서이자, 고대 후기에는 일반적으로 철학을 논리학 공부, 즉 아리스토텔레스의 논리학에 대한 공부로 시작하였기에 더 나아가서는 철학에 관한 입문서라고 볼 수 있다. 『입문』에 대한 후대의 주석서들이 철학을 소개하는 기초 저술로 쓰였다는 점은 이 점을 뒷받침한다.

『입문』은 크게 두 부분으로 나뉜다. 앞부분(1~7장)은 짤막한 머리말에 이어, 다섯 가지 개념들, 즉 유, 종, 차이성, 고유성, 우연성을 차례로 들며 그 뜻을 설명한다. 뒷부분(8~18장)은 이 개념들의 같은 점들이 무엇인지, 다른 점들이 무엇인지를 논의한다. 역자는 '머리말'과 뒷부분의 중간에 나오는 '차이점들의 개수'는 따로 1장과 12장으로 구분하여 모두 18장으로 『입문』을 편성하였다. 각 장의 제목은 포르퓌리오스의 것이 아니라 나중에 추가된 부분으로 추정되며, 특히 뒷부분의 제목은 일정하지 않다.

포르퓌리오스가 머리말에서 옛 철학자들이, 특히 소요학파의 철학자들이 구별한 내용을 전달하려 한다고 스스로 밝히고 있듯이, 『입문』은 그다지 독창적인 저술은 아니다. 그럼에도 그의 저술은 영향력이 대단했다. 『입문』에 대한 그리스어 필사본은 150여 개나 남아 있으며, 번역은 4세기에 빅토리누스(Marius Victorinus)가 라틴어로 옮긴 것으로 전하지만, 6세기 초에 이루어진 원문에 가까운 보에티우스의 것에 가려 빛을 보지 못했고, 이후 중세에는 보에티우스의 번역이 주석가들과 해석자들의 활동에 기반을 제공하였다. 그의 번역은 중세 유럽의 여러 학교와 대학에서 교과서가 되었다. 이를 통해 논리학의 철학적-신학적 발전과 보편자 논쟁에 발판을 마련하였다. 중세의 교과서들에는 『입문』에서 제시된 실체의 분류가 '포르쀠리오스의 나무'*Arbor Porhyrtana*라 불리는 삽화로 실렸다(부록 1 참조). 『입문』은 6~7세기에는 시리아어와 아르메니아어로 번역되었고, 10세기에는 아랍어로 번역되어 이슬람 세계에서 논리학 교재로 오랫동안 남으며, 신학, 철학, 문법, 법학의 영역에서 많은 영향을 미쳤다. 『입문』에 대한 주석은 5~6세기에 암모니오스의 그리스어 주석을 시작으로, 보에티우스가 2개의 라틴어 주석을 썼으며, 이후 필로포노스, 엘리아스, 다비드 등이 주석서를 남겼다.

찾아보기

그리스어 ― 우리말

고전 그리스 문자는 읽기 쉽게 라틴 문자로 바꿔 표기하였다. 명사에서는 관사를 뺀 단수형으로, 동사에서는 원형으로 표기하였다. 형용사에서는 사람에 주로 쓰이는 것은 …os로, 사물에 주로 쓰이는 것은 …on으로 나타냈다. 본문에서처럼, ( ) 안에 들어 있는 말은 대체하는 말이나 보태어 설명하는 말이다. 해당 용어에 대한 라틴어는 보에티우스의 번역에서 가져 왔다. 각 항목에서, 역주자가 선택하여 본문에서 쓴 용어는 앞쪽에, 뜻이 비슷한 말 또는 다른 가능한 번역 용어들은 뒤쪽에 놓았다. 본문 출처 숫자 다음의 ( ) 안에 나오는 설명어는 표제어의 뜻과 함께 붙어 쓰이는 말들이다.

- ㉮ 구분, 비교되는 말
- ㉯ 맞놓인 말, 반대말
- ㉰ 함께 붙어 쓰인 말
- ㉱ 비슷한 말, 같은 말
- * 본문의 각주에 설명되어 있는 말

A

achōriston (inseparabile) 떼어 낼 수 없는 (우연적인 성질) 8.13(푸름, 매부리코임, 굳어진 상처 자국), 12.25(까마귀와 에티오피아인의 검음), 13.9, 16.21, 17.4, 19.18, 21.21, ㉯ chōriston

achri (usque ad) (어떤 것에 이르기)까지 5.23(가장 유인 것), 6.13(가장 종인 것들), 7.9, 14.7(쪼갤 수 없는 것들)

aei (semper) 늘 6.20(다수로 하나를 나누다), 6.22, 7.1(서술되다), 7.2(쪼개지다), 7.12, 8.12(있는 상태가 달라지다), 12.17, 12.19(웃는다?), 13.5(존립하다), 16.15(들어 있다), 18.13(주어져 있다), 18.14(이성 능력이 있다, 사람이다), 19.7, 19.8(웃는다?), 19.9, 19.18(두 발 달림이 까마귀에게), 19.19, 20.21(좋은 실현 상태로 주어져 있다), 20.22(소크라테스는 실현 상태로 사람이다), 21.3, 22.2

aisthētikon (sensibile) 감각 능력이 있는 (것) 10.4(동물의 차이성), 10.6(실체), 10.16(차이성), ㉯ anaisthēton

akron (extremum) 극단의 (것) 5.9, 5.21, ㉯

meson, ta hypallēlon

alethes (verum) 참인 (것) 7.10, 7.11

allo (alium) 딴 (것, 사물) 4.19, 5.23, 8.19, 9.15, 9.16, ⑳alloion

alloion ① (diversum) 다른 종류의 (것) 5.14(관계), ② (alteratum) 질이 다른 (것) 8.19, 9.16

alogon (irrationale) 이성 능력이 없는 (것), 이성 능력이 없음 9.10(떼어 낼 수 없는 차이성), 10.4, 10.14, 11.19, 11.23(말), 14.25(동물), ⑳logikon

amiges (impermixtum) 섞이지 않는 (것) 20.5

amphoteron (uterque) 둘 (다) 4.8

anagein (reducere) 되돌리다 6.3(하나의 근원으로)

anaisthēton (insensibile) 감각 능력이 없는 (것), 감각 능력이 없음 10.16, 10.17, ⑳ aisthēton

analogon (ad similitudinem) (어떤 것에) 상응하는 (것) 11.13(재료와 종에), 11.15(재료에, 차이성에)

ananeton (irremissibile) 감소될 수 없는 (것) 20.4(차이성), ⑳anepitaton

anankaion (necessarium) 필요한 (것) 1.3(범주들에 관한 가르침에)

anankē (necesse est) …해야 하다 4.8, 6.18, 7.8

anchistēs (proximus) 친족 2.7

andrias (statua) 조각상 11.14, 11.17

androusthai (iam vir) 성인이 되다 8.10, ⑳ pais einai

anepitaton (inintendibile) 증대될 수 없는 (것) 20.4, ⑳ananeton

anesis (remissio) 감소 9.21, ⑳ epitasis-epitasis kai anesis (intentio et remissio) 증감 9.18, ⑭to mallon kai ētton 더와 덜

anhairein (perimere, auferre, interimere, tollere) 없애다, 제거하다 14.10, 14.23, 16.16, 18.22

anhienai (remittere) 줄이다-anhiesthai (remitti) 줄어들다 9.23, 21.17, ⑳ epiteinesthai

anienai (ascendere) 올라가다 6.1(가장 유인 것까지), 6.18(가장 유인 것들로), ⑳ katienai

anōtatō (supremum) 맨 위에 (있는 것) 5.1(실체), 5.10(유), 5.11(원리), 6.6, 10.15(실체)

anōthen (a superioribus) 위로부터 9.7(시작하다)

anthrax (carbo) 숯 22.7

anthrōpos (homo) 사람, 인간 2.21(종), 2.26, 4.24(이성 능력이 있는 동물), 4.26(가장 종인 것), 4.30, 5.2, 7.25(공통적인 것), 10.12(이성 능력이 있는 죽는 동물), 11.16 -anthrōpos kata meros (particularis homo) 낱낱의 사람 3.4, 4.24, 4.31, 7.26, 13.17, 18.12

antikatēgoreisthai (conversim praedicari) 맞바꾸어 서술되다 16.12(고유성과 고유성을 가지는 것이), 19.14, 20.12(종과 고유성이), 22.8, 22.9, ⑭antistrephein

antikeimenon (oppositum) 대립되는 (것) 11.3(차이성), 11.6

antistrepein (converti) 거꾸로 …이다, 거꾸로 되다 7.4, 12.21(히힝거림과 말), 19.14(고유성과 고유성을 가진 것), ⑭ antikatēgoreisthai

apechein (abstinere) 거리를 두다 1.9

apeiron (infinitum) 무한한 (것), 무수히 많은 (것) 6.12(쪼갤 수 없는 것들), 6.16

aphorizein (dividere, determinare) 규정하다 2.9, 5.17(가장 유인 것을), 13.6

apoballein (amittere) 잃다 13.2(피부색을)

apodeiknynai (demonstrare) 보여 주다 18.9

apodeixis (demonstratio) 증명 1.6(ⓐ: 분할)

apodidonai ① (assignare) 설명하다 2.15, 6.24, ② (assignare) 규정하다 4.5, 4.10, ③ (assignare) 제시하다, 주다 2.24, 4.2, 4.7, 9.4, 11.12(답을), 11.21

apodosis ① (assignatio) 제시 1.6(정의들의), ② (assignatio) 규정 4.12(맨 아래의 종에 대한)

apogennan (gignere) (어떤 것으로부터 무엇을) 생겨나게 하다 19.1(다른 어떤 종이)

apogignesthai (abesse) 사라지다 12.24

apotelein (perficere) 이루어 내다 10.17(동물을, 식물을), 15.17(종들을), 19.3(노새를), ⓑsympleroun

apotomē (divisio) 구분 1.22(다른 유들로부터)

apsychon (inanimatum) 혼이 없는 (것), 혼이 없음 10.15(차이성), 17.2, ⓐempsychon

archē (principium) ① 근원, 2.1(출생의), 2.4(아버지), 2.8(하나의), 2.12(유), 6.4(제우스), ② 원리 5.11(맨 처음의), 6.7(으뜸가는)

archesthai (inchoari) 시작하다 9.7(위로부터)

arithmos (numerus) (개)수 6.12

arkein (sufficere) 충분하다 12.11, 15.8

asōmaton (incorporale) 물체가 아닌 (것) 1.11

athanaton (immortale) 죽지 않는 (것) 10.5(동물의 차이성), ⓐthnēton

athroisis (collectio) 모음 1.19(유)

athroisma (collectio) 모인 것 2.10(헤라클레이다이의 유), 7.22(고유성들의)

atomon (individuum) 쪼갤 수 없는 (것), 개체, 개인 2.18*(소크라테스, 이 사람, 이것), 3.3(종 아래에 있는), 4.32, 5.4(소크라테스,

플라톤, 이 흰 것), 5.15, 7.19(소크라테스, 이 흰 것, 이리 다가오고 있는 소프로니스코스의 아들), 13.11, 17.10(실체)

autika (mox) 당장은 1.9

axion (dignum) (…할) 자격이 있는 (것) 4.1(통치할)

axioun (probare) 주장하다 11.4

B

bathy (altum) 깊은 (것) 1.8(물음), 1.13

bous (bos) 소 2.28(동물), 13.14, 13.15(이성 능력이 없음), 16.5(똑같이 동물)

brachy (breve) 짧은 (것) 1.7

C

chalkos (aes) 청동 11.14

chōris (praeter) (…이) 없이 12.24(바탕이 되는 것이 파괴됨이), 13.2

chōriston ① (separatum) 따로 (떨어져) 있는 (것), 1.12(유와 종?), ② (separabile) 떼어 낼 수 있는 (것) 9.7(차이성), 12.25(우연성), 13.19, 16.21, ⓐachōriston

chōrizein (separare) 구별하다, 가르다 2.9(헤라클레스의 후손들을 다른 유들과), 3.17(유를 차이성과 우연성과), 11.19, 11.20(사람과 말을), 12.2(같은 유 아래에 있는 것들을), 12.6

chreion (opus) 도움이 되는 (것) 10.19

chremetistikon (hinnibile) 히힝거리는 (것), 히힝거림 7.5, 12.20, 12.21, 14.18(말)

chrēsimon (utile) 도움이 되는 (것) 1.6

chrēsthai (uti) 사용하다 4.9(유와 종을 정의에서), 14.8(이성을), 14.8, 14.12

chroia (color) 피부색 13.2, 21.6(검정이 줄어든 또는 늘어난)

chrōma (color) 색 4.4(흼)

chrōnnynai (colorare) 어떠한 색이다 9.22

D

deiknynai (monstrare) 보여 주다 1.16

dektikon (perceptibile) 받아늘이는 (것) 9.13(앎을), 15.5, 20.3(우연성을)

diakrisis (discretio) 구분 22.12

dialambanein (tractare) 구별하다 1.15

diallattein (differre) 서로 다르다 8.9, 8.16, (비)diapherein

diamorphoun (formare) 형태를 만들다 15.17(종을 만들어 내는 차이성에 의해 유의)

diapherein (differre) 차이 나다, 다르다 2.26, 2.28, 3.1, 3.7, 8.8(공통적으로), 8.10(다름을 통해), 8.12(고유하게), 8.15(아주 고유하게), 8.17(종을 만들어 내는 차이성에 의해), 11.22(유에 따라)-diapherein tō arithmō (differre numero) 수에서 다르다 2.26*, 2.27, 3.1, 4.12, 5.20, 21.1-diapherein tō eidei (differre specie) 종에서 다르다 2.16, 2.25, 2.27, 3.16, 4.6

diaphora ① (differentia) 차이성, 차이 나는 성질 2.19, 3.5, 3.7, 3.12(이성 능력이 있음), 8.7, 8.8, 8.18, 8.20, 9.3, 9.5, 9.7, 9.9(떼어 낼 수 있는, '움직임', '가만히 있음', '건강함', '아픔'), 9.10(떼어 낼 수 없는, '매부리코임', '들창코임', '이성 능력이 있음', '이성 능력이 없음'), 9.14(그 자체로 있는), 9.15(딸려 있는), 9.16, 9.20, 10.1, 10.19, 10.22, 11.7, 11.15(모습), 12.3, 13.11, 13.22, 14.4, 15.5(이성 능력이 있음, 죽음, 앎을 받아들임), 15.7(형태), 18.7, 18.21(네

발 달림), 20.5(반대되는), ② (differentia) 차이점 18.7, (비)idion, (맞)koinon

diaphoron (differens) 차이 나는 (것) 20.23(정의가)

diastellein (dividere) 구분하다 3.15, 3.16, (비)chōrizein

didaskalia (doctrina) 가르침 1.4(범주들에 관한)

dihairein (dividere) 나누다, 분할하다 5.19(종들로), 6.15(차이성들을), 9.20(유를), 10.2(유들을 종들로), 10.8(차이성들이 유들을), 12.13(고유성을), 16.10(동물을 차이성들과 고유성들이), (비)temnein 10.10, (맞)synhairein

dihairesis (divisio) 나눔, 분할 1.6(맞: 증명), 9.2(유들을 종들로), 10.19(유들의)

dihairetikon (divisivum) 나누는 (것) 6.22(단수의 것, 맞: 뭉치는 것, 하나를 만드는 것), 10.7(동물을, 차이성), (맞)systatikon

dihistanai-diestanai (distare) 떨어져 있다 21.6-diestēsai (separare, disiungare) 구분하다 11.23(우리를 말들로부터), 12.1(우리를 신들로부터)

dio (quapropter, propter quod, quare) 그렇기 때문에 22.8

dipoun (bipes) 두 발 달린 (것), 두 발 달림 19.8, 19.19

dynamis (potestas) 가능 상태 11.4, 14.21, 20.20, (맞)energeia

dyo ① (duo) 두 번째(의 것) 17.18, ② (duo) 두 가지 17.19(차이성), 18.6

E

ean (relinquere) 내버려두다 6.16

ebenos (ebenum) 흑단 22.7

echein (habere) 가지다-pōs echein (quomode se habere) 어떤 상태에 있는지(를 묻는 물음), 있는 방식 3.19, 8.12, 9.6, 17.11, 21.10

eidikon (speciale) 종인 (것) 11.15(사람)-eidikōtaton (specialissimum) 가장 종인 (것), 가장 종의 성격을 띠는 (것), 가장 좁은 범위로 종인 (것), 최하위(最下位)의 종(種) 4.13*, 4.16, 4.17, 4.19, 4.26(사람), 5.5((종이기만 한 마지막 종), 5.13, 5.18, 5.23, 6.12, 6.13, 7.17, 7.18, 15.24

eidopoieisthai (specificari) 종을 만들다 10.3

eidopoion (specificum) 종을 만들어 내는 (차이성) 10.18('혼이 듦'과 '혼이 없음', '이성 능력이 있음'과 '이성 능력이 없음')-eidopoios diaphora (specifica differentia) 종을 만들어 내는 차이성, 종차(種差) 6.15*, 8.16, 12.8, 12.9, 15.17

eidos ① (species) 종(種), 하위개념 1.4, 1.10, 1.18, 2.16, 2.19, 2.24(과: 유), 2.25, 2.26, 2.27, 3.16, 3.21, 3.22*, 4.2(유 아래에 있는), 4.6, 4.10(유 아래에 놓인), 4.11, 4.19, 4.26, 4.32(사람 = 이성 능력이 있는 동물의 종), 5.1, 5.5(마지막), 5.15(쪼갤 수 없는 것들의), 5.18, 5.19, 5.20, 5.21, 6.19, 7.1, 7.2, 7.18, 7.27, 8.1(전체이자 부분), 11.12(과 재료), 13.11, 15.9, 15.23, 18.17, 20.9, 21.1, ② (species) 종류 9.24(차이성의 세 가지)

einai (esse) 있음, 존재 9.21(한 가지 같은 것), 12.3(사물의)-to ti ēn einai (id quod est esse) 어떤 것이 있다는 것은 무엇인지 (그것의 본질) 또는 이 본질에 대한 정의 12.3, 12.10-to ti esti (quid est/sit) 어떤 것이 무엇인지를 묻는 물음 2.16(종이 다른 여러 가지 것들이), 3.8(사람이), 3.9, 3.17, 3.18, 4.6, 4.10, 4.12(개수가 다른 여러 가지 것들이), 5.20, 11.10, 15.3, 17.10, 18.16, 21.2, 21.9-poion ti esti (quale (aliquid/quiddam) est/sit) 어떤 것이 어떠한 질의 것인지를 묻는 물음 3.10, 3.18, 11.9, 12.10, 15.3, 17.11, 18.16, 21.10-to on (ens) 있는 것 6.5, 6.9-ta onta (entia) 있는 것들 6.8, 6.10, 11.5

eisagōgē (introductio) 입문, 길잡이 1.1, 1.7

elatton (minor) 더 작은 (범위의 것) 7.5, 7.6, 빤meizon

elleipein-elleipon (minus) 모자란 (것) 3.20, 빤peritton

empalin (e converso) 역으로 16.14

empsychon (animatum) 혼이 든 (것) 4.23(몸), 10.5(동물의 차이성), 10.6(감각 능력이 있는 실체), 14.6, 빤apsychon

enantion (contrarium) 반대되는 (것) 20.5(우연성)

energeia (actus) 실현 상태 11.5, 20.20, 20.21, 빤dynamis

energein (facere) 행하다 8.10, 빤pauesthai

ennoia 개념 3.20

enskirrousthai (obcalere) 굳다 8.15

epanabainein (supervenire ultra) 오르다-epanabebēkos (superior) 상위의 (것) 4.18(유), 5.12, 5.18, 빤hypobebēkos

epanō (superior) 위에 있는 (것) 7.3, 7.4(더), 7.12, 빤 hypokatō

epeisodiōdes (esse adventitiae naturae) 부가가적인 (것) 21.14, 삐hyterogenes

ephexes (posterior) 잇따라 17.17(열거되다)

epidechesthai (suscipere) 허용하다 9.17(더와 덜을), 20.5(우연성이 더와 덜을)

epienai (aggredi) 다가가다 1.8(옛사람들로부터 내려온 것들에 짧게)

epigignesthai (postea fieri) 나중에 있게 되다 20.19, 빤prohyphistasthai

epinoeisthai (subintelligere) 생각해 보다

13.1, 15.2

epinoia (intellectus) 생각 1.11

episēs (aequaliter) 똑같이 16.3(서술되다), 16.5(사람과 소는 동물), 17.6(우연성을 나눠 갖다), 18.11(차이성과 종을), 19.5(차이성과 고유성을), 20.14(종들이 있다), 21.15, 21.16, 22.8, 22.9

epistēmē (disciplina) (추론적인) 앎 6.16, 9.12, 15.5(옝 직관)

epitasis (intentio) 승대 9.18, 9.21, 17.7, 옝 anesis

epitēdeiotēs (aptitudo) 소질 12.7(배를 타고 다니기 마련임)

epiteinesthai (intendere) 늘어나다 9.22, 옝 anhiesthai

ēremein (quiescere) 가만히 있다 9.9, 옝 kineisthai-ēremoun (quiescens) 가만히 있는 (것) 9.1

erōtan (interrogare) 묻다 11.11, 17.12

eschaton (ultimum) 마지막의 (것) 5.5(종)

exarkein (sufficere) 충분하다 22.12

exetasis (inquisitio) 탐구 1.14

의 류(類) 5.9, 5.17, 6.11, 6.13, 7.16, 껜 eidikōtaton, meson, hypallēlon 4.15*, 4.16, 4.25, 7.14, 15.23

genos (genus) 유(類), 상위개념 1.4, 1.10, 1.18*, 1.19, 23, 2.3, 2.14, 2.15, 2.16, 2.17(동물), 2.20, 2.23, 2.24, 2.25, 3.8, 3.14, 3.16, 3.17, 4.4(색, 도형), 4.19(유이면서 종인 것), 4.25(유이기만 한 것), 5.21(중간에 있는), 6.1, 6.5(모든 것들에 공통된 한 가지), 6.7, 6.9, 6.19, 7.1, 7.2, 8.1, 9.18, 10.9, 11.5(재료), 11.15, 13.11, 14.3, 14.20, 15.6, 15.24, 17.10, 삔 meson 5.6, 5.21

geōmetrein (esse geometres) 기하학을 하다 12.14

geras (senectus) 노년

gignesthai (fieri) 생겨나 있다 12.24

glaukotēs (caecitas oculorum) 눈이 푸름 8.14

gnōnai (nosse) 알다

grypon (aquilum) 매부리코인 (것)

grypotēs (nasi curvitas) 매부리코임

H

hama (simul) 동시에 11.3

haploun (simplex) 단순한 (것) 1.9(물음)- haplōs (simpliciter) 단순하게, 그냥 1.18, 18.18, 18.21(차이성), 19.3

hekaston (unumquidque) 저마다, 각각-to kath' hekaston (singulare) 단수의 (것) 6.20(낱낱의), 6.22(나누는 것)

hekateron (utrumque) 둘 다 4.8

hēmionos (mulus) '반-나귀', 노새 19.2, 19.3

hētton → mallon

hen (unum) 하나(의 것), 한 가지(의 것)

G

gelan (ridere) 웃다 12.18, 19.9(늘), 20.14, 20.22

gelastikon (risibile) 웃을 줄 아는 (것), 웃을 줄 앎 2.21(고유성), 3.3(사람), 12.18, 13.17, 16.3, 19.8, 20.14, 20.22

genealogia (familia) 계보 6.3

genesis (generatio) 출생, 낳음 1.24, 2.4, 19.2

genikōtaton (generalissimum) 가장 유인 (것), 가장 유의 성격을 띠는 (것), 가장 넓은 범위로 유인 (것), 최상위(最上位)

1.19, 1.20(헤라클레스), 2.17, 2.23,
3.2(종), 6.5(유), 6.9, 6.18, 6.20(본성),
9.21(같은 것), 凰polla 6.21, 6.22

henopoion (adunativum) 하나를 만드는 (것)
6.23, 凷syllēptikon

hepesthai (sequi) (어떤 것에) 따르다 16.2(유
와 고유성이 종들에), 19.13(차이성이 차이
성을 갖는 것들에)

heteroion (alteratum) 달리 있는(것) 8.18

heteron (alterum) 딴 (것), (다른) 어떤 것
8.9, 8.13, 8.15

heterotēs (alteritas) 다름, 달라짐 8.9, 8.10,
8.12

hippos (equus) 말 2.28(동물), 7.5(히힝거
림), 8.16, 11.20(이성 능력이 없음), 11.22,
12.20, 12.22(히힝거리는 것), 13.14,
13.15, 13.19(움직임), 14.11, 14.16,
14.18, 19.3(특정한)

holon (omne) 전체 8.1(유, 凰: 부분), 8.3(종),
15.13(유와 종)-holōs (omnino) 일반적으
로 1.5

homogenes (eiusdem generis esse) 같은 종류
의 (것) 6.5

homoiotēs (similitudo) 유사성 2.11

homōnymōs (equivoce) 한 이름 다른 뜻으
로 6.8(부르다), 凷synōnymōs

hopōsoun (quocumque modo) 어떤 방식으로
든 8.9

horismos (definitio) 정의(定義), 1.5, 10.20,
凷horos

horizesthai (determinare) 규정하다 10.22(차
이성들을), 11.7, 13.3(우연성을)

horos (definito) 정의(定義) 9.4, 20.23

hōsautōs (similiter) 마찬가지로 13.11

hygiainein (sanum esse) 건강하다, 건강함
9.9

hyios (filius) 아들 7.21(소프로니스코스의)

hylē (materia) 재료 11.12, 11.16(유), 15.6,
凰eidos, morphē

hypallēlon (subalternum) (동시에 어떤 것의)
위와 (다른 어떤 것의) 아래에 놓인 (것)
5.21(유이자 종), 6.1, 7.15(중간에 있는 것
들)

hyparchein ① (esse) 있다 9.11(떼어 낼 수 없
는 것들이 그 자체로, 딸려), 12.19(타고나),
② (inesse) 들어 있다 16.14(고유성이 종에
늘), 13.3, 13.4

hyphistasthai (subsistere) 존립하다 13.5(우
연성이 늘 바탕이 되는 것 안에), 17.9(쪼
갤 수 없는 것들에서), 21.22, 22.1(사람이)-
hypostēnai (constituere) 존립하게 하다
18.18(차이성들이 종을)-hyphestēkenai
(subsistere) 존립해 있다 1.10(유와 종이)-
hyphestēkos, hyphestōs (subsistens) 존립
해 있는 (것) 1.11, 1.12-hyphistamenon
(subsitens) 존립하는 (것) 13.5

hypobainein-hypobebēkos (inferius) 하위
의 (것) 4.19, 凰epanabebēkos

hypographein (describere) 윤곽을 그리다
2.15(유의), 11.18(차이성들의)

hypographē (descriptio) 테두리 3.20

hypokatō (inferius) 아래에 있는 (것), 7.3,
7.12, 凰epanō

hypokeimenon (subjectum) 바탕이 되는
(것), 기체(基體) 12.24, 20.3(우연성들의),
20.20, 21.13

hypostasis (substantia) 존립 19.1(사람의)

hypotassein (supponere) (어떤 것) 아래에 놓
다 2.11(유 아래에 종을)

hysterogenes (posterioris generis esse) 나
중에 생겨난 (것) 21.14(우연성), 凷
epeisodiōdes

hysteron (posterius) 16.9(고유성이 유보다),

17.4(우연성이 종보다), 逆proteron

I

iatreuein (medicus esse) 치료하다 12.14(사람의 고유성)

idion ① (proprium) 고유성, (어떤 것에만) 고유한 성질 1.5, 2.19, 2.21(웃을 줄 앎), 3.2(逆 유), 12.12(치료함, 기하학을 함), 12.13(네 가지), 12.16(노년에 백발이 됨), 12.20(본래적인 의미에서), 13.12, 16.8(逆 유), 19.4, 21.2, ② (proprium) 고유한 점 13.7, 14.14, 15.7, 逆koinon-idiōs (proprie) 고유하게 2.20(유와 종과 차이성과 고유성과 우연성이 하나에 대해 말해지다), 8.8(차이성이), 8.12(차이 나다), 8.15, 12.8, 逆koinōs

idiotēs ① (proprietas) 고유성 7.22(반복될 수 없는), ② (proprietas) 고유한 점 20.7, 22.11, 逆koinotēs

ison (aequum) 같은 범위의 (것) 7.4

K

kalein (dicere, nuncupare, vocare) (…라고) 부르다 1.22(구분하여), 5.21(하나가 다른 하나 아래에 놓인 유들이자 종들이라고), 6.8(한 이름 다른 뜻으로), 8.20(종을 만들어 내는 차이성이라고), 10.19

katagein (descendere) (…에서) 내려오다 2.6(헤라클레스의 유로부터)

kataleipesthai (relinquere) 남다 18.3

katarithmein (enumerare) 열거하다 17.18(잇따라)

katēgoreisthai (praedicari) 서술되다 2.16(여럿에 대해), 2.25(개수에서 다른 여럿에

대해), 2.26(사람이 소크라테스와 플라톤에 대해), 3.19, 7.3(유가 종에 대해, 위에 있는 것들이 아래에 있는 것들에 대해), 13.10, 14.14, 16.9(유, 고유성이 한 이름 한뜻으로), 21.5-katēgoroumenon (quod praedicatur) 서술되는 (것) 2.16, 2.17

katēgoria (praedicamentum) 범주 1.3, 4.15(유, 종), 4.21(한 가지)

katheudein (dormire) 잠을 자다, 잠을 잠 12.26(떼어 낼 수 있는 우연성)

kathezesthai (sedere) 앉아 있다, 앉아 있음 2.22(우연성, 逆: 흼, 검음), 17.13(우연성, 逆: 산책하다)

katho ① (secundum quam) (어떤 것)에 따라 3.22, 4.2, ② (in eo quod, secundum id quod) …인 한에서 7.26, 18.18

katholou (universaliter) 일반적으로 8.17

katienai (descendere) 내려가다 6.13(가장 종인 것들까지 가장 유인 것들로부터), 6.15(중간에 있는 것들을 통해), 逆anienai

kineisthai (moveri) 움직이다 9.1(차이성), 13.19(떼어 낼 수 있는 우연성), 17.1, 逆ēremein

koinon ① (commune) 공통된 (것) 6.5(한 가지 유), 6.9, 6.22(한 가지 사람), 6.23, 7.25(사람), 11.15(逆: 종인 것), ② (commune) 공통점 13.7, 15.7, 逆idion-koinē, koinōs (communiter) 공통적으로 2.20, 3.6, 3.7, 3.18, 8.8, 8.9, 逆idiōs

koinōnia (communio) 공통성, 공통점 6.10(으뜸가는 것들의), 13.9(술어일 수 있는 다섯 가지 것들의), 22.12

koinotēs (communio) 공통점 20.6, 21.6, 22.11, 逆idiotēs

koloboun (curtare) 절단하다 19.8(두 발을)

korax (corvus) 까마귀 13.1(흰)

kyriōs (proprie) 본래적인 의미에서 12.20

L

lambanein (accipere) 잡다, 받다 4.19, 5.22, 10.18

legein (dicere) 말하다 2.17, 19.11(차이성을 종들에 대해), 19.17(차이성과 우연성을 여럿에 대해)

leipein-leipesthai ① (superare) 덜 있다 17.18, ② (restare) 남다 21.18

leukon (album) 흰 (것), 힘 2.21(우연성), 4.3(색의 종)

logikon ① (rationale) 논리적인 (것) 1.15, ② (rationale) 이성 능력이 있는 (것) 2.21(차이성), 3.12, 4.23*(동물), 4.29, 8.17(가장 고유하게 있는), 8.21(다른 사물로 만드는), 9.12(떼어 낼 수 없는 차이성), 10.4(그 자체로 있는 차이성), 10.7(동물을 나누는 차이성), 10.12, 10.13(사람을 구성하는 차이성), 11.19, 11.23, 14.7, 14.21, ⑩alogon

logos ① (sermo) 논의 2.15(철학자들 사이의), ② (ratio) 뜻, 정의 4.9, 6.11, 9.14(실체에 대한), 9.20(각 사물에 대한), 13.20, ⑪ horos, ③ (ratio) 이성 14.8

loipon (relinquum) 남은 (것) 17.23, 18.1

M

mallon (magis) 그보다는 7.26-mallon kai hētton (magis et minus) 더와 덜, 정도의 차 9.17, 20.4, 22.10(있다)

mega (magnum) 큰 (범위의 것) 7.5(더)

melan (nigrum) 검은 (것), 검음 2.21(우연성, ⑩ 검음, 앉아 있음), 3.12, 12.26(까마귀와 에티오피아인에게 떼어 낼 수 없는 우연성), 17.1, 19.19

melania (nigritudo) 검정 21.17

meros (pars) 부분, 일부 8.1(쪼갤 수 없는 것), 8.3(⑩ 전체), 12.3, 12.8-kata meros (particulare) 낱낱의 (것) 3.4, 4.24, 6.20(단수의 것), 7.19, 7.24, 13.16(말, 소), 13.17(사람), 13.18

meson (medium, in medio) 중간에 있는 (것) 5.6, 6.15, 7.15,

metabolē (permutatio) 변화 9.6(어떤 상태에 있는지와 관련한)

metechein (participare) 나눠 가지다 16.4(고유성을), 17.6(똑같이), 18.11, 19.5(차이성, 고유성을)

methexis (participatio) 나눠 가짐 17.8(유들을)

metousia (participatio) 관여 6.21(종에)

metochē (participatio) 나눠 가짐 21.15(종을), 22.10(고유성들을, 우연성들을)

mikron (parvum) 작은 (범위의 것) 7.5(더), 7.6, ⑩mega

mimnēskein (meminisse) 언급하다 4.5

monon (monon) …만 1.11

morphē (forma) 모양 3.22, 11.16(⑩ 재료), 15.6

N

nosein (aegrum esse) 아프다, 아픔 9.9

nous (mens) 직관 15.5(⑩ 추론적인 앎)

O

oikeion ① (conveniens) 알맞은 (것) 11.11(답변), ② (proprium) 고유한 (것) 15.23(차이성), 16.9(종)-oikeiōs (convenienter) 적절하게 11.12

oikeiotēs (cognatio) 혈연 1.22

on → einai

onoma (nomen) 이름 6.10, 6.11

onos (asinus) 나귀 19.2, 19.3

orneon (avis) 새 14.16(동물)

ophis (serpens) 뱀 14.16(동물)

oulē (cicatrix) 자국 8.15(굳어진 상처)

ousia (substantia) 실체 4.21(유), 4.25, 5.1(맨 위에 있는), 7.11(동물), 7.12(소크라테스), 9.14, 9.15, 10.6(동물의), 12.7, 14.6, 15.2(혼이 든), 17.10(나눌 수 없는), 21.11

P

pais (puer) 소년 8.11(및: 성인)

palaioi (antiqui) 옛사람들 1.14

pantōs (omnino) 확실히 15.19

paradosis (traditio) 건네줌, 전수 1.7(간추려)

paraiteisthai (recusare) 꺼려하다 1.13(말하길)

parakeleuesthai (iubere) 권하다 6.14

paralambanein (accipere) 받아들이다 12.10

paraplēsion (proximum) (어떤 것과) 비슷한 (종류의 것) 9.9

parastasis (traditio) 내세움 22.12(공통성을)

pareinai (adesse) 주어져 있다 18.13(차이성과 종이 늘), 19.7(차이성과 고유성이 늘 모든 것에), 20.20(종이 늘 실현 상태로 바탕이 되는 것에), 22.2(고유성이 전체에), 22.5(고유성이 한 가지 종에만)

patris (patria) 조국 2.4(각자의 출생의 근원)

pauein (quiescere) 그만두다 8.12, 및 energein

periechein (continere) 포함하다 2.13(유가 다수를), 3.20, 5.15(가장 종인 것이 쪼갤 수

없는 것들을), 5.16, 7.27, 13.21(쪼갤 수 없는 것들을), 15.15(유가 종을), 19.21(차이성이 종을)

periektikon (continens) (종을) 포함하는 (것) 13.23(유와 차이성)

periochē (continentia) 포함함 15.22

peripatein (ambulare) 산책하다 17.13(우연성)

perisseuein (abundare) 풍부하다 10.22(종이 자이성만큼 유보다)

peritton (superfluum) 남는 (것) 3.20, 및 elleipon

philosophos (philosophus) 철학자 2.14

phōnē (vox) 목소리 13.9*(다섯 가지)

phthora (corruptio) 파괴 12.25

phyein-pephykos (aptum natum esse) (…하기) 마련인 (것) 11.19(가르기), 20.22(웃기)- pephykenai (aptum natum esse) (…하기) 마련임, 본성 12.19, 19.8, 19.9, 20.14

physis ① (natura) 본성 6.19(한 가지), 15.18, 17.9, ② (natura) 성격 21.14(부가적인)

phyton (planta) 식물 10.17(혼이 듦, 감각 능력이 없음)

plein (navigare) 배 타고 다니다 12.4(사람의 고유성)

pleiō (plures) 여럿, 여러 가지의 (것) 2.16, 2.18, 2.24, 2.25, 3.14, 5.20, 6.22, 7.1(종), 7.14(중간에 있는 것들), 11.7(종에서 차이 나는), 13.10, 15.5(차이성), 15.10, 16.20, 17.1, 19.17

pleonazein (abundare) 앞지르다 15.22(유가 종을), 15.23(종이 유를)

plēthos (multitudo) 다수 2.13, 6.17, 6.18, 6.20

poion ① (quale) 어떠한 (질의 것) 3.10(이성 능력이 있다), 3.18(차이성과 우연성), 11.8('이성 능력이 있음'과 '죽음'), 15.3(차

이성), 17.11(우연성), 18.16, 21.10, ②
(qualitas) 질 18.17-poion ti esti → einai

poiotēs (qualitas) 질 8.17('이성 능력이 있음')

pollakis (saepe) 자주, 여러 번 18.19, 19.11,
20.14

poliousthai (canescere) 백발이 되다
12.16(노년에)

poly-pleion (plus) 더 많은 (것) 11.1-epi
pleion (in pluribus esse) (범위가) 더 넓은
(것) 15.16(유가 종보다)-epi pleiosin (in
pluribus) 여러 가지 것들에 20.2(우연성들
이 있다)-hōs epi pleiston (plerumque) 대
부분 6.4-polla (multa) 여럿, 많은 (것들)
6.19, 6.21(사람들)

pōs-pōs echein (quomodo se habeat, aliquo
modo se habens, in aliquo modo habendum)
어떤 상태에 있는지(를 묻는 물음), 있는
상태 3.19, 8.12, 9.6, 17.11, 17.12(소크라
테스가), 21.10

posachōs (quot modis) 얼마만큼 많은 방식
으로 8.5

pote (aliquando) 특정한 때에 12.16(고유성
이 딸려 있다), ⑨aei

pragma (res) 사물 11.12

pragmateia (negotium) 다룸 1.13

presbyteros (antiquus) 옛 (사람) 1.8

pro (ante, supra) ⋯ 앞에서, ⋯보다 먼저
4.32(쪼갤 수 없는 것들), 5.23(가장 종인 것
들), 7.17, 17.4(유가 종보다 있다)

procheiron (promptissimum) 친숙한 (것)
2.5(의미)

proepinoein (subintelligere) (어떤 것을 어떤
것보다) 먼저 생각하다 21.12(종을 우연성
보다)

prohēgeisthai-prohēgoumenōs (princi-
paliter) 주로 13.20

prohyphistasthai-prohyphestēkenai (ante

subsistere) (어떤 것보다) 먼저 존립해 있다
20.19(종이 고유성보다), ⑨epigignesthai

prohypokeisthai (praeiacere) 앞서 바탕으로
서 주어져 있다 15.17(유들이)

prokeimenon (propositum) 앞에 놓인 문제
1.14

prolegein (praedicere) 앞서 말하다 18.5

proseches (proximum) (어떤 것에) 가장 가까
운 (것) 7.3(유)-prosechōs (proximum) 가
장 가까이 4.32(쪼갤 수 없는 것들에 대해
서술되다)

proseinai (adesse) (어떤 것에) 들어 있다
13.7(공통점과 고유한 점이), 15.7, 19.18,
19.19('검음'이 까마귀에), 21.3(고유성이
종 전체에), 22.7(떼어 낼 수 없는 우연성인
'검음'이 에티오피아인에, 까마귀에, 숯에, 흑
단에), ⑩pareinai

proserchesthai (advenire) (어떤 것에) 들어서
다 8.21('이성 능력이 있음'이라는 차이성이
동물에), 18.18(차이성들이 유에)

prosexargazesthai (interium perscrutare) 더
깊이 파고들다 12.1

prosgignesthai (advenire) 다가가다 8.18(차
이성이 어떤 것에)

prosienai (venire) 다가오다 7.20(소프로니스
코스의 아들이)

prostithenai (addere) 더하다 11.23,
11.24(차이성을),

proteron (prior) 먼저인 (것) 14.22(유가 그
아래에 있는 차이성보다), 15.12(유와 종이),
15.18(유가 종에 본성에서), 16.9, 17.5(우
연성이 딸리는 것이 우연성보다), 17.9(유
와 종이 나눌 수 없는 실체보다), 18.21(차이
성이 종보다)-prōton (primum) 맨 처음의
(것), 으뜸가는 (것) 5.11(원리), 6.7(열 가
지 유)

protithenai (proponere) 앞에 놓다 13.6

psylon (nudum) 그저 1.11

S

schēma (figura) 도형, 형태 4.4(삼각형), 11.14(종)

schesis (habitudo) 관계 1.20(하나로부터 나온), 5.9(한 가지), 5.14

sēmainein-sēmainomenon (significatio) 의미 1.20, 2.5(친숙한)

simon (simum) 들창코인 (것), 들창코임 9.10(떼어 낼 수 없는 차이성), 9.13, 9.22, ⑨grypon

sōma (corpus) 몸, 물체 1.11(⑨: 물체가 아닌 것), 4.22, 4.23(혼이 든), 4.27, 4.28

spanion (rarum) 드문 (것) 21.6(공통점)

stochazesthai (coniectare) 주목하다 1.9(단순한 물음들에 적절하게)

syllambanein (conducere) '함께 잡다', 뭉치다 10.17(차이성을 실체에)

syllēptikon (collectivum) 뭉치는 (것) 6.23, ⑪henopoion, synagōgon

symbainein (accidere) 딸리다 21.14(바탕이 되는 것에 어떤 것이)-symbebēkenai ① (accidere) 딸려 있다 12.13(고유성이 특정한 종에), 12.15, ② (contingere) …은 사실이다 17.14

symballesthai (conducere) 기여하다 12.3(어떤 사물의 있음을 위해)

symbebēkos (accidens) 우연성, 우연적인 성질 1.5, 2.19, 2.21('흼', '검음', '앉아 있음'), 3.5(공통의), 3.7, 3.8, 3.18(공통의), 6.18, 8.14(떼어 낼 수 없는: 눈이 푸름, 매부리코임, 굳어진 상처자국), 12.23, 12.24, 12.25(떼어 낼 수 있는: 잠을 잠), 13.3, 13.13, 13.20, 17.3, 17.11, 19.20, 20.5(반대되는), 21.10-kata symbebēkos (per accidens) 우연히 (있는 것) 9.11, 9.13('매부리코이다', '들창코이다'), 9.15(차이성), 9.17, 10.1, 10.20, ⑨kath' hauto

symmetrōs (mediocriter) 적절하게 1.9(주목하다)

symplēroun (complere) 함께 채우다 9.20(각 사물에 대한 정의를), ⑪apotelein

symphyton (naturale) 타고난 (것) 12.19(말에게 히힝거림이)

symplērōtikon (completivum) (유를) 함께 채우는 (것) 10.9(차이성), 12.7(실체를), 14.20(유의 실체를)

synagōgon (collectivum) 모으는 (것) 6.18(한 가지 본성으로), ⑪syllēptikon

synanhairein (auferre, interimere) (자신이 없어질 때 어떤 것을) 더불어 없애다 14.22(유가 차이성을), 15.1, 15.19, 16.17(유가 고유성을 갖는 종을), 16.18, 18.22(차이성이 종을)

syneinai (permisceri) 교접하다 19.2

synhairein (colligere) 모으다 6.18(다수를 하나로), ⑨dihairein

synhistasthai (consistere) 성립하다 9.5-synestanai (constare) 이루어져 있다 7.22(쪼갤 수 없는 것들이 반복될 수 없는 고유성들로), 11.13(사물들이 재료와 형상으로)

synōnymōs (univoce) 한 이름 한뜻으로 6.8(부르다), 15.20(유가 서술되다), 16.6(유와 고유성이), ㉧homōnymōs

syntithenai (componere) 결합하다 18.24(차이성과 차이성을), 19.1('이성 능력이 있음'과 '죽음'을), 19.3

syntomon (compendiosum) 요약한 (것) 1.7

syntrechein (concurrere) 함께 만나다 12.17

systasis (constitutio) 구성 11.13

systatikon (constitutivum) (실체를) 구성하는 (것) 10.5(차이성), (비)symplērōtikon, (맞)dihairetikon

---

T

tattein (ponere) 놓다 4.10(종을 유 아래에)

teleutaion (ultimum) 마지막의 (것) 6.2

temnein (dividere) 쪼개다 5.3(종들로), 10.10(동물을 차이성에 의해), 14.19(유를 차이성들에 의해), (비)dihairein

tetrapoun (quadrupes) 네 발 달린 (것), 네 발 달림 14.16(차이성), 18.20(동물)

theōreisthai ① (considerare) 살펴보다 9.24(차이성의 세 가지 종류를), ② (considerare) 관찰하다 18.19(차이성을), 21.22(고유성과 우연성을)

theōria (speculatio) 연구 1.6

theos (deus) 신 10.13(이성 능력이 있음, 죽지 않음), 11.24, 14.2, 18.23, 19.12

thnēton (mortale) 죽는 (것), 죽음 9.12, 10.12, 10.14, 11.22, (맞)athanaton

ti ēn einai, to → einai

ti esti, to → einai

tiktein-tekōn (qui genuit) 낳은 사람 2.1

tomē (divisio) 쪼갬 7.2(유를 여러 가지 종들로)

topos (locus) 곳 2.1

touto (hoc) 이것 2.18-touti (hoc) 이 … 5.4(흰 것), 7.20

trauma (vulnus) 상처 8.16(자국)

trigōnon (triangulum) 삼각형 4.4(도형의 종)

tropos (modus) 어떤 점 20.1, 20.2

tynchanein-tychon (quodlibet) 아무것 12.2

tyrannis (imperium) 통치 4.1

Z

zētēma (quaestio) 물음 1.9

zōon (animal) 동물 2.17(유), 3.14(사람의 유), 4.3, 4.23(이성 능력이 있다), 4.29, 10.6, 10.12, 10.14(이성 능력이 없다), 10.16(이성 능력이 있음, 죽음), 15.2

고유명사

A

Agamemnon (Agamemnon) 아가멤논 6.2

Aithops (Aethiops) 에티오피아인 13.1, 2, 17.1, 22.1, 22.7

Anytos (Anytus) 아뉘토스 16.5*

Aristotelēs (Aristoteles) 아리스토텔레스 1.1, 6.5

Athēnaios (Atheniensis) 아테네인 2.4

Atreidēs (Atrides) 아트레우스의 아들 6.2

C

Chrysaorios (Chrysaorius) 크뤼사오리오스 1.3*

H

Hērakleēs (Hercules) 헤라클레스 1.21, 2.6, 2.9

Hērakleidai (Heraclidae) 헤라클레이다이, 헤라클레스의 후손들 1.20*, 2.6, 2.10

Hyllos (Hyllus) 휠로스 2.2*

K

Kekropidai (Cecropidae) 케크로피다이, 케크롭스의 후손들 2.6*

Kekrops (Cecrops) 케크롭스 2.7*

L

Lykopolitēs (Lycopolites) 뤼코폴리스 출신의 (사람) 1.1

M

Melētos (Meletus) 멜레토스 16.5

O

Orestēs (Orestes) 오레스테스 2.2*

P

Pelopidēs (Pelopides) 펠롭스의 후손 6.2

Peripatou, hoi ek tou (Peripatetici) 소요학파 사람들 1.15

Phoinix (Phoenix) 포이니케 출신의 1.1

Pindaros (Pindarus) 핀다로스 2.3

Platōn (Plato) 플라톤 2.3, 2.26, 4.24, 6.14

Plōtinos (Plotinus) 플로티노스 1.1

Porphyrios (Porphyrius) 포르퓌리오스 1.1

S

Sōkratēs (Socrates) 소크라테스 1.18, 2.26, 7.10

Sōphroniskos (Sophroniscus) 소프로니스코스 7.20

T

Tantalos (Tantalus) 탄탈로스 2.2

Tantalides (Tantalides) 탄탈로스의 후손 6.2

Thebaios (Thebanus) 테베인 2.3

Z

Zeus (Jupiter) 제우스 6.3, 6.4

우리말 ─ 그리스어

한 낱말의 대표적인 뜻과 그에 대한 본문의 설명을 실었다. 여러 가지 뜻이 있는 낱말들은 그리스어-한글 찾아보기를 참조하길 바란다.

ㄱ

감각 대상 aistheton-감각 대상들 안에 있으면서 이 테두리 내에서 존속하는 것 1.12, ㉪떨어져 있을 수 있는 것

고유성 idion-고유성은 그것을 가진 오직 하나의 종과 이 종 아래에 있는 쪼갤 수 없는 것들에 대해서 서술된다 3.2, 13.12-고유성은 특정한 종에만 (늘, 그것 전체에) 딸려 있는 것이다 12.13, 21.2

ㄴ

늘 aei-'언제나'는 (사물의) 자연성으로 말미암아 말해진다 12.19

ㄷ

더와 덜 mallon kai hētton-유와 유의 차이성은 더와 덜을 허용하지 않는다 9.18

동물 zōon-동물은 혼이 든, 감각 능력이 있는 실체다 10.6, 15.2

ㅁ

말해지다 legesthai, 서술되다 katēgoreisthai-쪼갤 수 없는 것들은 하나

에 대해서만 말해지지만, 유와 종과 차이성과 고유성과 우연성은 공통적으로 여럿에 대해 말해진다 2.19-쪼갤 수 없는 것들에 대해 가장 가까이 서술되는 것은 모두 종이기만 한 것이지 더는 유이기도 한 것은 아니다 4.32-가장 종인 것은 개수에서 다른 여럿에 대해 어떤 것이 무엇인지를 묻는 물음에서 서술되는 것이다 5.21-가장 유인 것은 자신 아래에 있는 유들과 종들과 쪼갤 수 없는 것들 모두에 대해 말해지고, 가장 종인 것 앞에 있는 유는 가장 종인 것들과 쪼갤 수 없는 것들 모두에 대해 말해지고, 종이기만 한 것은 쪼갤 수 없는 것들 모두에 대해, 그리고 쪼갤 수 없는 것은 낱낱의 것들 중 오직 하나에 대해서만 말해진다 7.17-유는 종들과 쪼갤 수 없는 것들에 대해 서술되고, 차이성도 이와 같은 방식으로 서술되지만, 종은 쪼갤 수 없는 것들에 대해 서술되고, 고유성은 그것이 든 종에 대해, 종 아래에 있는 쪼갤 수 없는 것들에 대해 서술되며, 우연성은 종들과 쪼갤 수 없는 것들에 대해 서술된다 13.11

무한한 것 apeiron-무한한 것들에 대해서는 앎이 성립할 수 없다 6.16

ㅅ

사람 anthrōpos-'이성 능력이 있음', '죽음'과 '앎을 받아들임'은 사람에게 그 자체로 있다 9.12, ㉪ 10.12-사람은 이성 능력이 있는, 죽는 동물이다 10.12, 11.16, 11.22-사람은 재료에 상응하는 유와 차이성에 상응하는 모습으로 구성되어 있다 11.15

서술되다 → 말해지다

실체 ousia-실체 아래에 몸이 있고, 몸 아래에 혼이 든 몸이 있고, 이것 아래에 동

물이 있고, 동물 아래에 이성 능력이 있는 동물이 있고, 이것 아래에 사람이 있고, 사람 아래에 소크라테스와 플라톤과 낱낱의 사람들이 있다 4.21-실체는 가장 유인 것이고, 유이기만 한 것이다 4.25, 5.1-유와 종은 나눌 수 없는 실체보다 본래 먼저 있다 17.10

실현 상태 energeia-종은 늘 실현 상태로 바탕이 되는 것에 주어져 있지만, 고유성은 어느 때에 가능 상태로 주어져 있다 20.20

ㅇ

앎 epistēmē-무한한 것들에 대해서는 앎이 성립할 수 없다 6.16-'앎을 받아들인다'는 사람에게 그 자체로 있다 9.12

어떤 것이 무엇인지를 묻는 물음 to ti esti-어떤 것이 무엇인지를 묻는 물음에서 종의 유가 서술된다 4.10-종은 어떤 것이 무엇인지를 묻는 물음에서 서술된다 18.17, 20.9, 21.1

우연성 symbebēkos-차이성과 공통의 우연성은 어떤 것이 어떠한 (질의) 것인지를 또는 어떤 상태에 있는지를 묻는 물음에서 서술된다 3.8, 3.18, 17.11, 21.10-우연성은 생겨나 있다가도 바탕이 되는 것이 파괴됨이 없이 사라진다 12.24-우연성은 같은 것에 들어 있을 수도 있고, 들어 있지 않을 수도 있다 13.3-우연성은 종들과 쪼갤 수 없는 것들에 대해 서술된다 13.13, ㉖ 13.20

유(類) genos, 가장 유인 것 genikōtaton-유는 어떤 한 가지 것에 대해 그리고 서로에 대해 일정하게 얽힌 것들의 모음이다 1.19-유는 각자의 출생의 근원이다 1.23-유는 세 가지 방식으로 말해진다 2.14-유는 종이 다른 여럿에 대해 이것

들이 무엇인지를 묻는 물음에서 서술되는 것, 예를 들어 '동물'과 같은 것이다 2.16, 3.8, 3.17, 17.10-유는 종이 다른 여럿에 대해 서술된다 2.16, 2.23, 2.25, 3.5, 3.14, 3.16-가장 유인 것은 모든 것들 중 맨 위에 있는 유이기에 자신 아래에 있는 것들에 대해 한 가지 관계, 자신 앞에 어떤 것들이 있어서 이것들과 관계를 갖지는 않는다 5.9-가장 유인 것은 좋은 아닌 것이며, 그것 위에 다른 상위의 유가 있을 수 없는 것이나 5.17-맨 처음의 열 가지 유들은 열 가지 으뜸가는 원리들이다 6.7-가장 유인 것들은 열 가지이나 가장 종인 것들은 무한하지 않고 한정된 수만큼 있다 6.12-종과 유는 여럿을 한 가지 본성으로 모으는 것이다 6.19-유는 하나지만 종은 여럿이다 7.1-유는 늘 여러 가지 종으로 나뉜다 7.2-유는 늘 종에 대해 서술되지만, 종은 그것에 가장 가까운 유에 대해서도 더 위에 있는 것들에 대해서도 서술되지 않는다 7.2-가장 유인 것은 자신 아래에 있는 유들과 종들과 쪼갤 수 없는 것들 모두에 대해 말해진다 7.16, ㉖ 13.11, 14.3-유는 전체와 같은 것이다 8.1-유는 차이성을 가능 상태로 포함한다 14.20-유는 재료와 비슷하다 11.15, 15.6

있는 것 to on-있는 것은 모든 것들에 공통된 한 가지 유(類)가 아니다 6.5, ㉖ 6.9

ㅈ

종(種) eidos, 가장 종인 것, 최하종(最下種) eidikōtaton-종은 유 아래에 놓인다 2.11-종은 각 사물의 모습에 대해서 말해진다 3.22-쪼갤 수 없는 것들에 대해 가장 가까이 서술되는 것은 종이기만 한 것이다. 4.32-가장 종인 것은 종이지만 유는 아닌 것이며, 종이면서 우리가 더는

종들로 쪼갤 수 없는 것이며, 개수가 다른 여럿에 대해 어떤 것이 무엇인지를 묻는 물음에서 서술되는 것이다 5.18-가장 종인 것들은 무한하지 않고 한정된 수만큼 있다 6.12-종과 유는 여럿을 한 가지 본성으로 모으는 것이고, 낱낱의 홀로인 것들은 늘 다수의 것들로 하나를 나눈다 6.19

죽음 thnēton, 죽지 않음 athanaton-'죽음'과 '이성 능력이 있음'이라는 차이성들은 사람을 구성하는 것이고, '이성 능력이 있음'과 '죽지 않음'은 신을 구성하는 것이다 10.12

쪼갤 수 없는 것, 개체 atomon-가장 종인 것들 다음에 있는 쪼갤 수 없는 것들은 무수히 많다 6.13-쪼갤 수 없는 것들은 다른 것에서는 결코 같은 것으로 반복될 수 없는 고유성들로 이루어져 있다 7.21-쪼갤 수 없는 것은 종에 의해 포함되며, 종은 유에 의해 포함된다 7.26

ㅊ

차이성(差異性) diaphora-차이성은 어떤 것이 어떠한 (질의) 것인지를 묻는 물음에서 서술된다 3.10, 11.7, 18.16-차이성은 공통적으로, 고유하게, 그리고 아주 고유하게 말해진다 8.8-일반적으로 모든 차이성은 어떤 것에 다가감으로써 그것을 달리 있는 것으로 만들지만, 공통적으로 그리고 고유하게 있는 차이성은 그것을 다른 상태에 있는 것으로 만들며, 가장 고유하게 있는 차이성은 그것을 다른 사물로 만든다 8.18, ㈜ 8.20, 9.3, 9.5-떼어 낼 수 없는 차이성들 중 어떤 것들은 그 자체로 있고 어떤 것들은 딸려 있다 9.10, 9.15-그 자체로 있는 차이성들은 더와 덜을 허용하지 않지만, 딸려 있는

차이성들은 떼어 낼 수 없는 것일지라도 증감을 받아들인다 9.16-그 자체로 있는 차이성들 중 어떤 것들은 유들을 종들로 나누는 기준이 되는 것들이고, 어떤 것들은 나눠진 것들을 종으로 만드는 기준이 되는 것들이다 10.1-'이성 능력이 있음'과 '이성 능력이 없음'이라는 차이성은 동물을 나누는 차이성들이다 10.17, 11.19, ㈜ 14.7-유들을 나누는 차이성들은 (유들을) 함께 채우는 것이며, 종들을 구성하는 것이다 10. 9-차이성은 어떤 사물의 있음을 위해 기여하는 것, 그 사물이 갖는 본질의 일부인 것이다 12.3-반대되는 차이성들은 섞이지 않지만, 반대되는 우연성들은 섞일 수 있다 20.5

ㅍ

포함하다 periechein-가장 종인 것은 쪼갤 수 없는 것들을 포함하는 것으로서 그것들의 종이라 말해지며, 앞에 있는 것들에 대해서는 그것들에 의해 포함되는 것으로서 그것들의 종이다 5.15-쪼갤 수 없는 것은 종에 의해 포함되며, 종은 유에 의해 포함된다 7.27

참고 문헌

* 더 많은 자세한 참고 문헌은 3의 Barnes(2003)와 4의 Girgenti(1994)의 책을 참고하기 바란다.

1. 원문 편집

Busse, A.(ed.): *Porphyrii Isagoge*, Commentaria in Aristotelem Graeca(CAG) IV 1, Berlin 1887.

2. 고대와 중세의 번역 및 주석

라틴어 번역

Boethius: *Porphyrii Isagoge, translatio Boethii*, Aristoteles Latinus I, 6-7, Minio-Paulello, L. & Dod, B. G.(edd.), Bruges-Paris 1966; 1995² E. J. Brill(ed.).

Minio-Paulello, L. & Dod, B. G.(edd.): *Isagoges Fragmenta M. Victorino interprete*, Aristoteles Latinus I, 6-7, Bruges-Paris 1966; 1995² E. J. Brill(ed.).

그리스어 주석

Ammonius: *Ammonii in Porphyrii Isagogen sive V voces, CAG IV 3*, A. Busse(ed.), Berlin 1891.

Boetius: *Opera logica*, in *Patrologica latina*, t. 64.

_____ *In Porphyrii Isagogen commentarium, editio secunda, Corpus Scriptorum Ecclesiasticorum Latinorum XLVIII*, G. Schepps & S. Brandt(edd.), Wien 1906, pp. 133~348.

David: *Davidis Prolegomena et in Porphyrii Isagogen Commentarium, CAG XLVIII 2*, A. Busse(ed.), Berlin 1904.

Elias: *Eliae (olim David) in Porphyrii Isagogen et Aristotelis Categorias Commentaria, CAG XLVIII 1*, A. Busse (ed.), Berlin 1900.

3. 현대의 번역 및 주석

영어 번역

Barnes, J.: *Porphyry's Introduction*, Oxford 2003.

Owen, O. F.: *The Organon, or Logical Treatises of Aristotle: with the introduction of Porphyry*, London 1899.

Spade, P. V.: *Five Texts on the Mediaeval Problem of Universals: Porphyry, Boethius, Abelard, Duns Scotus, Ockham*, Indianapolis 1994.

Warren, E. W.: *Porphyry the Phoenician: Isagoge*, Toronto 1975.

프랑스어 번역

Brunschwig, J.: *Aristote, Topiques*, Tome I (1967), II (2007), Paris

De Libera, A. & Segonds, A.-P.: *Porphyre: Isagoge*, Paris 1998.

Tricot, J.: *Porphyre: Isagoge*, Paris 1947.

독일어 번역

Rolfes, E.: *Porphyrius: Einleitung in die Kategorien*, in *Aristoteles: Organon I/II*, Hamburg 1925².

Zekl, H. G.: *Porphyrios: Einführung in die Kategorien des Aristoteles, in Aristoteles: Organon 2*, Darmstadt 1998

이태리어 번역

Girgenti, G.: *Porfirio: Isagoge*, Testi a fronte 15, Milan 1995.

Maioli: *Porfirio: Isagoge*, Studium Sapientiae 9, Padua 1969.

한국어 번역

김재홍 옮김: 아리스토텔레스, 『토피카』, 서광사 2021.

김진성 역주: 아리스토텔레스, 『형이상학』, 서광사 2022.

백영숙, 이성엽, 이창실 (공동 번역), 최애리 (책임 번역), 강대진 (감수): 『그리스 로마 신화 사전』, 열린책들 2003; Grimal, P.: *Dictionnaire de la Mythologie Greque et Romaine*, Paris 1951.

4. 관련 논문집과 논문, 저술

이재룡: 포르피리우스의 『이사고게』와 보에시우스의 『두 번째 주해』, 신학과 사상(가톨릭대) 26(1998/겨울호), 166~207쪽.

허민준: 『이사고게』에서 제시된 보편자에 대한 질문―플로티누스와 포르피리우스의 형이상학 논쟁의 재구성, 『서양고전학연구』 53(2014), 165~200쪽.

AA. VV.: *Porphyre*, Entretiens sur l'Antiquité classique, t. XII, Vandoevres 1966.

Girgenti, G.: *Porfirio negli ultimi cinquant' anni. Bibliografia sistematica e ragionata riguardante il pensiero porfiriano e i suoi influssi storici*, presentazione di G. Reale, Milan 1994.

de Libera, A.: *La Querelle des universaux. De Platon à la fin du Moyen Age* (des Travaux), Paris 1996.

Ebbesen, S.: Porphyry's Legacy to Logic: a Reconstruction, in *Aristotle Transformed. The Ancient Commentators and their Influence*, R. Sorabji(ed.), London 1990, pp. 141~171.

Evangeliou, Chr.: Aristotle's Doctrine of Predicables and Porphyry's *Isagoge*, in *Journal of the History of Philosophy* 23(1985), pp. 15~34.

_____ The Aristotelianism of Averroes and the Problem of Porphyry's *Isagoge*, in *Philosophia* 15/16(1985/85), pp. 318~331.

_____ Aristotle's *Categories and Porphyry, Philosophia antiqua XLVIII*, Leiden 1988.

Gyekye, K.: *Arabic Logic. Ibn al-Tayyib's Commentary on Porphyrius' Eisagoge*, Studies in Islamic Philosophy, Albany 1979.

Lloyd, A. C.: Genus, Species and Ordered Series in Aristotle, in *Pronesis* 7(1962), pp. 67`90.

Marenbon, J.: Medieval Latin Commentaries and Glosses on Aristotelian Logical Texts, Before c. 1150 A.D., in *Glosses and Commentaries on Aristotelian Logical Texts. The Syriac, Arabic and Medieval Lantin Traditions*, Warburg Institute Surveys and Texts, XXIII, Burnett, Ch.(ed.), London 1993, pp. 77~192.

Monceaux, P.: L'*Isagoge* latine de Marius Victorinus, in *Philologie et Linguistique, Mélanges offerts à Louis Havet*, Paris 1909, pp. 291~310.

Ramón, R.: Al-Fārābī lógico: Su exposición de la *Isagogé* de Porfirio, in *Revista de filosofia* 3(1990), pp. 45~67.

Strange, S. K.: Plotinus, Porphyry and the Neoplatonic Interpretation of the *Categories*, in *Aufstieg und Niedergang der römischen Welt*, II 36/2, Berlin 1987, pp. 955~974.

Theiler, W.: Ammonios und Porphyrios, in *Porphyre*, pp. 85~123.

Walzer, R.: Porphyry and the Arabic Tradition, in *Porphyre*, pp. 273~299.

Waszink, J. H.: Porphyrios und Numenios, in *Porphyre*, pp. 33~83.

지은이 **아리스토텔레스**   기원전 384~322년

북부 그리스 마케도니아 지방의 스타게이로스에서 출생. 스승 플라톤과 함께 서양철학사에서 가장 중요한 위치에 있는 철학자. 치밀한 분석력을 바탕으로 논리학, 생물학, 심리학, 형이상학, 윤리학, 정치학, 예술철학 등 다양한 영역에 걸쳐 체계적인 저술을 남겼다. 대표 저서로『니코마코스 윤리학』,『형이상학』,『자연학』,『정치학』,『범주들』,『명제에 관하여』,『연설술(수사학)』,『창작술(시학)』등이 있다.

지은이 **포르퓌리오스**   234~305년경

그리스의 신플라톤주의 철학자. 신플라톤주의의 창시자인 스승 플로티노스의 사상을 체계적으로 편집, 출판하고 강의하였으며,『범주들』에 관한 해설로도 유명하다. 이 해설은 중세 논리학의 발전과 보편자 문제에 큰 영향을 끼쳤고 그 해설서의 서문을 보에티우스가 라틴어로 번역한『입문』 *Isagoge*은 중세 논리학 교과서의 표준이 되었다. 서양 고전부터 철학·종교·언어학·과학을 비롯하여 채식주의에 이르기까지 다양한 주제의 방대한 저작을 남겼다.

역주 **김진성**

서울대 철학과에서 학사와 석사과정을 마치고, 독일 함부르크대학 박사과정에서 아리스토텔레스를 연구했다. 세종대, 한신대, 성신여대, 동덕여대 등에서 강의했으며, 철학아카데미와 방송통신대에서 강의하고 있다. 정암학당 연구원으로 활동하면서 서양 철학의 고전을 우리말로 옮기고 있다. 옮긴 책으로 아리스토텔레스의『형이상학』,『범주들·명제에 관하여』,『자연학 소론집』, 로스(W. D. Ross)의『아리스토텔레스』,『플라톤의 이데아론』, 워리(J. G. Warry)의『그리스 미학』, 부처(S. H. Butcher)의『아리스토텔레스의 창작예술론』, 칸(C. H. Kahn)의『플라톤과 소크라테스적 대화』(공역) 등이 있다.

시학

뒤퐁록과 랄로가 주해한 현대적 시학

아리스토텔레스 지음, 로즐린 뒤퐁록·장 랄로 서문 및 주해, 김한식 옮김 | 2022년 2월 28일 | 29,800원

"이야기를 만들고 발견하는 사람만이 지혜를 얻을 수 있다"
풍부한 주해로 읽는 아리스토텔레스의 『시학』

서구 문학이론의 역사는 '『시학』 해석의 역사'라고까지 말할 수 있을 정도로 아리스토텔레스의 『시학』은 이견 없는 고전이다. 오늘날 철학의 기원이 되는 불멸의 고전들을 재조명하는 그린비 고전의 숲 시리즈의 첫 책인 『시학』은, 프랑스의 두 고전문법 석학인 로즐린 뒤퐁록(Roselyn Dupont-Roc)과 장 랄로(Jean Lallot)의 풍부한 주해와 함께 '고전의 현대적 읽기'를 시도한 책이다.

『시학』의 원제는 peri poiētikēs, '시작(詩作)에 관하여'라는 뜻으로, 여기서 말하는 시(詩)는 오늘날 우리가 사용하는 의미의 서정시가 아니라 '창작자에 의해 만들어진 작품'이라는 보다 넓은 의미를 갖는다. 당시의 시는 서사시와 비극이나 희극, 무대 위 춤과 노래 등이 통합된 종합예술이었다. 즉, 아리스토텔레스가 시학에서 말하고자 하는 것은 언어로 이루어진 작품, 이야기 창작론으로 『시학』에서 그는 고대 그리스 고전기의 비극 작품들과 호메로스의 서사시를 대상으로 그 안에서 작동하고 있는 '창작 원리'를 분석하고 있다. 『시학』은 따라서 현대의 모든 문학이론에 대한 철학적 논의의 기원이며 긴 시간을 뛰어넘어 현재의 우리에게도 유효한 서사예술의 작법서라고 할 수 있다.

에픽테토스 강의 1·2

에픽테토스 지음, 아리아노스 엮음, 김재홍 옮김 | 2023년 3월 24일 | 33,000원

에픽테토스의 가르침에 대한 충실한 어록

자유인과 노예는 '정신적 자유'로 구분된다

에픽테토스의 『강의』는 당시 민중들 사이에서 보편적으로 쓰였던 언어이자 신약성서 헬라스어인 코이네로 기록되어 있으며, 초기 기독교 철학자인 오리게네스의 보고에 따르면 단지 문헌학자들에게서만 주로 읽혔던 플라톤보다 에픽테토스의 책이 더 대중적인 인기를 누렸다고 한다. 『에픽테토스 강의 1·2』는 기록이 남아 있는 4권 중 1, 2권을 원문 형태를 살려 번역 출간한 것으로서, 에픽테토스의 '대화식' 가르침을 생생하게 전해 들을 수 있다.

에픽테토스의 윤리적 사유는 '우리에게 달려 있는 것'과 '우리에게 달려 있지 않은 것' 간의 구분으로부터 출발한다. 존재하는 사태와 사건들 중 어떤 것들은 이미 결정되었기 때문에 우리 자신의 행위 영역에 속할 수 없고 따라서 책임을 물을 수 없는 것임에 반해, 어떤 것들은 결정된 것이 아니라 우리 자신의 행위 영역에 속하는 것이며 따라서 책임을 물을 수 있는 것이다. 행복과 불행은 바깥에서 주어지는 것이 아니라 내가 '행하는' 사태이다. 결국 '정신적 자유'의 유무에 따라 어떤 사람은 사회적 신분에 있어서 노예이지만 진정한 자유인일 수 있다는 것, 반대로 어떤 사람은 신분상 제왕(帝王)이지만 노예와 다름없다는 것을 에픽테토스는 가르치고자 하였다.

에픽테토스 강의 3·4

엥케이리디온, 단편

에픽테토스 지음, 아리아노스 엮음, 김재홍 옮김 | 2023년 4월 17일 | 25,000원

'노예로 태어난 신의 친구'
에픽테토스의 모든 가르침이 한자리에

에픽테토스의 『강의』는 그의 열렬한 수강생이었던 아리아노스가 기록한 것으로 총 8권이었으나 4권만이 전해진다. 『에픽테토스 강의 1·2』에 이어 『에픽테토스 강의 3·4, 엥케이리디온, 단편』이 출간되면서 전해지는 네 권이 모두 소개되었다. 『엥케이리디온』은 '손안의 작은 것'이라는 뜻으로 아리아노스가 『에픽테토스의 강의』에서 뽑은 도덕적 규칙들과 철학들 원리들을 모은 요약본으로 여러 사본이 존재하는 책이다. 신플라톤주의 철학자인 심플리키우스를 비롯한 여러 사람이 그에 대한 상당한 주석을 썼다. 여기에 의문의 여지가 있는 것들이 약간 섞여 있기는 하지만 에픽테토스의 것이라고 전해지는 「단편」들이 더해졌다. 이로써 독자들은 플라톤보다 더 대중적인 인기를 누렸던 에픽테토스의 가르침을 전부 확인할 수 있게 되었다.

노예로 태어나 여러 가혹한 외적 조건을 겪어 낸 에픽테토스는 오히려 그러한 경험들로 인해 물질적 풍요함을 누리는 사람들의 무능력을 비판하고 한 인간으로서의 위엄과 자존심, 마음의 평정을 가르칠 수 있었다. 또한 가족이 없던 그에게는 모든 인간이 가족이었고, 이러한 모습에서 가족과 국가를 초월해서 보편적 질서를 추구하는 전형적인 스토아학파의 코스모폴리탄적인 사고를 찾아낼 수 있다. 그의 철학은 무미건조한 형태로 스토아 철학의 이론적인 근거와 토대를 보여 주는 것이 아니라, 자신만의 고유한 문체의 양식과 표현의 독특한 형태를 통해 스토아 철학이 다루는 중요한 문제이자 개념들인 인간, 신, 이성, 섭리, 자연, 자유, 행복에 관한 생각을 보여 준다.